国家社会科学基金项目"清末民初广州劳资关系变动研究"
（批准号：11BZS046）结题成果

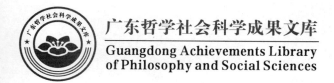

广东哲学社会科学成果文库
Guangdong Achievements Library
of Philosophy and Social Sciences

清末民初广州劳资关系变动研究

QINGMOMINCHU GUANGZHOU LAOZI
　　　　　GUANXI BIANDONG YANJIU

霍新宾　著

中山大学出版社
SUN YAT-SEN UNIVERSITY PRESS

· 广州 ·

版权所有　翻印必究

图书在版编目（CIP）数据

清末民初广州劳资关系变动研究/霍新宾著．—广州：中山大学出版社，2017.8

（广东哲学社会科学成果文库）

ISBN 978-7-306-06091-4

Ⅰ.①清…　Ⅱ.①霍…　Ⅲ.①劳资关系—研究—广州—近代　Ⅳ.①F249.276.51

中国版本图书馆 CIP 数据核字（2017）第 163262 号

出 版 人：	徐　劲
策划编辑：	金继伟
责任编辑：	王　璞
封面设计：	曾　斌
责任校对：	思　思
责任技编：	何雅涛
出版发行：	中山大学出版社
电　　话：	编辑部 020-84110771，84113349，84111997，84110779 发行部 020-84111998，84111981，84111160
地　　址：	广州市新港西路 135 号
邮　　编：	510275　　传　真：020-84036565
网　　址：	http://www.zsup.com.cn　E-mail：zdcbs@mail.sysu.edu.cn
印 刷 者：	佛山市浩文彩色印刷有限公司
规　　格：	787mm×1092mm　1/16　21 印张　390 千字
版次印次：	2017 年 8 月第 1 版　2017 年 8 月第 1 次印刷
定　　价：	78.00 元

如发现本书因印装质量影响阅读，请与出版社发行部联系调换

《广东哲学社会科学成果文库》
出版说明

　　《广东哲学社会科学成果文库》经广东省哲学社会科学规划领导小组批准设立,旨在集中推出反映当前我省哲学社会科学研究前沿水平的创新成果,鼓励广大学者打造更多的精品力作,推动我省哲学社会科学进一步繁荣发展。它经过学科专家组严格评审,从我省社会科学研究者承担的、结项等级"良好"或以上且尚未公开出版的国家哲学社会科学基金项目研究成果,以及广东省哲学社会科学规划项目研究成果中遴选产生。广东省哲学社会科学规划领导小组办公室按照"统一标识、统一封面、统一形式、统一标准"的总体要求组织出版。

广东省哲学社会科学规划领导小组办公室

2017 年 5 月

序

霍新宾的《清末民初广州劳资关系变动研究》即将出版，这是他悉心钻研、探微索隐所取得的丰硕成果。我应约写此短文，以示祝贺。

霍新宾多年来从事有关劳资关系的专题研究，这本新书主要立足于清末民初广州社会转型背景，以工人、商人两大群体的互动关系为视点，试图通过对大量原生态文献的发掘与分析，探寻广州劳资关系由传统行会特质向近代转型的变动轨迹及特点，以及隐匿于其变动过程背后的诸多复杂关联。之所以依托清末民初的广州来进行考察，其意义显而易见，因为广州确实可谓中国近代城市社会转型的一个典型样本，这不仅体现在其既是当时国内资本主义发轫最早、现代化水平最高的城市之一，又拥有颇具中国传统特色且在城市社会经济生活中居主导地位的工商业行会组织，以及由此传统与现代二元社会经济结构共生所带来的社会转型的艰难与曲折。而更重要的是，作为中国新旧民主主义革命错综交融的策源地，孙中山三次在此建立政权，无疑成为推进广州社会转型的直接动力。可以说，传统社会经济结构的顽强延续所致的经济基础变化缓慢，与政治革命造成的上层建筑剧变交织，共同构成了清末民初广州社会转型新旧杂糅的基本结构性要素。受其影响，劳资关系必然呈现出类似的变动特点。故从整体上对这一时期广州劳资关系变动情形及其动因予以评估，有助于解析新旧民主革命社会转型期劳资阶级意识分野的诸多关联，而中国工人阶级由"自在"向"自为"转化的问题，也可得到区域实证。

劳资关系是资本主义社会最根本的社会关系，加强对其研究具有十分重要的学术价值和现实借鉴意义。目前学界关于劳资关系尤其是工人运动的成果虽多，但仍存不少可以继续探讨的空间。如行会是中国近代劳资关系发育的土壤和原始起点，而清末民初则是中国劳资关系由传统行会特质向近代转轨的重要阶段，但学界对这一社会剧变时期的劳资关系变动却鲜有问津；学界对于中国近代工人、资本家的既有研究，多将两大群体各自分立，而对这两大群体与其所处社会背景究竟是如何互动的分析也不多。长期以来，大陆学界将中国工运史研究限定在中共党史的范围内，而在阐释工人与资本家的关系时却往往又偏重于阶级斗争的对抗层面，并将其普遍模式化。霍新宾认为："诚然，马克思主义阶级分析法确实是研究近代中国劳资关系的基本方法，但若过分强调劳资对立方面的研究而忽视对其合作方面的探讨，便很容易导致片面的学术成果，这样也不符合历史唯物主义的原则。"他的新著不囿旧说，选择前人较少涉足的领域进行研究，以广州为典型的考察样本，将劳资关系演变与清末民初社会转型互动结合起来考察，这样既可充实中国近代劳资关系研究的路径，又能为深化中国近代社会转型、社会群体互动研究提供新的视点。纠正了以往研究多强调劳资对立而甚少论其合作的偏向，既关注劳资相争，也重视对劳资合作尤其是对"劳资合行"理念的考察，从而全面地透视清末民初广州劳资关系变动的复杂本相。

该书内容丰富，基于清末民初广州社会转型的具体实态，主要从传统行会时期、五四前后行会转型时期、正式政府时期、大元帅府时期、国民政府时期五个时段来考察当地劳资关系变动，注重宏观与微观结合、个案分析与比较研究。作者在考察过程中，同时注重社会背景因素对清末民初广州劳资关系变动影响，以及劳资关系的变动如何推进清末民初广州社会转型，并综合审视两者间的互动，始终以"变"与"不变"的新旧交融特质作为基本线索贯穿其中。全书通过专题考察，清晰地归纳出清末民初广州劳资关系变动的基本轨迹及特点。

史学著述离不开坚实的事实基础，由于广东近代战乱频仍，有关劳资关系的资料大量散佚，使本书资料收集面临不小难度。霍新宾在史料收集和整理上下了很大功夫，尽可能地在国内外深入发掘大量前人研究甚少利用的原生态档案资料，包括中国第二历史档案馆、广东省档案馆所藏的相关档案，台北中国国民党文化传播委员会党史馆典藏的五部档案和汉口档案，以及美国斯坦福大学胡佛研究所、加利福尼亚大学伯克利分校班克罗夫特图书馆典藏的相关档案。并在国内外各图书馆尽力搜罗报刊、时人论著等资料，尤其注重对当时不同风格与话语诸如《申报》《晨报》《大公报》《广东群报》《广州共和报》《香港华字日报》《广州民国日报》《广东七十二行商报》《工人之路特号》《向导周报》《政治周报》等80余种报刊资料爬梳剔抉。他非常重视对同一问题的多种资料佐证，注意到报刊资料尽管来源复杂、甚为零散，但其较为详尽的细节报道却有助于将之与时人论著、政府公报、国共两党档案等文献进行比勘和互证，从而使实证研究建立在牢固的资料基础之上。

霍新宾对学术非常执着，刻苦勤奋，作风踏实，不断进取。学术研究，贵在创新，在这部新的著作中，他以科学的态度，探讨的精神，经过独立、冷静的思考，对清末民初广州劳资关系变动做了全面的、具有相当深度的论述，提出了不少有创见的新观点、新见解，丰富了我们对当时社会转型曲折性的认知和评析。诚如其所言：从纷繁复杂的历史演变中，梳理出工人、商人与诸多政治势力，尤其国共两党间微妙而复杂的利益博弈，进而透视传统行会近代转型时劳资阶级意识分野的诸多关联。这不但能为重新审视中国工人阶级由"自在"向"自为"转化、中国近代社会转型等课题提供新的视点和典型案例，而且还可弥补目前学界在考察中国传统行会近代转型时甚少从劳资关系视角探讨的缺憾。

当然，该书有些地方还可充实和完善，如阐述劳资关系中"商"及其社会组织商会的方面相对薄弱，劳资关系中经济社会因素也稍感欠缺。但瑕不掩瑜，相信该书的出版，对于中国工运史、革命史、行会史及劳资关系史等相关专题研究一定会起到促进作用。同时，也可为当前中国社会转型劳资矛盾凸显时期，创构新型劳动关系与建设和谐社会建设方面，提供决策参照与历史启示。

张晓辉
广东中共党史学会副会长，暨南大学历史系教授，博士生导师
2017 年 4 月 30 日

目　录

第一章　绪　论 …………………………………………………………… 1
　第一节　选题旨趣 ……………………………………………………… 2
　第二节　学术史 ………………………………………………………… 6
　第三节　思路与方法 …………………………………………………… 33

第二章　劳资合行：传统劳资关系的行会特质及功能 ………………… 38
　第一节　行会特质：劳资合行的组织结构 …………………………… 39
　第二节　身份控制：劳资成员的会籍管理 …………………………… 45
　第三节　运行机制：劳资合行体的社会经济职能 …………………… 50

第三章　劳资分离：清末至五四前后行会工会化演进 ………………… 60
　第一节　行会式微：行会工会化之内力驱动 ………………………… 60
　第二节　多因联动：行会工会化之外力催化 ………………………… 72
　第三节　组织分离：行会工会化的艰难蜕变 ………………………… 82

第四章　阶级觉醒：正式政府时期劳资关系的新态势 ………………… 93
　第一节　工潮诱因：正式政府时期劳资纷争格局之生成 …………… 93
　第二节　劳资纷争：正式政府前期劳资阶级意识的觉醒 …………… 100
　第三节　归于沉寂：正式政府后期劳资关系的主题转换 …………… 114

第五章　双重变奏：大元帅府时期的劳资合作与冲突 ………………… 130
　第一节　祸及工商：社会经济的生态失衡 …………………………… 131
　第二节　劳资合作：经济困境中的双向互动 ………………………… 142
　第三节　劳资冲突：国共合作前后的阶级分野 ……………………… 156

第六章　民族主义：省港罢工期间的劳资利益博弈 …………………… 175
　第一节　商界始应：复杂的心态取向 ………………………………… 176

第二节　特许证之争："爱国"与"私利"的激烈碰撞……………… 183
　　第三节　工商联合：民族利益与阶级利益的最佳契合……………… 189
　　第四节　内外交织：工商联合之成因…………………………………… 202

第七章　党派政治：国民政府时期劳资关系格局演变……………… 209
　　第一节　袒工抑商：国民政府前期"劳强资弱"的格局演绎 ………… 209
　　第二节　袒商抑工：国民政府后期劳资关系格局的权势转移……… 225
　　第三节　"无情鸡"事件：国民革命后期劳资关系的实证考察 …… 240

第八章　结　语：行会理念、阶级意识与党派政治 ………………… 263
　　第一节　清末民初劳资关系变动的轨迹及特点……………………… 263
　　第二节　清末民初劳资关系变动的因素与思考……………………… 268

附　录 …………………………………………………………………………… 277
　　一　《暂行工会条例》 ……………………………………………………… 277
　　二　《工会条例》 …………………………………………………………… 279
　　三　《工人运动决议案》 …………………………………………………… 282
　　四　《商民运动决议案》 …………………………………………………… 285
　　五　《劳工仲裁会条例》 …………………………………………………… 286
　　六　《国民政府组织解决雇主雇工争执仲裁会条例》 …………………… 287
　　七　《广东省暂行解决工商纠纷条例》 …………………………………… 288
　　八　《国民党中央政治会议广州分会解决工商纠纷六项办法》 ……… 289

参考文献 ………………………………………………………………………… 291
后记 ……………………………………………………………………………… 324

第一章 绪 论

　　劳资关系是资本主义社会最根本的社会关系。目前，学界对此概念的阐释虽繁杂，但多大同小异，不外乎两方面：（1）劳资关系是雇佣劳动者与资本家的关系。在资本主义制度下，工人为了谋生不得不在资本家的监控下劳动，其生产品全归资本家所有和支配，即具有"异化了的劳动"的特征。因此，资本家和工人的利益是根本对立的，二者是一种剥削与被剥削的关系。（2）劳资关系有时也指资本主义社会中工人就工资、待遇、福利、安全、劳保、产品价格的制定及利润幅度等直接影响其生活和工作条件的问题，与资本家进行协商和讨价还价的关系。① 不过，这仅是从经济学和劳动社会学的学理视角来解读的。然而在实践中，劳资关系却因"受制于一定社会中经济、技术、政策、法律制度和社会文化的背景的影响"②，其所展示的盘根错节的曲折实态与内涵，要远比上述学理阐释丰富和复杂得多，这在社会转型期尤为明显。那么，此种情形在清末民初的中国究竟表现怎样？这确实是一个耐人寻味而又颇值得探讨的课题，本书有关清末民初广州劳资关系变动的选题便是对此做出的努力尝试。③

---

① 刘艾玉编著：《劳动社会学教程》，北京：北京大学出版社，1999年，第311－312页。
② 程延园主编：《劳动关系》，北京：中国人民大学出版社，2002年，第3页。
③ 应指出，自清末起，广州一直是传统商业而非工业居绝对优势的城市，其商人构成主要是店东、商贩和手工业者而非工业资本家。直至20世纪20年代末，其商业结构仍以旧行业为主，当然，旧行业在经营方式、经营范围也会有不同程度的变化。可是，广州实际上并未形成一个真正的工业家群体，他们只是商界的一部分，而且在整个商界中并不占重要地位。（参阅 Edward J. M. Rhoads, *Merchant Associations in Canton, 1895—1911*, Mark Elvin and G. William Skinner, *The Chinese City Between Two Worlds*, Stanford: Stanford University Press, 1974, pp. 100－101；邱捷：《清末民初广州的行业与店铺》，《华南研究资料中心通讯》第23期，2001年4月15日，第4页）因此，本书中的"劳资关系"主要系指工人与商人间的互动关系。当然，在书中笔者也时常视具体语境的需要而有选择地使用"工商两界"（即劳资两界，而非指资本家阶层的工商界的合称）这样的术语。另外，还须说明，本书在论述广州劳资关系时，有时不免会超出"广州市"范围，这主要是考虑到广州与珠江三角洲其他地区在行业利益上的一体性。如银号、丝庄等行业的商人，多是顺德籍，其业务既在广州城，也在顺德县。一些行会也跨越广州城内外，甚至包括更远地区的商人。

第一节　选题旨趣

笔者之所以选这个题目，主要基于以下缘由：首先是拓展深化学界相关专题研究的需要。传统行会作为"旧时工商业劳资间共同的组织"①，是中国近代劳资关系发育的土壤和原始起点，而清末民初则是中国劳资关系由传统行会特质向近代转轨的重要阶段。遗憾的是，目前学界对这一社会剧变时期的劳资关系变动却鲜有问津，而广州则提供了典型的考察样本。清末民初的广州不仅是当时国内最具传统行会色彩的代表性城市②，同时也是欧风美雨浸润最早、资本主义工商业发展水平最高的区域之一。这里不但是中国最早的产业工人、民族资产阶级诞生的摇篮，素有中国工人运动"发端最早"和"最发达"之誉③，而且还是近代中国民主革命的策源地，辛亥革命、护法运动与国民革命相继于此接合更替。以上这种传统与现代二元社会经济结构共生，与云谲波诡的政治革命造成的社会剧变交织，共同演绎着清末民初广州劳资关系由传统行会特质向近代的转轨。那么，这一时期广州劳资关系变动的"极形繁杂"④实态究竟怎样？其所呈现的演进特点及动因是什么？特别是针对来自国共两党的政治形塑，以及社会政治经济的变动，劳资双方是怎样因应的？而国共两党又是如何应对的？其应对有何差异？这些问题的明晰，可以丰富我们对清末民初社会转型曲折性的认知和评析，从而梳理出工人、资本家与诸多政治势力尤其是国共两党间微妙而复杂的利益博弈，以及其冲突与调适的多维向度的价值取向，进而透视传统行会近代转型时劳资

---

① 孙本文：《现代中国社会问题》第4册，上海：商务印书馆，1946年，第141页。

② "广州的行会往时在工商业素来占有重要位置，有七十二行之称。"参见陈达：《我国南部的劳工概况》，《统计月报》第1卷第10期，1929年12月，第12页。

③ *Labor Conditions in Canton——A Statistical Study*, June, 1929, Jay Calvin Huston Papers, 1917—1931, Box 5, Folder 1, 斯坦福大学胡佛研究所档案馆藏, p.516；陈达：《我国南部的劳工概况》，《统计月报》第1卷第10期，1929年12月，第1页；朱通九：《劳动经济》，上海：黎明书局，1931年，第22页。

④ 陈达：《我国南部的劳工概况》，《统计月报》第1卷第10期，1929年12月，第1页。

阶级意识①分野的诸多关联。这不仅可以弥补目前学界甚少从劳资关系视角考察中国行会近代转型的缺憾②，同时还能为中国近代社会转型研究提供新的视点和案例，且对重新审视中国工人阶级由"自在"向"自为"的转化

---

① 由于"阶级意识"这一概念关涉本书主旨，因此这里很有必要对其作一厘清与界定。何谓阶级意识？社会科学在线词典给出的解释是：某一特定社会地位的个体对其共同利益和相同社会状况的自我认知。阶级意识是"自为阶级"的发展，即同一阶级的成员个体联合起来追求其共同利益。（[英]菲尔·赫斯：《"自在"还是"自为"：工人阶级的阶级意识瓦解了吗》，《马克思主义研究》2009年第10期）这当然与马克思的阶级形成理论是一脉相承的。马克思在《哲学的贫困》一文中指出："经济条件首先把大批的居民变成工人。资本的统治为这批人创造了同等的地位和共同的利害关系。所以，这批人对资本来说已经形成一个阶级，但还不是自为的阶级。在斗争（我们仅仅谈到它的某些阶段）中，这批人逐渐团结起来，形成一个自为的阶级。他们所维护的利益变成了阶级的利益。而阶级同阶级的斗争就是政治斗争。"（马克思、恩格斯：《马克思恩格斯全集》第4卷，北京：人民出版社，1965年，第196页）这段经典论述展示了工人阶级的阶级意识由"自在"向"自为"的发展历程，以及阶级意识的产生是"自在阶级"转变为"自为阶级"的关键环节与不可或缺的要素。但遗憾的是，马克思虽赋予了工人无产阶级革命的历史任务，但他并没有在理论上说明工人如何从经济的生产者转变为政治的行动者，也没有对阶级意识的概念做出具体的界定。而在马克思主义的传统中，关于阶级意识的阐释尽管存在很大争议，但也有着不少共识，如迈克尔·曼整理了马克思主义传统对阶级意识所做的定义，得出了其中四个最为基本的要素：（1）阶级的认同：将自己定义为工人阶级，在生产过程中与其他劳工扮演同样的角色；（2）阶级的敌对：认为资本家及其代理人是他的敌对者；（3）阶级的整体性：个人在社会中的处境，以及社会整体的风貌都由上述两者所决定；（4）对另一种社会制度的追求：透过与其敌对者的斗争，追求另外一种社会制度。在此定义基础上，吴乃德归纳出阶级意识的三个基本要素，他认为相同阶级地位上的民众，要发展出其特定的社会和政治态度，甚至成为一个集体的行动者，需要三个共同的要素：对自身阶级的认同，对自身特殊的阶级利益的认知，对改变现有秩序的可能性的认知。他认为，这三个阶级意识的元素，既是阶级意识的不同面向，也是阶级意识发展的不同阶段（吴清军：《市场转型时期国企工人的群体认同与阶级意识》，《社会学研究》2008年第6期）。以上观点构成了本书的"阶级意识"的基本内涵。另外，还须说明的是，笔者在探讨工人阶级的阶级意识形成时，除了注重工人组织、政党、纲领性文件、政治事件及经济斗争等工人阶级意识的外在表现的探讨外，还重视对工人阶级意识内在的社会文化传统的分析，这一点目前国内学界较少涉猎。

② 目前有关中国传统行会近代转型问题已引起一些学者的兴趣，并取得了新的进展。其代表性成果主要有彭泽益：《民国时期北京的手工业和工商同业公会》，《中国经济史研究》1990年第1期；虞和平：《鸦片战争后通商口岸行会的近代化》，《历史研究》1991年第6期；王翔：《近代中国手工业行会的演变》，《历史研究》1998年第4期；吴慧：《会馆、公所、行会：清代商人组织演变述要》，《中国经济史研究》1999年第3期；彭南生：《行会制度的近代命运》，北京：人民出版社，2003年；朱英：《中国传统行会在近代的发展演变》，《江苏社会科学》2004年第2期；等等。综观这些成果，研究视角虽异彩纷呈多有创获，但多侧重于西方资本主义入侵和传统经济结构变化来分析行会转型，且分析又多聚焦于行会向商会及同业公会转化，而对行会转型的另一路径——行会向现代工会转化，即劳资组织如何从同一行会中分离出来的关注则显有忽略。

问题①亦不无裨益。以上这些,有助于推动中国工运史、革命史、行会史及劳资关系史等相关专题研究趋向深入。

其次,还有研究路径的考虑。尽管目前学界关于中国近代工人、资本家的研究已取得丰硕成果,但也多为两大群体研究各自分立,而对这两大群体与其所处社会背景究竟是如何互动的分析则并不多见。针对此种研究倾向,德国学者于尔根·科卡曾善意提醒要注重"工人史和资产阶级史相互之间的紧密关系"的分析。他特别强调,在工人史和资产阶级史的综合研究中,"不能孤立地研究一个阶级,关键在于它与其他阶级和阶层的相互关系"②。另外,国内大多数工运史论著在阐述劳资关系时多限于阶级斗争理念模式,却对劳资合作方面着墨甚少。显然,这与"党史的框子,工运史的例子"的传统研究范式密切相关。此种研究范式的泛存,无疑对深化中国工运史研究是颇为不利的,诚如蔡少卿、刘平所言:"改革开放以后,社会史研究勃兴,其理论与方法对我国史学界产生了广泛深远的影响,但在工运史研究领域,这种'影响'似乎既缓且微。如果继续用旧的眼光、旧的框架去研究工运史,就难以取得更多的突破。"③ 因而,以社会史与工运史、革命史、政治史相结合,多角度地审视劳资关系,对以往劳资阶级斗争的传统工运史研究取向做出补充、拓展已为大势所趋。这也是本书将清末民初广州工人、商人两大群体互动纳入视野,在研究路径方面努力创新的旨趣所在。当然,提倡这种劳资群体互动研究"并非意在取代阶级分析,而是弥补既往阶级分析的缺失,并且使之与阶级分析相互补益、校正"④。

此外,也有现实的动因。随着计划经济向市场经济转型,中国的社会经济结构发生了重大变革,而其劳动关系由于缺乏完善的协调机制亦随之进入紧张恶化的凸显期。这从表1-1有关2005—2014年全国各级劳动争议仲裁机构受理劳动争议案件数的涨幅中可得印证。

---

① 长期以来,由于传统革命史、工运史研究范式的影响,我们在探讨中国劳资阶级意识分野,即工人阶级由"自在"向"自为"的转化时,通常将五四运动与中共成立作为其阶级转化完成的标志,且多存有政治化、简单化的倾向,往往侧重于宏观视角的理论诠释与演绎,而甚少从具体个案中来透视。窃以为,唯有立足于大量的实证性区域与个案研究,才有可能客观地反映中国工人阶级由"自在"向"自为"转化的复杂样态。

② [德]于尔根·科卡:《社会史:理论与实践》,景德祥译,上海:上海人民出版社,2006年,第104页。

③ 蔡少卿、刘平:《中国工人运动与帮会的关系——兼评六卷本〈中国工人运动史〉》,《学术研究》2000年第3期。

④ 章开沅:《实斋笔记》,上海:东方出版中心,1998年,第339页。

表1-1 2005—2014年全国各级劳动争议仲裁机构受理劳动争议案件数统计

年份	2005	2006	2007	2008	2009	2010	2011	2012	2013	2014
件数	313773	317162	350182	693465	684379	600865	589244	641202	665760	715163

资料来源：国家统计局人口和就业统计司、人力资源和社会保障部规划财务司编：《中国劳动统计年鉴·2015》，北京：中国统计出版社，2016年，第344-345页。

由表1-1可知，这一期间全国受理的劳动争议，除了2005—2007年基本维持在313773件至350182件涨幅不大外，但至2008年，因受国际金融危机冲击及劳动者维权意识增强等因素的影响而攀升至69.3万余件，是2007年的1.98倍。① 此后，尽管2009—2013年受理件数比2008年稍有下降，但基数仍保持在589244件至684379件之间，尤至2014年又飙升至715163件。新时期劳动关系的紧张不仅表现为劳动争议的剧增，还更体现在群体性事件的突发与激化，这种"由劳资矛盾引发的群体性事件在2009年以更加激化和暴力的形式，给公众留下了深刻印象"②。这些群体性劳资事件的突发，若处置不当，足以严重危及中国的经济发展与社会稳定。也正是由于劳资关系在市场经济中"牵一发而动全身"的基础地位③，以及社会和谐的"晴雨表和风向标"的前提作用，因此，加强中国近代劳资关系研究就愈加迫切与重要，尤其对劳资双方与国家政权的利益互动进行深入探讨，从中汲取经验与教训，或能为当今中国新型劳动关系构建及和谐社会建设提供些许启示。

---

① 《人力资源和社会保障部副部长杨志明接受本刊专访》，《瞭望》2009年第50期。

② 2009年，全国一些地方产业工人参与群体性事件较为活跃。4月，有河北保定棉纺厂千名职工沿国道"徒步进京旅游"事件；7月，有武汉锅炉厂千名工人3次堵路事件；同在7月，吉林通钢事件以7个高炉一度停产、1名企业高管被殴致死的"双输"后果，震动全国；8月，河南林钢事件中市国资委副主任被软禁90小时；11月，重庆嘉陵机器厂工人发生"罢工"等。（杨琳：《劳资矛盾忧患》，《瞭望》2009年第50期）这些由劳资矛盾引发的群体性事件表明，虽然目前产业工人对资本及其集团的认识还仅处在感性认识阶段，也就是马克思所讲的"自在"阶段。但是，由于产业工人具有相同的经济地位，共同的经历和体验，他们中有些人开始感觉到，且能表达清楚产业工人间的利益共同性，以及和资本集团、权贵集团的利益不同性，乃至对立性，因而，已具有"自为"意识的萌芽。以上发生现代工业大生产行业的群体性事件，已鲜明显露出产业工人养成的组织化传统优势，每每事起，"人心显得特别齐，特别团结"，并显示出了较强的组织纪律性、集体行动能力和动员能力。参见单光鼐：《2009年群体性事件新特点》，《瞭望》2009年第50期。

③ 夏小林：《私营部门：劳资关系及协调机制》，《管理世界》2004年第6期。

第二节 学术史

近年来,近代中国劳资关系研究日渐为国内外学界所瞩目。一些学者曾就此进行了颇有价值的学术史梳理,究其路径主要有两种:一是工运史为主题,这以陈明銶、张注洪、刘晶芳、王玉平、高纲博文等人为代表。① 综观这些学者的成果,虽非专题梳理劳资关系史,但其着眼于工人对资本家罢工斗争的工运史路径,实为近代中国劳资关系研究学术史的重要构成。二是劳资关系史的专题综述,田彤、金京玉、彭贵珍等人的成果堪称典范。② 以上近代中国劳资关系的学术史研究为后人开展专题探讨提供了有益借鉴与启迪,但囿于研究视角与材料的时空延展,仍有相当大的拓展空间,这与目前近代中国劳资关系探索尚处于初始阶段的现状息息相关。鉴于此,笔者在既有成果的基础上,拟将近代中国劳资关系研究的学术史依其时空脉络做一简评,以便与上述相关学术史互补与印证,进而冀收温故知新、抛砖引玉之效。

一、关注劳工:民国时期劳资关系研究的兴起

劳资问题是劳工问题的焦点,而中国近代劳资关系的探讨最初是与劳工

---

① 详见陈明銶:《中国劳工运动史研究》,"中央"研究院近代史研究所六十年来的中国近代史研究编辑委员会编:《六十年来的中国近代史研究》下册,台北:"中央"研究院近代史研究所,1989年,第599-639页;Ming Kou Chan, *Historiography of the Chinese Labor Movements, 1895—1949: A Critical Survey and Bibliography of Selected Chinese Source Materials at the Hoover Institution*, Stanford: Stanford University, Hoover Institution Press, 1981;张注洪:《中国工人运动史研究的进程与展望》,氏著:《中国现代史论稿》,北京:北京图书馆出版社,1997年,第27-49页;刘晶芳:《工人运动史》,曾业英主编:《当代中国近代史研究(1949—2009)》,北京:中国社会科学出版社,2014年,第402-443页;王玉平:《日苏等国对中国工人阶级与工人运动的研究》,中国社会科学院近代史研究所《国外中国近代史研究》编辑部编:《国外中国近代史研究》第20辑,北京:中国社会科学出版社,1992年,第333-346页;[日]高纲博文:《日本的中国工人运动史研究》,王尧译,天津社会科学院历史研究所、天津市城市科学研究会合编:《城市史研究》第15-16辑,天津:天津社会科学院出版社,1998年,第279-284页。

② 详见田彤:《民国时期劳资关系史研究的回顾与思考》,《历史研究》2011年第1期;金京玉:《中国近代劳资关系研究综述》,《劳动经济评论》第3卷第1辑,北京:经济科学出版社,2010年,第41-52页;彭贵珍:《近三十年来中国劳资争议史研究综述》,《中国劳动关系学院学报》2010年第2期。

问题的研究紧密结合的。尽管至少在清末劳工问题就已不时见诸报端①，但真正为学界所关注并被纳入研究对象的还是在五四时期，如《每周评论》就设有"国内劳动状况"专栏。② 随着五四后实证社会学的兴起和工人运动的蓬勃开展，国内一些学者的研究视野亦逐渐向劳工问题聚焦，相关著作如雨后春笋接踵问世。③ 其中1929年出版的陈达《中国劳工问题》一书，主

---

① 详见《织布停工》，《中西报》光绪二十一年五月十一日（1895年6月3日），无版码；《珠海凉潮·工人联行挟制东人》，《申报》光绪二十二年七月二十三日（1896年8月31日），无版码；《机房停工》，《安雅书局世说编》第280号，光绪二十七年九月十九日（1901年10月30日），第62页；《首饰匠联行》，《香港华字日报》光绪三十年七月初三日（1904年8月13日），无版码；《香行西家讼端未息》，《广州总商会报》光绪三十三年正月二十七日（1907年3月11日），第3页，等等。

② 这一专栏刊发了不少有关国内劳动状况的调查文章，如善根：《人力车夫问题》，明明：《唐山煤厂的工人生活》、《上海人力车夫罢工》，《每周评论》第8、12、13期，1919年2月9日、3月9日、3月16日，第4、2、3版，等等。

③ 综观20世纪20—40年代，国内学界对劳工问题主要有三种研究取向：（1）注重国外劳工问题及其理论的评价。如邵元冲：《美国劳工状况》，上海：民智书局，1924年；邵元冲：《劳动问题之发生经过及现代劳工事业之发展》，上海：民智书局，1926年；殷寿光：《工会组织研究》，上海：世界书局，1927年；李剑华：《劳动问题与劳动法》，上海：太平洋书店，1928年；［法］季特等：《罢工权研究》，孔宪铿译，广州：民强印务局，1928年；林定平、邓伯粹：《各国劳工运动史》，上海：商务印书馆，1929年；［日］山川均：《工会运动底理论与实际》，施复亮、钟复光译，上海：大江书铺，1930年；丁日力：《世界劳工状况》，上海：大东书局，1930；刘星晨：《劳动问题》，上海：大东书局，1933年；王云五、李圣五：《劳工问题》，上海：商务印书馆，1933年；祝世康：《劳工问题》，上海：商务印书馆，1934年；陈振鹭：《现代劳动问题论丛》，上海：联合书店，1933年；陈振鹭：《劳工教育》，上海：商务印书馆，1937年；［美］劳文：《国际劳工运动史》，黄卓译，上海：中华书局，1934年；朱通九：《现代劳工思潮及劳动制度之趋势》，上海：国光印书局，1939年等；（2）从事中国劳工问题的理论及政策研究。如黄宝麟：《中国今日的工会法问题》，《群言杂志》第3卷第1号，1923年4月10日；陈友琴：《工会组织法及工商纠纷条例》，上海：民智书局，1927年；张廷灏：《中国国民党劳工政策的研究》，上海：大东书局，1931年；孙绍康：《中国劳工法》，上海：商务印书馆，1934年；罗运炎：《中国劳工立法》，上海：中华书局，1939年；张天羽：《中国劳动思潮之发展及其趋向》，南京：新光印书馆，1947年等；（3）侧重中国劳工问题的实地调查与分析。如莫如：《南京劳动状况》、无我：《唐山劳动状况（一）》、许元启：《唐山劳动状况（二）》、高君宇：《山西劳动状况》、野：《长沙劳动状况》、高语罕：《芜湖劳动状况》、李昆：《无锡各工厂劳动调查表》、李幽影：《北京劳动状况》、李次山：《上海劳动状况》，《新青年》第7卷第6号，1920年5月1日；郑筹伯：《广州劳工状况调查录》，《东方杂志》第18卷第7号，1921年4月10日，第101-108页；陈达：《我国南部的劳工概况》，《统计月报》第1卷第10期，1929年12月，第1-61页；唐海编：《中国劳动问题》，上海：光华书局，1927年；贺岳僧：《中国罢工史》，上海：世界书局，1927年；王清彬等编：《第一次中国劳动年鉴》，北平：北平社会调查部，1928年；陶孟和：《北平生活费之分析》，上海：商务印书馆，1930年；林颂河：《塘沽工人调查》，北平：北平社会调查所，1930年；邢必信等编：《第二次中国劳动年鉴》，北平：北平社会调查所，1932年；骆传华：《今日中国劳工问题》，上海：青年协会书局，1933年；林颂河：《民国二十一年之劳动界》，《社会科学杂志》第4卷第2期，1933年6月；程海峰：《一九三五年之中国劳工界》，《东方杂志》第33卷第17号，1936年9月1日；何德明编著：《中国劳工问题》，长沙：商务印书馆，1938年；史国衡：《昆厂劳工》，上海：商务印书馆，1946年。

要借鉴国外劳工理论就中国劳工问题的研究路径、基本内容等提出见解。作者不但系统考察1918—1926年间全国性罢工的原因、调解方式与结果，同时还对工资、工时、劳工立法及社会保障等劳资关系的重要环节予以关注，并阐明解决劳资问题的方案。① 陈著堪称以实证社会学研究中国劳资问题的典范，被时人誉为"中国讨论劳工问题各著之冠"，而陈达本人亦当之无愧地成为当时"实地研究中国劳工问题之第一人"②。陈著而外，还有一些实证研究中国劳资问题的著作亦值得注意。例如，1928年祝世康在上海出版《中国劳工运动》，主要侧重于中国劳工状况、工会组织及一些重要罢工的调查与分析，并提出相应建设方案和计划。③ 1931年，燕京大学社会学系硕士出身的房福安亦在上海出版《中国劳工：中国劳工状况及劳工运动的经济与统计调查》一书，主要就中国劳工运动的基础、劳工状况、工潮、劳力供给、劳工立法等问题予以重点考察。④ 1932年，金陵大学教授林蔚在南京出版《1919年以来的中国劳资争议》，具体关注了中国劳工运动起源、劳资争议调查统计、1919—1930年工潮等问题。⑤ 1937年，南开大学经济学教授方显廷在天津出版《中国工业组织》，亦有专章分析中国工业劳动管理、劳工组织、劳资争议、福利工作、劳工立法等问题。⑥ 此外，还有中国劳资问题的区域探讨。例如，吴半农《河北省及平津两市劳资争议底分析》，根据案件性质及重要性来考察1927—1929年6月河北、北平、天津等地劳资争议的原因、结果等概况，实为中国区域劳资问题研究范例。⑦ 余启中《民国十二年至廿二年广州劳资争议底分析》则以政府档案、报刊为主要资料，对1923—1933年广州劳资争议的原因、结果、主体、调处方法及其效力等问题进行了细致统计与分析。⑧ 毋庸讳言，这些论著对劳资争议多偏于社会学、经济学视角的静态结构描述，而对劳资争议与社会背景的互动则甚少问津。尽管如此，却为我们深入考察近代中国劳资关系提供了资料与

---

① 详见陈达：《中国劳工问题》，上海：商务印书馆，1929年。
② 《评陈达氏之〈中国劳工问题〉》，天津《大公报》1930年6月22日，第11版。
③ S. K. Sheldon Tso, *The Labor Movement in China*, Shanghai, 1928 (Ph. D. Dissertation, Indiana University, 1928).
④ Fang Fu-an, *Chinese Labour: An Economic and Statistical Survey of the Labour Conditions and Labour Movements in China*, Shanghai: Kelly & Walsh, Ltd., 1931.
⑤ Wei Lin, *Chinese Labor Disputes Since 1919*, Nanking: Mei Chi Press Ltd., 1932.
⑥ H. D. Fong, *Industrial Organization in China*, Tientsin: Chihli Press, 1937, pp. 36–65.
⑦ 吴半农编：《河北省及平津两市劳资争议底分析（民国十六年一月至十八年六月）》，北平：北平社会调查所，1930年。
⑧ 详见余启中：《民国十二年至廿二年广州劳资争议底分析》，广州：国立中山大学出版部，1934年。

方法的借鉴。

如果说上述有关中国劳工问题等实证研究还多带有劳资对立主题,那么劳资协调与合作理论亦颇受学界青睐。针对20世纪二三十年代尖锐的劳资纷争事实,不少学者开始对中国现时劳资问题及其出路进行反思。如三民公司编《劳资冲突问题》即收录潘序伦的《政府处置劳资争端之方法》《国民政府实行调查节制劳资之初步》两文,提出解决中国劳资问题在于"端赖劳资两界,互相谅解"而"以两利共存,为公共之目标"①。高廷梓《调剂劳资纠纷方法》通过梳理法、美、德、英、日、中等国劳资纠纷调解方法及其沿革,来呼吁劳资两界"振发合作之精神,共谋工业之发达,使劳资纠纷无形消灭"②。陈文豹《劳资问题之商榷》则具体明示解决劳资问题的两种路径:一是提倡协社(Cooperative Society),即"劳资合股以营业,共享剩余利益之劳资结合也";二是借资本以兴工业,"盖劳工藉资本而生存,劳工更能藉资本之力而大兴;劳工既兴资本之势,不待征而自服矣"③。吴至信《中国劳资协调问题》更是倡言劳资协调在中国的必要性,否则劳资对立"足以使劳资关系进一步走入阶级斗争之途,非仅结果劳资两伤,而社会国家亦将蒙受极大影响"④。刘广惠《中国劳资纠纷之形成及其出路》、刘修如《中国当前的劳资协调问题》亦持同样观点。⑤ 而最能体现民国学界劳资协调与合作问题研究水准的论著则是孙本文《现代中国社会问题》第4册。该书采用实证分析与理论探讨相结合的方法,对中国劳资问题的起源、背景、内容,尤其对中国劳资问题特性的探讨颇能反映其劳资合作理念。孙本文指出,中国以农立国,劳资问题不严重,劳资间并无欧美贫富悬殊的现象,加上中国工界的阶级意识不如欧美显明,劳资界限不十分严格,因而劳资合作的可能性很大。据此,他进而强调中国劳工应与资方合作努力生产,振兴实业发达资本,共同对付外国资本主义。⑥

除劳资问题外,行会中的劳资组织状况亦得到一些学者的关注。如邓铁锋的《广东劳动业务之调查》《广东各工行状况之调查》及谢征孚《我国的

---

① 三民公司编:《劳资冲突问题》,上海:三民公司,1927年。
② 高廷梓:《调剂劳资纠纷方法》,广州:国立中山大学出版部,1928年。
③ 陈文豹:《劳资问题之商榷》,《群言》第1卷第5号,1922年9月1日,第42—45页。
④ 吴至信:《中国劳资协调问题》,《劳工月刊》第4卷第4期,1935年4月1日,第1—9页。
⑤ 详见刘广惠:《中国劳资纠纷之形成及其出路》,《劳工月刊》第3卷第11期,1934年11月1日,第1—19页;刘修如:《中国当前的劳资协调问题》,《劳工月刊》第5卷第4期,1936年4月1日,第1—12页。
⑥ 孙本文:《现代中国社会问题》第4册,第83、84页。

行会制度》对行会中劳资组织概况进行了实证考察。① 郭子勋《中国手艺工人的行会和工会》、全汉升《中国行会制度史》则探究了中国手工业行会向现代工会蜕变的原因及其呈现的新旧胶合特质，这为后人探寻劳资组织如何从同一行会中分离遗留下珍贵实证。②

其实，民国时期劳资关系研究的兴起还离不开国民党官方的积极推动。南京国民政府成立后，为控驭工人运动，消弭劳资纷争，多次组织人力搜集调查，并出版了大量劳资关系资料，以为制定劳资政策之参考。如工商部劳工司《各地劳资新旧合约类编》，收录1928年以前广东、浙江、江苏、江西、湖北、上海、南京、广州、北平、天津等17个省市的劳资新旧合约材料，并按饮食、衣着、建筑、交通、运输、机械、织染等20个行业分类汇编，其中合约467件，附载66件。至其类编的目的正如孔祥熙所言："执此以求往者劳资关系症结之所在，作将来改善之嚆矢，则斯编之印行，或为劳工立法上行政上参考之助尔。"③ 实业部劳动年鉴编纂委员会亦于1933、1934年先后出版《二十一年中国劳动年鉴》《二十二年中国劳动年鉴》，对当时各地劳动状况、劳动运动、劳动设施与法规等进行了详尽的调查与统计。④

国民党官方对劳资纠纷的调查亦格外重视。如国民党中央民众运动指导委员会相继于1933年11月、1934年9月、1935年10月编印《民国二十一年各地劳资纠纷参考资料》《二十二年劳资纠纷调查报告》《二十三年劳资纠纷调查报告》，辑录了南京、上海、天津、汉口等多个省市的劳资纠纷调研材料，并对纠纷的原因、内容与结果进行统计分析，试图借此"改进调处之方"而达到"劳资协调，工业和平"之目的。⑤ 持同样意图，上海市社会局亦编印《上海特别市劳资纠纷统计报告（十七年七月至十二月）》《上海特别市劳资纠纷统计（民国十八年）》《上海市劳资纠纷统计（民国十九

---

① 详见邓铁锋：《广东劳动业务之调查》，《工界》第10期，1920年8月1日，第19－22页；邓铁锋：《广东各工行状况之调查》，《工界》第11期，1920年8月14日，第13－15页；谢征孚：《我国的行会制度》，《中国劳动》创刊号，1941年11月10日，第23－27页。

② 详见郭子勋：《中国手艺工人的行会和工会》，《民族杂志》第2卷第11期，1934年11月1日，第1715－1724页；全汉升：《中国行会制度史》，上海：新生命书局，1934年。

③ 详见工商部劳工司：《各地劳资新旧合约类编》，南京：工商部总务司编辑科，1930年。

④ 实业部劳动年鉴编纂委员会：《二十一年中国劳动年鉴》，南京：实业部劳动年鉴编纂委员会，1933年；实业部劳动年鉴编纂委员会编：《二十二年中国劳动年鉴》，南京：实业部劳工司，1934年。

⑤ 中国国民党中央民众运动指导委员会编：《民国二十一年各地劳资纠纷参考资料》《二十二年劳资纠纷调查报告》《二十三年劳资纠纷调查报告》，南京：中国国民党中央民众指导委员会，1933、1934、1935年。

年)》《近五年来上海之劳资纠纷》《近四年来上海的劳资纠纷(民国二十二年至二十五年)》等一系列调查资料,主要就1928—1936年上海劳资纠纷案件的发生原因、结果、调处方法、业务分类、严重程度等方面进行了图表统计与分析。①

检讨工人运动之得失以便更好施予指导,也是国民党官方推进劳资协调的重要体现。如国民党中央民众运动指导委员会1934年编印的《中国国民党领导下之工人运动今昔观》,探讨了国民党工运的沿革、工作路线、劳动立法、工会状况、劳资纠纷等内容,并附有统计图表。② 同时,还编印《二十二年工人运动概观》,着重介绍1933年工运概况,并对国民党工运提出批评与建议。③ 此时一些国民党人也注重工人运动研究。如王秀水编《上海工人运动史》,试图通过对1925年五卅运动至1930年间上海工人运动的史实梳理,以期达到"调协劳资关系而谋工业和平"之目的。④ 马超俊《中国劳工运动史》则以中国工人运动发生原因及工会组织的发展为视点,通过对1912—1937年中国工人运动进程的具体考察,得出了"惟今后之劳工运动,只应在中国国民党指导之下,共同努力于三民主义之社会建设"的核心结论。⑤ 这显然带有宣扬劳资协调、排斥中共领导工人运动的意蕴。

以阶级革命为己任的中国共产党向来注重工运经验教训的总结,如心诚《三年来的职工运动》、邓中夏《五卅后中国职工运动之新现象》、刘少奇《一年来中国职工运动的发展》及《一年来中国职工运动》、中央职工部《一九三一年职工运动的总结》、陈云《福建事变中党在福建的职工运动》、齐华《抗战动员中陕甘宁边区职工运动》、任生《目前职工运动中的几个问

---

① 详见上海特别市社会局编:《上海特别市劳资纠纷统计报告(十七年七月至十二月)》,上海:大东书局,1929年;上海特别市政府社会局编:《上海特别市劳资纠纷统计(民国十八年)》,上海:商务印书馆,1931年;上海市政府社会局编:《上海市劳资纠纷统计(民国十九年)》,上海:中华书局,1932年;上海市政府社会局编:《近五年来上海之劳资纠纷》,上海:中华书局,1934年;上海市政府社会局编:《近四年来上海的劳资纠纷(民国二十二年至二十五年)》,《国际劳工通讯》第5卷第6期,1938年6月,第1-264页。

② 中国国民党中央民众运动指导委员会工人科编:《中国国民党领导下之工人运动今昔观》,南京:中国国民党中央民众运动指导委员会工人科,1934年。

③ 中国国民党中央民众运动指导委员会编:《二十二年工人运动概观》,南京:中国国民党中央民众运动指导委员会工人科,1934年。

④ 王秀水编:《上海工人运动史》,南京:中国国民党中央民众运动指导委员会,1935年。

⑤ 马超俊:《中国劳工运动史》上册,重庆:商务印书馆,1942年。

题》、金工《华中解放区的职工运动》等即是例证。① 尤值一提的是，一些中共工运领导人还出书探讨工人运动的方针与政策。如 1927 年 6 月，李立三《中国职工运动概论》于汉口出版，主要回顾了 1921 年中国共产党成立至 1927 年大革命时期工人运动的发展历程，总结其经验教训，并具体阐明中共工人运动的任务、方针与政策。② 1930 年 6 月，邓中夏在莫斯科写就《中国职工运动简史》，记述了 1919—1926 年中国工人运动的黎明、复兴与高涨情况，并对中共工运政策与策略亦多有论述与剖析。③ 同年 7 月，中华全国总工会在上海秘密出版罗章龙（署名"文虎"）《中国职工运动状况（1928—1930 年）》，通过梳理 1928—1930 年中共领导工人运动的斗争过程与特点，旨在宣传中共革命理论与政策，及其与工人运动相结合的实践有关问题。④ 1949 年 6 月，伍天峙《工商政策与劳资问题》在南京出版，主要关注中共"公私兼顾、劳资两利"新民主主义劳资政策与制度的同时，也对劳资契约、劳资合作等问题进行探讨。⑤

中共还十分注重调查、搜集与整理工运资料，作为其制定政策的参考。如 1939 年中共上海地下党组织编写的调查报告《上海产业与上海职工》即由顾准整编成书，借香港远东出版社名义出版。该书实际上是中共对上海的工业、经济和工运史料进行的一次综合性的初步调查，涉及棉纺、丝织、卷烟、电力、交通、邮政、印刷、机器等 22 个产业，并对各业职工生活的痛苦、工资、工时、劳动规则、衣食住行等均有详细记载。⑥ 另外，陕甘宁边区新华书店编《工运政策汇集》、晋察冀中央局研究室编《解放区工运与工业建设》、赵一波编《中国职工运动文献》（第 1 卷）、晋绥新华书店编《职

---

① 详见心诚：《三年来的职工运动》，《向导周报》第 128 期，1925 年 9 月 7 日，第 1176 - 1177 页；邓中夏：《五卅后中国职工运动之新现象》，《人民周刊》第 1、3 期，1926 年 2 月 7、24 日，第 7 - 9、10 - 13 页；刘少奇：《一年来中国职工运动的发展》《一年来中国职工运动》，《政治周报》第 13、14 期，1926 年 5 月 24 日、6 月 5 日，第 14 - 16、8 - 14 页；中央职工部：《一九三一年职工运动的总结》，《红旗周报》第 31 期，1932 年 3 月 11 日，第 19 - 38 页；陈云：《福建事变中党在福建的职工运动》，《斗争》第 58、59 期，1934 年 5 月 5、15 日，第 15 - 16、16 - 20 页；齐华：《抗战动员中陕甘宁边区职工运动》，《解放》第 39 期，1938 年 5 月 22 日，第 21 - 27 页；任生：《目前职工运动中的几个问题》，《共产党人》第 6 期，1939 年，第 7 - 17 页；金工：《华中解放区的职工运动》，《新华论坛》第 1 卷第 7 期，1945 年 5 月 1 日，第 5 - 7 页。

② 李立三：《中国职工运动概论》，《中国工运史料》1981 年第 4 期。

③ 据笔者粗略统计，新中国成立前，邓中夏所著《中国职工运动简史》至少有解放社 1943 年版、新华书店晋察冀分店 1946 年版、东北书店 1947 年版、华中新华书店 1949 年版、知识书店 1949 年版、中原新华书店 1949 年版、人民出版社 1949 年版等七种版本。

④ 文虎：《中国职工运动状况（1928—1930 年）》，《中国工运史料》1983 年第 23 期。

⑤ 伍天峙编著：《工商政策与劳资问题》，南京：新光出版社，1949 年。

⑥ 朱邦兴、胡林阁、徐声编：《上海产业与上海职工》，上海：上海人民出版社，1984 年。

工运动文献》、东北书店编《职工运动文献》（共 4 册）等文献汇编，亦为后人探索民主革命时期中共劳资政策提供了珍贵资料。①

民国时期，国外有关中国劳资问题研究当以日本学界最为重要。1919年至 20 世纪 20 年代中期，小山清次、长野朗、宇高宁等人有关中国劳工问题论著的相继出版，可视为日本学界研究之滥觞。② 综观这些日本学者的研究，主要涉及中国劳工的饮食、被服、居住、迁移、婚姻家庭、娱乐、观念信仰、劳动组合、工资工时、劳动制度、劳动效率、劳动福利、劳动法制、同盟罢工、劳资争议及劳动设施等方面，实开创日本学界以实证社会学分析中国劳工问题的先河。事实上直至抗日战争结束，实证社会学路径依然主导着日方对中国劳工问题的调查。其间，尤以大连南满洲铁道株式会社组织的相关调查最负盛名，如《支那劳动争议调查（一）》《满洲工业劳动事情》《满洲劳动运动对策》《最近上海的劳动运动风潮》《北满的劳动运动》《一九二七年度上海为中心的支那劳动运动》《中国无产阶级运动史》《无锡劳动事情》等即是例证。③ 此外，南满洲警察协会、上海日本总领事馆、满洲劳工协会、华北劳工协会等驻华机构还编辑出版《支那劳动运动》《中国劳动运动状况》《满洲劳动年鉴》《手工业劳动形态调查》等有关中国劳工问题的实地调查资料。④ 在注重实地调查的同时，日人还翻译了《支那劳动视

---

① 陕甘宁边区新华书店编：《工运政策汇集》，1944 年；晋察冀中央局研究室编：《解放区工运与工业建设》，1946 年；赵一波编：《中国职工运动文献》第 1 卷，上海：十年出版社，1946 年；晋绥新华书店编：《职工运动文献》，1949 年；东北书店编：《职工运动文献》（1－4 册），1949 年。

② 详见小山清次：《支那勞働者研究》，東京：東亞實進社，1919 年；長野朗：《世界の威脅：支那勞働者及勞働運動》，北京：燕塵社，1925 年；宇高寧：《支那勞働問題》，上海：國際文化研究會，1925 年。

③ 详见南滿洲鐵道株式會社庶務部調查課：《支那に於ける勞働爭議調（一）》，大連：南滿洲鐵道株式會社，1925 年；南滿洲鐵道株式會社庶務部調查課：《滿洲工業勞働事情》，大連：南滿洲鐵道株式會社，1925 年；南滿洲鐵道株式會社庶務部社會課：《滿洲ニ於ケル勞働運動對策》，大連：南滿洲鐵道株式會社，1925 年；南滿洲鐵道株式會社庶務部調查課：《最近上海に於ける勞働運動風潮》，大連：南滿洲鐵道株式會社，1926 年；南滿洲鐵道株式會哈爾濱事務所調查課：《北滿の勞働運動》，大連：南滿洲鐵道株式會社，1927 年；南滿洲鐵道株式會社社長室人事課：《一九二七年度上海を中心とする支那の勞働運動》，大連：南滿洲鐵道株式會社，1928 年；南滿洲鐵道株式會社庶務部調查課：《中國無產階級運動史》，大連：南滿洲鐵道株式會社，1929 年；南滿洲鐵道株式會社調查部：《無錫勞働事情》，大連：南滿洲鐵道株式會社，1939 年。

④ 详见末光高義：《支那の勞働運動》，大連：南滿洲警察協會，1930 年；上海日本總領事館警察部第二課：《中國勞働運動狀況》，无出版地，1934 年；滿洲勞工協會編：《滿洲勞動年鑑》，新京：巖松堂書店，1941 年；華北勞工協會編：《手工業勞働實態調查——張家口粗皮業五四經營に於ける》，北京：華北勞工協會，1943 年。

察记》《中国劳动事情》等中国劳工问题的译著。① 须指出，以上调查多以考察中国劳工状况、劳动管理及劳动运动走势为重心，显然带有为日本侵华提供咨询服务的性质。然而，并非所有日本学者研究中国劳工问题都抱御用资政的目的，还有的本着同情中国革命的立场，以工运史视角来关注中国劳工问题。如宫胁贤之介《现代支那社会劳动运动研究》对国民革命时期的劳资争议、工人运动以及南京国民政府颁布的工会法、工厂法、劳资争议处理法等问题进行了重点分析。② 盐胁幸四郎《中国劳动运动史》（上、下卷）则按发轫初期（1918—1922年）、由分散的经济斗争至统一的政治斗争（1922—1925年）、国民革命时期、抗日战争时期、战后新民主主义革命时期（1945年8月—1949年4月）等时段，具体考察了中国工人运动的历史进程，尤其对中共领导的工人运动着墨较多。③

这一时期欧美学界也对中国劳资问题给予了一定关注。如1925年英国外交部编辑出版《关于中国劳工状况的文件》，辑录10篇英国驻华领事有关1924—1925年上海、广州、长沙、成都、福州、汉口等地劳工立法与劳工状况的报告。④ 1927年1月，国际劳工局出版的《国际劳工评论》刊载了《中国劳动问题之现状》，作者亨利（P. Henry）曾至中国从事劳动状况调查，在文中他详尽探讨了中国的劳动立法、劳工现状及其改善方法。⑤ 1928年《人道与中国劳工：1923年至1926年工业调查及其结果》在伦敦出版，详述了作者安德森（Adelaide Mary Anderson）以劳工福利专家、社会工作者的身份到中国考察劳工事业，尤其对童工劳动保护问题的人文关怀。⑥ 须承认，以上中国劳工问题的成果多是作者实地调研的结晶，为考察20世纪20年代中国劳资关系提供了珍贵的原始文献，但谈不上真正意义的学术研究；而美国记者尼姆·威尔斯（Nym Wales）《中国劳工运动》、伊斯雷尔·爱泼斯坦（Israel Epstein）《中华民国劳工问题笔记》则体现了当时欧美学界的中国工运史研究水平。前者以中国革命政治形势发展为线索，深入考察了1922—1945年中国工人运动五个阶段（1922—1923年、1923—

---

① 高山洋吉譯：《支那勞働視察記》，東京：生活社，1939年；藤澤久藏譯：《中國勞働事情》，東京：生活社，1941年。

② 宫脇賢之介：《現代支那社會勞働運動研究》，東京：平凡社，1932年。

③ 鹽脇幸四郎：《中國勞働運動史》（上、下卷），東京：白揚社，1949年。

④ Great Britain Foreign Office, *Papers Respecting Labour Conditions in China*. London: His Majesty's Stationary Office, 1925.

⑤ 亨利（P. Henry）：《中国劳动问题之现状》，上海：国民政府财政部驻沪调查货价处，1928年。

⑥ Adelaide Mary Anderson, *Humanity and Labour in China: An Industrial Visit and its Sequel (1923 to 1926)*, London: Student Christian Movement, 1928.

1925年初、1925—1927年革命、1927—1937年国共内战、1937—1945年抗日战争)的具体实情,尤对中国工人运动详为探讨。① 后者对抗战时期国统区劳工问题与政府劳动措施多有置评,并附有美国驻沪领事馆劳工参事Julian R. Friedman关于1945—1948年间国统区劳工状况的报告。②

总之,民国时期劳资关系研究,因中外学界与政治势力对中国劳工问题的关注而形成初步繁荣态势。尽管这些关注不乏有人文关怀、学术研究、政治动员和社会控制、御用资政甚至为外国侵华势力服务的不同意图,但以实证社会学路径调查并探讨民国劳资问题已为时人学贤的共识,也是此阶段研究的突出特色。这为后人拓展近代中国劳资关系研究蕴积了丰富的学术资源。

二、单一范式：20世纪50—70年代的工运史研究路径

自新中国成立至"文革"爆发前,随着马克思主义阶级分析法与阶级斗争理论在学术研究中居于指导地位,大陆学界对近代中国劳资关系探讨,自然就确立了"资本家压迫,工人反抗"的革命史话语范式,且仍为工运史研究的附生物。尽管这一时期相关研究较前在规模与水平上没有大的突破,但因"双百"方针的提出,在资料整理、劳资阶级分野理论及某些专题史实考订方面取得一定进展。

首先,注重对近代中国工运史、工业史、手工业史、企业史等资料的调查与搜集,并加以整理和出版,如《中国职工运动文献》《第一次国内革命战争时期的工人运动》《中国工运史料》《中国工会历史文献》《中国近代经济史统计资料选辑》《中国近代工业史资料（1840—1895年)》《中国近代工业史资料（1895—1914年)》《中国近代工业史资料》《中国近代手工业史资料（1840—1949年)》《中国近代铁路史资料（1863—1911)》《南洋兄

---

① Nym Wales, *The Chinese Labor Movement*, New York: The John Day Company, 1945.
② Israel Epstein, *Notes on Labor Problems in Nationalist China*, with a supplement by Julian R. Friedman, New York: International Secretariat, Institute of Pacific Relations, 1949. 并见陈明銶:《中国劳工运动史研究》,"中央"研究院近代史研究所六十年来的中国近代史研究编辑委员会编:《六十年来的中国近代史研究》下册,第611页。

弟烟草公司史料》《中国民族火柴工业》等。① 除上述代表性资料汇编外，一些学术刊物还刊发了不少相关调查资料，如《晚清江西纸厂工人反压迫的斗争》《满清末叶嘉兴香铺工人的罢工斗争》《关于中国第一代产业工人的斗争的资料》《中国民族资本主义发生时期在上海的情况和工人阶级的早期状况》《一九〇五年四月中国工人反抗帝国主义资本家的斗争》《第一次世界大战期间上海工人阶级的壮大和工人运动的发展》《一九二一年以前上海工人阶级状况》《中国共产党发起组织领导的最早的工人运动》《中国共产党与上海工人》《"四一五"反革命政变前广东工人对国民党右派的斗争》《第一次国内革命战争时期黄陂工人运动的高潮》《抗日战争时期汉口福新第五厂和申新第四厂的劳资关系和工人运动》《1937—1945年间国民党统治区工人阶级的状况》《抗日战争时期抗日根据地工人运动的概况》《上海的劳资争议与罢工（1937—1947年)》等。② 以上资料，对近代中国不同时期各行业工人的生活状况、罢工斗争及资本家的剥削与压迫多有关注与辑录，

---

① 详情可见中华全国总工会编：《中国职工运动文献》，北京：工人出版社，1949年；《第一次国内革命战争时期的工人运动》，北京：人民出版社，1954年；中华全国总工会中国职工运动史研究室等编：《中国工运史料》（共8期），北京：工人出版社，1958、1960年；中华全国总工会中国职工运动史研究室编：《中国工会历史文献》（全5集），北京：工人出版社，1958年；严中平等编：《中国近代经济史统计资料选辑》，北京：科学出版社，1955年；孙毓棠编：《中国近代工业史资料（1840—1895年)》第1辑（上、下册），北京：科学出版社，1957年；汪敬虞编：《中国近代工业史资料（1895—1914年)》第2辑（上、下册），北京：科学出版社，1957年；陈真等编：《中国近代工业史资料》（全4辑），北京：生活·读书·新知三联书店，1957、1958、1961年；彭泽益编：《中国近代手工业史资料（1840—1949)》（全4卷），北京：生活·读书·新知三联书店，1957年；宓汝成编：《中国近代铁路史料（1863—1911)》（全3册），北京：中华书局，1963年；上海社会科学院经济研究所编：《南洋兄弟烟草公司史料》，上海：上海人民出版社，1958年；青岛市工商行政管理局史料组编：《中国民族火柴工业》，北京：中华书局，1963年。

② 详见孙毓棠：《晚清江西纸厂工人反压迫的斗争》，《历史教学》1951年第10期；董巽观：《满清末叶嘉兴香铺工人的罢工斗争》，《历史研究》1955年第2期；汪敬虞、聂宝璋：《关于中国第一代产业工人的斗争的资料》，《经济研究》1962年第3期；之河：《中国民族资本主义发生时期在上海的情况和工人阶级的早期状况》，《历史教学问题》1958年第10期；邵循正：《一九〇五年四月中国工人反抗帝国主义资本家的斗争》，《历史研究》1954年第2期；马洪林、季国忠、陈书林：《第一次世界大战期间上海工人阶级的壮大和工人运动的发展》，《史学月刊》1964年第7期；赵亲：《一九二一年以前上海工人阶级状况》，《学术月刊》1961年第7期；刘立凯：《中国共产党发起组织领导的最早的工人运动》，《历史研究》1955年第2期；刘长胜等：《中国共产党与上海工人》，上海：劳动出版社，1952年；金应熙：《"四一五"反革命政变前广东工人对国民党右派的斗争》，《理论与实践》1958年第1期；武大历史系党史调查队黄陂小队：《第一次国内革命战争时期黄陂工人运动的高潮》、蔡树立：《抗日战争时期汉口福新第五厂和申新第四厂的劳资关系和工人运动》，《武汉大学人文科学学报》1959年第4期；宫韵史：《1937—1945年间国民党统治区工人阶级的状况》，《历史研究》1960年第3期；韩刘文：《抗日战争时期抗日根据地工人运动的概况》，《历史教学》1964年第7期；陈达：《上海的劳资争议与罢工（1937—1947年)》，《教学与研究》1957年第6期。

为我们探究近代中国劳资关系提供了可靠的文献保证及按图索骥之便。

其次，劳资阶级分野——中国工人阶级何时完成由"自在"向"自为"转化问题已为20世纪50年代末至60年代初学界论争的焦点。其观点主要有：（1）五四运动说。李时岳认为辛亥革命后中国工人阶级还处在自在阶级状态，但至五四运动开始作为一个独立的阶级力量登上政治舞台。① 荣天琳等人亦主张，五四运动是中国工人阶级摆脱自在阶级状态，形成自为阶级的开端。② 赵亲、黄杜亦强调，从第一次世界大战爆发到五四运动，是中国工人阶级从自发斗争过渡到自觉斗争的时期。③ 张琦也指出，中国工人阶级在五四时期时局演变中所起的决定性作用，已无愧于自为阶级的称号。④（2）中共成立说。刘立凯、王真认为，1921年中共成立后，中国工人阶级迅速由自在阶级成为自为阶级，由过去为资产阶级做帮工地位变为民主革命的政治领导力量。⑤ 项立岭亦指出，五四时期中国工人阶级尚未与社会主义相结合，还受着资产阶级的影响和控制。因此，还不能认为"五四"是中国工人运动由自发向自觉转变的标志，而中共成立才标志着中国工人运动开始进入自觉阶段。⑥（3）由五四运动开始至中共成立完成转变说。丁守和等人认为，中国工人阶级由自在阶级向自为阶级转变是在十月革命和五四运动以后，是在共产主义知识分子在工人中进行马克思主义宣传以后开始的，中共成立则标志这个转变的完成。⑦ 李星等人也主张，五四运动后，中国工人阶级迅速由自在阶级向自为阶级转变，而中共产生标志着中国工人阶级形成自为阶级。⑧ 何长凤亦强调，中国工人阶级由"自在"向"自为"转变是从五四运动开始的，而中共成立标志着这一转变的彻底完成。⑨ 其后，荣天琳亦指出，从五四运动至中共成立，是中国工人阶级最后形成自为阶级的阶

---

① 李时岳：《辛亥革命前后的中国工人运动和中华民国工党》，《史学集刊》1957年第1期。
② 荣天琳、张注洪、周承恩：《五四前后的中国工人阶级》，北京大学历史系编辑：《北大史学论丛》，北京：高等教育出版社，1958年，第22页。
③ 赵亲、黄杜：《五四运动前中国工人运动史的分期问题》，《学术月刊》1960年第3期。
④ 张琦：《中国工人阶级在"五四"时期是否已开始成为"自为"的阶级》，《江汉学报》1962年第4期。
⑤ 刘立凯、王真：《中国共产党成立后和第一次国内革命战争时期的工人运动（一）》，《学习》1952年第1期。
⑥ 项立岭：《试论中国工人运动由自发到自觉的转变》，《学术月刊》1961年第7期。
⑦ 丁守和、殷叙彝、张伯昭：《十月革命对中国革命的影响》，《历史研究》1957年第10期。
⑧ 李星、赵亲、黄杜：《论中国工人阶级由自在阶级到自为阶级的转变》，《学术月刊》1961年第2期。
⑨ 何长凤：《关于中国工人阶级由自在阶级到自为阶级的转变问题》，《学术月刊》1961年第7期。

段。①

再次，劳资合作问题，即资本家对工人运动的渗透亦得到关注与批判。如1911年12月，徐企文在上海组织的中华民国工党的性质就引起争议，李时岳认为其基本成员是以"工人为主体"，但领导人成分是很复杂的，它是中国工人阶级还未成为自为阶级期间的工人组织，在一定程度上表现了当时中国工人阶级的要求和觉悟程度，同时也说明资产阶级分子曾经企图利用、控制这个组织，以达到欺骗工人、缓和工人斗争的目的。② 赵亲亦指出，辛亥革命后，资产阶级及其知识分子日益渗入工人运动并取得领导权，中华民国工党的副会长就是资产阶级分子，这是中国工人阶级还处在自在阶段的必然结果。③ 梁玉魁则进一步考证出中华民国工党的组织者徐企文并非工人，而是资产阶级知识分子，其会长朱志尧是大买办资本家。除了领导者，其简章和宗旨也可证明工党是资产阶级的工具，根本不是代表工人阶级利益的工会组织。④ 为深入剖析资方渗透工人运动的情形，李星具体考察了五四时期资产阶级及其知识分子，在上海工人中提倡"平民教育"、抵制劳动运动、组织"工界团体"等活动，以此揭批资本家试图通过宣扬劳资合作来维护自身利益，进而"将工人运动纳入资产阶级轨道"的目的。⑤

"文革"十年间，大陆学界近代中国劳资关系研究基本停滞。至"文革"结束，才渐有起色。1977年3月，人民出版社出版了《旧中国的资本主义生产关系》一书。该书主要依据马克思主义政治经济学原理，对旧中国资本家的起家、剩余价值生产、超经济强制、工人阶级贫困化及其反抗资本主义制度的斗争等方面进行了分析，以"揭露资产阶级剥削和压迫中国无产阶级的真实情况"，"使读者对资本主义这种罪恶制度有较深的认识"⑥。以上相关研究，虽不可避免附着阶级斗争的时代烙印，但也不乏真知灼见。

此外，这一时期台湾也出版了一些工运史著作，如李伯元、任公坦的《广东机器工人奋斗史》、中国劳工运动史编纂委员会的《中国劳工运动史》等⑦，虽多为站在国民党立场的政论之作，但其中对近代中国劳资问题的某

---

① 荣天琳：《论中国工人阶级向自为阶级转变的最后阶段》，《北京大学学报》1962年第1期。
② 李时岳：《辛亥革命前后的中国工人运动和中华民国工党》，《史学集刊》1957年第1期。
③ 赵亲：《辛亥革命前后的中国工人运动》，《历史研究》1959年第2期。
④ 梁玉魁：《关于中华民国工党的性质问题》，《历史研究》1959年第6期。
⑤ 李星：《批判五四时期资产阶级知识分子在上海工人中的一些活动》，《历史教学》1964年第5期。
⑥ 《旧中国的资本主义生产关系》编写组：《旧中国的资本主义生产关系》，北京：人民出版社，1977年，"前言"，第3页。
⑦ 李伯元、任公坦：《广东机器工人奋斗史》，台北：中国劳工福利出版社，1955年；中国劳工运动史编纂委员会编纂：《中国劳工运动史》（全5册），台北：中国劳工福利出版社，1959年。

些探讨，也有可以借鉴的史实。

与上述国内学者侧重于阶级立场的单一政治化研究语境相比，此时一些欧美学者则以较开阔的视野研究近代中国工人运动，且对劳资问题亦有涉猎。如法国学者谢诺（Jean Chesneaux）的《中国工人运动（1919—1927）》一书，依据大量中、英、法、俄文史资料，主要从社会经济与人口统计等方面对1919年至1927年间中国产业工人阶级的起源、社会结构、劳动生活以及其所承担的社会、政治任务等进行了深入探讨。① 不过，该书研究视野多着眼于华北、华中地区，而对华南地区较少涉及。1975年，陈明銶的斯坦福大学博士学位论文《劳工与帝国：珠江三角洲劳工运动（1895—1927）》则弥补了这一缺憾。该论文以当时西方社会学、政治学、口述史学等方法，结合大量的中西文献，宏观地考察了清末民初珠三角（包括港澳）工人运动的发展脉络。同时，对工人阶级的来源、数量、流动与分布、征募和就业、工资与物价、工会组织及工人政治等皆有专章论述。② 不过，可能由于历史原因，该文对中国大陆和台湾地区的相关档案资料，尤其是中共工运档案及台北中国国民党文化传播委员会党史馆典藏的五部档案却未利用，这就在相当程度上制约着作者对珠三角工人政治的全面解读。

与欧美学者注重"社会—政治"研究取向不同，日本一些学者注重从历史学角度按时段来考察中国工人运动，尤其是中共领导和组织的工人运动。如铃江言一的《中国解放斗争史》系由1929年11月南满洲铁道株式会社庶务部调查课印行的《中国无产阶级运动史》为底本再版的。③ 向山宽夫则集中分析了中共劳动立法的历史、内容与特征。④ 另外，他还将中国工人运动史分为胎动期（1906—1917年）、抬头期（1918—1921年）、高扬期（1922—1927年）、衰退期（1928—1945年）、再高扬期（1946—1949年）等五个时段，并专章探讨中共领导的五卅运动、省港罢工等反帝爱国运动。⑤ 中村三登志亦就1919—1955年中共领导的新民主主义革命时期和社会主义革命时期的工人运动进行了重点考察。⑥ 与这些侧重于中共领导工人

---

① Jean Chesneaux, *The Chinese Labor Movement, 1919—1927*, translated from the French by H. M. Wright, Stanford: Stanford University Press, 1968.
② Ming Kou Chan, *Labor and Empire: The Chinese Labor Movement in the Canton Delta, 1895—1927*, Ph. D. Dissertation, Stanford : Stanford University, 1975.
③ 鈴江言一：《中國解放鬥爭史》，東京：石崎書店，1953年。
④ 向山寬夫：《中國共產黨の勞働立法：その歷史・内容・特徵》，東京：國學院大學，1964年。
⑤ 向山寬夫：《中國勞働運動の歷史的考察》，東京：國學院大學，1965年。
⑥ 中村三登志：《中國勞働運動の歷史》，東京：亞紀書房，1978年。

运动的革命史视角不同,还有日本学者提出应从工人实情出发来研究中国工人阶级的形成及其运动。如古厩忠夫主张,"应把工人阶级的存在状态置于该时期的产业结构中去考察",因为中国沿海、中间地带及内地的经济政治情况不同,中国工人阶级便出现不同阶层,工人运动发展也因此不平衡。小杉修二则提出不能完全因袭邓中夏、铃江言一的观点,应对中国工人运动的左、右翼,工人思想状况,统一战线对工人不成熟的补充作用,以及政治形势变化等因素对工人运动的影响等方面进行综合研究。同时,他还强调"应从工人阶级的各种客观条件,尤其是资本与劳动这一基本矛盾去考虑中国的工人运动"。1977 年,东京史学研究会召开年会,亚洲史部提交了集体研究报告《中国的工人阶级状态与工人运动》,该报告提出要"把握中国工人阶级客观存在状态的结构与阶段",来研究中国工人运动。①

依上述路径与方法,日本一些学者注重探讨各种思潮对中国工人阶级的形成及其运动发展阶段的影响。如古厩忠夫在对五四时期各类工人实际状况的分析中指出,中国工人运动的主流是与当时以实业救国思潮为特点的资产阶级民族主义有直接关联。② 广田宽治在《广东工人运动的黎明与机器工人》一文中认为,广东工人以 1921 年 3—6 月的工潮为转机,不论在组织上或意识形态上都已摆脱古厩忠夫所说的那种"资产阶级民族主义思潮"。其后,他又在《广东工人运动的各种思潮——广东省总工会成立经过》一文中进一步从微观角度,以 1921、1922 年的《香港华字日报》为主体史料,透视了当时国民党领导的已组织化的广东机器工人、手工业工人、技匠阶层,在广东总工会成立过程中所展开的劳动攻势,以及无政府主义、工团主义、民生主义、马克思主义等思潮在罢工中的作用。③ 当然,还有学者注重将工人阶层构成及其客观性格与当时社会经济状况、政府劳资政策结合起来考察工人运动的,如久保亨对1925—1927 年国民革命时期武汉工人运动的研究即是例证。④ 以上这些,为我们研究近代中国劳资关系提供了有益的思

---

① 王玉平:《日苏等国对中国工人阶级与工人运动的研究》,中国社会科学院近代史研究所《国外中国近代史研究》编辑部编:《国外中国近代史研究》第 20 辑,第 337–338 页。
② [日]古厩忠夫:《工人运动的不同派别》,《中国近代史讲座》1978 年第 4 期,参见 [日]高纲博文:《日本的中国工人运动史研究》,王尧译,天津社会科学院历史研究所、天津市城市科学研究会合编:《城市史研究》第 15–16 辑,第 282 页。
③ [日]广田宽治:《广东工人运动的各种思潮——广东省总工会成立经过》,吴仁译,中国社会科学院近代史研究所《国外中国近代史研究》编辑部编:《国外中国近代史研究》第 23、24 辑,北京:中国社会科学出版社,1993、1994 年。
④ [日]久保亨:《国民革命时期(1925—1927 年)武汉的工人运动》,易升运、胡永弘译,华中师范大学历史研究所、中南地区辛亥革命史研究会编:《国外辛亥革命史研究动态》第 6 辑,武汉:华中师范大学出版社,1986 年,第 36–54 页。

路借鉴。

三、多元化视角：20世纪80年代以来的研究进展与态势

这一时期随着改革开放进程的逐步深入，中外学术交流日趋频繁和密切，近代中国劳资关系研究视野亦呈多元化态势，这主要体现在如下方面：

1. 工运史视角

20世纪80年代以来，国内工运史研究蓬勃发展，无论在数量、质量抑或方法等方面较前皆有很大突破。据不完全统计，自1980年至2009年，国内出版工运史著作至少150余部，发表有关学术论文700余篇。[①] 至于这些学术成果的概况与特点，学界已有精彩评述[②]，笔者不拟对此多加赘言，仅就近年学界颇具特色，涉及近代中国劳资问题的工运史资料汇编及学术论著做一评介。

此阶段相关资料的整理和出版颇具规模。其中最具代表性的当属中华全国总工会编《中共中央关于工人运动文件选编》和刘明逵、唐玉良主编《中国近代工人阶级和工人运动》。[③] 前者几乎收集了中共在民主革命时期所有重要文件，并按时间顺序汇编成册，使研究者能较清晰地把握中共的工运思想、方针政策和斗争策略的发展演变。后者则主要汇辑了从鸦片战争至新中国成立的110年间涉及中国工人阶级产生、形成和发展的诸多史料，这些史料主要选自中外多种史籍、报刊和有关各方面的档案文件（包括晚清政府、北洋军阀政府特别是国共两党及其领导的政府、工会等方面的档案文件以及外国官方和民间的档案文件），总字数达千余万。内容涵盖中国工人阶级的生活、组织、斗争、福利设施、劳动政策法令及国际联系等方面。这部多卷本的资料汇编，选材精当，编排合理，极具学术价值。另外，《中共"工人运动"原始资料汇编》（第1~4辑）《北方地区工人运动资料选编（1921—1923）》《江西工人运动史料选编》《陕甘宁边区工人运动史料选编》《四川工人运动史料选编》《闽浙赣苏区工人运动史料》《苏联〈真理

---

① 笔者依据曾业英主编：《当代中国近代史研究（1949—2009）》，第409、421、430页信息整理。
② 详见曾业英主编：《当代中国近代史研究（1949—2009）》，第408-441页。
③ 中华全国总工会编：《中共中央关于工人运动文件选编》（上、中、下册），北京：档案出版社，1985年；刘明逵、唐玉良主编：《中国近代工人阶级和工人运动》（1~14册），北京：中共中央党校出版社，2002年。

报〉有关中国革命的文献资料选辑（1919—1927）》（第 1 辑）等①，收录的一些中共工人运动的文献资料也显弥足珍贵；而彭泽益主编的《中国工商行会史料集》则为考察传统行会劳资关系提供了资料便利。②

论著方面，尽管阶级斗争革命史观在此时国内工运史研究中仍居主导，③ 但也呈现一些新趋向。刘明逵、唐玉良主编的《中国工人运动史》便是中国学者试图摆脱传统工运史研究范式的新尝试。④ 书中运用大量文献资料，充分吸收国内外已有工运史研究成果，对中国工人阶级的产生、发展、壮大，由"自在"向"自为"的转变，以及与中国革命的关系等诸问题皆予以较客观、公允的评析，实为国内学界以工运史视角透视近代中国劳资问题的典型论著。然而，尽管该书卷帙浩繁，但相当篇幅在描述政治背景，尤其是中共的会议、决议等内容，在谈及工人运动时，多侧重于"过程"的描述，而缺乏从社会史角度的深入探讨。⑤ 事实上，该书仍是以传统政治史、革命史的阶级斗争思维来关注劳资关系，不过也显示出注重工人生活的社会史取向的新态势。

---

① 详见国民党政府司法行政部调查局编：《中共"工人运动"原始资料汇编》第 1 辑，1980 年；国民党政府法务部调查局编：《中共"工人运动"原始资料汇编》第 2 辑，1981 年；国民党政府法务部调查局编：《中共"工人运动"原始资料汇编》第 3 辑，1981 年；国民党政府法务部调查局编：《中共"工人运动"原始资料汇编》第 4 辑，1982 年；中国革命博物馆编：《北方地区工人运动资料选编（1921—1923）》，北京：北京出版社，1981 年；江西省总工会、江西省档案馆编：《江西工人运动史料选编》，南昌：江西人民出版社，1986 年；陕西省总工会工运史研究室编：《陕甘宁边区工人运动史料选编》（上、下册），北京：工人出版社，1988 年；江西省总工会上饶地区办事处编：《闽浙赣苏区工人运动史料》，南昌：江西人民出版社，1989 年；安徽大学苏联问题研究所、四川省中共党史研究会编译：《苏联〈真理报〉有关中国革命的文献资料选辑（1919—1927）》第 1 辑，成都：四川省社会科学院出版社，1985 年。

② 彭泽益主编：《中国工商行会史料集》（上、下册），北京：中华书局，1995 年。

③ 事实上，此种劳资关系研究模式至今仍在深深影响着国内相关工运史论著。通过考察此时期与本书研究地域相关的广东地区的工运史成果即可证实，如广州工人运动史研究委员会办公室 1988 年编的内部稿《广州工人运动简史》，张克谟、钟毅旭主编《广东工人运动史》第 1 卷（广州：广东人民出版社，1997 年）等，这些著作往往只突出中共领导下的工人运动和工会运动，对国民党等其他政治势力影响下的工人和工会的活动则较少提及。显然，这对全面、客观剖析广东工人运动是颇为不利的，遑论其劳资关系研究了。此外，这些著作的学术规范性亦值得商榷，资料征引过于简略，极不规范：作者在引文时往往只注书名，甚或连书名、页码亦不注出。这样，就使读者对资料来源的准确性无从稽考。论文方面如温小鸿的《省港罢工与广东商人》（《广东社会科学》1987 年第 1 期）、禤倩红和卢权的《北伐出师后的广东工人运动》（《近代史研究》1997 年第 3 期）等。上述成果，尽管由于研究对象与内容不同而有所侧重，甚或视角单一，但却为本文构思与分析提供了合理参考和借鉴。

④ 刘明逵、唐玉良主编：《中国工人运动史》（6 卷本），广州：广东人民出版社，1998 年。

⑤ 蔡少卿、刘平：《中国工人运动与帮会的关系——兼评六卷本〈中国工人运动史〉》，《学术研究》2000 年第 3 期。

与大陆学者革命史研究范式不同，一些港台学者则注重以"集体行动"等西方社会科学理论来解读中国工运史，尤其是传统手工业工人的抗议行动。如香港学者陈明銶借"集体行动"理论分析了晚清广东劳工的心态、组合和动员。他指出，一向被视为传统、落后的手工业和旧行业的工人，在意识心态、团结组合方面经验丰富，不但在晚清广东社会、经济、政治性群众动员中起重大作用，同时也是中国工人运动早期成长的基础，更为日后"现代革命性劳工运动的历史基础"①。此外，他还专文探讨了在清末民初高度都市化、商业化社会和在中国对外经济交往中，珠三角城市工人在"经济民族主义""社区利益""行会心态""偏狭特殊关系"等因素影响下，对国际经济冲击所做维护自身权益的集体行动。②台湾学者刘石吉亦以"集体行动"理论，通过1924年上海徽帮墨匠罢工风潮为个案，分析了20世纪20年代手工艺工人集体行动的形态特征及其历史意义。③ 其后，他又从宏观层面以中国与西欧对比视角考察了近代城镇手艺工人抗议形态的演变，并特别指出西方思潮虽对近代中国工人抗议运动有推波助澜之效，但传统因素的影响更值得重视。④

值得注意的是，昔日海外中国工运史研究学术重镇的日本学界在这一时期的相关成果可谓乏善可陈。如手岛博将中国工人运动史分为五四运动、第一次国内革命战争、北伐战争、第二次国内革命战争、抗日战争、第三次国内革命战争等时段来考察，尤其对中共工人运动予以重点关注。⑤ 江田宪治则对五四时期上海工人的状况、组织及其运动进行了细致深入地分析。⑥ 显然，他们的研究可以说是前述铃江言一、向山宽夫、中村三登志等人新民主主义革命史路径的延续。

与此相比，同期美国学界的中国工运史研究尚有可圈可点之处。如裴宜理（Elizabeth J. Perry）的《上海罢工——中国工人政治研究》便是典范。

---

① 陈明銶：《晚清广东劳工"集体行动"理念初探》，《中国社会经济史研究》1989年第1期。

② 陈明銶：《清季民初中国城市群众动员之型态——泛论1830年至1920年珠江三角洲草根阶层抗衡外国经济压力之集体行动》，章开沅、朱英主编：《对外经济关系与中国近代化》，武汉：华中师范大学出版社，1990年，第326–342页。

③ 刘石吉：《一九二四年上海徽帮墨匠罢工风潮——近代中国城市手艺工人集体行动之分析》，《江淮论坛》1989年第1、2期。

④ 刘石吉：《近代城镇手艺工人抗议形态的演变——中国与西欧的对比》，李长莉、左玉河主编：《近代中国的城市与乡村》，《中国近代社会史研究集刊》第1辑，北京：社会科学文献出版社，2006年，第191–206页。

⑤ 手岛博：《中國勞働運動史》，東京：東陽書房，1985年。

⑥ 江田憲治：《五四時期の上海労働運動》，京都：同朋舎，1992年。

该书在广泛涉猎欧美工人研究成果的基础上，借鉴历史学、经济学、社会学和政治学等学科理论，并吸纳"新工人史"研究方法，以近代上海工人的罢工为视点来透视工人政治变动，同时将工人政治置于中外比较的视野下进行综合观照，力图从工人社会经历、地理源流、文化传统、工作场所等自身因素出发，亦即从地缘政治和产业政治的角度探求工人阶级分化演变的原因，并探索此种分化对于政治动员（或党派）的影响，这就在相当程度上弥补了以往国内工运史研究多侧重于国共两党政策诠释而对工人自身因素关注不足的缺憾。① 因受上述裴著的影响与启发，庞百腾（David Pong）则对1895—1911年中国现代工业中的劳资关系进行了细致探讨，认为这一时期罢工频率显著上升和地域上的集中，使近代中国劳资关系发生了质的变化，主要体现在冲破公司界限的同一行业工人的同盟罢工和工潮开始呈现，这可能成为出现更高水平上的联合组织的先兆，而这些变化有助于更好理解1911年大变革时代之前中国劳工运动的性质。② 以上美国学者的相关思路与方法，无疑给那种以传统阶级斗争的革命史范式来观照近代中国劳资关系的思维带来新的冲击。

2. 劳动经济史与企业制度史视角

此视角主要侧重于近代中国企业劳资关系的静态结构，如雇佣劳动制度（包工制、包身工制、养成工制、学徒制度等）、劳动管理制度（工时管理制度、厂店规章制度、劳动监督制度等）、工资制度及劳动保险制度的分析，来透视旧中国资本家对工人压榨与剥削的生产关系。袁伦渠主编《中国劳动经济史》、刘国良主编《中国工业史》（近代卷）、祝慈寿《中国工业劳动史》即是典范。③ 不过，这些成果由于或多或少受到阶级斗争范式的影响，在分析以上企业制度时多持批判否定态度。但自20世纪90年代以来随着中外学术交流与解放思想的进一步深入，也有不少学者本着实事求是的学术理念进行了重新审视。如余明侠强调，对中国近代工矿企业中普遍实行的封建把头制度所起的某些历史作用不宜完全抹煞。王处辉也认为工头包工制度对中国近代企业的发展具有重要促进作用，在当时是行之有效的，有其

---

① 详见［美］裴宜理：《上海罢工——中国工人政治研究》，刘平译，南京：江苏人民出版社，2001年。
② ［美］庞百腾：《清末劳资关系与劳工行动》，姜娜译，牛大勇等编：《中外学者纵论20世纪的中国》，南昌：江西人民出版社，2003年，第193－220页。
③ 详见袁伦渠主编：《中国劳动经济史》，北京：北京经济学院出版社，1990年；刘国良主编：《中国工业史》（近代卷），南京：江苏科学技术出版社，1992年；祝慈寿：《中国工业劳动史》，上海：上海财经大学出版社，1999年。

现实合理性，那种对其全盘否定的观点是不足取的。① 另外，针对过去学界把中国近代资本家对工人的保护一概斥为"欺骗"的论点，马俊亚在考察中国近代企业的雇佣关系时指出：中国近代企业中的强制性或特性劳动，带有明显的宗法封建社会人身依附的色彩。既然雇佣关系中有人身依附，那么在雇主与雇员之间必然存在保护的一面，即资本家一面无情地榨取工人的剩余劳动，另一面却又"温情"地保护着工人，而工人也有主动寻求保护的心态。其结果是由于近代中国大机器工业发展不充分、社会关系整合不彻底、资本家阶级与工人阶级都不成熟造成的。② 以上成果在一定程度上深化了中国近代企业的雇佣制度研究，并提示我们考察近代中国劳资关系时，仅仅停留在阶级斗争的劳资对抗层面可能远远不够，还要注重劳资合作方面的演绎与解读。彭南生的《行会制度的近代命运》一书可谓对此做了积极探索。该书在对近代中国学徒制进行颇有价值的专题研究的同时，也就同业公会与工会的关系予以探讨，指出同业公会与作为雇工团体的工会之间本质上是对立的，但在南京国民政府"劳资协调"政策的主导下，陷入既对立又合作的两难境地。③

除了中国近代企业的劳动雇佣制度研究得到深化之外，这一时期学界在劳动管理制度方面也取得新进展。如美国学者高家龙就1880—1937年西方和日本的在华大企业及中国本土的大企业与中国商人和工厂工人的关系网之间的关系，进行了深入细致的探讨，进而得出结论：中国社会关系网都在不同程度上和不同时间里控制了公司的职员和工厂的工人。每家公司在不同的阶段甚至在同一时间里都受到了源于自身的管理等级体系和中国关系网的主动性引导。这种等级体系与关系网的行为以及它们之间的互动，是依照它们自身情况以及当时的社会和经济状况而定的。④ 与高家龙钟情于分析劳动管理的社会关系网不同，高超群则以申新三厂和民生公司为例，从劳资关系的视角来探讨科学管理改革引发的制度变迁。他主要从企业管理的实际状况出发，来检讨中国企业家在应对工人的反抗时，对科学管理制度所做的调整和修正，并指出科学管理改革虽未能最终造就一种成熟稳定的企业管理制度和劳资关系，但经过劳资双方的互动，一种新的制度文化和劳资关系的萌芽出

---

① 详见余明侠：《近代封建把头制度探析》，《江海学刊》1994年第2期；王处辉：《中国近代企业劳动组织中之包工制度新论》，《南开经济研究》1999年第5期。
② 马俊亚：《中国近代社会关系整合与工业者的属性》，《社会学研究》1998年第3期。
③ 彭南生：《行会制度的近代命运》，北京：人民出版社，2003年。
④ [美]高家龙：《大公司与关系网——中国境内的西方、日本和华商大企业（1880—1937）》，程麟荪译，上海：上海社会科学院出版社，2002年。

现了，值得认真总结、分析。①

当然，还有学者将劳动经济史与企业制度史视角综合起来探讨的。如金京玉的《民国时期工业企业劳资关系研究（1912—1937）》一书，既注重对民国工业企业的工资制度、雇工制度、劳动条件与劳动管理等劳资关系基本问题的深描，又重视政府、劳资团体等组织对劳资关系影响的分析，同时还突出对新兴实业家劳资关系理念与践行的考察。②

3. 劳资政策与劳动法制史视角

目前，学界持此研究视角的成果多集中于国共两党劳资政策与劳动立法的探讨。如陶炎武考察了南京国民政府劳资调和政策的推行及其实效，认为国民政府成立后，面临着严重的内忧外患，因而改变了一味镇压工人运动的政策，推行劳资合作，以缓和劳资矛盾。其劳资政策虽不能从根本上调和劳资利益，但客观上也取得一些成效，符合当时的实情。③ 在宏观关注国民党劳资协调政策外，也有些学者对构成国民党劳资政策重要内容的劳工政策进行了专题探讨。如周良书、汪华通过对 1927 年国民党初掌政权时实施的一系列旨在维护劳工权益的法规和条例的解读，强调这既是国民党政权对大革命时向劳工所作各项承诺的兑现，同时也反映了新政权有利用这些劳动法规来安抚控制社会的政治企图，然而这些新政策所持有"保障"与"控制"的双重性质，也种下了它最终失败的根由。④ 而陈竹君、江红英、陶炎武等人对国民政府劳工福利政策和工资改良政策的解读，则是目前学界国民党劳工政策研究趋向细致深化的具体例证。⑤

与国民党始终秉持阶级调和的劳资政策不同，中共的劳资政策则经历了一个由阶级斗争至劳资两利的阶段演变。对此，一些学者就中共在新民主主义革命时期的劳资政策进行了考察。如史莉芳认为，中共成立之初，在领导工人运动时，是把解决企业劳资矛盾与争取革命最后胜利、实现工人阶级的彻底解放这一最终目标联系起来的，强调劳资关系的对抗性。随着对国情认识的不断加深，在处理劳资关系方面不断进行调整，至抗日战争时期逐步提

---

① 高超群：《科学管理改革与劳资关系——以申新三厂和民生公司为中心》，《中国经济史研究》2008 年第 3 期。
② 金京玉：《民国时期工业企业劳资关系研究（1912—1937）》，北京：经济科学出版社，2012 年。
③ 陶炎武：《试论南京国民政府的劳资调和政策》，《荆州师专学报》1998 年第 4 期。
④ 周良书、汪华：《国民党初掌政权后的劳工政策解析》，《学术界》2006 年第 3 期。
⑤ 详见陈竹君：《南京国民政府劳工福利政策研究》，《江汉论坛》2002 年第 6 期及《试论抗战时期国民政府的劳工福利政策及其缺陷》，《民国档案》2003 年第 1 期；江红英：《国民政府与抗战时期的劳工福利》，《四川师范大学学报》2009 年第 1 期；陶炎武：《南京国民政府的劳工工资改良政策》，《咸宁师专学报》2001 年第 4 期。

出了劳资两利的原则，这表现在政策上就是维护劳资双方的正当权益，巩固抗日民族统一战线。① 李彩华则对解放战争时期中共劳资两利政策的制定与实施作了专题分析，指出劳资两利作为中共新民主主义国民经济的指导方针之一，在具体执行过程中，由于多种原因发生了"左"的偏向。对此，中共及时纠偏，在新解放的城市深入贯彻劳资两利政策，从而缓和了紧张的劳资关系，私营工商业也迅速得到恢复和发展。② 王强、孙卫芳也大致持类似观点。③ 另外，还有的学者对日伪政权劳工统制政策的罪恶进行了揭露与批判。④

劳资政策而外，劳动立法史和劳资争议调处制度研究亦得学者垂青。如饶东辉对民国劳动立法研究主要集中在三方面：（1）民国北京政府的劳动立法。作者考察了北京政府劳动立法的缘起、实施与影响，认为北京政府颁布的中国近代第一批劳动法规，有利于改善工人劳动状况，但其实施范围和程度却非常有限。（2）国民党南方政权的劳动立法。通过剖析广州国民党政权关于《工会条例》等劳动法规的推行实效，作者指出这些法规对推动工人运动的发展和国民革命高潮的到来起了重要作用，但也存在急功近利、可行性研究明显不足的立法缺陷，并在某种程度上诱发工运"左"倾情绪，造成了一定的负面影响。（3）南京国民政府的劳动立法。作者重点分析了国民政府劳动立法的缘起、变迁及功用，认为国民政府以三民主义相标榜，把"劳资协调"定为劳动立法的基本原则，意在排斥中共对工人的影响，否认阶级的矛盾和斗争。当然，其推进劳动立法也有发展民族经济、改善工人待遇的一面，不可一概视之为"欺骗工人阶级"⑤。彭贵珍则选取1927—1937年上海劳资争议为视点，通过梳理南京国民政府和上海地方政府的劳动法律法规，来分析劳资争议产生的原因和根源及其调处功效。⑥ 值得注意的是，近年来，有关国共两党政权的劳动立法和劳资争议调处研究俨有历久

---

① 参阅史莉芳：《20世纪二三十年代中共处理劳资关系的政策》，《史学月刊》2009年第7期及《简述抗日战争时期中国共产党处理劳资关系的政策》，《兰州学刊》2005年第5期。
② 李彩华：《中国新民主主义制度下的劳资政策与劳资关系》，北京：中国财政经济出版社，2009年，第76–88页。
③ 详见王强：《论解放初期党的"劳资两利"政策与实践》，《求索》2007年第1期；孙卫芳：《解放战争时期中国共产党的"劳资两利"政策及其经验》，《前沿》2009年第11期。
④ 详见刘淑梅：《论日伪时期劳工统制政策及劳工的斗争》，《齐齐哈尔大学学报》2001年第6期；张凤鸣、王敬荣：《伪满劳动统制政策剖析》，《学习与探索》2003年第5期。
⑤ 详见饶东辉：《民国北京政府的劳动立法初探》，《近代史研究》1998年第1期；《试论大革命时期国民党南方政权的劳动立法》，《华中师范大学学报》1997年第4期；《南京国民政府劳动立法研究》，武汉：华中师范大学博士学位论文（未刊稿），1997年6月。
⑥ 彭贵珍：《南京国民政府时期上海劳资争议研究》，南昌：江西人民出版社，2014年。

弥新之势，一度成为一些高校研究生学位论文的选题。①

4. 劳资双方与国家政权互动视角

此视角多注重将劳资双方的利益博弈置于国家政权的政策行为及社会经济背景下的动态考察，它有助于解析与揭示隐匿在劳、资、政三方背后错综复杂的利益关系，实为目前学界研究中国近代劳资关系的新取向所在。一般而言，持此研究取向的成果多是以劳资纠纷为分析对象的。

张培德、徐思彦、王奇生可谓是这一研究取向的较早关注者。如张培德探讨了20世纪20年代上海劳资关系的状况、劳资纠纷的主要内容和特点，以及华界和租界当局干预劳资关系的政策。他认为，20年代上海劳资关系的基本方面是劳资之间处于严重对立状态。但在20年代中期，部分较开明的资本家已明确表示出与工人阶级合作的意愿。② 徐思彦通过考察20年代资本家阶级和国民党对劳资纠纷的态度、主张以及政府有关政策的演变而得出结论：资本家阶级和国民党政权都曾奉行劳资合作，但其出发点和目的并不相同。资本家阶级由于经济力量弱小和阶级组织不发达，面对20年代迅速兴起的工人运动，不得不以劳资合作为口号，试图缓解和消弭劳资纠纷；而国民党人初期主张劳资合作，实际上却是扶持工人群众维护自身利益的斗争，国民革命由此得到工人运动的积极支持。大革命失败后，国民党政权的劳资合作很快成为稳定社会秩序的宣传口号，其实际政策却转变为抑制和限制工人运动，从而有利于维护资本家阶级的利益。国民党政权虽然在政治和经济上曾经限制和抑制资本家阶级的发展，但这主要是就维护国民党政权的自身利益而言。就劳资关系而言，国民党政权是维护资本家阶级利益的，资本家阶级对工人的恐惧也远远超过了对国民党政权的恐惧。国民党政权正是通过调整有关劳资关系的政策，缓解了与资本家阶级的关系，从而可以在政治上对资本家阶级加强控制的同时，又得到其经济上的支持。③ 而王奇生则

---

① 详见衡芳珍：《1927—1936年南京国民政府劳工立法研究》，开封：河南大学硕士学位论文（未刊稿），2005年；邓慧明：《南京国民政府劳资争议立法研究（1927—1937）》，上海：华东政法大学硕士学位论文（未刊稿），2007年；李峰松：《中共苏区政权劳动立法研究》，开封：河南大学硕士学位论文（未刊稿），2007年；周周：《南京国民政府时期劳动契约制度研究》，华东政法大学博士学位论文（未刊稿），2010年；毛景：《解放战争时期中国共产党劳动立法研究》，漳州：闽南师范大学硕士学位论文（未刊稿），2014年；周卫平：《南京国民政府时期劳资争议处理制度研究：以上海为主要视角》，上海：华东政法大学博士学位论文（未刊稿），2008年；任姝欣：《民国时期广东劳资争议处理制度研究（1925—1948）》，广州：华南理工大学硕士学位论文（未刊稿），2015年。

② 张培德：《略论二十年代上海的劳资关系》，上海市地方志办公室编：《上海：通往世界之桥（下）》（《上海研究论丛》第4辑），上海：上海社会科学院出版社，1989年，第18–37页。

③ 徐思彦：《20世纪20年代劳资纠纷问题初探》，《历史研究》1992年第5期。

以发生在 20 世纪 30 年代初上海的"三友实业社"劳资纠纷事件为个案,具体展示了声称代表"全民"的国民党,在应对一场规模宏大的劳资冲突时,如何左右为难、两不讨好的尴尬处境,以及作为社会弱势群体的工人阶级是如何表达自己声音的,并提示对当时在"赤化"和"黄色"两大系统之外的工会组织和工人运动尚有进一步探讨的余地。[①] 后来,徐思彦以王文所考察的"三友实业社"劳资纠纷案例为个案,着重探讨了资本家阶级在劳资合作问题上的认知与实践以及二者的关系。她指出,针对 20 世纪上半叶日趋激烈的劳资纠纷,在认知层面,资本家高唱劳资合作主义,鲜有例外。无论是以发展中国实业为抱负,抑或以追求利润最大化为目的,劳资合作,共谋发展,对资方都有利而无害;在实践层面,资方往往能本合作主义之精神,做出某种程度的妥协,求得冲突的缓和或解决,但亦不乏坚持顽抗者。资方是否做出妥协,主要取决于对其利益得失的权衡。[②]

由上可知,冲突与合作显然构成了近代中国劳资关系的主题,且这种主题已为不少学者的研究成果所证实。如魏文享将近代同业公会、职业工会及政府同步纳入研究视野,以三方互动格局演示了同业公会在劳资冲突及劳资协调机制中的复合角色。他指出,同业公会作为行业性的雇主组织,并非如一般所认为的与工人及其工会处于完全对立的位置,在政府的劳资处理机制、劳资合作之中也占有重要地位。[③] 田彤则重点考察了南京国民政府时期劳资争议的规模、成因、结果及其总体走势与特点,指出劳资争议更不表明劳资间无协商与合作的可能。[④] 随后,他又专文分析了南京国民政府时期的劳资合作是怎样演化为阶级斗争的。他认为,国民政府倡行劳资合作,却无视劳资间的阶级差别,因此未能理顺政府、劳、资三方在"合作"框架中的权责关系,在客观效果上主动离弃劳资双方。而被政府与国民党抛弃的工人群体,在中共等外界势力引导下,很快形成自主意识,并将阶级斗争当作政治信仰及与资方、政府抗争的工具。[⑤] 近来,他在《民国劳资争议研究(1927—1937 年)》一书中全面系统阐述其上述论点的同时,还引入法国社

[①] 王奇生:《工人、资本家与国民党——20 世纪 30 年代一例劳资纠纷的个案分析》,《历史研究》2001 年第 5 期。

[②] 徐思彦:《合作与冲突:劳资纠纷中的资本家阶级》,《安徽史学》2007 年第 6 期。

[③] 魏文享:《雇主团体与劳资关系——近代工商同业公会与劳资纠纷的处理》,《安徽史学》2005 年第 5 期。

[④] 田彤:《南京国民政府时期(1927—1937)劳资争议总体概述》,《近代史学刊》第 3 辑,武汉:华中师范大学出版社,2006 年,第 100 - 128 页。

[⑤] 田彤:《目的与结果两歧:从劳资合作到阶级斗争(1927—1937)》,《学术月刊》2009 年第 9 期。

会学家皮埃尔·布迪厄的"场域"理论作为考量劳资争议的理论基础,并申论由于党政势力介入,劳资争议"场域"已由生产的"内部"场域扩大到非生产的"外部"场域,劳、资、党、政四者关系构成"新"的"场域"。当然,该书并非仅侧重于南京国民政府时期劳资争议的宏观解读,还注重通过对华商纱厂减工风潮、天津宝成纱厂实施三八制、苏州铁路饭店店东纠纷等具体个案分析,来展示隐匿在劳资争议背后的党派矛盾、党政纷争,以及经济利益、劳动法规、社会势力等因素之争。①

此外,陈芳国《大革命时期武汉劳资纠纷及工运"左"倾问题再论》、陈光《1926—1931年上海缫丝业劳资关系述评》、黎霞《民国时期武汉码头劳资纠纷及其影响(1927—1937)》也持有与上述成果基本相同的研究路径。②

在关注劳资冲突与合作的同时,通过考察劳资纠纷来透视国民党与商会的关系也成为一些学者的共识。如毛仲以1927年10月发生在苏州的铁机工潮案为例,剖析围绕该案所呈现的国民党所代表的国家、商民协会与商会之间错综复杂的关系,观察商会权力在国家政权强势时期弱化的发展态势。作者指出,在此次劳资纠纷中,国民党苏州市党部、国民党扶持的商民协会充当调解的主角,而此前具有调解商事纠纷法定义务的商会却被排斥于调节圈之外,成为党权的附庸。最后,由国民党中央党部出面,工潮才告结束。③而冯筱才也通过对苏州铁机工潮案的史实重建,来考察"四一二"前后江浙地区国民党地方党部、党人与商人阶层的关系,并借此增加对北伐前后劳资冲突及工人更深层次的了解。他认为,苏州铁机工潮与国民党地方党部的整合进程及其党商关系调整紧密相连。在党人与既有商绅势力的权势竞争中,工人运动成为其抢占地方权力资源的一种政治策略。不过这种策略也遭遇到地方商绅的抵抗,也未必能得到更关注现实财政利益的上级军政机关的赞同。④

5. 民族主义视角

此视角注重考察民族主义因素对劳资关系的影响。如黄美真通过对沦陷时期上海社会矛盾与工运形势的关系特点的深入分析,总结出在中日民族矛

---

① 田彤:《民国劳资争议研究(1927—1937年)》,北京:商务印书馆,2013年。
② 详见陈芳国:《大革命时期武汉劳资纠纷及工运"左"倾问题再论》,《江汉论坛》1991年第4期;陈光:《1926—1931年上海缫丝业劳资关系述评》,《探索与争鸣》2003年第12期;黎霞:《民国时期武汉码头劳资纠纷及其影响(1927—1937)》,《华中师范大学学报》2007年第6期。
③ 毛仲:《国民党与商会——一例劳资纠纷案折射出国民党政权建立后商会权利的沦丧》,《华东理工大学学报(社会科学版)》2003年第3期。
④ 冯筱才:《劳资冲突与"四一二"前后江浙地区的党商关系》,《史林》2005年第1期。

盾激化的背景下上海劳资关系的变化态势：1937年11月上海沦陷后初期，日占区和租界的罢工斗争陷入低潮。由于日资企业往往有强大的政治军事背景，上海工人与日本厂方的斗争有着独特之处。如为要求增加收入，工人们曾采用所谓"背米"和"干双工"等方式来达到目的，当然，也曾利用种种条件进行过大规模的合法斗争。至1939年9月欧战爆发后，日本立即调整对上海租界的政策，不仅借助各种渠道插手租界内的劳资纠纷，同时还采用资助罢工费用的手段，扩大租界内的罢工事态，试图通过对英美企业包围，向租界当局施压。至1941年12月8日，日军全面占领租界，"孤岛"不复存在。由于日伪对利用工运已不再感兴趣，同时上海经济形势已由"孤岛"时期的一度畸形繁荣转向颓势，加之中共根据形势暂不搞公开的群众斗争，上海罢工几乎不再出现，劳资争议也大为减少。① 最近，张福运亦以"孤岛"时期上海劳资关系为切入点，试图从其演变脉络中观察民族主义的生成与实践逻辑，讨论中日战争所激发的民族情感对劳资关系的影响。他认为，抗战初期民族主义在上海劳资关系中的表现，一是劳资间的隔阂消除，冲突事件骤然减少；二是劳资合作局面的出现。但这种靠民族情感维系的合作关系极为脆弱，日军经济封锁、企业陷入困境，劳资间的"曲力隐忍"也难以持久。1939年上海工业畸形繁荣、物价迅猛上涨，劳资关系再度紧张，民族情感逐渐淡化。1940—1941年，持续恶化的劳资关系被汪伪政权利用，日益激进的工潮集中到上海租界，以御侮救亡为目标的民族主义，被扭曲为指向租界欧美势力的激进主义。而这种民族主义的发展趋势，或许在沦陷区社会更有代表性。②

总之，新时期近代中国劳资关系研究已突破以前传统工运史阶级斗争的政治范式，尤其所呈现出的多元化视角，则为后人开展深入系统的专题研究指明了进路与方向。同时，也应看到，目前国内外学界对中国近代劳资关系研究虽多有创获，但也存在着一些缺憾：（1）研究时空的不平衡。在时间上，上述成果多侧重于南京国民政府时期劳资关系的考察，而对清末民初的关注多有忽略，尤其对传统行会体系下劳资阶级意识的变动更是语焉不详。由于清末民初是中国近代社会转型的剧变时期，也是中国近代劳资关系的发端与形成阶段，对这一阶段劳资关系变动及其诸多关联进行细致考察，有助于我们更好地厘清与阐释国民政府时期劳资关系的发展脉络及其历史走向，而中国近代劳资关系转型中新旧胶合的固有特质，或许亦在这里得到清晰解读与展示。在空间上，其研究区域亦仅涉足上海、武汉、苏州等城市，而对

---

① 黄美真：《沦陷时期的上海工运》，《历史研究》1994年第4期。
② 张福运：《"孤岛"时期上海劳资关系中的民族主义》，《近代史研究》2016年第2期。

广州的关注却鲜有问津。作为清末民初国内资本主义生产水平最高的城市之一，广州不仅具有浓郁的行会传统，而且还是中国近代民主革命特别是国民革命的策源地，这种传统与现代多种因素的交织和渗透，更是赋予了其劳资关系研究的典型性。而这些，无疑为我们深入透视中国近代劳资关系由传统向现代转型的复杂性提供了绝佳案例。（2）研究视角的不平衡。尽管目前学界关于中国近代劳资关系研究视角异彩纷呈，但各视角毕竟有所侧重，难免疏漏。工运史视角多是从传统革命史政治研究范式来分析的，并将劳资关系简单地视为工人反抗资本家压迫的阶级斗争的产物，强调劳资对立，否认劳资合作。而劳动经济史与企业制度史、劳资政策与法制史这两种视角，多注重劳资关系的静态制度结构、劳资政策及劳资立法层面的考察，而对劳资关系实践的关注明显不足，尤其对隐匿在劳资关系背后的劳资双方与国家政权利益互动的分析尚付阙如。而劳资双方与国家政权互动视角虽弥补了这一不足，但也多是劳资纠纷为主的个案探讨。劳资纠纷固然是考察劳资关系的重要着眼点，但劳资关系并非仅仅表现为由其内部因素工资工时、福利待遇、雇佣管理等问题引发的劳资纠纷，而对于来自资本主义生产方式、社会思潮、政府行为、党派政治以及民族主义运动等外部因素所致的劳资因应，也是劳资关系不可或缺的重要内容。那么，中国近代劳资关系在这些外因作用下的复杂实态究竟怎样？劳资关系演变与社会背景又是如何互动的？这显然为上述研究视角所忽略。同时，内外多种因素的联动交织必然造成劳资关系主题变化的丰富多彩。这也就意味着中国近代劳资关系亦非单纯的阶级对立，劳资合作确有可能。尽管已有学者论及劳资合作，但多归结为国民党劳资政策和资本家私利动机使然。其实，劳资合作还渗透着劳方的主动参与，也更与中国传统社会经济结构相适应的行会因素的影响有着密不可分的历史渊源，关于这一点目前学界亦关注甚少。由上可见，目前学界中国近代劳资关系研究虽取得丰硕成果，但仍存在研究时空和视角不平衡的缺陷，尤其对劳资关系演变与社会背景的互动更是着墨甚少，而且还缺乏具有深入系统的区域实证研究。上述中国近代劳资关系研究显现的诸多薄弱环节，为我们留下了可资充分拓展的学术空间，这也是本书考察清末民初广州劳资关系变动所要努力弥补与充实的路径和重心所在。

第三节　思路与方法

　　针对以上中国近代劳资关系研究的学术现状，本书主要遵循以下的研究思路与方法来探寻清末民初广州劳资关系变动的基本轨迹，以及隐匿于其变动过程背后的诸多内在关联。

　　首先，以辩证唯物主义和历史唯物主义为指导，借鉴博弈论、微观互动论、社会控制论等社会学、政治学相关理论并结合实证分析是本书研究的根本方法。就史学研究而言，笔者深悉，唯有立足于大量原生态文献基础上的实证分析才能经受起时间和实践的检验，否则即使假以再高妙的理论诠释也是枉然。这是史学的特性所决定的，"历史是建立在事实基础上的学科，史料是历史重建工程必需的原材料。这里没有预设或先验的东西，一切结论都应该是依据客观事实、顺乎历史逻辑自然产生的。"[①] "没有实证作为基础，任何巨大而华丽的史学架构就仿佛建立在沙滩上的大厦。"[②] 因而，本书极为重视对同一问题的多种资料互证，这就意味着要精于资料的搜集、辨析与利用。然而，由于广东近代战乱频仍，有关劳资关系的资料大量散佚，使本书资料收集难度增大。但笔者还是尽可能地在中国第二历史档案馆、广东省档案馆、广州市档案馆、台北中国国民党文化传播委员会党史馆、美国斯坦福大学胡佛研究所档案馆及图书馆、加利福尼亚大学伯克利分校东亚图书馆、广东省立中山图书馆、孙中山文献馆、中山大学图书馆以及台北"中央"研究院的傅斯年图书馆、郭廷以图书馆、人文社会科学研究中心图书馆等处搜罗到大量档案、报刊、时人论著等资料，尤其注重对当时不同风格与话语的如《申报》《晨报》《大公报》《广东群报》《广州共和报》《香港华字日报》《广州民国日报》《广东七十二行商报》《工人之路特号》《向导周报》《政治周报》等80余种报刊资料的发掘与甄别。报刊资料尽管来源复杂、甚为零散，但其较为详尽的细节报道却有助于我们将之与时人论著、政府公报、国共两党档案等资料进行比勘和互证，从而使实证研究建立在牢固的资料基础之上，更好地做到论从史出，史论结合。这就要求我们要以丰

[①] 杨天宏：《口岸开放与社会变革——近代中国自开商埠研究》，北京：中华书局，2002年，"绪论"，第13页。

[②] 章开沅：《发刊词》，《近代史学刊》第1辑，武汉：华中师范大学出版社，2001年，第5页。

富的原生态文献着力返回历史现场,"处于同一之境界",摆脱传统工运史的既有研究范式及固有话语观念的束缚,切忌以先入为主和外在理论来切割史实及资料,以利于将返回历史现场与后见之明有机契合。①

其次,注重将广州劳资关系变化置于新旧民主主义革命社会转型的背景下考察。清末民初的广州正处于新旧民主革命激荡与交融的社会剧变时期,这是我们考察劳资关系变动的立论基础与根本立足点。脱离这一社会转型背景抽象谈论劳资关系的变动无疑是不确当的。因而,唯有返回历史现场,立足于民主革命的社会转型背景,才有可能描绘出清末民初广州劳资关系变动的真实图景,进而揭示新旧民主革命社会转型的多维的复杂面相。由是观之,如何准确地把握与解读这一时期社会转型背景的特质对于完成本书的主旨至为关键。那么,如何看待这一时期社会转型的背景呢?陈旭麓先生认为,近代中国社会新陈代谢的一大特点就是:"上层建筑变化快,经济基础的变化较慢。"②而这种经济基础与上层建筑变化的不同步自然也就决定了中国近代社会"百年变迁过程既是急速的,又是不成熟的"③,同时还极具复杂和多样性,"在各个社会领域中新旧交错、新旧转化,呈现出光怪陆离的景色,正义与非正义,变革与反变革,进步与保守,急进与徐缓,反传统与回归,无不互相纽结,互相渗透。而大量的民族冲突和阶级斗争又往往掩盖和包含着新旧矛盾",总之,"近代与传统的并存与冲突,构成了近代社会显著的特征"。此外,他还特别强调:"近代中国是一个过渡形态的社会","许多问题不把它放到这样一个过渡社会中去考察,不从社会经济结构、社会心理的演变去考察是很难说清楚的。"④陈旭麓先生关于中国近代社会研究的精辟见解,也同样适用于清末民初的广州。而这一时期广州劳资关系所蕴含的新旧胶合的特质,显然与民主革命为主题的社会转型背景是分不开的。当然,这一社会转型背景的生成是政治、社会经济、思想文化与传统习俗等多种因素合力的结果,而作为这一社会转型缩影反映的劳资关系自然亦不例外。可见,以清末民初广州劳资关系变动来透视这一时期新旧民主革命社会转型不失为一条合理而典型的学术路径。基于以上思路,并结合清末民初广州社会转型的具体实态,本书主要从传统行会时期、五四前后行会转型时期、正式政府时期、大元帅府时期、国民政府时

---

① 至于史学研究中如何处理"返回历史现场"与"后见之明"的关系,详见胡成:《叙述转向与新旧之间的整合——新世纪中国近现代史研究面临的一个问题》,《近代史研究》2008年第1期。
② 陈旭麓:《陈旭麓学术文存》,上海:上海人民出版社,1990年,第191页。
③ 陈旭麓:《陈旭麓学术文存》,第192页。
④ 陈旭麓:《陈旭麓学术文存》,第198页。

期等五个时段来考察广州劳资关系变动,且在考察过程中注重联系以下社会背景因素。

其一,注重清末五四前后传统行会近代转型时期劳资关系变动的分析。传统行会是中国近代劳资关系孕育发端的土壤与载体,它是清末民初广州劳资关系变动的原始起点。在传统行会体系下,协商与合作则构成了中国早期劳资关系的主题与常态。可是,目前学界对中国近代劳资关系的早期运作尤其对五四前后的关注尚乏足够重视。众所周知,五四前后既是中国工人阶级意识形成的剧变时期,也是传统行会走向衰微与近代转型的重要阶段。因而,详细而重点地考察这一传统行会近代转型时期劳资关系变动无疑具有重要学术意义,这不仅有助于全面解读中国工人阶级由"自在"向"自为"的转化问题,而且,还可从另一侧面透视传统行会近代转型中"变"与"不变"的新旧交融的复杂面相。为此,本书极为重视五四前后特别是正式政府时期广州劳资关系变动的考察,这主要通过深挖这一传统行会近代转型时期的劳资组织分离(即行会向工会转型),以及在全国率先掀起的第一次工潮(劳资纷争)中协商合作与阶级斗争两种劳资关系主题的动态演进的事实,来揭示这一时期劳资阶级意识觉醒的诸多内在动因,而这些动因自然是与资本主义生产的发展、社会新思潮的熏染、革命政权的扶植、国共两党及无政府党等党派政治的初步渗透须臾不可分的。

其二,注重从具体社会政治经济个案中来审视广州劳资关系变动。政治经济因素是考察社会转型的最重要的基本指标,也是决定清末民初广州劳资关系变动的根本动力。因而,为了深究此新旧民主革命社会转型期劳资关系变动的内在关联,我们必须重视探讨这一时期劳资双方在社会政治经济层面是如何进行利益诉求表达的?决定其利益表达的基本价值取向是什么?而要弄清这些问题,就得将正式政府、大元帅府、国民政府时期的广州工人、商人与政府三者在社会政治经济领域的互动关系(有时是劳资联合对抗政府,有时是劳方与政府同盟抵制资方,有时资方与政府压抑劳方,还有时劳资双方与政府携手共御外侮)在具体的个案(如孙陈政争、捐税风潮、商团事件、省港罢工、国民革命、国共党争、"无情鸡"事件等)中进行微观比较,尤其要注重各阶层心态的研究,以便从中寻觅并归纳出劳、资、政三者之间冲突与调适的价值取向。

其三,注重将广州劳资关系主题变动纳入经济基础与上层建筑变化不同步,以及国共政治互动的宏观格局中考察。协商合作与阶级斗争作为清末民初广州劳资关系变动的双重主题,其形成固然一方面是由陈旭麓先生所言的"上层建筑变化快,经济基础的变化较慢"的近代中国社会新陈代谢的特质所决定的①，但另一方面也与国共两党迥异的党派政治理念甚为密切。这一时期国共两党皆以革命党自居，虽说有为共同的革命政治目标而携手合作，但在劳资政策方面却存有迥异的政治理念。国民党因主张国民革命而素持阶级调和的劳资政策，同时作为在广州先后建立正式政府、大元帅府、国民政府三个政权形态的政党，它还兼有执政党的角色。这种革命党与执政党合而为一的角色定位，往往使国民党在处理劳资关系时易陷入两不讨好的困境。而同样以革命党著称的中共，向以阶级斗争为劳资政策指针，这是其一贯倡导的阶级革命的主旨使然。然而，国共两党毕竟信仰不同，这就决定了两党合作中不乏竞争和冲突。这样，国共合作与党争显然构成了国民革命前后广州劳资关系变动的主要政治背景。那么，国共两党上述劳资政策基调在正式政府、大元帅府、国民政府时期皆有怎样的变化？决定其变化的原因是什么？尤其中共的阶级斗争与国民党阶级协调这两种政治理念在劳资关系中又是如何相互纠缠和渗透的？而劳资双方又是如何回应的？对于这些问题，若能以宏观比较视野进行综合观照，无疑会增进我们对清末民初广州劳资关系主题变动的认知。

其四，在关注广州工商两界整体互动的同时，也要注重双方的内部差异性研究。由于业缘、地缘、党派政治、利益分层等诸多因素交织，民初广州工商两界内部并非坚固一体，而是派系纷呈：仅广州工界就有广东总工会、广东机器工会、广州革命工人联合会、广州工人代表会等多种派别，这些工会因受传统行会理念与党派政治的影响，对资方的态度也千差万别，有的取协商合作姿态，有的持阶级斗争策略。当然，这两种劳资关系主题也并非一成不变或截然分立，而通常有一个变化的过程，甚至同一组织在同一事件中会有差异，态度亦有歧变，通常会在协商合作与阶级斗争之间进行游移与徘徊。而至于商界也有广州总商会、广州市商会、广州商民协会及广东全省商会联合会等四商会之分，这些商界团体因组织成员利益分层及政治参与程度差异之故，其对劳方的态度同工界内部一样也有分化。由此看来，要全面深入地探究广州劳资关系变动，仅仅关注广州工商两界的整体互动可能远远不够，还要注重双方内部的派系纷争对劳资关系影响的差异性，而这些差异性的明晰有助于揭示清末民初劳资关系变动的复杂性与曲折性。

---

① 这种经济基础与上层建筑变化的不同步在清末民初广州表现尤为明显。由于经济基础变化缓慢，传统行业在社会经济结构中长期居于主导地位，这就在相当程度上迟滞了清末民初广州行会传统的衰退，使得协商合作的传统行会劳资关系模式继续存在。同时，也正因上层建筑变化快速（主要表现为政权更替频繁，党派政治的积极渗入，以及五四前后新思潮的影响），无疑复使清末民初广州劳资关系协商合作的原始主题呈现出向阶级斗争演进的复杂态势。

概言之，在重视分析社会背景因素对清末民初广州劳资关系变动影响的同时，也要注重劳资关系变动是如何推进清末民初广州社会转型的。而且，唯有将这两者的互动予以综合审视，始终以"变"与"不变"的新旧交融特质作为基本线索贯穿其中，我们或许才会有所创获。当然所有这些，必须建立在大量原生态的实证材料基础之上才有可能。

第二章　劳资合行：
传统劳资关系的行会特质及功能

传统行会"劳资共同体"的组织结构时常为民国时期相关著述所提及。① 事实上，此"劳资共同体"的组织结构相当程度上决定着行会早期劳资关系的主题生成："浑然相处"而"无劳资阶级之观念"②。当然，这既归因于"中国旧有行会先天和协之特色"③ 的协调机制，也与劳资不分的组织机制息息相关。而探寻行会这一"劳资共同体"的组织机制及其功用，则为研究中国近代劳资关系无法回避的问题，同时也是解读清末民初广州劳资关系变动的历史与逻辑起点。1926 年 6 月，国民党中央执行委员会曾派员调查广州工会，结果发现 80% 多的工会具有行会制度特质。④ 这种"充分的带着旧日行会制度的色彩"⑤ 工会组织的大量存在，证实了广州早期劳资关系发轫的浓郁的传统行会背景。尽管资料散佚，有关广州早期劳资关系的文献多难觅踪影，但依据五四前后相关调查，还是能为探寻行会体系下广州劳资日常生活的蛛丝马迹提供了可能，由此亦可蠡测其早期劳资关系走向。

---

① 参见郭子勋：《中国手艺工人的行会和工会》，《民族杂志》第 2 卷第 11 期，1934 年 11 月 1 日，第 1716 页；何德明编著：《中国劳工问题》，第 83 页；马超俊：《中国劳工运动史》上册，第 78 页。

② 中国劳工运动史编纂委员会编纂：《中国劳工运动史》（一），第 39 页；王清彬等编：《第一次中国劳动年鉴》第 2 编"劳动运动"，第 1 页。

③ 中国劳工运动史编纂委员会编纂：《中国劳工运动史》（一），第 39 页。

④ 参见 Labour Situation in Canton, The Hankow Herald, August 4, 1926, Jay Calvin Huston Papers, 1917—1931, Box 5, Folder 4, 斯坦福大学胡佛研究所档案馆藏；Canton Unions Too Many Now Says Report, The China Press, July 28, 1926, Jay Calvin Huston Papers, 1917—1931, Box 6, Folder 3, 斯坦福大学胡佛研究所档案馆藏。

⑤ 傅筑夫：《中国社会问题之理论与实际》，天津：百城书局，1931 年，第 316 页。

第一节 行会特质：劳资合行的组织结构

探究中国近代劳资关系的形成与发展，首先要从其孕育的母体，传统行会的组织结构说起。中国的行会组织演变至明清时，已由唐宋以来一种政府对城市工商业者征敛的工具，转变为限制同业自由竞争及调和行会内部冲突，并依恃官府对抗工人罢工的组织。它不仅限制学徒、帮工的数目，也限制作坊的开设，划定产品的规格、价格、原料分配及统一工价。① 这种行会主要是地域性的工商业组织，行帮商人占极大比率，且劳资不分，"薄弱的阶级意识或被彼此间的脉脉温情（如伙计、学徒与雇主间那种剪不断、理还乱的血缘、地缘、乡缘关系）所掩盖，或为命运观念所主宰，伙计、学徒难以组织起来对抗雇主。"② 然而，随着清初资本主义萌芽的发展，手工业工人和雇主间有了利益的冲突（如工匠要求加薪），原有行会内部出现分裂，工人开始组织自己的"行""帮""堂""会馆""西家行"等，来与雇主的"公所""会馆""东家行"等对抗③，而此时雇主与商人却往往诉诸官府予以严禁，"政府总是警惕社会最低层组织的内在危险，对它所认为的工人组织与秘密会社之间有类似性的东西，总是投以怀疑的眼光。结果，雇主与官员往往形成与工人对抗的事实上的联合，屡次禁止工人组织起来或进行罢工"，后虽经官商竭力控制，但劳方还是成功地组织了自己的行会。④

至此，中国传统行会在组织结构上呈现出"西家行""东家行"共存的"劳资合行"特征。所谓"劳资合行"即劳资双方共生于同一行会，且在行

---

① 参阅刘永成、赫治清：《论我国行会制度的形成和发展》，南京大学历史系明清史研究室编：《中国资本主义萌芽问题论文集》，南京：江苏人民出版社，1983年，第125－129、136页。
② 刘石吉：《一九二四年上海徽帮墨匠罢工风潮——近代中国城市手艺工人集体行动之分析》，《江淮论坛》1989年第2期；彭南生：《行会制度的近代命运》，第174页。
③ 参见刘石吉：《一九二四年上海徽帮墨匠罢工风潮——近代中国城市手艺工人集体行动之分析》，《江淮论坛》1989年第2期；李华：《论中国封建社会的行会制度》，南京大学历史系明清史研究室编：《中国资本主义萌芽问题论文集》，第110－111页；汪士信：《我国手工业行会的产生、性质及其作用》，中国社会科学院经济研究所学术委员会编：《中国社会科学院经济研究所集刊》第2集，北京：中国社会科学出版社，1981年，第234－237页。
④ ［美］彼得·J.戈拉斯：《清代前期的行会》，［美］施坚雅主编：《中华帝国晚期的城市》，叶光庭等译，北京：中华书局，2000年，第682页。

会中雇主因社会经济地位而往往起着支配作用①，也就是说，"实际上行会的一切规则及行政，多为雇主所操纵"②。这是中国传统行会作为"劳资共同体"组织结构的基本特点③，也是广州早期劳资关系的主要组织形态。著名的广州"七十二行"就是由工人和雇主共组而成。④ 鸦片战争时期，广州机房行、石行的东、西家行并存即是例证。如机房行总行名锦纶堂，内分东西家两行。东家行以锦纶堂为集议之所，西家行则以先师庙为集合地点。东家称"揽头"，原工人出身，除从事丝织劳动外，更兼雇工的经营工作。工人入行，按技术等级、工资收入纳费，以供行内公共开支。西家行立有规章，工人若犯规则被开除，全行不再收留。同时，各行设有"先生"，负责文书和对外交涉，并定期每年做"牙"四次，由轮流充任的牙首向行众收款设席，许多事都在席上商讨解决。⑤ 而石行则分城东、城西、小北三埠，工人可在任何一埠入行。行内再分东西家行。西家行在各埠设有组织和首事；东家行组织则统一设在省城，每年逢"鲁班诞"集会一次。石行的纪律很严，若会员被控违反行规或不守信用，会馆即派员调查调解。不听调解的则除名会籍，"如属西家则无人雇用；倘属东家则无人替他做工"⑥。机房行、石行的行规森严可谓是中国传统行会为维护东西家利益，借以维系其在城市社会经济中垄断地位与作用的自我约束机制的典型体现。

当然，上述东西家分立共处同一行会的情形并非限于广州机房、打石等行。通过20世纪20年代初时人对玛瑙、篷厂、靴鞋、花梨、建筑、云母、首饰、戏班、搭棚、牙擦、制香、玻璃樽、车木、土烟丝等行的调查，可知此"劳资合行"的组织结构在五四前后的广州仍依然盛行，且相当普遍（见表2-1）。

---

① Paul Scharrenberg, *China's Labor Movement, 1931*, Paul Scharrenberg Papers, 1893—1960, BANCMSSC-B906, Carton 4, 加利福尼亚大学伯克利分校班克罗夫特图书馆藏, p. 4.

② 骆传华：《今日中国劳工问题》，第47页。

③ 参见 *Conference with Mr. Sie Tso-chuan, Head of the Labor Division of the Kuomintang Party, January 31 to February 1, 1925, The Chinese Labour Movement Report*, Jay Calvin Huston Papers, 1917—1931, Box 5, Folder 3, 斯坦福大学胡佛研究所档案馆藏, p. 4；傅筑夫：《中国社会问题之理论与实际》，第316页。

④ Edward H. Lockwood, *Labour Unions in Canton*, The Chinese Recorder, July 1927, Jay Calvin Huston Papers, 1917—1931, Box 6, Folder 3, 斯坦福大学胡佛研究所档案馆藏, p. 401. 另，有关广州"七十二行"的最具代表性研究成果可参见邱捷：《清末广州的"七十二行"》，《中山大学学报》2004年第6期。

⑤ 参阅胡希明：《百年前广州丝织工人的生活情况及其参加三元里人民抗英斗争的史料》，《理论与实践》1958年第2期，第47页；广东省文史研究馆编：《三元里人民抗英斗争史料》，北京：中华书局，1959年，第179、180页。

⑥ 广东省文史研究馆编：《三元里人民抗英斗争史料》，第182页。

表2-1　20世纪20年代初广州行会"劳资合行"概况一览

行名	东家行	西家行
玛瑙行	名映霞堂，在下九甫，共8家	名霖璋堂，在西关石榴巷，行内又分霖源、龙璋两堂，约400人
篷厂行	分三堂：太古堂，在河南①；慎公堂，在西关；联胜堂，在东门口。约10000人	分正义、德尊、十字、江门四堂，共60000余人
靴鞋行	名敦和堂，在濠畔街，共800余人	分券鞋、上鞋、裁底、戢底、扣镶五行，共3000余人
花梨行	名务本堂，在小新街	分两行：笋头行笋胜堂，在华德里；抖行永胜堂，在小新街。共2000余人
建筑行	名大安堂，共3000余人	分五市十堂：禺山市有继义、慎远、南胜、顺和四堂；归德市有成德堂；城南市有城南堂；太平市有桂溶、楠安两堂；三角市有联福、桂源两堂。共50000余人
云母行	名云珠堂，在大新街和宁里，共200余人	名联珠堂，在大新街和宁里，约2200人
首饰行	名兴仁行	分公益社、立本堂两堂，约3000人
戏　行	名吉庆公所，在黄沙	名八和会馆，由永和、兆和、福和、申和、庆和、德和、普和、顺和等八堂合设，在黄沙。共2700余人
搭棚行	名岐兴堂，共600余人	分联益、正义两堂，共1600余人
牙擦行	名允和堂	名善育堂，共1000余人
香　行	名同福堂	分线香永福堂、塔香永义堂两行，共3500余人

---

① 这里的"河南"，是广州人对珠江以南市区的俗称，大致位于今广州海珠区一带。

续表 2-1

行名	东家行	西家行
玻璃樽行	名启明堂，在杨仁里，共60余家	名明远堂，在杨仁里，共300余人
车木行	名全福堂	名全义堂，共1000余人
土烟丝行	名崇安堂，在白糖街，共100余家	名协成堂，约1200人

资料来源：邓铁锋：《广东劳动业务之调查》（《工界》第10期，1920年8月1日，第19-22页）；邓铁锋：《广东各工行状况之调查》（《工界》第11期，1920年8月14日，第13-15页）。《首饰行工人生活状况》《鞋行工人之生活状况》《戏行工人之生活状况》《搭棚工人近况》《牙擦工人之生活及其罢工原因》《香行工人之悲观》《玻璃樽行工人生活状况》《玛瑙行工人最近之生活》《车木工人筹组工会》《土烟丝行工人之生活状况》。（分别见《广东群报》1921年2月28日，第3页；3月4日，第3页；3月8日，第3页；3月25日，第6页；3月29日，第6页；4月7日，第6页；4月8日，第3页；4月15日，第3页；5月31日，第6页；6月7日，第6页）

由表2-1可知，广州"劳资合行"的组织结构至少具有以下基本特征：首先，东西家的行名多是以"堂"来命名。东家行以单一堂号为主，如玛瑙行映霞堂、鞋行敦义堂、花梨行务本堂、建筑行大安堂、云母行云珠堂、搭棚行岐兴堂、牙擦行允和堂、香行同福堂、玻璃樽行启明堂、车木行全福堂、土烟丝行崇安堂等即如是，但也有少数是以复合堂号存在，如篷厂行东家行就分太古、慎公、联胜三堂。至于西家行，除云母行联珠堂、牙擦行善育堂、玻璃樽行明远堂、车木行全义堂、土烟丝行协成堂等少数单一堂号外，则以复合堂号居多，如搭棚行西家行分联益堂、正义堂新旧两行，篷厂行西家行则分正义、德尊、十字、江门四堂。这些复合堂号多以地域和职业为划分依据。其中，以地域划分堂号的当属建筑行西家行"五市十堂"，即禺山市继义堂、慎远堂、南胜堂、顺和堂，归德市成德堂，城南市城南堂，太平市桂溶堂、楠安堂，三角市联福堂、桂源堂等，可能更多的还是以职业来划分的，如玛瑙行西家行霖璋堂分龙璋、霖源两堂，龙璋堂专造花草饰物，霖源堂则专做光素饰物①；首饰行西家行亦分公益社、立本堂两堂，分做金质、洋装首饰②；而戏行西家行八和会馆的永和堂、兆和堂、福和堂、申和堂、庆和堂、德和堂、普和堂、顺和堂则分别系由小武与武生、小生、花旦与正旦、男女丑、六分与大花脸、二花面与五军、手下、杂职等角色所设。③ 此外，鞋行的券底、上鞋、裁底、戤底、扣镶五行，花梨行的笋头（笋胜堂）、抖行（永胜堂）两行，香行的线香（永福堂）、塔香（永义

---

① 《玛瑙行工人最近之生活》，《广东群报》1921年4月15日，第3页。
② 《首饰行工人生活状况》，《广东群报》1921年2月28日，第3页。
③ 《戏行工人之生活状况》，《广东群报》1921年3月8日，第3页。

堂）两行等西家行也是依职业种类来界定堂名的。显然，这种行内细分堂号的结构模式是与手工业行会内部分工细致、行业界限严明的特点相吻合的。

其次，在东西家分立的广州行会组织结构中，尽管东西家已有自我身份的界别认同，但其界限也并非不可逾越。由五四时期调查可知，广州有些行会的东家行并不全是雇主，有的因西家加入而为劳资混合体。如成立于清乾隆年间的花梨行务本堂，"劳资之界限未尽划分"①，"西家亦得入之"②，车木行全福堂则为东西家合组所立③，而牙擦行允和堂是由西家行分化出来的工人所建④。这些事例反映了此时广州行会中东西家身份认同并非截然分明，有些还是相当模糊的。

至于东西家在行会中具体地位与作用，一般有两种情状：一是东家主导型，广州多数"劳资合行"组织结构的行会即属此类。如搭棚行西家行正义堂工人，"饱受东家专制，只知服从"⑤；鞋行西家五行，"均受东家之支配"⑥；做木、车玉两行西家行因团体涣散，其利权皆为东家所掌控⑦；洗衣行工人亦"富有服从性者居多"，"一切关于自身急待解决的问题"皆"赖东家来维持"⑧。二是相对独立型，这主要表现为西家因职业生产习惯而不受东家所左右。如首饰行西家行由于论工计值，"逐件包做者俱多，颇不受东家行所压制"⑨；制帽行工人则向因通力合作，出资直接售货而"不受东家之支配"⑩；玛瑙行工人因多自食其力，"绝无受雇于东家者"⑪，而土烟丝行工人则因团体坚固颇具互助而使东家"莫如之何也"⑫。

除上述东西家分立共处同一行会外，"劳资合行"还有东西家合一的组

---

① 《酸枝花梨、筲抖两工会通电》（1926年6月20日）、《酸枝花梨打磨工会启事》（1926年6月22日），五部档案，部7214、部7213，台北中国国民党文化传播委员会党史馆藏。
② 邓铁锋：《广东劳动业务之调查》，《工界》第10期，1920年8月1日，第21－22页。
③ 《车木工人筹组工会》，《广东群报》1921年5月31日，第6页。
④ 《牙擦工人之生活及其罢工原因》，《广东群报》1921年3月29日，第6页。
⑤ 《搭棚工人近况》，《广东群报》1921年3月25日，第6页。
⑥ 《鞋行工人之生活状况》，《广东群报》1921年3月4日，第3页。
⑦ 《做木行工人之近况》《车玉行东西家近况》，《广东群报》1921年3月22、29日，第6、3页。
⑧ 《广州洗衣工人状况的调查》，《广东群报》1921年6月1日，第6页。
⑨ 《首饰行工人生活状况》，《广东群报》1921年2月28日，第3页。
⑩ 《制帽行工人之自觉》，《广东群报》1921年4月2日，第6页。
⑪ 《玛瑙行工人最近之生活》，《广东群报》1921年4月15日，第3页。
⑫ 《土烟丝行工人之生活状况》，《广东群报》1921年6月7日，第6页。

织模式，劳资不分是其显著特征。① 如洋服行劳资不分是由于东家多出身工人②，革履行则因工人多为"技师而兼东主"③，而钟表行亦是"资本劳工共同工作，向无东西家之别"④。这算是身份合流造成的。当然，也有合组会馆致劳资不分的，如油漆行因会馆"系由东西合并设立"致劳资难分⑤；黑骨钮行因东西家共有一总行万福堂而"不分畛域"⑥；料珠行亦只有一会所联义堂，"本无东西家之区别"⑦。此外，还有从业门槛低下所致，如藤器行"能以短少资本，开店营业，实则工商并施"而"无工人资本之分"⑧，机房行则是"有一机头之资本，便可做东家，若一时缺乏，又变为西家"⑨。

然而，对于以上"劳资合行"组织结构模式中东西家与总行会所的关系及其具体运作实态，由于资料遗存尚少，我们可能无从细究，但从一些零星的资料中还是能看出广州有些行会的东西家组织是实体，其总行会所徒具形式而已。如首饰行总行兴和行，"只醵资饮裯外无别事"⑩，油漆行会馆亦全无丝毫作用，不过每年文昌诞时，由东西家集资若干"以为喝酒听乐之用"⑪。尽管如此，在总行会所的聚合下，广州行会东西家感情的融洽则是有目共睹的。事实上，此"劳资合行"的组织结构在很大程度上决定着广州行会早期劳资关系的协商合作主题，"（劳资）夙少携二之感"⑫则是其原生态写照，而这与传统行会劳资不分的组织机制密不可分，"其劳资界限之所以不能显然划分者，因独立的生产工人，生产品自制自售，实兼劳资于一身；而雇工筹得微资，即可自为主工。主工营业失败，又可降雇工，往往旦夕之间，主工雇工易位，故劳资身分，无法划分。主工雇工，遂同在一个行会，其势力又恒以主工为中坚，而雇工为附庸。在行会中，常有同业规约的争议，绝少劳资条件的争议；因其为劳资共同体，而非劳资分立体。"⑬

---

① 陈达认为该类型最能代表手工业行会性质，见氏著：《我国南部的劳工概况》，《统计月报》第1卷第10期，1929年12月，第12页。
② 《广州洋服工人之状况》，《广东群报》1921年5月26日，第6页。
③ 《革履工人之生活状况》，《广东群报》1921年3月10日，第6页。
④ 《修钟表行亦组工会》，《香港华字日报》1921年5月28日，第2张第3页。
⑤ 《油漆工人状况及其罢工情形》，《广东群报》1921年6月3日，第6页。
⑥ 《黑骨钮行工人生活状况》，《广东群报》1921年3月5日，第6页。
⑦ 《料珠行工人之生活状况》，《广东群报》1921年3月11日，第6页。
⑧ 《藤器工人不愿落后》，《广东群报》1921年6月9日，第7页。
⑨ 《机房行东西家之生活状况》，《广东群报》1921年3月30日，第3页。
⑩ 《首饰行工人生活状况》，《广东群报》1921年2月28日，第3页。
⑪ 《油漆工人状况及其罢工情形》，《广东群报》1921年6月3日，第6页。
⑫ 中国劳工运动史编纂委员会编纂：《中国劳工运动史》（一），第39页。
⑬ 中国劳工运动史编纂委员会编纂：《中国劳工运动史》（一），第35页。

第二节 身份控制：劳资成员的会籍管理

传统行会之所以能在城市社会经济生活中起着举足轻重的作用，首先莫不归功于其所实施的强制会籍的基本原则。这种强制会籍原则具有严格的排外性和独占性。只有按照行规履行入行手续，取得会员资格，才能依据行会所规定的权利和义务行事。行会对新入会者征收入行金，乃是行会强制会籍原则得以实现的首要条件。① 而入行金能否如数缴纳，则关系到营生的成败。至其缴纳标准多因行业性质及劳资身份不同而多寡不一。对此，广州不少行会皆有明文规定。通常来说，东家行入行标准多注重财力，很少考虑到资方是否有技术操作能力。如玉石业裕兴堂行规云："店号开业，须向堂缴给照银二百两，摊号开业，须向堂缴给照银五十两。"纱绸布匹业纯俭堂行规云："先缴纳入行酒金五十两，始得开业。"茶叶昭远堂行规云："凡开店营业者，须纳入行金二十两，未入行者，不准对外贸易。"② 而搭棚行则规定："至于东家行则不必问其人能否操作，但缴纳入行银 50 两，即可悬挂招牌，承接生意矣。"③ 这可谓是广州行会东家行入行标准的典型例证。除缴纳入行金外，入行者通常还要备席公宴同行。如玻璃樽行规定，东家入行须缴行底银 75 两，方得挂牌营业，同时还须宴请同行，东家每家限请一人，西家工人均得列席。④ 玛瑙行则规定，东家入行须缴行底银 20 两，"另通请东家全行公宴，方得开张营业"⑤。

当然，以上事例主要是针对雇主的。至于劳方，其入行情形也大致相同。如建筑行规定，西家入行需纳银 7 两 2 至 10 两，分期缴纳，没有期限，每次也不限多少，但要缴足方称为"入满行"，才有正式堂友资格。另外，为了杜绝、排斥行外散工抢夺就业，该行值理每月初二、十六两日还要轮流"行街"两次，其任务是巡视所属工地（时称为"厂"），如发现面生工人，

---

① 彭泽益：《十九世纪后期中国城市手工业商业行会的重建和作用》，《历史研究》1965 年第 1 期。
② 马超俊：《中国劳工运动史》上册，第 66 页。
③ 《搭棚工人近况》，《广东群报》1921 年 3 月 25 日，第 6 页。
④ 《玻璃樽行工人之生活状况》，《广东群报》1921 年 4 月 8 日，第 3 页。
⑤ 《玛瑙行工人最近之生活》，《广东群报》1921 年 4 月 15 日，第 3 页。

即询问是否入行，如未入行即不准开工①，并每次劝缴银5角，"间或有狡猾工人，到时避之，则异时亦得交纳"②。

其实，广州行会入行金的征收不仅不同行业标准不一，就是同一行业内部也有差异，有的甚或相差很大。这从表2-2可得证实。

表2-2 广州部分行会入行金统计（1920—1921年）

行　　名			入行金
玛瑙行	东家行（映霞堂）		银20两
	西家行（霖璋堂）		银4元
篷厂行	东家行（太古堂、慎公堂、联胜堂）		银50元
	西家行（正义堂、德尊堂、十字堂、江门堂）		银25元
靴鞋行	东家行（敦和堂）		银50元
	西家行（券鞋、上鞋、裁底、戢底、扣镶五行）		银2元
建筑行	东家行（大安堂）		银10两
	西家行（五市十堂）		银7两2至10两
云母行	东家行（云珠堂）		银30元
	西家行（联珠堂）		银10元
搭棚行	东家行（岐兴堂）		银50两
	西家行	旧行（正义堂）	银35元
		新行（联益堂）	银7毫
玻璃樽行	东家行（启明堂）		银75两
	西家行（明远堂）		银30元

资料来源：邓铁锋：《广东劳动业务之调查》（《工界》第10期，1920年8月1日，第19、20、21、22页）；邓铁锋：《广东各工行状况之调查》（《工界》第11期，1920年8月14日，第13、15页）。《鞋行工人之生活状况》《搭棚工人近况》《玻璃樽行工人之生活状况》《玛瑙行工人最近之生活》。（分别见《广东群报》1921年3月4日，第3页；3月25日，第6页；4月8日，第3页；4月15日，第3页）刘成基：《清末民初广州的建筑行业团体组织》（1964年10月22日），广州市政协学习和文史资料委员会主编：《广州文史资料存稿选编》（八），第46页。

由表2-2不难看出，就同一行业的东西家行而言，其征收入行金的标准一般东家行要比西家行高出许多，有的相差24倍（如玛瑙行、靴鞋行），

---

① 刘成基：《清末民初广州的建筑行业团体组织》（1964年10月22日），广州市政协学习和文史资料委员会主编：《广州文史资料存稿选编》（八），北京：中国文史出版社，2008年，第46页。

② 邓铁锋：《广东各工行状况之调查》，《工界》第11期，1920年8月14日，第13-14页。

甚至还有的更高（如搭棚行的东家行与西家行新行）。这种情形表明，在一些行业的东家行看来，唯有提高入行门槛资格，其生计才不至于被西家所攫夺，进而更好维系巩固其在行会中的绝对垄断与支配地位。因而，选择征收高昂的入行金便成为东家行试图阻断西家向东家流动的不二法门。而事实上，东家行高额的入行金就足以让那些大多数胼手胝足的西家工人望而却步。

当然，对广州西家工人来说，阻碍其向东家身份流动的因素远不止入行金一项，更重要的还有来自生存竞争的压力。与东家行入行标准主要侧重于财力，即只要缴足入行金便可而无其他条件限制相比，西家行入行资格更为严格和繁杂。这主要体现在两方面：一是西家行入行金的征收，多采取提高标准严格限制外行的原则，借此抵制外行工人，以稳固行内工人在就业竞争中的优势地位。如料珠行联义堂入行费为30元，"如系外来入行或非从学徒出身者，须缴入行费一百元"①。首饰行西家行入行费为4元，"如系由外埠或各乡来省做工者，则须先纳入行银四十两，然后得开工操作"②。剖劂行西家入行须先缴行底银2元，另按年缴常费1元共计13年。若外来工人入行，"须缴一次过银四十元，否则无人雇用，亦不许自行开工操作"③。玻璃樽行西家行入行费为30元，若由"别处或由各乡来省之工人，须先纳入西家行银四十元，方得开工操作，否则东西（家）必群起而抵制也"④。至于同一行会，有的也存在同样情形。如铁钉行分大小（新旧）两行，入大行（旧行）须纳费10元，该行以广州河北及河南之西至海幢寺为界。如在河南尾做工，非入小行（新行）不可，其入行费不过10元。若大行工人迁至河南尾做工，"非缴纳四十至五十金之行费不能也"，这是因为，河南尾地属小行专做的盐船生意范畴，故该行"必限制工人多来，以免分少其工作"⑤。以上事例坐实了时人的旧式行头"仅系提防本业工人之增多""徒足以为限制工人自己谋食而设"⑥的看法。

二是学徒管理制度的盛行，究其盛行原因，主要是工人众多、职位紧缺的手工业就业格局愈加严酷的激烈竞争所造成的。由于手工业的行业特质规定了工人必须具备熟练的技艺才能入行，于是技术资格往往成为工人入行格

---

① 《料珠行工人之生活状况》，《广东群报》1921年3月11日，第6页。
② 《首饰行工人生活状况》，《广东群报》1921年2月28日，第3页。
③ 《剖劂行拟改组工社》，《香港华字日报》1921年3月18日，第3张第4页。
④ 《玻璃樽行工人之生活状况》，《广东群报》1921年4月8日，第3页。
⑤ 邓铁锋：《广东各工行状况之调查》，《工界》第11期，1920年8月14日，第13页。
⑥ 毓芹：《广州鞋业工人生活状况》，《劳动者》第4号，1920年10月24日，沙东迅辑：《劳动者》，广州：广东人民出版社，1984年，第60页。

外看重的基本标准。然而，技术资格的获得绝非易事，要遵循严格的学徒程序，经一定年限毕业后方准入行为工人。显然，学徒制度已成为行会工人成长的必由之路。对此，广州行会有一套严格的学徒管理制度，其内容主要涉及授徒资质、拜师手续、收徒人数、毕业年限、生活待遇、毕业出路等方面。如关于授徒资质，即是由东家行还是西家行来授徒，要依行会惯例而定。如玻璃樽行，"惟是行规颇严，非东家行不得招收学徒"①。土烟丝行东家行也享有授徒权："学徒凡欲习此项工作者，先须投入烟丝店为学徒"，且"须唯资本家之命是从"，至学徒期满，"资本家认可其能做大工，始给予烟刨一个，方作毕业称师傅焉"②。而云母行、缝工行、首饰行、搭棚行、车玉行、玛瑙行等行会则规定学徒由西家教授，东家无权过问。③ 再如，拜师须缴入行金，按照行规，一般是"先交钱后做艺"，即"钱清上名"，学徒"方许拜师"④。如广州机工学徒要向厂主缴按柜银 30 元，"乃可入学"⑤。除拜师缴费外，收徒人数也有严格限制。为了维护同行利益，规避就业竞争，"大抵各行对于各同业所收之徒弟，皆有严密之额定人数"，如广州牌匾油漆业永昌堂就限定每家收徒不超过 3 人，⑥ 黑骨钮行每家则限收 2 名学徒；⑦ 料珠行、牙擦行亦限制每工人收徒各为 1 人和 2 人；⑧ 玛瑙行规定每工人不得同时收徒 2 人，须待一学徒毕业后方能续招；⑨ 而藤器行"师傅三人，只许收学徒二名"⑩。至于学徒来源，多从亲朋戚友和同乡中择其少年子弟，"教养之以为徒弟也"。⑪ 究其养成年限，则因业务类别而异，通常以 3 年和 4 年期居多。据笔者不完全统计，行规限定学徒 3 年毕业的有铁

---

① 《玻璃樽行工人之生活状况》，《广东群报》1921 年 4 月 8 日，第 3 页。
② 《土烟丝行工人之生活状况》，《广东群报》1921 年 6 月 7 日，第 6 页。
③ 详见邓铁锋：《广东各工行状况之调查》，《工界》第 11 期，1920 年 8 月 14 日，第 15 页。《广州缝工生活状况》《首饰行工人生活状况》《搭棚工人近况》《车玉行东西家近况》《玛瑙行工人最近之生活》。(分别见《广东群报》1921 年 1 月 26 日，第 3 页；2 月 28 日，第 3 页；3 月 25 日，第 6 页；3 月 29 日，第 3 页；4 月 15 日，第 3 页)
④ 彭泽益：《十九世纪后期中国城市手工业商业行会的重建和作用》，《历史研究》1965 年第 1 期。
⑤ 江流：《广州机器工人概况》，《劳动者》第 2 号，1920 年 10 月 10 日，沙东迅辑：《劳动者》，第 30 页。
⑥ 马超俊：《中国劳工运动史》上册，第 68 页。
⑦ 《黑骨钮行工人生活状况》，《广东群报》1921 年 3 月 5 日，第 6 页。
⑧ 《料珠行工人之生活状况》《牙擦工人之生活及其罢工原因》，《广东群报》1921 年 3 月 11、29 日，第 6 页。
⑨ 《玛瑙行工人最近之生活》，《广东群报》1921 年 4 月 15 日，第 3 页。
⑩ 邓铁锋：《广东劳动业务之调查》，《工界》第 10 期，1920 年 8 月 1 日，第 21 页。
⑪ 马超俊：《中国劳工运动史》上册，第 68 页。

钉、土烟丝、牙擦、剖劂、藤器、靴鞋、搭棚旧行正义堂、篷厂、制香、云母、革履、装船、头发、洋服等行，限定4年毕业的则有料珠、黑骨钮、玛瑙、缝工、车玉、机房、花梨、做木、木胚等行。当然，也有少数限定5年毕业的，如首饰、玻璃樽等行。而泥水行、搭棚新行联益堂却规定无毕业期限限制。① 在学期间，学徒生活多为清苦且待遇很低。如玛瑙行学徒在4年学师期内，"做工自晨至暮，颇劳苦"，可是每年所得鞋金不过三数元。同样学师4年，花梨行则更低些，其学徒每年只得费用一两元，但工作却"辛苦异常，或锯木，或开板，又兼充伙夫与一切杂工"②。广州行会学徒生活的清贫还可从清末时人评论中得到印证。如机房行学徒逢吃饭每人仅发一二文钱，最多不过数文，"刻薄工人，莫逾于此"③。而竹器行、鞋行则因学师待遇微薄，以致发生难以招到学徒后继乏人的没落境况。④

最后，须强调的是，学徒满师后的出路问题，即入行做工还是自谋职业，更是广州行会实施会籍管理的重要内容。一般而言，绝大多数会的学徒毕业后多入该行会籍，前提是缴纳一定数量的入行金，即可擢升为在籍工人。如毛笔行文桂堂规定，学徒满师须纳基本金10.2元方准操业，否则被人举发证实，即以违背行规论从重处罚，罚金八成用以充赏，二成拨作会馆香油，"以故东西家咸遵若神圣不敢侵犯"⑤。玛瑙行亦规定，学徒毕业须向西家行霖璋堂缴行底银3元，同时另缴分堂挂号注册银2钱4分，然后才能

---

① 参见邓铁锋：《广东劳动业务之调查》，《工界》第10期，1920年8月1日，第20、21、22页；邓铁锋：《广东各工行况之调查》，《工界》第11期，1920年8月14日，第11、13、15页；《剖劂行拟改组工社》，《香港华字日报》1921年3月18日，第3张第4页。《广州缝工生活状况》《首饰行工人生活状况》《黑骨钮行工人生活状况》《革履工人之生活状况》《料珠行工人生活状况》《泥水行工人生活状况》《做木行工人之近况》《搭棚工人近况》《牙擦工人之生活及其罢工原因》《车玉行东西家近况》《机房行东西家之生活状况》《香行工人之悲观》《玻璃樽行工人之生活状况》《玛瑙行工人最近之生活》《装船行工人战胜东家》《木胚行工人又有改组工社消息》《广州洋服工人之状况》《土烟丝行工人之生活状况》。（分别见《广东群报》1921年1月26日，第3页；2月28日，第3页；3月5日，第6页；3月10日，第6页；3月11日，第6页；3月16日，第3页；3月22日，第6页；3月25日，第6页；3月29日，第6页；3月29日，第3页；3月30日，第3页；4月7日，第6页；4月8日，第3页；4月15日，第3页；4月21日，第3页；4月26日，第6页；5月26日，第6页；6月7日，第6页）

② 邓铁锋：《广东劳动业务之调查》，《工界》第10期，1920年8月1日，第19、22页。

③ 黄国祥：《论机房亟图改良以挽利权（再续）》，《广州总商会报》光绪三十三年二月二十六日（1907年4月8日），第1页。

④ 详见黄国祥：《论竹器行冷淡之原因（续昨）》，《广州总商会报》光绪三十三年五月十九日（1907年6月29日），第2页；黄国祥：《论鞋业之现象（续稿）》，《广州总商会报》光绪三十三年八月二十六日（1907年10月3日），第2页。

⑤ 《笔工行之风潮》，《香港华字日报》1920年8月17日，第3张第4页。

开工操作。① 做木行规定学徒毕业后须缴入行银16元，"为某堂号范围，听个人抉择，就普遍而论，如系某堂教授者，即多入某行"②。而土烟丝行则规定，学徒"既经学习时期，则须入行"，并向西家行协成堂缴费36元，"然后始得在烟丝店受雇，否则东家不敢雇用，恐触犯西家行规，至生异变"③。不过，也有行会允许学徒自谋职业的。如牌匾油漆业永昌堂大成堂行规云："学徒受业四年，满期缴入会基金四十元为会员，可以出外另就。"④ 当然，还有行会鼓励学徒自食其力的，车玉行就规定学徒毕业只要缴行底银3两2钱，另缴挂号银1两，"便可悬挂招牌，拟卖玉器什物，不必再入东家行，亦不必缴纳厘金及炮台经费等项"⑤。但这毕竟是少数。

由于行会时代的学徒制度是提供最廉价劳动力和熟练技术工人的主要来源。因而，行会自然格外重视其学徒制度的日常管理。也正是凭借上述一系列"限制极严"而"使其不易获得新职业之机会"⑥ 的学徒管理制度，广州行会实现了其强化会籍、维系垄断地位的根本目的。

第三节 运行机制：劳资合行体的社会经济职能

垄断作为行会的基本职能与最显著特征，不仅体现在行会会籍制度的管理上，还更集中在协调生产关系运行的如下社会经济层面。

（一）经济管理职能：规范劳资生产经营，抵制自由竞争

1. 严定行业分工

为了维系行业利益垄断，禁止行外工人搀夺生产，广州行会向有严格的分工限制，"省垣手作各行均立有规条，各成党聚"⑦，"其界限颇狭且严，同一工业不过分工制作，而亦各为一行"，"行头既各有分别，即不能互相

---

① 《玛瑙行工人最近之生活》，《广东群报》1921年4月15日，第3页。
② 《做木行工人之近况》，《广东群报》1921年3月22日，第6页。
③ 《土烟丝行工人之生活状况》，《广东群报》1921年6月7日，第6页。
④ 马超俊：《中国劳工运动史》上册，第69页。
⑤ 《车玉行东西家近况》，《广东群报》1921年3月29日，第3页。
⑥ 马超俊：《中国劳工运动史》上册，第68页。
⑦ 《羊城新闻·同行敌国》，《香港华字日报》光绪二十三年十二月十九日（1898年1月11日），无版码。

抢夺"①。如油漆行向分油漆、牌匾两行，其行规就禁止牌匾行"操油漆之业"②。机房行也内分织造、织纱两种，其行规界限甚为森严，"向取狭隘主义，俱以归类做工，不许越出范围以外"③。而花梨行则分打磨、镶花、凿花、算盘、苏座、杂货等行，其"各行工作，各有师承"，"技属专门，莫能搀混"④。车玉行西家行也有类似限定，该行所属三堂号的职业界限亦不容混杂：振宝行以车玉鈲为主，同福堂专司打磨、打眼、开石、界石之事，成章堂则负责制造碎料、件头、饰物图章及玉石器皿之类。⑤同一行业的生产界限尚且如此分明，更遑论相近行业的了，如料珠行与料鈲行本属不同行业，但因行业相近遂"积不相能，划清界限，即如做料珠者不得做料鈲，做料鈲者又不得兼做料珠"⑥。

　　行业分工既有严格界限，因之而生的行业争讼自然也就难免，而究其应对多以集体械斗的武力对决来了结，"粤省工艺之流，行规最严，其或为外行搀夺，则必鸣鼓而攻，无滋他族实逼处此。凡有各业所在皆然"⑦。于是，"斗殴立起，间有因此缠讼至经年不决者"⑧事例的发生也就不足为怪了。如光绪十四年（1888）十月，广州机房行金花、彩金两行就因行业纷争而械斗于珠帽岗，鏖战两日，"伤毙六七人，受伤者不可胜数"⑨。后虽因官兵弹压即行散去，"然报复之心，尚牢结不解也"。随后，双方又多次重整旗鼓进行械斗，"利刃长矛，如林之密"，"枪炮对击，声闻数里，致毙数人，伤者无算，地方官竭力排解，置若罔闻"⑩。就这样机房行内争近两年仍是"寻仇不已"⑪。光绪十八年（1892）四月，油漆行亦因兴隆街各店多违规雇用牌匾行工人作业，"遂纠集行众，向之理论，继而肇讼，案悬未结"，随即油漆、牌匾两行"始而口角，继复用武"，后虽经他人排解而暂时息争，

---

① 《广东劳工的运动史》，《青年周刊》第 4 号，1922 年 3 月 22 日，广东青运史研究委员会研究室编：《青年周刊》，广州：广东人民出版社，1986 年，第 76 页。
② 彭泽益：《十九世纪后期中国城市手工业商业行会的重建和作用》，《历史研究》1965 年第 1 期。
③ 《机房行东西家之生活状况》，《广东群报》1921 年 3 月 30 日，第 3 页。
④ 《酸枝花梨打磨工会启事》（1926 年 6 月 22 日），五部档案，部 7213，台北中国国民党文化传播委员会党史馆藏。
⑤ 《车玉行东西家近况》，《广东群报》1921 年 3 月 29 日，第 3 页。
⑥ 《料珠行工人之生活状况》，《广东群报》1921 年 3 月 11 日，第 6 页。
⑦ 彭泽益编：《中国工商行会史料集》下册，第 715 页。
⑧ 《广东劳工的运动史》，《青年周刊》第 4 号，1922 年 3 月 22 日，广东青运史研究委员会研究室编：《青年周刊》，第 76 页。
⑨ 彭泽益主编：《中国工商行会史料集》下册，第 711 页。
⑩ 彭泽益主编：《中国工商行会史料集》下册，第 711 页。
⑪ 彭泽益主编：《中国工商行会史料集》下册，第 713 页。

"然宿恨未消,新嫌复起,械斗之事,恐所难免"①。至光绪十九年(1893)十月,油漆行因工作界限再起争端。其牌匾行联敬堂工人因天福首饰店等10余家商行雇请上门油漆,而被漆盒行彩明堂以攫夺工作为辞,"迭次纠匪持械"殴伤。② 显然,上述以武力械斗方式解决行业界限纷争的事实绝非个例,至少表明广州行会对于外来侵夺其生计行为的处置是极其严厉的,这是行会为维护其行规神圣性与权威性的本能反应。

2. 垄断生产技术

由于手工业技术关涉行业生产秘密与生计,因而禁止技术外传在广州行会中颇为普遍。云母行就有这样规定,"凡工人宜在当众之区工作,不得在四乡及僻处设立,因恐教授妇女,工艺受其攫夺也。如违此定规,各工人得全体干涉,停止其营造"③。当然,行会垄断生产技术也并非仅限于传男不传女之类,事实上,前述学徒管理制度的推行亦即带有其技术垄断的意图。这不仅表现为学徒招收有数量限制,通常还有来自师傅授艺时的刻意保留,如缝工行学徒在四年学师期内,"要仰老技师傅鼻息恩典,始能出头",该行学徒一般在学师之初,"专司挑水、破柴、炊饭之役,至两年后,方教以缝粗布衣服,三四年内乃渐教以较细之工作"④。除了授艺有所保留外,行会的严定行业分工也阻遏了手工业技术的传播。如油漆行工人向分漆盒、嫁妆、牌匾、上门四类,然而,"普通四类之工人,固不能一人兼而为之也"⑤。鞋行也有同样规定,其西家行工人只能入券底、上鞋、裁底、戳底、扣镶五行中一行,不能兼入其他四行,且此五行,"分门别类,各有专家,每制鞋一对,必五行工人之操作而始成"⑥,究其实质,诚如时人所论:"西家行中复分五行,使人各习一艺,不许兼习,则永无脱离工厂,独立自营之能力,而必须为资本家服务。似此行头,在东家视之为有利,在西家则反形桎梏,有不如无。"⑦

3. 规范产品生产

这主要包括两方面:(1)厘定产品的规格、价格和原料供给。如玛瑙行规定,该行所用原料玛瑙须来自波斯,其"形或圆或扁,色或白或黄或

---

① 彭泽益主编:《中国工商行会史料集》下册,第715页。
② 《始创上门油漆行》,《岭南日报》光绪十九年十月初八日(1893年11月15日),第5页。
③ 邓铁锋:《广东各工行状况之调查》,《工界》第11期,1920年8月14日,第15页。
④ 《广州缝工生活状况》,《广东群报》1921年1月26日,第3页。
⑤ 《洋务油漆工人生活状况》,《广东群报》1921年3月31日,第6页。
⑥ 《鞋行工人之生活状况》,《广东群报》1921年3月4日,第3页。
⑦ 毓芹:《广州鞋业工人生活状况》,《劳动者》第4号,1920年10月24日,沙东迅辑:《劳动者》,第60页。

青或红,而以红色为最多",工人将其刻成花卉、人物、飞鸟等各种样式,并"以(做工)精粗定价,最精最贵者,每玛瑙一粒,值银一元;平常花草,极粗者值银二分"①。云母行所用原料云母壳则多产于美洲及福州、廉州等地,其产品系工人手工制成,多以人物鸟兽为造型的各种器皿玩具为主。② 而头发行则统一限定头发的价格,即每百斤不得超过 25 元,并对头发的款式予以规定,主要分为上中下及至短等八种。其中,最长的为 3 英尺,最短的为 0.5 英尺。③ 广州行会的这些规定,不但能为手工业产品的作业规范提供有力的品质保障,同时还可"防止同业间之竞争,又保持同业间之利益也"④。

(2) 规定工时、工价与福利待遇。如果说行会厘定产品的规格、价格和原料供给目的在于排斥自由竞争、维系同业利益均衡的话,那么,其规定工时、工价与福利待遇除了上述考虑外,还有约束防范工人罢工的意图。由于工时、工价与福利待遇问题事关工人的劳动热情与自身生存,以及资本家生产利润的汲取,劳资双方对此自然十分看重。因而,能否在这些问题上动员工人积极生产,则为行会规范生产极为重视的普遍话题。也正是有鉴于此,广州行会对工时、工价与福利问题的规定多持审慎态度。其标准一般经由劳资双方共同议定而写入行规。这些劳资协议本身就是劳资协调理念的产物,基本上能兼顾双方利益,而其一经以行规的形式确定下来,即具法律效力,既"不能要求增加,亦不能任意减少"⑤,同业务必遵循。根据五四前后有关广州手工业工时、工价与福利待遇的一些调查,或可透视行会在生产中所起的这种激励与约束的双重作用。

首先,就规定工时来看,广州行会主要存在两种情形:一是严格限定工时。如玻璃樽行规定其工时由每早 5 时至晚 10 时,除早晚两餐及品茗外,约做工 10 小时,另有每月休假 5 天,这是因为该行工人操作劳苦,"整日向热烘烘之火炉里讨生活,不得不停工休养也"⑥。搭棚行亦有订例,其工时由每早 6 时至晚 8 时止。⑦ 做木行工时则为上午 8 时至下午 6 时。⑧ 而缝工行工时则依工种来划分:长工分夏冬两季而定,夏季工时由农历五月初五起

---

① 邓铁锋:《广东劳动业务之调查》,《工界》第 10 期,1920 年 8 月 1 日,第 19 页。
② 邓铁锋:《广东各工行状况之调查》,《工界》第 11 期,1920 年 8 月 14 日,第 15 页。
③ 邓铁锋:《广东各工行状况之调查》,《工界》第 11 期,1920 年 8 月 14 日,第 11 页。
④ 马超俊:《中国劳工运动史》上册,第 67 页。
⑤ 马超俊:《中国劳工运动史》上册,第 67 页。
⑥ 《玻璃樽行工人之生活状况》,《广东群报》1921 年 4 月 8 日,第 3 页。
⑦ 《搭棚工人近况》,《广东群报》1921 年 3 月 25 日,第 6 页。
⑧ 《做木行工人之近况》,《广东群报》1921 年 3 月 22 日,第 6 页。

算，每早 5 时开工至晚 7 时休息；秋季则由农历八月初一起算，每早 7 时开工至夜 12 时休息。而散工则由早 7 时至 12 时为第一时间，再由 12 时至晚 6 时为第二时间，若做至夜深三四时，则为第三时间。① 应指出，上述行业的工时多有东西家商妥订立，具有明显的劳资契约性质，有利于规范同业推进生产。二是做工自由，绝少规定工时。如首饰行由于工人自由做工，鲜有时间规定，其白天工作总不过 6 小时，其余全在夜间做作，"此为该行工人之习惯性，几于牢不可破"②。黑骨钮行工时亦"鲜有规定，大都早餐后开工，入夜十二时收工者居多"③。剖劂行工时也不固定，"如遇生意旺时，则往往有赶开夜工至夜深二时始休息"④。香行工时也"无划一之规定，按普遍计算，总在十小时以上"⑤。甑酒行工时"亦无规定，皆有东西家双方订妥"⑥。木胚行工时也绝无规定，约每日做工 10 小时，且维护同业利益的倾向更具鲜明，"惟每年由三月起至七月止，此五个月内，不许夜间开工，盖以时当淡月，免为一人垄断做也"⑦。而花梨行做工则更自由，该行虽规定其工时分为自晨至午、自午至晚、自晚至三鼓等三个时段，"但做工极自由，做足三工与否，东家不能强迫"⑧。由上可见，"工人自由做工，不受东家过问"⑨ 即为这些行业劳资雇佣关系松散的真实写照，而这种劳资关系模式无疑也有助于激发工人的生产积极性。

其次，就厘定工价而论，广州行会一般多能根据自身行业特点、产品的材质、技术高低、工作量和工时等因素来规定工价。如黑骨钮行工价是计件给值，每人每日可得工银 4～5 毫。⑩ 革履行亦是计件给值，每做鞋一双给值 6～7 毫，靴则每双给值 7～8 毫乃至 1 元。⑪ 同样按件计值的还有剖劂行，其工价"胥视东家生意之旺淡以为衡"，大约每日工作 8 时可得工银 5 毫。⑫ 不过，也有些行业是论工计值，即多以工人技术高低为定价依据。如藤器行工人"通常月薪四五元，间或手工灵敏，工夫纯熟，照物论工，每

---

① 《广州缝工生活状况》，《广东群报》1921 年 1 月 26 日，第 3 页。
② 《首饰行工人生活状况》，《广东群报》1921 年 2 月 28 日，第 3 页。
③ 《黑骨钮行工人生活状况》，《广东群报》1921 年 3 月 5 日，第 6 页。
④ 《剖劂行拟改组工社》，《香港华字日报》1921 年 3 月 18 日，第 3 张第 4 页。
⑤ 《香行工人之悲观》，《广东群报》1921 年 4 月 7 日，第 6 页。
⑥ 《甑酒工人成立工会》，《广东群报》1921 年 4 月 5 日，第 3 页。
⑦ 《木胚工人又有改组工社消息》，《广东群报》1921 年 4 月 26 日，第 6 页。
⑧ 邓铁锋：《广东劳动业务之调查》，《工界》第 10 期，1920 年 8 月 1 日，第 22 页。
⑨ 《机房行东西家之生活状况》，《广东群报》1921 年 3 月 30 日，第 3 页。
⑩ 《黑骨钮行工人生活状况》，《广东群报》1921 年 3 月 5 日，第 6 页。
⑪ 《革履工人之生活状况》，《广东群报》1921 年 3 月 10 日，第 6 页。
⑫ 《剖劂行拟改组工社》，《香港华字日报》1921 年 3 月 18 日，第 3 张第 4 页。

月亦可获10余元"①。云母行工人一般月薪10余元,"间或制作新奇者,每日工值,可得一元以上"②。鞋行工价也是"往往因材料之精粗,及手工之优劣以为衡",该行规定,每劵鞋、裁底、戳底、扣镶、上鞋一双,其工银为2分、1分、1毫5仙、1分5厘和3分不等。③而缝工行更是按工人技术和工时来定价,其长工依技术熟练程度分为上、中、下三等,每月给值各为5~7元、3~4元和1~2元,而其散工则以工时为定价标准,"当冬日仅获二毫,若夏日则获一二毫","至于分作三时间之散工,则每一时间给工值六分,合三时间计之,共得二角半"④。不过,也有行会工价是按年计值的,如戏行多实行角色年薪制,且各角色"工值之高下,亦殊不平等",如唱小生、花旦,最高可达万元以上;小武、武生、男女丑次之,"或数千数百元不等";其余正生、总生、老生等角色,"至多者千余元,少或百数十元而已"⑤。上述按工种技术高低和工作量大小规定工价的做法,无疑有助于激发工人生产热忱,提高劳动效率。如鞋行由于论工计值,工人为了多赚工钱,"间亦有日夜做工不息者",而"东家例不能以其消耗油脂之故干涉之"⑥。

最后,再来关注工人福利问题。由于这一问题与工时、工价一样都是行会时代罢工发生的主要诱因,其自然也就成为广州行会规范生产的重要议题。据相关资料显示,广州行会对工人福利的规定多集中于膳食方面,并能适当顾及工人生活,以便使其安心生产,防范罢工发生。如玻璃樽行规定,该行工人由东家"另供朝晚膳,又每月祸祭二次,每人给肉四两,不须工人津贴"⑦。搭棚行工人"每日除供给朝夕膳外,午餐则给铜仙五枚"⑧。肥料行工人"遇住户有婚姻丧祭及各节令,则有赏犒,多寡不能定"⑨。篷厂行工人饮食"在工界中颇称丰厚,每人日饭三餐,另有茶资半毫"⑩。而鞋行膳食规定则具有严厉的强制意蕴:

  西家行规定如系论工计值之工人,受东家雇用,每日补回膳费银四

---

① 邓铁锋:《广东劳动业务之调查》,《工界》第10期,1920年8月1日,第21页。
② 邓铁锋:《广东各工行状况之调查》,《工界》第11期,1920年8月14日,第15页。
③ 《鞋行工人之生活状况》,《广东群报》1921年3月4日,第3页。
④ 《广州缝工生活状况》,《广东群报》1921年1月26日,第3页。
⑤ 《戏行工人之生活状况》,《广东群报》1921年3月8日,第3页。
⑥ 《鞋行工人之生活状况》,《广东群报》1921年3月4日,第3页。
⑦ 《玻璃樽行工人之生活状况》,《广东群报》1921年4月8日,第3页。
⑧ 《搭棚工人近况》,《广东群报》1921年3月25日,第6页。
⑨ 邓铁锋:《广东各工行状况之调查》,《工界》第11期,1920年8月14日,第12页。
⑩ 邓铁锋:《广东劳动业务之调查》,《工界》第10期,1920年8月1日,第20页。

分五厘。譬如每餐订两荤两素，以后例不得减少，倘有一餐缺一味者，则工人得群而反对之。又如东家宴客陈设盛馔，各工人须一律同享，倘有一席独异者，则工人亦得群而反对之。甚至东家因个人喜庆，以旨酒嘉肴养工人，亦不得将每餐之例菜减去，否则工人亦得群起而反对之。其反对之目的，不外处东家以百元以下或三元以上之罚金。如东家不允遵罚，则全体工人群起抵制，永不受该号东家之雇佣。①

上述鞋行工人得以集体行动来规范行规进行维权的规定，可以说是广州行会组织维护行规的内部自我约束机制的惯性体现。当然，这种约束机制并非仅在福利方面发生作用，在产品生产的规格、工价等方面也是如此。"省垣工艺如云，操作之徒，各行皆置立会馆，议定行规，公举行老董理其事。一行之中，凡货式之大小，工资之多寡，均有定章。同行各人共相遵守，不容淆混，倘有违例者，无论东家西家行众，定必鸣鼓而攻，不遗余力。"②而广州行会正是依凭这种"鸣鼓而攻，不遗余力"的惯例约束机制，来维系劳资关系平衡以及产品生产的。

4. 统制销售交易

除监管产品生产外，广州行会还控制产品的销售与经营，借以强化其对交易市场的绝对垄断。其实现方式主要有两种：一是对外严禁外行私售产品。如料珠行规定，"无论何人，凡未入行而私造料珠运入市面而发售者，该行有权执获，将之充公"③；而玻璃樽行更以悬赏的手段来维护其行规，"凡未入行者，均不得私制出品，违者该行有权执获，将货变卖后，以五成充赏线人"④。二是对内实施同盟绝交。这主要是借助行会内部的自我约束机制，即以党同伐异的集体威力来规范并垄断产品的交易市场。如广州玉石业裕兴堂就规定："对于已经停止交易者，倘同行中与之私行交易，即公议罚银二十两，一半归指证人，一半充公。"⑤ 篷厂行亦"行中规例极严"，"如同行中已承领支搭，而遇有数目不清，以致停止工作，他家不得继续承领"⑥。

综上可知，广州行会主要借助行规这一内部自我约束机制的强制力，控

---

① 《鞋行工人之生活状况》，《广东群报》1921年3月4日，第3页。
② 《羊城新闻·车料争讼》，《香港华字日报》光绪二十三年三月二十七日（1897年4月28日），无版码。
③ 《料珠行工人之生活状况》，《广东群报》1921年3月11日，第6页。
④ 《玻璃樽行工人之生活状况》，《广东群报》1921年4月8日，第3页。
⑤ 马超俊：《中国劳工运动史》上册，第67页。
⑥ 邓铁锋：《广东劳动业务之调查》，《工界》第10期，1920年8月1日，第20页。

制产品的生产经营和销售,来实现其规范行业经营、抵制自由竞争的经济职能,从而达到其"维持同业间之公共声誉,及保系同业间之均衡发达"① 的基本目的。

(二) 社会管理职能:稳固内部团结,弥缝劳资隔阂

广州行会组织不仅通过上述行规惯例的约束机制来维系其在城市社会经济生活中的垄断地位与作用,同时还借助团结互助的激励机制来固结人心,调解劳资纷争,借此增强内部凝聚力。而其激励机制功能的发挥主要表现为如下两方面:

一是联络乡谊,维系团结。手工业行会的凝聚力通常是靠同行间休戚与共的业缘关系来实现的,而伴随其来的,还时常渗透有乡土色彩的同乡地域观念。这是因为来自乡土社会的行会手工业者一般多是依地缘关系来缔结团体的。"独在异乡为异客",由于语言、地理环境和社会生活习俗等因素的隔膜与差异所造成的弱势角色和孤寂感,恐怕是当地人所不能体味到的。由是之故,"一方水土养一方人"的乡土社会所特有的地域观念与认同,就很容易使那些旅居异乡谋生的客籍手工业者倍感温馨和亲切,进而认识到唯有"同乡人联络一致,组织会馆","情谊于焉是敦,祸福于焉是共",才能"合一群之力,以与外力相抗争"②,而以地缘关系等谋团结互助,遂为其应对"异乡生存与不适"的基本理念。

在五四前后时人有关广州行会的调查资料中,我们发现,不少行会就是以同乡同行的地缘、业缘关系作为其团结互助的纽带的。如甑酒行有 500 名工人,多属于清远、花县两县,"以乡谊故,平日感情颇厚,团结力亦甚坚固"③。像甑酒行这种通过联络乡谊来凝聚行业团结的现象,也广泛存在于广州的其他手工业中。如头发行工人"以番禺及惠州人为最多"④,花梨行工人"以肇庆及南海坪州、顺德石梗乡人为最多"⑤,茯苓行工人以清远、三水、花县、顺德等地居多,⑥ 而缝工行成员的地域构成则要多元些:其店东有 300 余家,以南海、肇庆人最多,约占 200 家,其余"惠(州)潮

---

① 马超俊:《中国劳工运动史》上册,第 67 页。
② 马超俊:《中国劳工运动史》上册,第 70 页。
③ 《甑酒工人成立工会》,《广东群报》1921 年 4 月 5 日,第 3 页。
④ 邓铁锋:《广东各工行状况之调查》,《工界》第 11 期,1920 年 8 月 14 日,第 11 页。
⑤ 邓铁锋:《广东劳动业务之调查》,《工界》第 10 期,1920 年 8 月 1 日,第 22 页。
⑥ 《茯苓行工人之近况》,《广东群报》1921 年 7 月 12 日,第 6 页。

（州）客籍则占百数十，由上海来者亦有廿余家"，至其"手工工人亦如是"①。广州行会此种按地缘关系与乡土认同来固结团体的做法，既可排遣与消解其成员客居异乡的苦闷乡愁，又可团结同行"共同排除外来之障碍"②，而这种地缘、业缘关系的交织渗透反过来又强化着行会组织的凝聚力。

二是举办迎神祭祀和公益互助。这是行会组织激励与约束机制作用借以发挥的前提与基础。在行会日常重要事务中，尤以举办迎神祭祀和公益互助最为突出，也最紧要。首先就举办迎神祭祀观之，行会主要是通过借祭祀各行业保护神来强化同行的精神信仰，以巩固内部团结，这自然也有助于劳资双方的情感沟通与交流。"各个行业，均专奉其祖师，馨香俎豆，祀之如神。每逢祖师诞辰，祭礼尤为隆重，所有会员，一致参加。商讨会务，改选职员。并演戏欢宴，以示庆祝。"③ 此种普行同庆祭神祈福的情景在广州行会中亦可谓盛极一时。综观其举行迎神祭祀的规程一般是：先由劳资双方分建或合建祖师庙，祖师庙既是同业集会议事之所，也是其迎神祭祀之地。如做木行东西家行皆设祖师庙，崇奉鲁班，并以祖师庙为会议之所。④ 泥水行亦尊奉鲁班为祖师，其所属联义、联福、桂溶、桂源四堂，"每堂皆设有祖师庙为会所"⑤。祭祀地点既定，而在祖师诞辰纪念日举办祭祀活动也就顺理成章了。如铁钉行规定每逢农历三月十三及九月初八为祖师尉迟公纪念日，"阖行必停工庆叙，所有该行内事务，由众推举值理，主持一切"⑥。泥水行亦规定每年农历六月十三为祖师鲁班诞日，全行休息一天。⑦ 而篷厂行"无论东西二家，皆奉有巢氏、鲁班、华光为师，每逢先师纪念日，即广设筵席，庆闹非常"⑧。除借祭祀行业保护神（祖师）维系团结外，广州行会组织还定期举行公宴（亦称"饮袒"）借以沟通会员情感。如玛瑙行例定每年举办"公宴二次，凡属行内工人，每人缴席金一毫，即得列会"⑨。剖蜊行规定每年在会馆筹设公宴三次，借以融洽情谊。⑩ 洋箱行规定"每年大集

---

① 《广州缝工生活状况》，《广东群报》1921年1月26日，第3页。并见《香港华字日报》1921年1月27日，第3张第4页。
② 中国劳工运动史编纂委员会编纂：《中国劳工运动史》（一），第36页。
③ 马超俊：《中国劳工运动史》上册，第69页。
④ 《做木行工人之近况》，《广东群报》1921年3月22日，第6页。
⑤ 《泥水行工人生活状况》，《广东群报》1921年3月16日，第3页。
⑥ 邓铁锋：《广东各工行状况之调查》，《工界》第11期，1920年8月14日，第13页。
⑦ 《泥水行工人生活状况》，《广东群报》1921年3月16日，第3页。
⑧ 邓铁锋：《广东劳动业务之调查》，《工界》第10期，1920年8月1日，第20页。
⑨ 《玛瑙行工人最近之生活》，《广东群报》1921年4月15日，第3页。
⑩ 《剖蜊行拟改组工社》，《香港华字日报》1921年3月18日，第3张第4页。

同业，设筵欢叙三次，藉资联络感情"①。泥水行则规定每年公宴四次，"凡工人积赀一毫，皆得列席"②。而牙擦行亦规定，"一年饮祄四次，公举祄首八人，预备行内有事时料理之用"③。

如果说上述行会举办迎神祭祀主要侧重从精神层面来固结人心的话，那么以办"善举"为"第一要务"④ 的公益救助则更多的是从物质层面来保障同业利益的，这也是行会激励机制发生作用的重要体现。而综观广州行会的公益救助主要涉及两方面内容：（1）救济失业会员。如土烟丝行"行内团体颇固，兼有互助精神"，为维持失业会员生活，该行特规定："凡受雇于烟店每人每日不得多刨（将烟叶刨作幼丝）过两排，如店内受排工人各有二排外，若尚有余剩，则须添雇散工。"⑤（2）救助病故会员。如清宣统元年（1909），广州典当业军需大押行西家成立的群智研究社就对其会员规定："各科会金一元，权子母金以作公益之费，如会员身故，由会赒助寿帛金二十元，庶不致有暴骨之虞，诚属美举。"⑥ 藤器行亦规定："入行之工人，死后可得回殡殓费数十元。"⑦ 洋箱行也有类似规定："行内工人若有逝世者，并由公家助以寿金，团体素称团结。"⑧

应当说，在上述联络乡谊、举办迎神祭祀和公益互助等激励机制的作用下，广州行会组织基本实现了其内部的稳固与团结，激烈的劳资纷争亦甚少发生。"至于各行工人，每次要求增加工价，及其改善待遇，必于饮祄时期，东西家在行内共同订定，即为了结，绝少因加薪问题，而至罢工。其他迎神赛会舞狮舞龙饮祄等事，属于共同娱乐者，则东西醵资，极为热心。"⑨可见，这些行会"以敬神祈福为外表，而以维持同业者之共同利益与解除纠纷为实质"⑩。显然。际此"劳资合行"的行会理念的长期浸润下，劳资阶级意识的萌生自然也就无从谈起。

---

① 《洋箱工会呈报注册》，《广东群报》1921年5月20日，第6页。
② 《泥水行工人生活状况》，《广东群报》1921年3月16日，第3页。
③ 《牙擦工人之生活及其罢工原因》，《广东群报》1921年3月29日，第6页。
④ 刘永成、赫治清：《论我国行会制度的形成和发展》，南京大学历史系明清史研究室编：《中国资本主义萌芽问题论文集》，第136页。
⑤ 《土烟丝行工人之生活状况》，《广东群报》1921年6月7日，第6页。
⑥ 区季鸾：《广东之典当业》，广州：国立中山大学经济调查处，1934年，第101页。
⑦ 邓铁锋：《广东劳动业务之调查》，《工界》第10期，1920年8月1日，第20－21页。
⑧ 《洋箱工会呈报注册》，《广东群报》1921年5月20日，第6页。
⑨ 《广东工界年来之形势观》，《晨报》1922年3月21日，第3版。
⑩ 郭子勋：《中国手艺工人的行会和工会》，《民族杂志》第2卷第11期，1934年11月1日，第1716页。

第三章 劳资分离：
清末至五四前后行会工会化演进

民国时期，不少研究工会史的学者多强调五四时期是中国行会制度"逐渐崩溃"而"新式工会已露其萌芽"的重要阶段①，"我国的新式工会运动当自五四运动始"②。可见，五四前后是中国传统行会向现代工会转型的过渡时期。那么，这些"新式工会"是如何从传统行会中艰难蜕变的？换言之，中国行会"劳资共同体"的组织结构是怎样向"劳资分立体"方向演化的？其动因是什么？而无政府党、国共两党早期政治势力是如何嵌入工会组织的？其作用究竟怎样？尤其针对劳方组织脱离行会的现代工会团体，在行会中居主导地位的资方又是如何应对的？显然，厘清这些问题，不仅可以弥补目前学界甚少关注行会向工会演化的内容与路径分析，而且还有助于透视五四前后中国行会近代转型时劳资阶级意识分野的诸多复杂关联，而深入考察清末至五四前后广州行会工会化动因及进程，则为解剖上述问题提供了典型案例。

第一节 行会式微：行会工会化之内力驱动

"劳资合行"的组织运行机制，尽管阻碍着广州行会成员阶级意识的萌生，但随着清末资本主义生产方式的发展，则呈现出衰微的态势。通过考察清末广州行会劳资纠纷运作实态及其调解，或能更好蠡测这种传统行会运行机制的式微，这对我们深究五四前后行会组织形态由"劳资合行"向"劳资分离"演进，即行会工会化的内驱动力颇有裨益。

---

① 李平衡：《中国工会运动之过去及现在》，《劳工月刊》第1卷第2期，1932年5月15日，第61页。
② 郭子勋：《中国手艺工人的行会和工会》，《民族杂志》第2卷第11期，1934年11月1日，第1717页。

据现有资料显示，至少在19世纪末，广州行会工人已意识到唯有固结团体，凭借独立集体行动①的力量，方能有效抵制东家剥削，借以维护其雇佣、工资等经济权益。如光绪二十一年（1895）五月，织布行西家因东家拟减工价而"约众停工"②。八月，杉木行东家则因开除一名长工，即被该行工人"纠党挟制"迫加工价。至光绪二十二年（1896）七月，杉木行店东又因裁减工人再度遭到西家行的"联行挟制"，以致被迫停工。③ 如果说织布、杉木工人"联行挟制东人"尚算温和，那么饼行西家的举动就明显带有暴力色彩。光绪二十五年（1899）正月，饼行董苏等人私立乐义堂，并纠众勒令东家停工，结果被协福堂行东告发官府，南海、番禺两县署遂将董苏、麦胜二人拘押，并查封乐义堂会馆。然而事情并未就此宁息，半年后董、麦二人因病保释，遂故态复萌，再度导演"纠党寻衅"挟制东家的闹剧。如饼行德兴街宝南店、龙津桥龙珠店就被董苏纠集数十人持械勒令停工，并殴伤店伴3人。最后，南、番两县署只得示谕饼行工人"勿听董苏等鼓惑停工"，"如敢抗违，定即一并拘案严办"④。

上述饼行事例表明，在处置工人联行挟制问题上，官府通常站在东家一边。这是因为，在广州官员看来，工人联行停工多以暴力手段进行，自然是社会秩序的潜在隐患，因而为防患于未然，对那些极易"恃众滋事"的行会工人予以训诫亦势所必然。光绪二十六年（1900）六月，广州官府就曾派员传谕玉石、机房、烧料、花梨等行行长："倘有不法之徒，宜即行举发，禀报地方官拿究"，各行长当即承诺照办。⑤ 可是，此后工人联行挟制东家的举动并未消弭，依然频频发生。这从清末广州行会劳资纠纷的发展态势中可得很好体现。（见表3-1）

---

① 西方社会史学家Charles Tilly用"集体行动"（collective action），泛称这类"人们为追求共同的权益而聚集行动的行为"（people acting together in pursuit of common interests）。参见Louise A. Tilly & Charles Tilly, eds., *Class Conflict and Collective Action* (London: Sage Publications, 1981), p. 17. 他的理论认为促进群众"动员"的有四个要素：即组织、利益、镇压与机会；而形成集体行动主要是由三方面的要素构成，即动员、机会与权力。参见Charles Tilly, *From Mobilization to Revolution* (Reading, MA: Addison Wesley, 1978), p. 56. 以上均引自巫仁恕：《明末清初城市手工业工人的集体抗议行动：以苏州城为探讨中心》，《"中央"研究院近代史研究所集刊》第28期，1997年12月，第53页脚注。

② 《织布停工》，《中西报》光绪二十一年五月十一日（1895年6月3日），无版码。

③ 《珠海凉潮·工人联行挟制东人》，《申报》光绪二十二年七月二十三日（1896年8月31日），无版码。

④ 《五羊仙迹》，《申报》光绪二十五年六月十六日（1899年7月23日），无版码。

⑤ 《广东工团》，《湖北商务报》第48册，光绪二十六年八月十一日（1900年9月4日），第9页。

表 3-1 清末广州行会劳资纠纷统计（1901—1911 年）

时 间	行 业	起 因	劳资因应	调停方式及结果
光绪二十七年（1901）三、四月	藤片行	东家行更改行规	西家并未联行挟制东家而是诉诸官府	番禺县官府调停，多次判令劳资双方妥议行规
光绪二十七年（1901）五、六月	烟丝行	西家行要求加薪	西家联行停工	劳资直接协商，如数加薪
光绪二十七年（1901）七月	裁鞋底行	西家行要求加薪20%～50%	西家联行挟制	调停方式与结果不详
光绪二十七年（1901）七月至九月	木匠行	违反行规，雇用未入行工匠，私议章程勒抽饮祃银	联名向番禺县控诉并将逞凶者梁余扭送官府讯办	番禺县官府调停
光绪二十七年（1901）七月	番禺市桥乡米行	要求东家加薪	西家集议于仓祖庙，联行停工，后被乡绅饬更练驱逐	西家议定，如东家不加薪则禀官处断，其后结果不详
光绪二十七年（1901）九月	机房行	违反行规，东家行丈尺不符定章	西家行相约停工议罚	劳资协商，东家行照例遵罚，西家拟一律开工
光绪二十七年（1901）九月至十一月	券鞋行	西家行合义堂要求每双鞋加工银5厘，并改订新规	鞋工在十二铺三界庙集议，联行停工挟制	番禺、南海两县尹调处，每双鞋加工银3厘5毫
光绪二十七年（1901）十月	锦纶灯笼纱绢行	西家因增货价而要求加薪25%	西家集议如东家不加薪则联行停工	调停方式与结果不详
光绪二十七年（1901）十月	镜行	西家行联敬堂要求加薪	无暴力和联行挟制行为	劳资直接协商，东家主导解决

续表 3-1

时间	行业	起因	劳资因应	调停方式及结果
光绪二十七年（1901）十一月	车铜行	西家要求加薪	东家暂时答应加薪，随即辞退西家，另雇行外工人	南海县尹调停
光绪二十七年（1901）十一月	笔行	西家要求东家行每两工银加价3钱	西家联行停工	劳资直接协商解决，东家如数加薪，西家复工
光绪二十八年（1902）二月	印书行	西家要求每印纸一百面加工银至2钱	西家决议若东家不加薪则联行停工	调停方式与结果不详
光绪二十八年（1902）三月至四月	鞋行	上鞋、錾鞋、扣面、裁底四行西家要求东家加薪	西家联行停工	劳资直接协商解决
光绪二十八年（1902）四月	薙发行	西家要求加薪	西家联行停工挟制东家	东家行集众调处，允加工钱500文，并每餐每人菜钱12文。十七日，工人开工
光绪二十八年（1902）五月	毛扇行	西家同远堂工人要求东家成扇每柄加工银4厘	东家行以生意微薄为由不允加薪，西家遂联行停工	调停方式与结果不详
光绪二十八年（1902）九月	缝衣行	西家行西福堂要求东家行东裕堂加薪，如长工则照旧价加银2成	悬红纠众停工，若有私自开工，罚银5元	劳资直接协商，已达成协议，但对西家如减少加薪则罚银10元的新例相持不下，结果不详

续表 3-1

时间	行业	起因	劳资因应	调停方式及结果
光绪二十八年（1902）九月	船栏行	东西两行因抽公项数目滋闹纠讼	西家行将大沙头某船东殴至重伤。二十七日，东家行集议禀控番禺县究断	番禺县尹调停，结果不详
光绪二十八年（1902）十月	锦绣行	西家要求加薪	西家决议若东家不加薪则联行停工	调停方式与结果不详
光绪二十九年（1903）五月	券鞋行	因工作问题争讼，东家招雇外行券工	西家合义堂联行挟制东家	南海县尹调停，其结果不详
光绪三十年（1904）七月	首饰行	西家要求加薪	西家联行挟制东家	劳资直接协商解决，首饰行联行公议一律加价
光绪三十三年（1907）一月	盐务包行	盐工要求减少工作量	工人联行停工，东家欲另雇他工	调停方式与结果不详
光绪三十三年（1907）一月	香行	西家永福堂黄进等要求东家李福祥等加工银1分	东家行擅更行规，并开除西家千百人，另雇他工	南海、番禺两县宪令广州总商会调解无效，只好强制调处
光绪三十三年（1907）九月	烧料行	东家胜昌烧料店被西家行管箱洗盛记讹索不遂而被捏为克扣工价	西家悬红联行停工，禁止工人在胜昌做工	东家行禀请南海县维持营业，结果不详
宣统二年（1910）七月	钮行	东西家因争论工价构讼	西家行多危言反对	南海县审案委员会调停

续表3-1

时间	行业	起因	劳资因应	调停方式及结果
宣统三年（1911）二月	新衣行	西家联锦堂要求加薪	因减扣工价，东家被西家扭送南海县署	南海县署委员强制调处，西家所缝衣物照定章用丝绒者一律加二成
宣统三年（1911）六月	烟丝行	刨烟、包烟等工人要求加薪	西家联行停工	劳资协商解决，东家应允加薪。六月七日，工人开工

资料来源：《再理藤讼》《藤片行批》《烟工歇业》《东家加工》《刨烟加值》，《香港华字日报》光绪二十七年三月二十二日（1901年5月10日）、四月二十一日（6月7日）、五月二十日（7月5日）、六月初一日（7月16日）、六月二十二日（8月6日），无版码；彭泽益主编：《中国工商行会史料集》下册，第718页；《木工候讯》《机房停工》《鞋行停工》《木匠须知》《鞋工禁令》《鞋行传讯》《本省纪闻》《鞋行释讼》，《安雅书局世说编》第217、280、281、282、284、305、308、310号，光绪二十七年七月初三日（1901年8月16日）、九月十九日（10月30日）、九月二十日（10月31日）、九月二十一日（11月1日）、九月二十四日（11月4日）、十月十九日（11月29日）、十月二十三日（12月3日）、十月二十五日（12月5日），第10、62、66、70、78、62、74、82页；《鞋行停工》，《香港华字日报》光绪二十七年十月初四日（1901年11月14日），无版码；《羊城仙迹》《粤海寒涛》，《申报》光绪二十七年十月十二日（1901年11月22日）、十一月初六日（12月16日），无版码；《求增工值》《索增织价》《禀控违断》《同抱不平》，《香港华字日报》光绪二十七年七月二十三日（1901年9月5日）、十月初三日（11月13日）、十一月十七日（12月27日）、十一月十八日（12月28日），无版码；《鞋工增价》《笔工增价》，《香港华字日报》光绪二十七年十一月二十八日（1902年1月7日），无版码；《印书加工》《鞋工增值》《求加工价》《扣鞋加价》《有挟而求》《鞋行用武》《待诏滋事》《鞋工增价》《鞋工加价》《裁缝停工》《志将求食》《船栏请验》《锦绣加工》《饮食兴讼》，《香港华字日报》光绪二十八年二月初八日（1902年3月17日）、三月二十三日（4月30日）、三月二十八日（5月5日）、四月初一日（5月8日）、四月初六日（5月13日）、四月十五日（5月22日）、四月十九日（5月26日）、四月二十四日（5月31日）、五月初四日（6月9日）、九月初五日（10月6日）、九月十二日（10月13日）、十月初一日（10月30日）、十月初五日（11月2日）、十一月初五日（12月4日），无版码；《鞋业风潮》，《香港华字日报》光绪二十九年六月初九日（1903年8月1日），无版码；《首饰匠联行》《首饰行新议行规》，《香港华字日报》光绪三十年七月初三日（1904年8月13日）、八月二十四日（10月3日），无版码；《盐工抵制东家》，《香港华字日报》光绪三十三年正月二十日（1907年3月4日），无版码；《盐务包行停工》《香行西家讼端未息》《香行东西家胡为均不遵断》《禀请维持烧料行业》《香行东西家缠讼批词》，《广州总商会报》光绪三十三年正月十七日（1907年2月29日）、正月二十七日（3月11日）、四月二十七日（6月7日）、九月十二日（10月18日）、十月十五日（11月15日），第1、3、2、3、3页；《新衣行西家议增工价》《新衣行东西家具结》《烟丝行工人何故又再停工》，《香港华字日报》宣统三年二月二十八日（1911年3月28日）、二月二十九日（3月29日）、六月十一日（7月6日），无版码。

应指出，表3-1是笔者主要依据1901—1911年《香港华字日报》的相关记载，综合《安雅书局世说编》《广州总商会报》等文献整理而得。由于以上十一年间的《香港华字日报》基本没有中断，因而表3-1所纪可以反映清末广州行会劳资纠纷的大体情况。据笔者尽可能的统计，在表3-1的26件劳资纠纷中，存在西家联行停工挟制东家的就有裁底、米业、机房、券鞋、锦纶、制笔、印书、鞋行、薙发、毛扇、缝衣、锦绣、首饰、盐包、烧料、烟丝等行业共17件，这说明联行停工挟制已为清末广州行会工人应对劳资纷争的主要方式，此时劳方已意识到，唯有借助集体力量，甚至不惜以暴力为后盾，才能有效地向行会中占主导地位的资方表达意愿与诉求，并迫其就范。这种格外重视固结团体的联行挟制方式，自然就成为广州行会西家行处置劳资纷争，实现并保障其经济权益的最佳选择。一般来说，这些发生联行停工挟制的行会中，劳资界别意识较为明显，多有萌生阶级意识的潜质与倾向，从而为五四前后广州工人组织现代工会，以图脱离东家行居主导地位的传统行会铺设了道路。

另外，从表3-1统计中还可发现，清末广州行会劳资纠纷的起因多分为两类：一类是东西家违反行规引起的，共5件。这种违反行规事例的增多，意味着东西家已不再固守行规，传统行会约束机制遭遇认同危机，这是行会衰微的征兆与体现。如光绪二十七年（1901）七月，木匠行东胜、西义两堂因雇未入行工匠及私议章程征抽厘头银（即饮祠银）致生事端。① 鉴于西家多不遵守每两抽银5分的厘头银旧规，九月二十日，木匠行特集议每两改抽银3分，且规定如有匿报被人指证后则重罚，所得罚款一半作会馆香油，一半赏与证人。② 九月，机房西家亦因东家行丈尺不符定章，遂联行停工议罚，最终迫使东家行照例遵罚。③ 以上木匠、机房两行多是借助经济制裁手段来维系行规的，这是传统行会约束机制发挥作用的体现。尽管这些行业的行会运行机制尚能维持，但已遭遇前所未有的挑战，行会衰微似已不可避免，这在那些依靠官府权威来维系行规的劳资纠纷中表现更为明显。如光绪二十七年（1901）三四月间，藤片行东西家就因东家行更改行规不遵定章而争讼，在得到西家行麦耀明的指控后，番禺县令多次判结双方妥议行规

---

① 《木工候讯》，《安雅书局世说编》第217号，光绪二十七年七月初三日（1901年8月16日），第10页。

② 《木匠须知》，《安雅书局世说编》第282号，光绪二十七年九月二十一日（1901年11月1日），第70页。

③ 《机房停工》，《安雅书局世说编》第280号，光绪二十七年九月十九日（1901年10月30日），第62页。

试图息讼。① 这种官方多次介入东西家行规争讼的情形，在粤督岑春煊的劝谕札文中亦有论及："广东商行规律之严，亦中国所特有。因其严而少破坏轧轹之患，亦因其严时有竞争忿讼之端，往往东家西家一物一事之微涉讼，动经累岁，对簿公庭，操戈同类，和气既伤，耻辱亦甚，至其结果乃倾产歇业，以饱一二污吏猾胥之欲。"②

另一类是西家要求东家加薪引发，共 19 件，约占劳资纠纷总数的七成多。"粤垣各项工人每于八九月间纠集同行求加工价，盖已视为常例矣。"③ 当然，此类纠纷之所以居多，实与庚子事变后广州物价上涨、社会经济生活困苦密切相关，"省垣百物腾贵，糊口已难，因之养家尤非易事，故工艺一流联行索增工值者，经已层见迭出"④，"其有不遂所欲者，动辄挟制停工，诸多轇轕。"⑤ 显然，西家联行停工在挟制东家加薪中的重要作用不言而喻，这在那些"劳资合行"理念盛行的行会中表现尤为突出。如光绪二十七年（1901）五月，烟丝行杂工西家因养赡不敷要求东家行每月加工银 1 元。在遭拒后，五月十五日，数千工人联行停工，而东家行迫于停工有碍商务，遂于十六日集议如数加薪。十八日，杂工复业。至六月，刨烟工人因杂工已增工价也要求加薪，烟丝行东家不欲生事，遂议定章每刨烟一排加工银 1 分，"众无异言，照常安业矣"⑥。同年十月，镜行联敬堂西家亦议增工价，经东家行妥商加工银 3 钱 4 分，"业已彼此首肯云"⑦。十一月，笔行工人亦因东家行拒绝每两工银加价 3 钱遂联行停工，东家行恐影响生意而如数加薪。十一月初一日，笔工复业。⑧ 光绪二十八年（1902）四月，薙发行工人也因生计艰难于十五、十六日联行停工，要求东家加薪，并纠集多人在城厢各店巡查有无开工。迫于压力，东家行立即集众调处，议决加价 500 文，餐费 12

---

① 《再理藤讼》《藤片行批》，《香港华字日报》光绪二十七年三月二十二日（1901 年 5 月 10 日）、四月二十一日（6 月 7 日），无版码。
② 《粤督岑云帅谕劝粤商兴办六事札文（再续前稿）》，天津《大公报》光绪二十九年九月初七日（1903 年 10 月 26 日），第 2 版。
③ 《羊城仙迹》，《申报》光绪二十七年十月十二日（1901 年 11 月 22 日），无版码。
④ 《求增工值》，《香港华字日报》光绪二十七年七月二十三日（1901 年 9 月 5 日），无版码。
⑤ 《求加烛工》，《香港华字日报》光绪二十七年七月二十八日（1901 年 9 月 10 日），无版码。
⑥ 《烟工歇业》、《东家加工》，《香港华字日报》光绪二十七年五月二十日（1901 年 7 月 5 日）、六月初一日（7 月 16 日）、六月二十二日（8 月 6 日），无版码。
⑦ 《本省纪闻》，《安雅书局世说编》第 308 号，光绪二十七年十月二十三日（1901 年 12 月 3 日），第 74 页。
⑧ 《笔工增价》，《香港华字日报》光绪二十七年十一月二十八日（1902 年 1 月 7 日），无版码。

文。十七日，工人开工。① 以上纠纷的解决，多是因东家行担忧停工危及经营致私利受损而依从西家的，但也有些是惧怕西家滋事而俯就的。如光绪二十八年（1902）九月初，缝衣西家行西福堂悬红纠众停工，要求东家行东裕堂加薪及改善待遇。初四日，东裕堂恐工人入铺滋事而允加工价二成，然工人依旧停工。后经东西家在会馆连日集议磋商，议定每逢祫日每人给猪肉4两或银6分，节日给银1钱2分。就在劳资协议达成之际，西家行却提议增添如东家减少工价则罚银10元的新规，东家行恐缝工借端勒罚生事遂持异议，尽管双方就此"争论不已"，还是有"省事者流业已开工"②。光绪三十年（1904）七月，首饰行工匠亦联行停工要求东家加薪，"惟首饰店东虑日后诸多挟制"③，遂联行公议新订行规：工匠不得代人打造低劣货物，其工价每年春夏淡季照常给价，秋冬旺季则一律加价。④

诚然，联行停工挟制能在上述劳资纠纷的调解中屡屡奏效，很大程度上是因为这些行业的行会约束机制良好运行使然，也是"劳资合行"理念固化的结果。事实上，这些纠纷的调解能否顺利，多取决于东家行的态度，可谓是由雇主主导解决的，这是劳资协商的直接体现。

然而，联行停工的挟制作用也非万能，有些纠纷还要官府来调解。如光绪二十七年（1901）十一月，车铜行工人因生活困难要求东家加薪，东家行梁炳等阳奉阴违，表面应允却将西家全部开除，另雇行外工人。西家招播臣等对此甚是不满，遂向南海县控诉。十七日，南海县尹批示查明并饬差约束工人，"毋得滋事"⑤。宣统三年（1911）二月二十六日，新衣行西家联锦堂百余工人，因东家不愿加薪而联行挟制，除扣留400余元衣服外，还将东家扭送南海县署。⑥ 二月二十八日，南海县署委员在提讯10余名东西家涉讼者后，做出如下判决：由断案日起以后东家发与西家所缝衣物，照定章用丝绒者一律加价二成，用线绒则不加；如定章没有的新款，可面议订价；西家扣留东家400余元衣服，由西家代表与行老代追回后，东家应送银一百元

---

① 《有挟而求》《待诏滋事》，《香港华字日报》光绪二十八年四月初六日（1902年5月13日）、四月十九日（5月26日），无版码。

② 《裁缝停工》《志将求食》，《香港华字日报》光绪二十八年九月初五日（1902年10月6日）、九月十二日（10月13日），无版码。

③ 《首饰匠联行》，《香港华字日报》光绪三十年七月初三日（1904年8月13日），无版码。

④ 《首饰行新议行规》，《香港华字日报》光绪三十年八月二十四日（1904年10月3日），无版码。

⑤ 《同抱不平》，《香港华字日报》光绪二十七年十一月十八日（1901年12月28日），无版码。

⑥ 《新衣行西家议增工价》，《香港华字日报》宣统三年二月二十八日（1911年3月28日），无版码。

充公。对此，东西家"当堂具结完案"①。

此外，还有些纠纷的调解甚或连官方有时也无能为力，鞋行、香行工潮最为典型。如光绪二十七年（1901）九月，鞋行西家合义堂等鞋工在十二铺三界庙集议，要求东家行敦和堂每双鞋加工银5厘，因东家拒绝遂于十九日联行停工，且"叠出骚扰，致将城西大观桥某店东殴伤"②，同时还议新章，规定学徒须从师四年方准入行，且有招牌字号方准收徒，每号四年只准入行一人。对于西家行的改订新规，东家行深为不便而"联出长红逐层驳斥"③，劳资矛盾进一步激化。二十二日，西家合义堂亦悬红告诫行众，如有不遵新章擅自开工，"定将其人永远出行"④，显示出其强硬的挟制姿态。鉴于矛盾不断升级，东家行遂诉诸官府调停。⑤ 十月二十三日，南海、番禺两县署会同强制调解，谕令东家加价3厘5毫，西家应即日开工，"倘再纠众挟制东家情事，便是抗官悖断不安本分，一经告发，定即按名拘究重惩，决不姑宽"，同时还判决："其余一切行规悉照旧章，东西家均不得稍有变更，致滋事端。"对此，劳资双方"当堂具结遵断"⑥。但这并不意味着争讼完全消弭。至十一月，西家行故态复萌，标红勒令东家须加足工银5厘，致争端再启。鉴于西家食言抗断，官府权威遭遇严重挑战，南海县令遂于十六日再令工人，"毋得抗断滋事，倘敢故违，即行解惩"⑦。

可是，官方调解未过多久，鞋行纷争又起。光绪二十八年（1902）三四月间，上鞋、裁底、絮鞋、扪面等行工匠联行停工索薪。⑧ 因慑于西家挟

---

① 《新衣行东西家具结》，《香港华字日报》宣统三年二月二十九日（1911年3月29日），无版码。
② 参阅《羊城仙迹》，《申报》光绪二十七年十月十二日（1901年11月22日），无版码；《鞋工增价》，《香港华字日报》光绪二十七年十一月二十八日（1902年1月7日），无版码；彭泽益主编：《中国工商行会史料集》下册，第718页。
③ 《鞋行停工》，《安雅书局世说编》第281号，光绪二十七年九月二十日（1901年10月31日），第66页。
④ 《鞋工禁令》，《安雅书局世说编》第284号，光绪二十七年九月二十四日（1901年11月4日），第78页。
⑤ 《鞋工增价》，《香港华字日报》光绪二十七年十一月二十八日（1902年1月7日），无版码。
⑥ 参见《鞋行释讼》，《安雅书局世说编》第310号，光绪二十七年十月二十五日（1901年12月5日），第82页；《鞋工增价》，《香港华字日报》光绪二十七年十一月二十八日（1902年1月7日），无版码；《粤海寒涛》，《申报》光绪二十七年十一月初六日（1901年12月16日），无版码。
⑦ 《禀控违断》，《香港华字日报》光绪二十七年十一月十七日（1901年12月27日），无版码。
⑧ 详见《鞋工增值》《求加工价》《扪鞋加价》《有挟而求》《鞋行用武》《鞋工增价》，《香港华字日报》光绪二十八年三月二十三日（1902年4月30日）、三月二十八日（5月5日）、四月初一日（5月8日）、四月初六日（5月13日）、四月十五日（5月22日）、四月二十四日（5月31日），无版码。

制，四月十九、二十日，鞋行东家连日在上帝庙集议加薪规例，"俾各工人开工生理"，尽管此时劳资已妥订规例，但数日后，鞋工仍未能复工。五月初三，东家行敦和堂只得再告知西家"祈一律开工，毋庸观望"①。须承认，此次鞋行纠纷的调解并未见官府的身影，应是"劳资合行"理念协商合作的产物，但这种协商合作由于鞋工的不配合毕竟有限，这从随后的鞋行纷争中可进一步证实。光绪二十九年（1903）五月，鞋行东西家再启争讼。鞋行东家凭借官方开例，招雇外行券工。鞋行裁底、扣面等五行工人因担忧同行利益受损致旧行散局，唇亡不免齿寒，乃联行集议力阻东家招雇外人。六月五日，西家行合义堂集众百十人至南海县署控诉。② 东家行亦针锋相对也至县署禀控西家挟制滋事。此时，南海县令只得强制调停，且态度明显偏袒东家，这在批词中可得印证："查鞋行西家工人均穷极无赖之徒，当有治之之法"，对此，"西家见之皆大为不平"，"于是联盟愈坚，日与东家反抗，而鞋行生意亦日就衰歇云。"③ 其实，鞋行西家这种不服从判决而令官方威信扫地的不合作姿态，时隐时现，持续了相当长时间。至光绪三十年（1904）八月，香港的一家报纸曾就鞋行争讼进行报道："省中鞋行东西家争加工价涉讼经年，经官判断息事，现闻西家中以官判不公抱不平者，颇不乏人，日来又集议再筹抵制之法云。"④

　　类似鞋行这种争讼经年、官判遭遇认同危机的事例，在香行纠纷中亦有体现。光绪三十三年（1907）正月，香行西家永福堂因增工价与东家行纠讼，南海、番禺两县则知照广州总商会传集调处"务使平允"，但总商会却袒纵东家擅改行规，将西家悉数开除而另雇。西家行只好控请官府"讯明核办，俾安工业"⑤。四月二十六日，南海、番禺两县委员会同调解，着令加工银1分，遭东家反对。西家遂减至8厘，东家仍坚拒如故。无奈，两县委员只得通牒，"两造既均不遵断具结，当将控案注销，如再告定不准理"⑥。就这样，香行争讼持续近10个月仍未结案。至十月，番禺、南海两县官府再行调处，其批词措辞十分严厉，认为香行争讼"迭经两县委员会

---

① 《鞋工加价》，《香港华字日报》光绪二十八年五月初四日（1902年6月9日），无版码。
② 《鞋业风潮》，《香港华字日报》光绪二十九年六月初九日（1903年8月1日），无版码。
③ 《外省新闻·广东》，天津《大公报》光绪二十九年六月二十三日（1903年8月15日），附张。
④ 《鞋行忽生冲突》，《香港华字日报》光绪三十年八月二十四日（1904年10月3日），无版码。
⑤ 《香行西家讼端未息》，《广州总商会报》光绪三十三年正月二十七日（1907年3月11日），第3页。
⑥ 《香行东西家胡为均不遵断》，《广州总商会报》光绪三十三年四月二十七日（1907年6月7日），第2页。

讯，两造忽遵忽抗，显系无理取闹"，"如有何造敢再抗不遵，断定将何造严究重惩，以为逞刁缠讼者戒。"①

与上述鞋行、香行纠纷中一味强制施压来维系官判不同，广州官府有时在判决难以奏效后，还寄望于劳资直接协商来化解纷争。如宣统二年（1910）七月，钮行东西家因工价构讼。七月初五，南海县审案委员在传讯东西家后，判令串钮工额由原10串增至12串，工价以2毫为基准，如多做1串加价1分，依此类推。但西家提出金钮、花钮工价亦应一律"照此递加"，而东家行声明只加串钮工价其余免谈，官方调解陷入僵局。最后，南海县官府在劝西家让步、送商会调处等方案皆遭工人抵制失败后，只得令东西家回去商妥"禀复再夺"②。广州官府这种所遭遇的调解困境且试图回归"劳资合行"协商理念来解决纠纷的情况，恰也反映了清末地方政权已遭遇认同危机，并已处于风雨飘摇日薄西山的崩溃前夜了。

由以上清末广州行会劳资纠纷运作实态的剖析可知，至少存在着两种纠纷调解方式：一是劳资直接协商解决，即依靠传统行会行规的约束机制来维系，实质是"劳资合行"理念主导的结果；二是官府强制判决。在这两种方式中，尽管"劳资合行"的协商合作理念仍居主导，但已呈现出由传统行会调解向官府乃至商会等新式社团转移的趋势，这似可说明传统行会调解劳资纷争的职能已渐弱化，其消除内部分歧、维系团结的机能与威信已趋式微，同时也意味着"劳资合行"理念亦濒临崩溃，并逐渐为"劳资分离"的阶级意识所取代。这在那些劳资壁垒鲜明如机房、制鞋等行业中的表现颇为典型：

> （机房）西家以东家作弊，于彼工人有碍，大坏行规。由是纠合不逞之徒，群相攻击，上行议罚，动辄不赀，挟制东家，必须遵罚，否则即日停工止织，甚至毁机执梭。百十成群，如临大敌，东西械斗，不肯干休。或酿命案而缠讼经年；或联通行而相约罢市。虽有行长，劝谕不从；虽有官威，殊难剖判。此固司空见惯，无足为奇。然尤莫甚于无赖之人，以雇工为名，以罚人为实。东家违例，罚之固不容辞，乃有遇事生风，无端构陷，择肥而噬，欺压良懦之东家，纵有公论厂之名，而董事无权，若辈毫无忌惮，落庙议事（此句是机房俗语），徒事喧哗，罚

---

① 《香行东西家缠讼批词》，《广州总商会报》光绪三十三年十月十日（1907年11月15日），第3页。
② 《钮行东西家尚未遵断》，《香港华字日报》宣统二年七月初九日（1910年8月13日），无版码。

得赀财，并非留为公益，借买串炮之名目，任意侵吞。每有罚得重赀，为祸首之中饱，而滋事之辈，亦得分其余润，故乘机抵隙，日与东家为难，机房之生意已微，而更有工人为之挟制，安望其日有起色耶！①

而（鞋业）工人之挟制东家，较之机房工人，几无以异。其或故违定章者，固被其上行议罚。即偶然错误，亦被其多方留难。兼之近来油价之昂，日甚一日，若辈饭后，必用油灯，其灯心之多，几等于剧场火碗。燃灯之后，彼乃三群二队，掉臂游行。或邀游于花柳场中，或偃息于芙蓉城内。其稍称驯谨之辈，亦往别家探望，晤谈移时。三鼓之余，始行回店操作，通宵达旦，灯火煌煌，其学徒固不敢熄灯，即东家亦难限制（其有用火水油者曾因西家罚银而止）。诸如此类，费耗不赀。而截鞋一行，尤为难靠。凡截鞋底，类皆现为营勇，与及别营一室，以授各徒。倘或四方之墟，战而不利，将此鞋底，质诸长生库里，不能交回者，往往有之。而其所做鞋面，又须另靠女工，偷漏遗忘，在所难免。种种弊窦，笔不胜书。②

无疑，上述言论是站在商界立场的，如对工界的落庙议事、破坏行规、殴人毁物、议罚留难、消极怠工及胁迫罢工等联行挟制东家行为多有诋毁与抨击，尽管这些挟制行为带有传统手工业乡土社会的抗议痕迹，但也真实反映了此时"劳资合行"理念日趋衰微的征兆与势头，而这种理念的衰微必然导致传统行会"劳资合行"组织结构向"劳资分离"演进，这是五四前后广州行会工会化的内在动力。

第二节 多因联动：行会工会化之外力催化

除了前述行会运行机制衰微的自身因素外，五四前后广州行会工会化还有社会经济、政治、思想文化及世界工运潮流等层面的外因助推，是多种因素合力的结果。

第一，是资本主义生产方式使然。民国时期，一些研究中国行会与工会

---

① 黄国祥：《论机房亟图改良以挽利权（续昨）》，《广州总商会报》光绪三十三年二月二十三日（1907年4月5日），第1页。
② 黄国祥：《论鞋业之现象（续稿）》，《广州总商会报》光绪三十三年八月二十六日（1907年10月3日），第2页。

的学者都不约而同将行会衰微的主因归于"资本主义侵入"的结果。如全汉升认为欧美资本主义的侵入,"同时促进了中国资本主义的勃兴",而且,"资本化的范围逐渐扩张的结果,行会被废而新的工场和劳动组合出现了。行会无论怎样地严密规约,固守壁垒,以作最后的挣扎,而拥着雄厚资本的新式工场还是出现,采用最新机械和由于分业的经营方法,以冲破他们的城堡"①。王清彬、何德明等学者则更强调,"资本主义之侵入而致生产程序之变迁,为旧式行会崩坏之最大原因"。他们主要从资本主义生产方式对行会劳资关系的冲击来着眼论证,认为中国传统手工业皆为师傅、伙计与学徒所经营,至新式工厂制度确立后,劳资关系即由师傅学徒制向经理劳动者制转变,也正因这两种制度的并立,"于是其间遂生矛盾之现象,盖徒弟因见新式劳动者之自由,而反睹自身之束缚,最易激起反抗师傅之心理也"②。这样,行会内部劳资阶级意识的产生才有可能。而骆传华亦持类似观点:"自从都市工业兴起,师傅、客司、学徒的封建关系打破,阶级的意识逐渐发展,工人们对于行会制度,开始表示不满,而觉有即行组织工会的必要。"③

须指出,与上述有关资本主义生产导致中国传统行会衰微的宽泛之论相比,马超俊所言则更具体些,他从资本主义工厂制度的冲击、劳动力市场的流动性、劳资阶级利益的对立性等三方面进行了深入剖析:

> 过去手工业之组织,大都简单,因其无须巨额之资本,亦无须多量之劳动,凡具有相当之技术,获取少许之资金,再领带一二学徒,即可成立一生活机关。倘欲略加扩大,招雇一二工匠即可;而此种工匠,亦可觅原来之学徒。故手工业之组织,大都仅有师傅与徒弟之分别,而无资本家与工人之阶梯。在此种情形之下,旧时之行会,自适合其需要,但自工厂制度产生以后,资本之权威甚大,工人地位,每况愈下。而新式工厂之大量生产,侵夺市场,手工业者几完全失其生存之能力。至是旧时之行会,遂失去重要性,渐趋解体,此其一。

> 晚近以来,交通工具,日益完备。因是人口移动,极为迅速。今日为乡农,明日为市民;朝居于甲市,暮宿于乙城;熙熙攘攘,流动无已。劳动阶级,为生活所驱使,到处售卖其劳动力;而资本家对于工人之雇佣,完全以生产品之市场销路为转移,故尝招之使来,挥之使去,

---

① 全汉升:《中国行会制度史》,第209-210页。
② 王清彬等编:《第一次中国劳动年鉴》第2编"劳动运动",第4页;何德明编著:《中国劳工问题》,第84页。
③ 骆传华:《今日中国劳工问题》,第47-48页。

致工人永无固定之场所，劳动人口之流动性，乃有如弱水，决诸东则东流，决诸西则西流，其所以取决者，资本家之迎拒是也。劳动现象如此，旧时之行会，尚欲以其固有方法，企图劳动独占，几不可能，行会之趋势，因之大减，此其二。

资本主义生产方法导来之特示，即为劳资阶级之对立，工人为欲保障其利益，维持其生活，不得不自行结合，组织团体，以应付其环境；故产业工会及职业工会，应运而生，此无异对旧时之行会组织，宣告脱离，盖自工会方面视之，旧时之行会组织，实为劳资协同体，不仅无益于工会之发展，且多为工会之障碍，故自工会兴，而行会衰，此其三。①

显然，通过以上分析，资本主义生产方式对中国传统行会的衰微，尤其对其内部劳资关系的影响是不言而喻的，这必然导致中国传统行会组织结构的变化。诚如何德明所论："等到近来欧化东渐，中国的工商业也发生了变迁，因此工商业的组织，亦随之而发生变更。"② 美国传教士步济时（J. S. Burgess）亦对中国行会组织变动持有同样的看法："行会本身的内部，因为要适应现代新环境的情况，就表现出来一种内部组织的改变。"③ 而这种内部组织的改变主要表现为"行会制度之崩溃和新式工会之萌芽"，这是"中国产业革命之象征"④。这样，"随着工业的发展，雇主和工人的利益将日益分歧，因而目前二者之间的密切关系将渐趋消失"，"这种雇主与雇工组织的分离自将遍及全中国，但华南及华中省份将较华北地区更为迅速，因为前者工业发展已较后者进步，而根据其资源和人口的特质，前者未来的发展更见迅速。"美国学者甘博（Gamble）的这一观察确具洞察力，它预见到行会已面临蜕变和行将崩溃，工会及工人运动的迅速崛起势必取代旧有的行会组织。⑤ 而清末民初的广州行会亦概莫能外，难以逃脱崩溃的命运。"由于国际贸易、现代企业和技术造成的社会经济巨变超出广州行会组织与功能

---

① 马超俊：《中国劳工运动史》上册，第78页。
② 何德明编著：《中国劳工问题》，第81页。
③ [美] 步济时（J. S. Burgess）：《中国的行会与工会》，张书延译，《新北方月刊》第1卷第2期，1931年2月20日，第10页。
④ 李平衡：《中国工会运动之过去及现在》，《劳工月刊》第1卷第2期，1932年5月15日，第62页。
⑤ 参见彭泽益：《民国时期北京的手工业和工商同业公会》，《中国经济史研究》1990年第1期；[日] 清水盛光著、陈慈玉译：《传统中国行会的势力》，《食货月刊》第15卷第1、2期，1985年6月20日，第73页。

的范围。这些新的因素从根本上改变着贸易生产的存在方式,并在生产过程中形成了一种不同的人际关系,通常导致社会经济结构的广泛变革,这使行会制度的没落沦为不可避免。"①

第二,民主革命力量的重视与扶植则为广州工人组织工会开展运动提供了可靠的政治保障。民国时期,不少学者认为中国工人运动肇始于辛亥革命,"辛亥革命,百端维新。劳工运动,亦遂应运而生"②,"故论中国劳工运动之远因,应溯从辛亥革命。"③ 当然,广州工人运动的发端也是如此,"广东的工人运动是在辛亥革命前后出现的,并在与孙文的革命派保持着密切联系情况下逐渐发展起来的。这是它的最大特点。"④ 日本学者广田宽治这一看法道出了广州工人运动的党派政治特征及其与辛亥革命的密切渊源。而辛亥革命后尤其民国肇建帝制废除,更为中国工人运动的勃兴奠定政治根基,"溯自民国成立,万象更新,全国人民从专制政体中突然解放出来,得到许多自由"⑤,"于是工人们也就奋发起来,以谋自身的种种改善。"⑥ 而身处民主革命策源地的广东工人自是深受熏染,他们多以新国民分子自诩,不甘忍受资本家压迫而力争改善生活待遇,为此发动的集体行动与罢工逐渐增多,其规模颇具空前。如 1912 年 11 月,顺德丝厂 5000 女工因"厂主苛待及纸币低折"而同盟罢工,其规模之大,"实中国向所未有之举"⑦。1913 年 6 月,广州机房行工人因东家倡言端午不休业破坏行规,"即群起反对",最终迫使资方让步,⑧ 工人休息权得到了保证。1915 年 10 月,南番锯木西家行合胜堂袒首陈林因要求东家行联安堂加薪遭拒,遂纠集全行罢工抵制。⑨ 1917 年 4 月,广州料鋪行千余工人则因改善待遇,亦与东家交恶而联行罢工。⑩ 同年 7 月,孙中山南下广州掀起护法运动。9 月,成立军政府,

---

① Ming Kou Chan, *Labor and Empire*: *The Chinese Labor Movement in the Canton Delta*, 1895—1927, p. 163.
② 孙本文:《现代中国社会问题》第 4 册,第 58 页。
③ 应成一:《民元来我国之劳工问题》,朱斯煌主编:《民国经济史》,上海:银行学会银行周报社,1948 年,第 375 页。
④ 广田宽治:《广东工人运动的各种思潮——广东省总工会成立经过》,中国社会科学院近代史研究所《国外中国近代史研究》编辑部编:《国外中国近代史研究》第 23 辑,第 233 页。
⑤ 孙本文:《现代中国社会问题》第 4 册,第 58 页。
⑥ 何德明编著:《中国劳工问题》,第 4 页。
⑦ 《特约路透电·初七日广州专电》,《时报》1912 年 11 月 8 日,第 4 版。
⑧ 《习俗难移一至于此》,《民生日报》1913 年 6 月 9 日,第 6 页;《广东新闻·工界依然休业》,《香港华字日报》1913 年 6 月 11 日,无版码。
⑨ 《粤东最近之隐忧·两行罢市风潮》,《申报》1915 年 10 月 12 日,第 1 张第 6 版。
⑩ 《料鋪工党罢工》,《广东七十二行商报》1917 年 4 月 12 日,第 7 版。

恢复《中华民国临时约法》，"故人民颇有集会结社的自由，南方工人就因此得以组织工会"①。1918年5月，由于桂系军阀与政学系的破坏护法运动失败，孙中山辞职赴沪，尽管身在异乡，但仍十分重视广州工人运动。1919年"五一"节，他特拨专款委托谭平山在广州"尽力宣传，以便发展劳工运动"②。

第三，五四前后工团主义、社会主义、"劳工神圣"等新思潮的输入，为工会组织的兴起提供思想动力。"民元而降，思想完全解放，欧西各派思潮，源源输入，无所不有。"③其中尤以工团主义、社会主义、"劳工神圣"等思潮对工人运动的影响最大，而担负这些思潮输入与宣传的则是无政府党、国共两党的早期知识分子，他们当中不少人"从事于激进思想的宣传"，尤能"渐渐注意劳工的教育与宣传，并且协助工人组织工会"④。

早在1913年，以刘师复为首的无政府党就已在广州组织晦鸣学舍，宣传工团主义，以致"穗垣有不少劳工，因受刘氏无政府主义的鼓励，也就各本着自己的职业，酝酿着组织本业的工人俱乐部，秘密进行工人运动"⑤。为扩大工团主义在工人中的影响，1914年5月，刘师复在广州创办《民声》杂志，刊出介绍国际五一劳动节的故事，"粤劳工界见而颇为仰慕"⑥。8月，他指示工人运动，应以"结团体，求知识"为根本策略，并说明工团组织应以工人为主体，工团宗旨应以革命工团主义为骨髓，工团目的在于彻底反抗资本制度。由此可见，无政府主义"实为工团主义的中坚，宜其能影响劳工的思想"⑦。其后，按照刘师复的上述指示，一些无政府主义者在广州工人中积极从事组织工会的启蒙宣传工作。梁冰弦事后曾有这样的记载：

> 还在第一次世界大战中，苏俄十月革命前数年，只七八个觉悟的机器工匠和机器厂员司，租一幢小屋，设一小小俱乐部，每晚工余集合，由梁冰弦、刘石心、区声白、黄尊生等，轮流出席，讲解克鲁泡特金所著面包略取，工厂与田庄，告少年诸书，又系统地讲授社会主义史，欧

---

① 《中国职工运动简史（一九一九——一九二六）》（1930年6月19日），人民出版社编辑部编：《邓中夏文集》，北京：人民出版社，1983年，第432页。
② 陈达：《我国南部的劳工概况》，《统计月报》第1卷第10期，1929年12月，第2页。
③ 应成一：《民元来我国之劳工问题》，朱斯煌主编：《民国经济史》，第375页。
④ 孙本文：《现代中国社会问题》第4册，第58页。
⑤ 中国劳工运动史编纂委员会编纂：《中国劳工运动史》（一），第85页。
⑥ 中国劳工运动史编纂委员会编纂：《中国劳工运动史》（一），第105页。
⑦ 中国劳工运动史编纂委员会编纂：《中国劳工运动史》（一），第85、86页。

美劳动运动史,各国采行劳动立法、劳动保险等社会政策概况,孙先生的民生主义真谛等。这七八个人,渐渐号召群工,领导进行组织工会。①

五四运动后,梁冰弦、区声白、刘石心等人继承刘师复的思想,在广州公开宣传克鲁泡特金的无政府共产主义。② 1920 年 10 月 3 日至 1921 年 1 月,他们为"集中力量做工团运动",在广州创办《劳动者》周刊,用朴实通俗的语言宣传工团主义。③ 究其主要内容:(1)工人创造世界,是"人类里最高贵的!最要紧的!"④ 而且,"在社会上实在是第一流人物,可称得是万物之原祖,无工人便无世界"。同时,工人"最紧要者,就是要立志,要认定自己的人格"⑤。(2)广州工界要仿效香港工人组织工会:"此朝气勃兴之香港工人","不独团体陆续告成,且其团体中,居然有能大书特书工会名义,以代用堂口称谓者。此真不能不令人赞美不置也。回顾广州工界,则沉沉寂寂如故,其所以令人感喟者如何。愿粤中工界,急起而直追之也。"⑥(3)强调劳资"势不两立"⑦,要对资本家开展"改革社会制度的"工团主义罢工,认为"工团主义的罢工,才是有真意义的罢工,才是最有价值的罢工"⑧。并指出"即以广州为出发点从事于实际的劳动运动"⑨,而这"是根本上要求制度改革的运动,是希图做工的,自己起来掌管生产和分配的运动"⑩。至其运动步骤不外乎:"(一)在劳动界内组织行会;(二)由

---

① 海隅孤客:《解放别录》,沈云龙主编:《近代中国史料丛刊》第 19 辑,台北:文海出版社,1968 年,第 30 页。
② 沙东迅:《关于〈劳动者〉》,沙东迅编:《劳动者》,第 125 页。
③ 谭康、沙东迅记录:《一访刘石心先生的记录》(1981 年),《有关〈劳动者〉的资料选辑》,沙东迅编:《劳动者》,第 142 页。
④ 颠安:《工人是尊贵的》,《劳动者》第 2 号,1920 年 10 月 10 日,沙东迅编:《劳动者》,第 20 页。
⑤ 不息:《告工人》,《劳动者》第 2 号,1920 年 10 月 10 日,沙东迅编:《劳动者》,第 18 页。
⑥ 剑耘:《香港工人之活动》,《劳动者》第 4 号,1920 年 10 月 24 日,沙东迅编:《劳动者》,第 57 页。
⑦ 无闷:《劳资调和的疑问》,《劳动者》第 7 号,1920 年 12 月 12 日,沙东迅编:《劳动者》,第 99-101 页。
⑧ 初:《罢工的意义》,《劳动者》第 6 号,1920 年 12 月 5 日,沙东迅编:《劳动者》,第 81、82 页。
⑨ 兼生:《实际的劳动运动》(1920 年 9 月 28 日),《劳动者》第 1 号,1920 年 10 月 3 日,沙东迅辑:《劳动者》,第 6 页。
⑩ 我亦工人:《劳动者呵!》,《劳动者》第 1 号,1920 年 10 月 3 日,沙东迅辑:《劳动者》,第 4 页。

行会组织工业联合会；（三）集合行会组织全省联合会；（四）由各省联合会组织全国工业总会；（五）谋东亚劳动会之成立，进而与万国劳动会携手。"① 以上工团主义思潮的传播，有力推动了广州行会工会化进程，"自工团主义学说输入，于是渐明劳工问题之重要，工会遂逐渐萌芽"②。

除工团主义外，"劳工神圣"思潮的输入，也是广州工人阶级意识提高的重要原因。"迨民国六年（1917），欧风东渐，所谓资本压迫、工人自觉等论调弥漫全球，广州劳工问题，亦因此受其波动。加以当时桂系柄政，反桂派输入'劳工神圣'之说，间接以抨击政府。"③ 正因"劳工神圣"思潮的影响，广州工人参与政治的自觉性日渐增强。1919 年 7 月，以机器工人为先导的广州工界积极投身于反对桂系军阀统治、推举伍廷芳为省长的"粤人治粤"运动。④ 当然，"劳工神圣"思潮对广州工界的影响还可从 1920 年"五一"节的纪念中得到印证。5 月 1 日，广州工人在东园召开劳动节庆祝会，工界旬刊社、华侨工业联合会、机器行西家、岭南工党、石行、茶居行、药材行、机房十八行、绢布遮行、藤器研究所等 24 家团体有 4000 余人参加，并派发《劳动神圣》等印刷品，现场会旗上书有"劳工神圣""劳动万岁""唤醒劳工""铲除阶级""资本家末日""奋斗""自由""平等""博爱""互助"等字样，"应有尽有，目不暇给"，同时还演说"五一"劳动史，"拍掌之声如雷动，诚广州空前未有的劳工纪念会"⑤。

当然，这一时期广州工会运动的兴起也与马克思主义的传播与渗透密不可分。1920 年 12 月，陈独秀借受陈炯明之邀任广东教育委员会委员长之机，与谭平山、陈公博、谭植棠等于 1921 年春正式成立共产党广东支部，并将《广东群报》作为党组织机关报⑥，用以宣传马克思主义，关注广东工人的社会生活与运动，以及世界劳动消息等问题。该报自诩"是中国南部文化运动的总枢纽，是绍介世界劳动消息的总机关，是在广州资本制度底下

---

① 兼生：《实际的劳动运动》（1920 年 9 月 28 日），《劳动者》第 1 号，1920 年 10 月 3 日，沙东迅辑：《劳动者》，第 7 页。
② 《广州劳工组合进步之速》，上海《民国日报》1922 年 3 月 19 日，第 2 张第 6 版。
③ 南溟：《广州工团组织之经过及其派别》，《香港华字日报》1925 年 2 月 10 日，第 1 张第 3 页。
④ 参阅《罢市风潮愈弄愈大》《罢市要闻汇记》，《香港华字日报》1919 年 7 月 15、17 日，第 1 张第 2 页、第 1 张第 3 页；《续纪广州罢市情形》《三纪广州罢市》，《申报》1919 年 7 月 19、20 日，第 2 张第 7 版。
⑤ 《劳动节大会志庆》，《香港华字日报》1920 年 5 月 4 日，第 3 张第 4 页；粤潮：《广州空前未有的劳工纪念会》，《北京大学学生周刊》第 15 号，1920 年 5 月 9 日，第 16 版。
⑥ 谭天度：《回首往事话当年——回忆〈广东群报〉的创办和广东党组织的诞生》，《广州党史资料》1981 年第 1 期，第 6、8 页。

奋斗的一个孤独子,是广东十年来恶浊沉霾空气里面的一线曙光"①。曾参与该报工作的谭天度后来亦有忆及:"这份报纸自创办以来,很受知识青年和工人阶级的重视、欢迎。"与此同时,广东共产党组织还创办宣传员养成所、机器工人夜校等机构,从事工人教育与宣传。②以上新思潮交织渗透,共同推动了广州工会运动的发端与勃兴。

第四,一些现代性工团的建立及其教育宣传对广州行会工人组织工会起到了倡导示范效应。如中国工党粤支部在广州成立后,1917年2月,连日派员演讲其"提倡工人教育,研究民生政策,联络各埠华侨,排除一切苛例"之宗旨,"极为社会欢迎",板箱行东西家为此还专门在下九甫新丛馨酒楼设宴款待工党会员。③除中国工党外,广州还相继成立以下几个颇有代表性的现代工团组织。

(1)华侨工业联合会。该会原是南洋归侨因兴办工业资金不足,乃用振兴实业名义吸引工人参加,是一个名为"劳资合作,实为资本家控制的团体"④。1917年,由国会议员南洋归侨周品三、陈鹤俦等在广州召集工商军政学各界合组设立,其成员来源复杂,会长皆由官僚或议员充任,"虽非纯粹工人团体"⑤,但对于"劳工运动,颇多帮助"⑥。这主要表现为出版十数期周刊⑦,每逢广州"五一"节游行"在街上散布传单,以期唤醒群众"⑧,在广州行会工会化进程中发挥着倡导作用。如1918年5月1日,在华侨工业联合会主持下,广州举行中国首次公开纪念国际劳动节大会,有广东工团、共和工党、印字行、茶居行、理发行、士敏土厂、兵工厂、集议所等代表160余人参加,"实为空前之举","就是到会的旧式行会代表,与尚

---

① 《请看广东群报》,《新青年》第9卷第2号,1921年6月1日,无页码(广告页)。
② 谭天度:《回首往事话当年——回忆〈广东群报〉的创办和广东党组织的诞生》,《广州党史资料》1981年第1期,第6、8页。
③ 《板箱行宴工党员》,《新报》1917年2月24日,第4页。
④ 禤倩红、卢权:《五四运动前后广州工人纪念"五一"节的情况》,《党史资料丛刊》第1辑,上海:上海人民出版社,1983年,第132页;南溟:《广州工团组织之经过及其派别》,《香港华字日报》1925年2月10日,第1张第3页。
⑤ 参阅《广东劳工的运动史》,《青年周刊》第4号,1922年3月22日,广东青运史研究委员会研究室编:《青年周刊》,第76页;中国劳工运动史编纂委员会编纂:《中国劳工运动史》(一),第105页。
⑥ 王清彬等:《第一次中国劳动年鉴》第2编"劳动运动",第72页;李平衡:《中国工会运动之过去及现在》,《劳工月刊》第1卷第2期,1932年5月15日,第13页。
⑦ 《广州劳工组合进步之速》,上海《民国日报》1922年3月19日,第2张第6版。
⑧ 王清彬等:《第一次中国劳动年鉴》第2编"劳动运动",第72页。

无组织的各厂工人，也引起不少组织工会的兴趣。"①

（2）共和工党。该工党创办人是郑苍生。郑氏早年曾参加辛亥革命，留日归粤后，发起组织共和工党，于1919年春向省长朱庆澜立案并获批。其党员有五六十人，多是知识分子；工人只有一二十人，主要来自制鞋、建筑、织造等行业。究其宗旨是"争取工人加入国会，担任国会议员，参加政权，进而由工人掌握议会，掌握政权"。此外，不仅出版《共和工党月刊》，向工人宣传"中国受帝国主义压迫，中国人要革命，工人要在国会中做议员，参加政权"等内容②，而且还创办西关荷溪劳动夜学，教授工人识字、串句、算术、国文等科目，学员中尤以车玉、料珠两行工人居多，"此诚劳动界之嘉音也"③。

（3）中华工会。该会由华侨工业联合会分裂改组而来。④ 1920年5月，由众议院华侨议员沈智夫联络海外华侨创设，27日，由省长批准立案，以仙湖街桂阳书院为会址。⑤ 工会推行理事制，选理事4人处理会务，主席由四理事轮流充当，以一月为限。至其宗旨"志在联络工人，实行打破资本家阶级，使社会趋于平等"⑥。该会成立后，创办劳动夜学，对工人进行启蒙教育，并出版《工界》旬刊十余期⑦，用以宣传、报道国内外工人运动消息，并调查工人生活状况，从事工界事务宣传教育。⑧ 除注重宣传教育外，该会还协助行会工人组织工会，以践行其"对于各工团及各行头，均有扶

---

① 《广州来函·广州第一次劳动节纪念》，《劳动》第1卷第5号，1918年7月20日，第52页；中国劳工运动史编纂委员会编纂：《中国劳工运动史》（一），第105－106页。
② 梁复然：《广东党的组织成立前后的一些情况》（1962年3月—1964年5月），中国社会科学院现代史研究室、中国革命博物馆党史研究室编：《"一大"前后——中国共产党第一次代表大会前后资料选编》（二），北京：人民出版社，1980年，第443、444页。
③ 《粤劳动界之新曙光》，上海《民国日报》1921年5月1日，第2张第8版；《荷溪劳动学校定期招生》《劳动夜学有人满之患》《劳动界之嘉音》，《广东群报》1921年2月16日、3月11日、4月25日，第6、3、3页。
④ 王清彬等编：《第一次中国劳动年鉴》第2编"劳动运动"，第72页。
⑤ 《中华工会成立》，《香港华字日报》1920年5月28日，第3张第4页。
⑥ 《中华工会之改组》，《广东群报》1921年2月24日，第6页；《中华工会改组》，《香港华字日报》1921年2月25日，第3张第4页。
⑦ 《中华工会成立》，《香港华字日报》1920年5月28日，第3张第4页。
⑧ 详见《茶居行合组团体》，《工界》第3期，1920年5月21日，第16页；《绢遮行组织团体》，《工界》第4期，1920年6月1日，第16页；《省佛金薄［箔］行罢工情形》，《工界》第6期，1920年6月21日，第20页；《工界之拒赌》，《工界》第6期，1920年6月21日，第19页；邹卓立：《我国工人现况之批评》，《工界》第9期，1920年7月21日，第4页；邓铁锋：《广东劳动业务之调查》，《工界》第10期，1920年8月1日，第19－22页；邓铁锋：《广东各行状况之调查》，《工界》第11期，1920年8月14日，第13－15页；《广州藤椅行工人罢工》，《工界》第11期，1920年8月14日，第21页；等等。

助诱导"的职责。如 1920 年 7 月，广州纸料扎作油烛行工人筹组工会就得到中华工会的支持。① 不唯如此，还在 8、9 月间为茶居工会筹组提供开会场地，并代其向政府注册备案。②

不难发现，上述现代性工团的发起人多为华侨或留学生，他们与海外联系密切，熟悉域外工人教育和工运情况，因而其所创办的工团组织多具有现代民主气息，尽管成份复杂，甚或有的还是资本家主导的劳资混合体，带有诸如阶级不纯这样或那样的弱点，但毕竟为启蒙动员广州工人组织脱离行会的新式工会树立了前所未有的导向示范作用。

第五，因第一次世界大战和世界革命潮流引发的工运高涨则是广州工会运动兴起的国际动因。"自欧战发生后，劳动问题，愈加紧急，而劳动家与资本家之暗斗，亦愈加烦剧。潮流激荡，风声所播，虽素来沉寂之中国劳动界，亦不得不随风而振，急起直追，以与世界劳动界作一致之进行。"③ 显然，"欧洲大战，与中国劳工亦有相当影响"④，这其中参战的华工起了中介的作用，他们是引起中国"劳工运动的一个重要原动力"。据悉，第一次世界大战中，中国作为协约国成员共派出 14 万华工从事后方运输。⑤ 这些人"到了欧洲以后，因种种事业上的需要及方便计，外人把华工组织起来，指导他们组织俱乐部，并授以各种必要智识。迨欧战终了，中国劳工大部分都相继归国，乃本其在国外所得，仿照国外情形来提倡组织工会。国内劳工，亦以思想上的变更，经济的压迫，乃群趋而赴之。于是中国劳工组织乃日益增多，而中国劳工问题非但因此形成，且更进而占中国社会问题中的相当地位"⑥。

更重要的是，世界革命潮流尤其俄国十月革命的发生亦促使中国工人阶级意识的觉醒。何德明的评论即是此很好的印证："盖苏俄革命成功以后，农工的地位提高，社会阶级因而消除，平等的基石因而奠定。消息传来，惹起了国人艳羡。于是劳工阶级，先后奋起，工会的组织，罢工的举行，乃呈风起云涌之象。"⑦ 而中共早期工运领导人邓中夏的分析则更直观些："世界革命潮流的消息当时在中国报纸上真是'日不绝书'的，中国工人的文化

---

① 《纸料扎作油烛工会开筹办会》，《工界》第 9 期，1920 年 7 月 21 日，第 12 页；《工人组织团体》，《香港华字日报》1920 年 7 月 13 日，第 3 张第 4 页。
② 《筹办广州茶居公〔工〕会之进行》《工会情形杂志》，《香港华字日报》1920 年 8 月 26 日、9 月 13 日，第 3 张第 4 页。
③ 浪鸥：《五月一日劳动纪念节》，《工界》第 1 期，1920 年 5 月，第 16 页。
④ 何德明编著：《中国劳工问题》，第 4 页。
⑤ 骆传华：《今日中国劳工问题》，第 38 页。
⑥ 何德明编著：《中国劳工问题》，第 4 页。
⑦ 何德明编著：《中国劳工问题》，第 4 页。

程度虽然落后,虽然百分之九十是不识字不能直接看报,然而街谈巷议,工人们是听着的。中国工人经济生活那样极人世间少有的痛苦,迎受世界革命潮流,不用说是很自然的;特别是俄国十月无产阶级大革命的胜利,更使得中国工人受到深刻的影响和强烈的鼓励。就在这种情形之下,中国职工运动开始它的黎明期了。"① 广州工人更是捷足先登,尤其1920年中国海外劳工会在广州成立,② 其与国外联系愈加紧密。这样,由于"一战"后世界工运潮流的浸润与激荡,成立工会已为粤工界谋求互助的共识。"我粤各工界团体,因感受世界潮流,已有觉悟,知非联络团体,无以求进步。故(1920年)数月来工界中人,组织会社,以求互助,时有所闻","此诚工界中极好现象也。"③

第三节　组织分离：行会工会化的艰难蜕变

正因上述诸因素的合力作用,被誉为"中国工会之滥觞""新派工会之先驱"的"广州工会运动"④ 遂在五四前后勃然兴起。这主要表现为传统行会"劳资合行"的组织结构向"劳资分离"演进,而这种"劳资分离"则以劳方建立脱离行会的近代新式工会最为典型。新式工会主义的兴起标志着工人与中国行会制度的决裂⑤,不过,这种由行会孕育出来的工会组织的肌体上不可避免地附着"劳资合行"的深深烙印。

据民国时期有关文献记载,中国工会组织的先驱可追溯至清咸丰年间(1851—1861)在广州成立的打包工业联合会。⑥ 尽管囿于资料其具体详情

---

①　《中国职工运动简史(一九一九——九二六)》(1930年6月19日),人民出版社编辑部编:《邓中夏文集》,第434页。

②　骆传华:《今日中国劳工问题》,第38页。

③　《绢缎行组织团体》,《工界》第4期,1920年6月1日,第16页。

④　王清彬等编:《第一次中国劳动年鉴》第2编"劳动运动",第6、72页。

⑤　Jay Calvin Huston, *The Recent Rise of Labor Unions and the Growth of Chinese Socialism in Canton under the Aegis of the "Kwo Ming Tang"*, June 26, 1922, Jay Calvin Huston Papers, 1917—1931, Box 6, Folder 1, 斯坦福大学胡佛研究所档案馆藏, p. 2.

⑥　陈达:《中国劳工问题》,第99页;李平衡:《中国工会运动之过去及现在》,《劳工月刊》第1卷第2期,1932年5月15日,第12页。另,有论者指出广州打包工业联合会成立于1858年,系"中国运输工人最早的组织"。(参见苏联科学院国际工人运动研究所编:《国际工人运动(历史和理论问题)》第1卷,彭质纯等译,北京:工人出版社,1988年,第228页)也有学者认为该会"可能是中国最早的工人自发成立的团体"。参见刘明逵、唐玉良主编:《中国工人运动史》第1卷,第584页。

已无从稽考，但却标志着晚清广州工会运动的萌蘖。① 其后，清末广州行会工人组织团体的事例时有发生。如光绪三十年（1904），河南木行、石行、油漆行等工人鉴于时局危急与商战之需，每人集资3元创设考工会，其宗旨"在求工艺之进步，每年将行中所作工艺，互较工拙，以图改良，俟有成效，然后陆续推广"②。宣统二年（1910）六月，薙发匠公行值理董松林等为"保恤合群"，拟于外江整容堂另立罗祖公会"以结同艺团体"。③ 当然，也有团体是劳资双方为了振兴实业而合组的。如宣统三年（1911）成立的广东工业会就是由广州数名工业家联合各行工人组织的，并以西关宏仁演说社为办事所。④ 须指出，以上广州工人参与建立的团体多是为改良手工业技术而设，实以维系所在行业的整体利益为依归。这是传统行会劳资合作共谋行业发展的必然要求，亦是"劳资合行"理念的产物和延续。这似可说明，至少在辛亥革命前，广州行会工人还尚未建立脱离传统行会的新式工会组织。

然而，随着辛亥革命尤其五四前后"现代工会主义被一些利益集团引入华南"⑤，这种由"劳资合行"向"劳资分离"的行会工会化态势才得以在广州展现。如1917年5月，油行工人周炎辉纠合西家组立安益会，"以匡济罢工，增进公益为宗旨"⑥。显然，这已超越了"劳资合行"的宗旨范畴，而是以工人自身利益为旨趣了。据不完全估计，1911—1919年广州有20个工会形成。⑦ 这些脱胎于传统行会的工会，其组织"分离"并非一帆风顺，而是有一艰难而曲折的蜕变过程。广州工团总会、广州茶居⑧工会、广东机器工会的形成即是显例。

广州工团总会系"由旧日之工团公所蜕变而来"。清光绪十六年

---

① *Labor Conditions in Canton——A Statistical Study*, June, 1929, Jay Calvin Huston Papers, 1917—1931, Box 5, Folder 1, 斯坦福大学胡佛研究所档案馆藏, p. 516.
② 《各省工艺汇志》，《东方杂志》第1卷第10期，1904年12月1日，第182页。
③ 《薙发匠亦拟组织公会》，《香港华字日报》宣统二年六月二十六日（1910年8月1日），无版码。
④ 《倡办广东工业会》，《香港华字日报》宣统三年三月初一日（1911年3月30日），无版码。
⑤ *Labour Situation in Canton*, The Hankow Herald, August 4, 1926, Jay Calvin Huston Papers, 1917—1931, Box 5, Folder 4, 斯坦福大学胡佛研究所档案馆藏。
⑥ 《工人设会候查》，《广东七十二行商报》1917年5月9日，第7版。
⑦ *Labor Conditions in Canton——A Statistical Study*, June, 1929, Jay Calvin Huston Papers, 1917—1931, Box 5, Folder 1, 斯坦福大学胡佛研究所档案馆藏, p. 516.
⑧ "茶居"系粤语对茶楼的称谓。

(1890)工团公所在南海、番禺两县立案成立。① 至其缘起，主要是由于广州行会分类极多常生作业争议，"小则纠众械斗，大则缠讼不休"，清吏"不胜其烦"，遂奏准清廷赐六品衔于锦纶堂总管，令其随时解决堂内纠纷，"以免滋扰"。后来，锦纶堂总管为将调解纷争范围由行内扩至行外，乃以堂内各行为基础，联合玉石行裕兴堂、酸枝花梨行永胜堂、木料洋装行成业堂，共组广州工团总会，"以为解决各业纠纷之枢纽"②。至其作用，除调解劳资纷争外，也就是"联络工友感情""贺师傅诞巡游晒标及祎饮"而"并无其他政治及社会运动"③。民国成立后，广州工团总会因团体涣散亦"仅有虚名"④。至 1915 年龙济光踞粤时，唐鞋五行、酸枝、花梨、做木、锦纶机织、鲜果咸货、棚行、皮革等行会工人，鉴于团体涣散而重组广州工团总会。有论著认为，该会"已具工会形态"，"未始非工人觉醒的一种较佳气象"⑤。但事实上该会毕竟是建立在行会基础上的，其性质不过是劳资争议处理机关，"而非完全代表工人利益之工会组织"，至其成立后，"雇主方面，视为便利，工人方面，又往往招致不满"，随后，又因"劳动思潮，日益澎湃，各业工会，相继成立"，工团总会"乃愈感困难"，至 1919 年、1920 年间"遂趋于瓦解"⑥。

与工团总会的纯粹"行会联合体"不同，茶居工会的成立却是行会通过汲取新章程、选举工人领袖来实现其自身结构变革的。⑦ 清咸丰同治以前，广州茶居工人就已按楼面、点心、炒镬、面食、制饼等门类，设立乐义堂、永全堂、蓬义堂、全义堂等多个行会组合，至民国初年，已有 43 个行会之多。1918 年 8 月，茶居行工人黎端奉孙中山面命，与陈森、区迪等联合 43 个行会万余工人组成广州茶居工会，"开列名册，缮具章程"。加之由于孙中山手令警察厅长魏邦平协助指导，于是茶居工会很快就获政府核准立案，"首先脱离行会形态，而将茶居行蜕变改组为工会团体"⑧。至其蜕变原因，有论著从行会组织结构层面进行了剖析，认为"行会之所以殊异于工

---

① 南溟：《广州工团组织之经过及其派别》，《香港华字日报》1925 年 2 月 10 日，第 1 张第 3 页。
② 马超俊：《中国劳工运动史》上册，第 82 页。
③ 南溟：《广州工团组织之经过及其派别》，《香港华字日报》1925 年 2 月 10 日，第 1 张第 3 页。
④ 《工人之市选举运动》，《广东群报》1921 年 4 月 2 日，第 3 页。
⑤ 中国劳工运动史编纂委员会编纂：《中国劳工运动史》（一），第 95 页。
⑥ 马超俊：《中国劳工运动史》上册，第 82 页。
⑦ 参阅 Ming Kou Chan, *Labor and Empire: The Chinese Labor Movement in the Canton Delta, 1895—1927*, p. 165.
⑧ 中国劳工运动史编纂委员会编纂：《中国劳工运动史》（一），第 106 页。

会，不易蜕变的原因，就由于行会是劳资混同体，且资方为其主力之故。而茶居从业工人，大部为伙计而无雇主，纵或有包工的关系，亦只是工头性质，不能同于资方。所以该业从业者的关系，向来虽形式上仿照行会，而实际上则近于工会，故其蜕变为易"①。但这并不意味着茶居工会已完全脱离东家的控制，事实上，后来1920年5月茶居工会正式筹组时就得到东家行协福堂的参与和支持。②至1921年3月29日，在茶居工会成立后的恳亲会上，东家行协福堂又派代表到场互叙宾主之谊。据此，香港报纸评论认为是劳资调协的好现象，"从此东西两家感情当更为融厚矣"③。

然而，最能透视此时期行会工会化演绎的还是广东机器工会的形成与发展。④ 1905年清末新政后，广州机器业虽有发展，"惟劳资间的阶级意识，并未萌动，双方倒觉有互相团结之必要"⑤。在劳资双方的努力下，宣统元年（1909）五月十三日，以"结合团体，研究机器事业"为宗旨的广东机器研究公会经劝业道陈望曾批准成立。⑥该会成立后，会务多由工人主持，资方甚少过问。⑦由于脱胎于行会，"并以当时劳资不分，厂主亦多是工人出身"，该会因而规定："不论其为劳方资方，俱得以个人名义加入组织。"⑧其实质"仍是一个劳资合组的团体"⑨。这在某种意义上可视为劳资筹谋合作，维护行业整体利益的传统行会理念的体现。

至1912年5月，广东机器研究公会又改组为具有纯粹工会倾向的广东机器研究总会。⑩可是，重组后的机器总会"除对于会员的教育及救济有些帮助之外，别无他种重要工作"⑪，直至1918年6月，与香港华人机器公会筹议中国机器总会后，⑫其工作才渐有起色。翌年10月，中国机器总会在

---

① 中国劳工运动史编纂委员会编纂：《中国劳工运动史》（一），第107页。
② 《茶居行组织团体续志》，《工界》第4期，1920年6月1日，第16页。
③ 《茶居行东西家之联欢》，《香港华字日报》1921年4月1日，第3张第4页。
④ 骆传华指出，"现在许多工会，实际是由旧式的行会脱胎而出的。广东的机器工会，就是一个好例。"参见氏著：《今日中国劳工问题》，第48页。
⑤ 黄艺博：《广东之机器工人》，广州：广东机器总工会，1929年，第2页。
⑥ 李伯元、任公坦：《广东机器工人奋斗史》，第29页；马超俊：《中国劳工运动史》上册，第81页。
⑦ 中国劳工运动史编纂委员会编纂：《中国劳工运动史》（一），第52页；马超俊：《中国劳工运动史》上册，第81页。
⑧ 李伯元、任公坦：《广东机器工人奋斗史》，第29页。
⑨ 骆传华：《今日中国劳工问题》，第80页。
⑩ 参阅骆传华：《今日中国劳工问题》，第80页；李伯元、任公坦：《广东机器工人奋斗史》，第39页。
⑪ 陈达：《我国南部的劳工概况》，《统计月报》第1卷第10期，1929年12月，第7页。
⑫ 黄艺博：《广东之机器工人》，第3页；骆传华：《今日中国劳工问题》，第80页。

广州奠基。① 然而，正当粤港机工携手奋进时，资方却相率退出机器研究总会，成立广东机器商务联益公会。② 至此，广州机器业"劳资分离"已启肇端，"而劳资的阶级，也渐渐分划得清楚了"③。不过，此劳资组织分离并非一蹴而就，"原系机工出身之厂主，对劳方极具同情，其已身虽已为资方，但本人仍加入机器工会为会员，此类情形，为数不少"④。这恰反映了"劳资合行"理念仍具强大生机与活力。事实上，"机器工人的初期组合运动，可说是包含劳资双方的结合运动，他们并未离开雇主，完成了独立的组织，他们经过的三种组合：广东机器研究公会、广东机器研究总会、中国机器总会，还未把工会的意义显示出来"⑤。

1920年4月，香港机器工人罢工的胜利，⑥ 使广州机工深受鼓舞，他们纷设俱乐部，从而"开始离开雇主进行纯粹工人组织的运动，也是阶级意识开宗明义的第一次运动"⑦。至翌年初，广州各商厂机工多已设俱乐部，这主要有均和安、协同和机器厂互劳俱乐部，粤汉铁路工余群旅俱乐部、艺群工社，广三铁路职工养志团、广九铁路维机俱乐部、河南尾机工觉然俱乐部、电灯局互团互联俱乐部、电话局竞进俱乐部、机器打铁工人佐劳俱乐部、造币厂研艺俱乐部、机器工人木样工社等。⑧ 这些以"俱乐部"名义出现的机工组织，其会员完全是工人，"他们愿意完全脱离资本家，自己来组织团体"⑨。正是以此为根基，1921年4月，机器研究总会进一步改组为纯工人的团体——广东机器工人维持会，以马超俊为主任。这样，该会就成为资方机器商务联益公会的对立者。⑩ 尽管在组织形式上"劳资"业已"分离"，但作为"行会工会的'欧化'"⑪ 的机器工会仍与商界保持着密切联系，"劳资合行"的行会理念始终左右着其对资方的行动。

---

① 中国劳工运动史编纂委员会编纂：《中国劳工运动史》（一），第136页。
② Lowe Chuan-hua, *Facing Labor Issues in China*, China Institute of Pacific Relations, Shanghai, 1933, p. 58.
③ 骆传华：《今日中国劳工问题》，第82－83页。
④ 李伯元、任公坦：《广东机器工人奋斗史》，第40页。
⑤ 黄艺博：《广东之机器工人》，第3页。
⑥ 详见《香港罢工风潮始末记》，《新青年》第8卷第1号，1920年9月1日，第1－8页。
⑦ 黄艺博：《广东之机器工人》，第9页。
⑧ 中国劳工运动史编纂委员会编纂：《中国劳工运动史》（一），第142－143页。
⑨ 陈达：《我国南部的劳工概况》，《统计月报》第1卷第10期，1929年12月，第8页。
⑩ Lowe Chuan-hua, *Facing Labor Issues in China*, p. 59; Ming Kou Chan, *Labor and Empire: The Chinese Labor Movement in the Canton Delta, 1895—1927*, p. 169. 应指出，至1926年1月，广东机器工人维持会又正式改组为广东机器工会。参见黄艺博：《广东之机器工人》，第21页。
⑪ 《中国职工运动简史（一九一九－一九二六）》（1930年6月19日），人民出版社编辑部编：《邓中夏文集》，第432页。

当然，以上案例反映的仅是五四前后广州行会工会化一个侧面的缩影，而要深描其复杂的艰难蜕变历程，还需结合当时社会背景做进一步的考察。这里，不妨从桂系军阀莫荣新治粤时期说起。由于莫氏的残暴统治，广州工人时常饱受失业而带来的生活困顿的煎熬。① 因而，"各行工人时有要求加薪罢工之事"②，而成立工会固结团体便为工人获取加薪的重要砝码。再加上香港机器工人罢工胜利的激励，"工会运动更为勃兴。数月之内，广东一省，成立新工会达百余所之多"③。但不宜过高评估这些新工会的阶级纯度，有不少仍是劳资混合体。如 1920 年 3 月成立的藤器工会就是由广州藤椅行东西家合组而成。8 月 5 日，在工会领导下，藤椅工人因东家拒绝加薪而罢工，④ 并与中华工会商议于 12 日自设藤器工场，以维持罢工后工人生活。据悉，藤器工场筹办资金主要来自股东集资，股东以藤器工会会员为限。⑤ 由于藤器工会系劳资合组，其会员自然也包括资方，其实藤器行因从业门槛低下本身就劳资不分。可见，此种"混资本家与劳动者为同一之地位"的藤器工场的设立⑥，"实今日产业界之特产物，解决现代劳动问题之善法也"⑦。应注意，类似藤器行这样劳资混同的生产组合在广州并非个例，"劳资合体每见近日产业界之新趋向，是不可不取法也"⑧。这也反映了广州不少工人中"劳资合行"理念仍根深蒂固，由"劳资合行"至"劳资分离"的行会工会化依旧命途多舛。如 1920 年 9 月筹组的毛巾工会即是由东家发起而与西家合组的。由于毛巾行女工占大多数，且多属西家，对工会的意义

---

① 在莫荣新统治下，至 1920 年 10 月初，广州工人失业"几于无业不然"，如"茶居酒肆，近纷纷停业，工人解雇者，约占三千之数。建筑则因各项工程停顿，泥水、木匠、棚匠、漆工失业者，十居八九。渡船既已停驶，车主皆借口不给工资、不招呼饭食，几乎全数失业。代书工人因公署停止办公，生活悉绝。其余如花梨、开料、织造、印刷、成衣、理发、鞋靴，皆因工作停顿，大受打击。又因交通梗塞，既不能旋、又不能转业，此皆莫氏盘踞粤督、据地勒索之所赐也"。参见《流离凄绝之广州城》，《劳动者》第 2 号，1920 年 10 月 10 日，沙东迅辑：《劳动者》，第 24 页。
② 《金箔工人又要求加薪》，《香港华字日报》1920 年 6 月 16 日，第 3 张第 4 页。
③ 骆传华：《今日中国劳工问题》，第 50 页。
④ 《藤器工人之罢工》，《香港华字日报》1920 年 8 月 10 日，第 3 张第 4 页；《广州藤椅行工人罢工》，《工界》第 11 期，1920 年 8 月 14 日，第 21、22 页；吴芳：《最近劳动界罢工运动一班[斑]》，《劳动界》第 4 册，1920 年 9 月 5 日，第 5 页；吴芳：《国内罢工运动的概况》，《劳动者》第 1 号，1920 年 10 月 3 日，沙东迅辑：《劳动者》，第 13 页。
⑤ 唐海编：《中国劳动问题》，第 411 页；《业藤同业讨论》，《香港华字日报》1920 年 9 月 2 日，第 3 张第 4 页。
⑥ 《藤器工人罢工后之情形》，《香港华字日报》1920 年 8 月 12 日，第 3 张第 4 页。
⑦ 《藤器工人大觉悟》，上海《民国日报》1920 年 8 月 27 日，第 2 张第 8 版。
⑧ 《工会情形杂志》，《香港华字日报》1920 年 9 月 13 日，第 3 张第 4 页。

及利益"多不领牌","故现在奔走筹办者均属东家"。①

1920年10月26日,护法粤军自闽南回师广州。这对惨遭桂系军阀蹂躏、饱尝失业之苦的广州工界而言,实为组建工会的绝好时机。"粤军返穗之第三日,广州各业工人,已有俱乐部组织者,都改以工会名称悬出会牌","俨若市招","而茶居、理发、泥水、木艺、布业、棚业、榨油等工会,也先后成立,活跃起来。"② 至此,广州行会工会化进程遽然加速,"劳资分离"态势渐趋明朗。据统计,1920年11月至1921年4月,广州共成立工会32个。③ "但其间由旧有各业行会,相率蜕化为工会者,是否能完全汰除旧有潜存的资方,已属不易甄别。"④ 尽管如此,依据相关资料,还是能发现一些工团已脱离"劳资合行"体,在组织形式上实现了"劳资分离"。如1921年1月27日,广州革履工团成立,其章程规定工团"由制造革履工人组成",将其会员严格限定在工人范围内,且"以联结同业,增进智识,保障利益,改进生活为主旨"。同时,还规定工团"义取平等",不设首领,在会员中推举干事12人处理会务,任期一年。⑤ 另外,从国会议员景梅九在工团成立会上的演说⑥来看,革履工团可能受到了无政府主义的影响。

与革履工人相比,广州理发工人组织工会可谓一波三折。早在1918年前,理发工人就已成立育然工社,不过数月后便遭资本家破坏。至1918年,东西家合设理发工会,但因劳资内讧很快就解体。⑦ 直至1921年2月10日,广州理发工会才真正创建为纯正"理发工人组织"的团体,且"以互助精神结合团体,增进工人地位为宗旨"⑧。在是日成立会上,陈独秀、沈玄庐、陈公博、谭平山还进行了演说。⑨ 这表明早期共产党人在推进广州行会工会化中发挥着重要作用。此外,此时还有一些广州行会工人已组成脱离东家的

---

① 《工会情形杂志》,《香港华字日报》1920年9月13日,第3张第4页。
② 中国劳工运动史编纂委员会编纂:《中国劳工运动史》(一),第149页。
③ 陈公博:《广州一年来之劳工运动》,《广东群报》1922年5月1日增刊,第6页。
④ 中国劳工运动史编纂委员会编纂:《中国劳工运动史》(一),第155–156页。
⑤ 《革履工团章程草案》(1921年1月),Jay Calvin Huston Papers, 1917—1931, Box 6,斯坦福大学胡佛研究所档案馆藏。
⑥ 《革履工团成立纪事》,《广东群报》1921年1月28日,第3页。
⑦ 《理发工人组织团体》,《劳动者》第6号,1920年12月5日,沙东迅辑:《劳动者》,第87、88页。
⑧ 《广州理发工会开会志》《理发工会劳动夜学开学志略》,《广东群报》1921年2月12、28日,第3、6页。
⑨ 《工会组织两志》,《香港华字日报》1921年2月13日,第3张第4页;《广州工人最近两组织》,上海《民国日报》1921年2月20日,第2张第6版。

工会团体，如木行工人成立的建造西式家私联合工会①、金银首饰行工人筹组的金银首饰工会②、小刀行工人组织的敬德堂打小刀行工会③等便是很好的例子。但这种行会工会化也并非易事，有的甚至引起资方的仇视。如1921年4月，甑酒行工人尹炳、曾发等为谋同业幸福成立酒业工会④，却遭到东家行福志堂的抵制。18日，福志堂商定每家科银100元，"欲以金钱势力"破坏工会。酒业工会闻悉，于当晚集议派人向东家行提出交涉。⑤ 22日，东家行经再三商讨，以"宾主之间，庶不致更增恶感"而"取缓和之手段"，最终打消干涉念头⑥，显然，这其中"劳资合行"理念起了关键作用。

然而，不能过高估计此时广州行会工会化的"劳资分离"程度，因为纯正工会毕竟还是少数，多数仍具有浓厚的"劳资合行"特质。如1921年1月，由酒楼茶室行慎金堂、慎益堂等行头组建的广州酒楼茶室研究工会⑦，在章程中就标榜"以联络同业感情，研究食品适合卫生为宗旨"，并规定："会员与各东家有宾主之谊，应互相维系，各工人受雇于东主应遵守契约，不得无理要挟，尤须各尽所长，以促生意之进步。"⑧ 这实质上与劳资合作维护同业利益的传统行会并无两样。虽因资料所限，还不能确定该研究工会是否就混有东家分子，但其宗旨所展示的"劳资合行"理念则是毋庸置疑的。类似的事例，也可从劳资合组的工会中得到确证。1921年2月，货箱行东西家合设货箱工商联合会，其宗旨是"联络东西家感情，互相研究工艺，以期增进智识"⑨。3月28日，广州外江整容堂工会的成立亦是东西家合组的结果。⑩ 4月，广州缝业总工会的筹组亦归于东裕堂、西福堂、西庆堂等东西家行的积极合作。⑪ 4月26日立案的广东洋服同研工会也是劳资混合体，高第街元发号东家是其发起组织者。工会成立后，洋服行工人"极力热心"，入会不下500人。这是由于劳资感情"甚融洽"，"东家均系当工

---

① 《木行工人组织工会》，《香港华字日报》1921年4月22日，第3张第4页。
② 《金银首饰工人筹组工会》，《广东群报》1921年4月30日，第6页。
③ 《工团组织两志》，《香港华字日报》1921年5月3日，第2张第3页。
④ 《蒸酒工人组织工会》，《香港华字日报》1921年4月7日，第3张第4页。
⑤ 《甑酒行东家反对工人立会》，《广东群报》1921年4月19日，第6页。
⑥ 《酒业东家行不知自量》，《广东群报》1921年4月23日，第6页。
⑦ 中国劳工运动史编纂委员会编纂：《中国劳工运动史》（一），第159页。
⑧ 《工人组织大工会之规程》，《广东群报》1921年1月26日，第3页。
⑨ 《货箱行东西两家联合》，《广东群报》1921年2月16日，第6页；《货箱行组织工商联合会》，《香港华字日报》1921年2月16日，第2张第3页。
⑩ 《外江整容堂工会成立》，《广东群报》1921年3月29日，第3页。
⑪ 《缝业工会之成立与庆祝》，《广东群报》1921年4月22日，第3页。

人出身"的缘故。① 至其宗旨不外以"联络感情，研究艺术，贯彻互助精神，发展洋服事业，并图全体生计，组织向上"② 为依归。而 5 月茯苓行商许崇川联合工人组织省港茯苓工会，其章程内容亦深含"劳资合行"意蕴，如"以联络同业感情，增进智识，研究艺术为宗旨"，且规定"会员与各号东家原有宾主之谊，应互相维系，各同人受东家聘请，雇工理宜遵守雇佣契约，尤须各尽所长，以促生意之进步"③。这与酒楼茶室工会的章程内容大同小异，几乎如出一辙。

通常而言，在劳资合组的广州工会中，资方往往居支配地位，"至民九（1920 年）粤军回粤，提倡新文化，工会运动，益蓬蓬勃勃，一般资本家力谋拥护自己利益，遂有揭橥劳资协调主义的工团之组织，利用工会名义，出而周旋。"④ 资方的热衷染指工会行径，随即招致时人的批评：

> 广州工会日日发达，这是工人一种组织力的表现，这是很可喜的一件事。但我对于工人的前途，不寒而栗，因为工会的里面不是由一两个野心的资本家在那里暗地里指挥，就是被一两个野心的包办家借着工会名义到处出风头，作现实政治的傀儡。我的说话虽然不是指广州全数的工会，然而犯了我所说的毛病的，恐怕倒有七八。指挥工会的资本家大概有两种：一种是原有的资本家，为推广自己的营业，和恐怕工人对他为难，手长足快，自己先替工人组织工会。组织之后，由自己一手包办，一手指挥。一种是新兴的资本家，知道某一行有组织工会消息，就眼明手快，假装热心和工人接洽，利用合作的名目来招揽工人，维护一己的势力。前一种自然居心叵测，后一种竟直是趁火打劫。这类现象在广州的工界层出不穷，而工人反极口赞叹资本家的热心，哪里知道资本家的深谋远虑。可怜一班纯洁的工人上当还不知，天天睡在那鼓里！⑤

---

① 王清彬等编：《第一次中国劳动年鉴》第 2 编"劳动运动"，第 75 页；《广州洋服工人之状况》《洋服行工人组织团体之热心》，《广东群报》1921 年 5 月 26、28 日，第 6 页。

② 《广东洋服同研工会章程》（1921 年 4 月），Jay Calvin Huston Papers, 1917—1931, Box 6, 斯坦福大学胡佛研究所档案馆藏。

③ 《工团组织两志》，《香港华字日报》1921 年 5 月 3 日，第 2 张第 3 页；《省港茯苓工会章程》（1921 年 6 月 1 日），Jay Calvin Huston Papers, 1917—1931, Box 6, 斯坦福大学胡佛研究所档案馆藏。

④ 南溟：《广州工团组织之经过及其派别》，《香港华字日报》1925 年 2 月 10 日，第 1 张第 3 页。

⑤ 博：《广州工人的危机》，《劳动与妇女》第 11 期，1921 年 4 月 24 日，第 1 页。

这也从另一侧面印证了此时广州行会工会化进程中"劳资分离"的有限,二者间的阶级意识总体上多停滞在"劳资合行"状态。同样事实亦可从广东总工会的发起得到明证。1921年1月,广州工界行头为"联络感情促工业之进步"而倡办广东总工会。据悉,参与筹办的有机器、印务、理发、藤器各工会,以及花梨、玉石、机房、建筑、抖木、搭棚、织布、毛巾、染布、绢遮、雨遮、生铁、铜器、顾绣、牙擦、云母壳、自由车各工行。不难发现,广东总工会是"合旧工行与工团联同组织的",① 在其上述21个团体发起成员中,属行会组织的有17个,约占总数八成有余;而属工会的只有4个,其中藤器工会还是劳资混合体。另外,从2月27日广州40余行代表在筹办广东总工会欢叙会上,推举黄焕庭为临时主席的事实来看,② 也能反映出这种"劳资合行"特质。黄氏政治上倾向于孙中山,在广州经营柏洲机器厂,是有名的商界闻人,也是广东机器研究总会的核心人物。这说明,筹组广东总工会的"中心人物不是工人,而是民族资产阶级"③。因此,邓中夏认为"手工业者组织的广东总工会"与华侨工业联合会一样"都还不是阶级的工会"。④

以上五四前后广州行会工会化所呈现的曲折进程,是中国行会近代转型"变"与"不变"新旧杂糅的复杂样态的真实反映。正如郭子勋所言:"有的只披上新式工会的外衣,内部依为旧式的行会,有的只改变了一部分,成为一种半新半旧式的组合,有的已经完全成为新的工会组织","现时旧有的行会已渐次的失其昔日地位,新兴工会起而代之。这现象虽好,可是这种任其自然的改变却非常的迂缓。旧有积习依然在潜伏着。"⑤ 就此而言,我们不能高估五四前后广州工人的阶级觉悟程度,尤其对那些深受行会传统熏染的手工业工会来说,即便在组织形态上完成"劳资分离",也难以摆脱"劳资合行"理念的束缚。因为组织形态上的分离并不意味着其"劳资合行"理念的终结。事实上,此种行会理念仍是深深印在广州工人脑海,难

---

① 《各行拟组织总工会》《组织广东总工会之发起》,《香港华字日报》1921年1月26日、3月15日,第3张第4页。
② 《广东总工会之进行》,《广东群报》1921年3月1日,第6页;《广东总工会开欢叙会》,《香港华字日报》1921年3月2日,第3张第4页。
③ 广田宽治:《广东工人运动的各种思潮——广东省总工会成立经过》,中国社会科学院近代史研究所《国外中国近代史研究》编辑部编:《国外中国近代史研究》第23辑,第237页;中国劳工运动史编纂委员会编纂:《中国劳工运动史》(一),第135页。
④ 《中国职工运动简史(一九一九——一九二六)》(1930年6月19日),人民出版社编辑部编:《邓中夏文集》,第432页。
⑤ 郭子勋:《中国手艺工人的行会和工会》,《民族杂志》第2卷第11期,1934年11月1日,第1723页。

以袪除。然而，尽管"劳资合行"理念依然强固，但广州行会工会化进程毕竟为大势所趋，尤其随着无政府党、国共两党等政治势力的渗入，无疑加剧了这种"劳资分离"态势。

第四章 阶级觉醒：
正式政府时期劳资关系的新态势

1920年11月28日，孙中山在桂系军阀统治被粤军推翻后返回广州，重组军政府①，并于1921年元旦发表演说，倡议"在广东设立一正式政府，以为对内对外之总机关"来"巩固中华民国基础"②。5月5日，以孙中山为大总统的中华民国正式政府宣告成立。其后，正是以此为契机，尤其国共两党、无政府党等政治势力的党化渗透，广州工人阶级意识明显提升，并率先在全国掀起第一次工人运动高潮。影响所及，广州劳资关系遂由传统行会"劳资合行"特质向"劳资分离"的党派政治属性演进，其协商合作主题亦为激烈的劳资纷争所湮没。而细致考察广州正式政府时期劳资关系的主题演变及其呈现的新态势，不仅有助于深入剖析传统行会近代转型"变"与"不变"的新旧交融的复杂面相，而且，还可为客观解读五四后中国工人阶级意识的形成与觉醒提供区域实证。

第一节 工潮诱因：
正式政府时期劳资纷争格局之生成

综观正式政府时期广州之所以能率先在全国掀起第一次工运高潮，形成激烈的劳资纷争格局，并非空穴来风，而是有着深厚的社会政治经济诱因。

首先，国内外时局动荡，尤其第一次世界大战后剧烈的通货膨胀所致工人生活贫困是其主因，这从表4-1有关1913—1922年广州批发物价指数与工资指数的比较中可得印证。

---

① 《粤海关十年报告（四）（1912—1921）》，广州市地方志编纂委员会办公室等编译：《近代广州口岸经济社会概况——粤海关报告汇集》，广州：暨南大学出版社，1995年，第1058页。

② 《在广州军政府的演说》（1921年1月1日），广东省社会科学院历史研究所等编：《孙中山全集》第5卷，北京：中华书局，1985年，第451页。

表4-1 1913—1922年广州市批发物价指数与各行工人平均工资指数比较 1913年=100

年份	1913	1914	1915	1916	1917	1918	1919	1920	1921	1922
批发物价指数	100.0	103.6	111.8	118.7	123.2	129.4	132.9	132.4	140.5	146.6
平均工资指数	100.0	102.9	105.0	109.3	114.4	117.4	121.8	126.7	133.5	146.1

资料来源：笔者依据广州市政府统计股编《广州市政府统计年鉴》（第一回），1929年12月，第361页；中国劳工运动史编纂委员会编纂《中国劳工运动史》（一），第125、278页信息整理。

由表4-1不难发现，自1913—1922年10年中，广州批发物价指数一直是持续上涨，且增幅较大，如1921年批发物价指数比1913年增加40.5%，比1920年多8.1%，这说明广州物价整体水平走高已至十分严重的地步。更应指出的是，批发物价指数持续高于工人平均工资指数，除1914、1922年两年略高0.7%、0.5%差额不大外，其余年份皆相差较大，尤其1918—1921年二者差额平均增幅达到了8.95%，其中1921年增幅为7%。鉴于1921年是广州工潮频繁迭起的"罢工年"，据粤海关统计，有22个工会在这一年为提高工资举行罢工，其中17次罢工获胜，工资平均增加33%。① 但事实上，这一年罢工至少有40余次（详见表4-2）。这就在一定程度上拔高了工资指数，从而减少批发物价指数与工资指数的差距，否则其差值还会高些。

通过对上述批发物价指数与工人工资指数的粗略对比分析，可以看出物价上涨造成的工人生活日益贫困，是1921年广州工潮迭起的主要经济动因。这与第一次世界大战后国际金融资本强化对中国输出所带来的通货膨胀有关②，诚如时人所观察的："以广州市而论，外资充斥，生活日高。"③ 当然，也是国内战乱多发时局动荡所致，如仅粤桂战争就耗费孙中山政权数百万元，可见"内乱频仍，亦足以阻碍（广州）商务之发达"④。同时，也与1921年广东天灾粮食歉收而致米价上涨密不可分。这从1921年粤海关相关报告中可得说明："以天时言之，不见佳妙。谷米与蚕丝，均为天时所阻，

---

① 《粤海关十年报告（四）（1912—1921）》，广州市地方志编纂委员会办公室等编译：《近代广州口岸经济社会概况——粤海关报告汇集》，第1006页。

② 据粤海关报告："在过去十年里（即1912—1921年——笔者注），欧洲战争对广州金融的影响，不会小于世界其他地区。"参见《粤海关十年报告（四）（1912—1921）》，广州市地方志编纂委员会办公室等编译：《近代广州口岸经济社会概况——粤海关报告汇集》，第1009页。

③ 李宗黄：《新广东观察记》，上海：商务印书馆，1925年，第198页。应指出，该书曾于1922年7月出版。

④ 《中华民国10年广州口华洋贸易情形论略》，广州市地方志编纂委员会办公室等编译：《近代广州口岸经济社会概况——粤海关报告汇集》，第666页。

未能十分丰获。春季则旱魃为虐,而夏季则淫雨为灾,由秋间迄年底,天时异常旱燥。广东一省,每年禾稼,虽有两造收成,而本年收获,只得6成而已",米价上涨势所难免,"故上米每斤,现售价约一毫。较数年前,其价值殆贵两倍"①。显然,物价上涨已深深影响着广州工人日常生活,"奈何近日物价骤昂,钧金莫敌,畴昔所谓百结之衣,半饱之食,亦将不可以微小之工资,通易而得矣"②。事实上,在正式政府成立前,广州工人生活就已困苦不堪。1921年4月,《东方杂志》刊载郑筹伯对广州制金银器、藤器、竹器、笔墨、酱料、茶叶、纸烟、面粉、织绸、裁缝、建筑等60余种工人状况的调查,认为广州工人生活的共同"苦况"表现为"工资至少而时间最长",这是"至可注意之事"③。

当然,广州工人生活的"苦况"还可从一些具体行业得以管窥:如料珠行工人食宿自备,与工作皆在租屋里进行,其卫生状况令人担忧,"地方殊形逼仄,而且积泥盈寸,秽气熏蒸,于卫生之道,殊非乐观也"④。搭棚行工人工作环境也十分清苦,"烈风暴雨,每须照常操作,东家督责綦严,虽欲休息半刻而不可得,可谓苦矣"⑤。牙擦行工人做工不分日夜,每日得工银1钱7分至2钱3分,除去食宿、灯油各费外,只剩1钱左右,"工值可谓微极矣"⑥。车料行工价亦"非常低贱",工人每日工金4毫,"不仅不能供养家人,即自身之衣食住,恐亦不能维持"⑦。即使赢利高的机器业的待遇也好不了多少。据悉,机器厂主多不提供食宿,如协同和、广昌隆、均和安、致和祥、恒昌泰、广永新等厂皆是如此,即便有的备有食宿亦"不适合卫生",至于工人"遇机件撞伤至残疾无用,亦复无所恤补,仍须辞工离厂,诸如此类,不胜枚举"⑧。

在如此生活困苦与物价上涨的双重挤压下,广州工人发动要求资本家加薪减时的罢工也就不可避免,"各地罢工风潮,多半是由于粮食奇昂,以日获数角工资之工人,用之个人消费犹恐不足,若以赡养妻子,更何以堪",

---

① 《中华民国10年广州口华洋贸易情形论略》,广州市地方志编纂委员会办公室等编译:《近代广州口岸经济社会概况——粤海关报告汇集》,第666页。
② 《广州机器工人运动罢工第一声》,《广东群报》1921年5月26日,第3页。
③ 详见郑筹伯:《广州劳工状况调查录》,《东方杂志》第18卷第7号,1921年4月10日,第101–108页。
④ 《料珠行工人之生活状况》,《广东群报》1921年3月11日,第6页。
⑤ 《搭棚工人近况》,《广东群报》1921年3月25日,第6页。
⑥ 《牙擦工人之生活及其罢工原因》,《广东群报》1921年3月29日,第6页。
⑦ 《车料行工人状况的调查》,《广东群报》1921年6月14日,第6页。
⑧ 《机器工人之生活状况》,《广东群报》1921年5月14日,第6页。

"故稍有觉悟之工人，亦莫不奋起组合，以问生活之互助"①，进而"预备与资本家奋斗"②。

其次，孙中山政权"保育劳工"则为广州工潮迭起提供了法律政策上的保障。1920年11月，孙中山回广州重建军政府后，即颁布内政方针，其中就有"保护劳动""谋进工人生计""提倡工会"的内容③，这可视为国民党"保育劳工"政策之滥觞。其后，1921年1月，戴季陶奉命起草《广东省工会法草案》，系统阐释了国民党"保育劳工"政策，其主要内容有承认劳动者的结社权、同盟罢工权、契约缔结权及国际联合、职业联合权，保障工会财产，废除民初刑律中禁止工会活动等条文。④ 此外，戴季陶在草案理由书中还说明制定"保育劳工"政策的缘起："目前中国工会组织，尚无端绪；而工人之教育程度亦低；非取相当的保育政策，于一主义之法制下训练之，恐不足以遂其健全之发育"，同时指出其意图在于"对于工人之利益，及其社会的地位，更宜以法律提倡之保障之，使之确立。然后社会之发展，乃得健全，文化之布施，乃得普遍"，"否则文化愈进步，产业愈发达，而社会阶级之悬隔愈甚，多数人之地位，愈趋于卑下，反动之来亦愈速而愈大。"⑤ 由此不难看出，"保育劳工"政策既体现国民党及其政权对早期工人运动的同情和扶持，又寓有疏导和控驭这一运动以免向过激方向发展之意。⑥ 须指出，戴季陶在工会法草案中提出的各项"保育劳工"政策已由国

---

① 《草履工人大罢工》，《广东群报》1921年1月20日，第3页。
② 《恶社会又杀一工人》，《广东群报》1921年4月8日，第6页。
③ 详见《内政方针》（1920年11月下旬），广东省社会科学院历史研究所等编：《孙中山全集》第5卷，第433页。
④ 详见《广东省工会法草案》，《广东群报》1921年3月16日，第6页。
⑤ 详见戴季陶：《广东省工会法草案理由书》，《新青年》第9卷第1号，1921年5月1日，第1、2页。
⑥ 莫世祥：《广州"正式政府"述论》，广东省孙中山研究会编：《"孙中山与亚洲"国际学术讨论会论文集》，广州：中山大学出版社，1994年，第715页。还应指出，推行"保育劳工"政策，并不意味着国民党劳资政策只向工人倾斜，事实上，以孙中山为首的国民党人在实施"保育劳工"的同时，还注重积极推行鼓励商人发展实业等市政措施。如孙中山在前述护法军政府的内政方针中就制订了"奖励国货""检查国货优劣""保护专利及牌号""奖励海外航业""监督专卖事业""设立贸易银行及货物保险公司"等重商置措（参见《内政方针》（1920年11月下旬），广东省社会科学院历史研究所等编：《孙中山全集》第5卷，第435页）。不唯如此，1921年2月19日，孙中山在军政府招待绅商善各界闻人的宴会上发表演说，倡言要组织"工商政府"："现在俄国劳农政府极力趋向我国，万一我国军人趋向劳农主义，则我国商民均不愿意。我国今日亟须组织工商政府。惟组织工商政府，必须工商各界实力帮忙，非空言所能造到。"（参见《孙文自谓并非大炮》，《香港华字日报》1921年2月21日，第2张第3页）正式政府成立后，还鼓励商人参政议政。如1921年9月，广州市各界选出的16名参事员及候补参事员中，商界就有6名（参见《各界市参事全体揭晓》，《广东群报》1921年9月19日，第6页）。可见，"保育劳工"与组织"工商政府"构成了正式政府"劳资协调"政策的双重内涵。

民党在实际施政中贯彻，连"保育"二字，也成为广州市公安局陈述其对待劳工政策的政治术语。①

正式政府"保育劳工"政策的推行，对广州工人运动产生的积极影响，还可从美国人奥林凯斯（Orrinkeith）的评论中得到证实：

> 商人资本家所不满意于新政府，要惟对待劳动界人太宽惠之一端。广州之有工会，远在二十年前，然不能活动。工人罢工，为官吏所不容。今新当局对于工人之陈诉，辄以同情听之，竭力保护其利益。工界开会不禁，罢工则以和平方法处理，同时调停劳资两方，俾开诚商榷而为之平息其争。今工界因当局工于调处，可以满意。故有不平时，辄诉诸政府，待其解决，不复为罢工之举，因此保全双方之利益甚多。②

于是，"政治方面因为政府的同情，经济方面因为生活费用的增加，广东的劳动运动潮就'起'来了"，并呈新的态势："工人脱离行会独立"，"工人与工人相争变而为工人与东家相争"③。这可谓是广州正式政府前期劳资阶级意识觉醒的真实写照。

当然，以上两点政治、经济方面的因素只是广州劳资纷争格局形成的直接诱因。其实，还有以下两个因素也不容忽视：一是党派政治的党化渗透是隐性诱因。这主要表现为无政府党、国共两党对广州工人的政治动员。至少在1920年，广州工会就深受"无政府主义的熏染，或者为国民党所操纵"④。此时机器、旅业、革履、理发、家具、缝业等行工人，皆因无政府主义的渗透而"倾向于工会的组合"⑤。1921年3月20日，机器互劳俱乐部、理发工会、旅业工会、缝业西福堂、海员联义工会、华侨工业联合会、茶居工会、革履工会等工团，在广东高等师范学校礼堂召开追悼克鲁泡特金大会⑥，由此可见无政府主义对广州工团的影响力。其后，此影响力得到进一步强化。6月，莫克明、何柏、黄艺博等无政府党人在广州创设工人合助社，主张改善待遇，增加工资，实行八小时工作制，并组织工会对付资方。合助社成立后，主要帮广州行会工人成立手工业工会，如机织工

---

① 莫世祥：《护法运动史》，南宁：广西人民出版社，1991年，第256–257页。
② 《振作向上之新政府》，上海《民国日报》1922年2月3日，第1张第3版。
③ 奇峰：《一年来之广东》，《前锋》第2期，1923年12月1日，第36、37页。
④ 《广州共产党的报告》（1921年），中央档案馆、广东省档案馆编：《广东革命历史文件汇集》甲6，1982年，第4页。
⑤ 中国劳工运动史编纂委员会编纂：《中国劳工运动史》（一），第142页。
⑥ 《追悼克翁大会纪盛》，《广东群报》1921年3月21日，第3页。

会、洋服工会、玉器工会、对联工会、爆竹工会、油漆工会等至少在40个以上。①

与无政府党相比，国民党对广州工团的党化渗透因其政治地位而更占优势。1920年11月，孙中山返粤重建护法政府，国民党议员谢英伯即组互助社，以民生主义为原则，开展工会运动。互助社宗旨包括非国民党员不得加入、知识阶级与劳动阶级相提携、提倡互助反对互竞三方面内容，并拥有海员、驳载、内河、花筵、粉面茶馆等10余个工会，共5万余人。②同时，国民党中央还设有宣传部，"专门做联络工人的工作，特别是联络五金工人和机械[器]工人的工作"③。而有时孙中山还亲自参与对广州工会的党化教育。如1921年4月17日，孙中山在教育总会举行民生主义与工人关系的演讲，机器研究总会、茶居工会、酒楼茶室研究工会、洋服同研工会、景源印务工社、革履工团、缝业工会、木跻工会、旅业工会、油漆工会、机纺工会、理发工会、派报工会等数十工界团体参加旁听，"各工人无不欢声动地"④。

诚然，相对于无政府党、国民党来说，共产党对广州工会运动的渗透虽起步较晚，但颇有组织实效，大有后来居上之势。1920年10月，梁复然、王寒烬、郭植生等共产主义小组成员就已受谭平山指派，到广州木匠、泥水匠中开展工人运动。经过积极有效的工作，至1921年1、2月间，他们已成功组织拥有4000余名会员，以郭植生为主席的广东土木建筑工会，其会章主要是"团结工人，兴办工人福利事业，为工人利益而斗争"⑤。显然，该工会已脱离了东家行的控制，成为独立的工人团体。

其实，五四后广州工会运动的政治化相当程度上是上述党派合力渗透的结果。这在1921年广州"五一"节的纪念集会中可觅端倪。5月1日，机器、理发、洗衣、茶居、油漆、派报、烧料、颜料、缝业、金银首饰等行2

---

① 黄艺博：《无政府主义者在广州搞工会活动回忆》，政协广东省广州市委员会文史资料研究委员会编：《广州文史资料》第5辑，1962年，第3-4页。
② 参阅中国劳工运动史编纂委员会编纂：《中国劳工运动史》（一），第158页；Jay Calvin Huston, The Recent Rise of Labor Unions and the Growth of Chinese Socialism in Canton under the Aegis of the "Kwo Ming Tang", June 26, 1922, Jay Calvin Huston Papers, 1917—1931, Box 6, Folder 1, 斯坦福大学胡佛研究所档案馆藏, p.3.
③ 《广州共产党的报告》（1921年），中央档案馆、广东省档案馆编：《广东革命历史文件汇集》甲6，第5页。
④ 《孙总统工界大演讲》，《广东群报》1921年4月18日，第3页。
⑤ 梁复然：《广东党的组织成立前后的一些情况》（1962年3月—1964年5月），中国社会科学院现代史研究室、中国革命博物馆党史研究室编：《"一大"前后——中国共产党第一次代表大会前后资料选编》（二），第447页。

万名工人举行纪念劳动节集会。国民党政要、工界领袖及共产党人谭平山也与会演讲。会后，国民党所属互助社、广东总工会还带领各工团进行游行活动，"不劳动者不得衣食住""每日工作八小时""振兴工业""固结团体""劳动神圣""将资本家之专制一笔勾销"等标语亦呈现在巡游队伍中。① 当然，伴随其中的还有"两个大画像，一个是马克思，一个便是克鲁泡特金"②。由此可见，"国民党人、无政府主义者、共产党人，以及民生主义、无政府主义、马克思主义均由'劳工神圣'这样一条粗大的链条紧紧地连在一起"③，共同推动着广州工人阶级意识的觉醒。

二是第一次世界大战后国际工潮的激励及正式政府成立前夕广州罢工的导向示范。"自劳动主义盛昌以来，因吾粤为开化最先，故被波动亦最易，所以世界工界每起一次风潮，吾粤之工界亦多受一度之教训，盖其趋势使然也。"④ 广州工人运动这种易受世界工潮影响的特性，还可从1921年粤海关的报告及当时报刊的记载中得到证实："合观中国报章，详载近年欧洲之罢工情事，及其酝酿罢工之论文，且生活程度，渐渐增高，其势必然，无足怪也。"⑤ "近日广州工界中人，以世界工潮激荡与社会生活艰难之结果，均已渐次觉醒，知互相团结以与资本家对抗，谋同业公共之利益。"⑥ 可见，这些论述多将广州工潮的涌现归因于世界工潮与工人生活困苦所致。也正是在世界工潮引领下，1921年广州正式政府时期工潮的发生便是很自然的事，"近今潮流所趋，（广州）工人集会结社，要求缩短时间，增加工值，所在多有"⑦。

事实上，早在1921年5月正式政府成立前夕，广州就已现工潮迭起的迹象。如1921年1月，革履工人就因东家行拒绝加薪及免扣米饭问题

---

① 《劳动节巡游之闹热》《再志劳动节之庆闹情形》，《香港华字日报》1921年5月2、3日，第1张第3页；中国劳工运动史编纂委员会编纂：《中国劳工运动史》（一），第161页。
② 陈登才整理：《郑佩刚的回忆》（1964年2月—5月），中国社会科学院现代史研究室、中国革命博物馆党史研究室编：《"一大"前后——中国共产党第一次代表大会前后资料选编》（二），第485页。
③ 广田宽治：《广东工人运动的各种思潮——广东省总工会成立经过》，中国社会科学院近代史研究所《国外中国近代史研究》编辑部编：《国外中国近代史研究》第23辑，第243页。
④ 《机器工人之新要求》，《广东群报》1921年5月12日，第6页。
⑤ 《中华民国10年广州口华洋贸易情形论略》，广州市地方志编纂委员会办公室等编译：《近代广州口岸经济社会概况——粤海关报告汇集》，第666页。
⑥ 无怼：《广州特约通信》，上海《民国日报》1921年8月31日，第1张第4版。
⑦ 《罢工风潮之蔓延》，《香港华字日报》1921年4月4日，第1张第3页。

举行罢工。尽管罢工仅数日便因工人内讧而失败①,但劳方却趁此成立革履工团,强化了内部团结。② 同年3月,牙擦、木跻等行工人也因加薪改善待遇问题举行了罢工。③ 当然,最具代表性的还是搭棚、装船等行工人的罢工。3月10日,搭棚行工人因东家拒绝加薪而罢工。④ 行东鉴于停工生意大受影响,遂以金钱收买分化工人。尽管新旧两行工人就罢工问题发生纠葛,但大多数工人仍坚持罢工⑤,最终迫使东家行同意将工价由4毫增至7毫,"合行工人均甚满意"⑥。同样,装船行罢工的胜利,也是工人团结的结果。4月2日,装船工人因生活困难要求加薪被拒遂联行罢工,由于工人罢工"意志坚定",船东"大受损失"被迫于8日将工价照原额增加27%。⑦ 这些罢工某种意义上,堪称是广州正式政府时期劳资纷争格局生成的前奏与先声。

第二节 劳资纷争: 正式政府前期劳资阶级意识的觉醒

综观正式政府时期广州劳资关系变动,始终是以国民党劳工政策的导向为基轴,以劳资纠纷为主体的工潮的频发为内涵,二者交相辉映,共同绘织成一幅异彩纷呈劳资相争的立体画面。而关注其间劳资纠纷的动态演绎,为审视此阶段劳资相争格局的复杂变动提供了绝佳素材。为便于分析,兹将其简况列表如下(见表4-2)。

---

① 《革履工人已复行开工》,《香港华字日报》1921年1月28日,第3张第4页;《革履工人罢工之结果》,《广东群报》1921年1月27日,第3页。
② 《革履工人大罢工》《革履工团成立纪事》,《广东群报》1921年1月20、28日,第3页。
③ 详见《牙擦行要求加增工值》《牙擦车骨行罢工》《木跻工人罢工》,《香港华字日报》1921年3月21、24、24日,第3张第4页、第2张第3页、第3张第4页;《牙擦工人之生活及其罢工原因》,《广东群报》1921年3月29日,第6页。
④ 《搭棚工人实行罢工》,《广东群报》1921年3月12日,第3页;《搭棚工人罢业》,《香港华字日报》1921年3月14日,第3张第4页。
⑤ 《搭棚工人罢工近讯》《搭棚工人近况》,《广东群报》1921年3月16、25日,第3、6页。
⑥ 《搭棚工人开工》,《香港华字日报》1921年4月26日,第3张第4页。
⑦ 《装船工人要求加薪之胜利》,《广东群报》1921年4月8日,第3页;《装船工人增加工价》《装船工人罢工之结束》,《香港华字日报》1921年4月8、22日,第2张第3页、第3张第4页。

表4-2 广州劳资纠纷统计(1921年5—12月)

时间	行业及人数	起因	调停方式	结果
5月22日—6月13日	搭棚2500人	加薪50%	市政厅调停无效,直接磋商	加薪20%
5月24日—1922年2月10日	爆竹850人	加薪40%	市政厅调停	加薪15%
5月下旬	头发	加薪50%	直接磋商	加薪40%
5月22日—9月6日	油漆牌匾520人	加薪50%	直接磋商	加薪25%
5月26日—6月8日	机器3400人	加薪10%~40%	省署调停	加薪30%
6月初	毛笔	加薪30%	直接磋商	加薪30%
6月6日—6月15日	屐业120人	加薪	不详	加薪10%
6月9日—？	泥水	加薪	不详	失败
6月9日—？	缝业2000余人	加薪	不详	不详
6月9日—9月25日	茶叶3000人	加薪100%,减时	市公安局、省署调处无效,双方最终妥协	加薪40%
6月29日—10月10日	茯苓350人	加薪	不详	失败
7月5日—9月6日	烟草	加薪50%	省署强制调停	加薪40%
7月7日—7月13日	米机	加薪	省署调停	加薪
7月8日—11月26日	油业3450人	加薪50%等10项要求	省署、市政厅调处无效,最终资方妥协	加薪35%
7月10日—7月15日	包饼175人	加薪	不详	加薪10%

续表 4-2

时间	行业及人数	起因	调停方式	结果
7月末—？	酿酒 400 人	加薪 50%	不详	失败
8月5日—8月11日	木业 240 人	加薪	直接磋商	加薪 21%
8月10日—？	机织 340 人	加薪	省署调停	不详
8月12日—8月25日	茶居 8640 人	加薪	政务厅调停	加薪 50%
8月13日—9月9日	雕刻 20 人	加薪	不详	加薪 20%
8月16日—8月25日	建筑 9400 人	加薪 50%	省署调停	加薪 40%
8月19日—9月5日	牛肉 720 人	加薪	不详	加薪 35%
9月上旬—9月26日	牛皮	加薪	直接磋商	加薪 32%
9月10日	金纸 220 人	加薪	直接磋商	即日加薪 40%
9月11日—9月25日	缝业 200 人	加薪	直接磋商	加薪 27%
9月18日—9月20日	首饰 540 人	加薪	直接磋商	加薪 12%
9月18日—10月13日	陶瓷彩盆 150 人	加薪	不详	加薪 10%
9月19日	锡箱 240 人	加薪	直接磋商	即日加薪 50%
9月20日—？	华履 3400 人	加薪	不详	不详
9月22日—11月15日	鞋业栽底 1500 人	加薪 50%	市政厅调停无效，双方最终妥协	加薪 30%
9月25日—10月21日	织席	加薪	直接磋商，劳方妥协	失败

续表 4-2

时间	行业及人数	起因	调停方式	结果
9月30日—10月12日	雨遮95人	加薪	不详	加薪12%
9月末—10月12日	茶居	店员介绍权	政府调停	胜利
9月30日	石行	加薪	直接磋商	即日加薪8.5毫
10月1日—12月8日	陶瓷340人	加薪	市政厅调停	失败
10月6日—10月13日	缝业2300人	加薪50%	直接磋商	加薪10%
10月24日	车衣1630人	加薪50%	直接磋商	即日加薪50%
10月28日—11月8日	革履3200人	加薪30%	政府调停无效，资方最终妥协	加薪30%
10月末—？	金箔	日薪加工银3毫	不详	不详
11月11日	洋服620人	加薪10%～50%	直接磋商	即日加薪30%
11月29日	白铁业	加薪减时	直接磋商	即日加薪20%，工时减至11小时
11月底—？	茶居	雇用问题	政府调停	禁止雇用女工
12月4日—1922年1月16日	造纸2000人	加薪50%与职业介绍权	政府调停无效，资方最终妥协	加薪25%～30%，出店增至1钱
12月9日—12月18日	锯木1420人	加薪	不详	加薪50%
12月中旬—1922年1月	酒楼茶室	反对雇用女工	政府调停	胜利

续表 4-2

时 间	行业及人数	起 因	调停方式	结 果
12月16日	理发 2430 人	加薪减时	直接磋商	即日解决，减时
12月23日—12月25日	排印 3400 人	加薪 50%等 10 项要求	省署、市政厅调停	加薪 40%

资料来源：笔者依据 Jay Calvin Huston, *The Recent Rise of Labor Unions and the Growth of Chinese Socialism in Canton under the Aegis of the "Kwo Ming Tang"*, June 26, 1922, Jay Calvin Huston Papers, 1917—1931, Box 6, Folder 1, 斯坦福大学胡佛研究所档案馆藏, pp. 3-4；《一年来广州罢工统计》《广州罢工事件类别调查》，上海《民国日报》1922 年 3 月 6、22 日，第 1 张第 3 版；《一年来广州工界罢工之统计》，《晨报》1922 年 3 月 7 日，第 6 版；宇高宁：《支那勞働問題》，第 532-533 页；唐海编：《中国劳动问题》，第 380-381 页；广田宽治：《广东工人运动的各种思潮——广东省总工会成立经过》，中国社会科学院近代史研究所《国外中国近代史研究》编辑部编：《国外中国近代史研究》第 23、24 辑，第 247-249、138-139 页；1921 年 5—12 月的《广东群报》《香港华字日报》《国华报》《羊城新报》《广州市市政公报》等文献所提供的信息整理。

据表 4-2 笔者尽可能统计，1921 年 5—12 月，广州发生劳资纠纷 47 件，其中除 3 件属茶居、酒楼茶室等行业因雇佣问题而生纠葛外，其余 44 件（约占总数 93.6%）皆是劳方为达到加薪减时、改善待遇的目的主动罢工引发。这些工潮多以劳方胜利告终，很大程度上是互助社和广东总工会密切合作的结果。① 至其调解方式不外乎三种：一是由劳资双方直接磋商解决；二是由政府调处解决；三是在政府调处无效后，劳资双方终因利益受损而妥协。劳资纠纷的这种调解态势，显然是与广州"劳资合行"的行会特质及国民党"保育劳工"政策相适应的。从上表一些颇有代表性劳资纠纷的了结即可说明。

首先来看劳资双方直接磋商解决的纠纷。此类纠纷调解深受传统行会"劳资合行"理念的影响与支配。如 9 月 30 日，石行工人向东家提出加薪，经双方于会馆集议，东家当即同意加薪 8.5 毫。石行劳资自行和解，不仅赢得"东西家之好模范"的声誉，更得到省署"深明大义，殊属可嘉"的赞赏。② 10 月 6 日，裁缝工人亦因雇主拒绝加薪 50%而宣布罢工。经直接磋

---

① Jay Calvin Huston, *The Recent Rise of Labor Unions and the Growth of Chinese Socialism in Canton under the Aegis of the "Kwo Ming Tang"*, June 26, 1922, Jay Calvin Huston Papers, 1917—1931, Box 6, Folder 1, 斯坦福大学胡佛研究所档案馆藏, p. 3.
② 《石行增薪风潮一瞥》《石行工人求加工价之批令》，《香港华字日报》1921 年 10 月 1 日、11 月 2 日，第 3 张第 4 页、第 2 张第 3 页；《东西家之好模范》，《总商会新报》1921 年 11 月 2 日，第 7 页。

商，劳资双方于 13 日达成妥协：工价随时议定，实际加薪"超过一倍有奇"①。究其很快妥协的原因：一是在缝业中"店东亦须共同做工"，劳资界限不明显；二是领导罢工的缝业工会并非完全的工人组织。这也反映了劳资界限的模糊。② 同样事例亦可由洋服行劳资纠纷来证实。11 月 11 日，洋服工人要求加薪 10%～50%，各店东"恐因惹起罢工风潮，致遭损失"，随即答应加薪 30%。于是，工人将罢工之议取消，"其结果卒能劳资协调"③。这其实与该行"东家均系工人出身"、劳资素"甚融洽"大有关联。④ 而 11 月 29 日的白铁业纠纷，经劳资协商，工人未罢工便达到加薪 20% 且减少工时 2 小时的目的，据查"该行东家俱出自工人，本无东西之别"⑤。此外，同期牛皮、金纸、锡箱、车衣、理发等业的纠纷也都是劳资双方直接协商解决的。⑥

如果说上述纠纷的短期解决主要归因于"劳资合行"理念的延续与潜存，意味着其劳资阶级意识分野尚不明朗，那么由政府来调处的纠纷则更多地体现出阶级意识的觉醒。通过对机器、茶居、建筑等工潮的梳理，或可蠡测一二。

5 月 25 日，广东机器工人维持会以罢工为后盾，要求资方机器商务联益公会五日内答复其加薪 10%～40%、日工作八小时、星期日及例假有薪休息等条件。然而，这并未得到满意答复。⑦ 除协同和、恒兴、均安和、柏洲 4 家机器厂商酌允要求外，其余 13 家资方皆以同盟停业来反制工人，利

---

① 《缝衣匠罢工续志》《缝衣匠罢工风潮已解决》，《香港华字日报》1921 年 10 月 10、15 日，第 1 张第 3 页；《裁缝为增资罢工》，上海《民国日报》1921 年 10 月 19 日，第 2 张第 8 版。

② 参见广田宽治：《广东工人运动的各种思潮——广东省总工会成立经过》，中国社会科学院近代史研究所《国外中国近代史研究》编辑部编：《国外中国近代史研究》第 24 辑，第 134 页；《广州缝工生活状况》，《广东群报》1921 年 1 月 26 日，第 3 版。

③ 参阅《洋服工人要求加工》《洋服工人罢工风潮已解决》，《香港华字日报》1921 年 11 月 12、23 日，第 3 张第 4 页、第 2 张第 3 页；唐海编：《中国劳动问题》，第 381 页；《粤海关十年报告（四）（1912—1921）》，广州市地方志编纂委员会办公室等编译：《近代广州口岸经济社会概况——粤海关报告汇集》，第 1006 页。

④ 《广州洋服工人之状况》《洋服行工人组织团体之热心》，《广东群报》1921 年 5 月 26、28 日，第 6 页。

⑤ 《白铁工人加工条件》，《香港华字日报》1921 年 11 月 30 日，第 3 张第 4 页。

⑥ 详见《牛皮工人加工价》《牛皮行工人已开工》，《香港华字日报》1921 年 9 月 10、27 日，第 2 张第 3 页；《一年来广州罢工统计》，上海《民国日报》1922 年 3 月 6 日，第 1 张第 3 版；《车衣工人要求加工之情状》《车衣罢工与北伐》，《香港华字日报》1921 年 10 月 25、26 日，第 2 张第 3 页、第 3 张第 4 页；《理发行运动加价》，《香港华字日报》1921 年 12 月 12 日，第 3 张第 4 页。

⑦ 《机器工人之要求条件》《机器商业联益公会之集议》，《香港华字日报》1921 年 5 月 24、31 日，第 3 张第 4 页。

兴、新兴、生利、启生等商家还解雇了参与酝酿罢工的机工300人。① 鉴于资方的有力抵制，机器工人维持会却一再推迟罢工，于6月初再度要求厂商"俯念工人之艰苦"，且三日内答应工人所提条件。② 可是，资方仍未就范，反而议组营业公会，要求每店纳会底款20元，"以备抵拒工人之需"③。际此情势，6月6日，机器工人维持会发出最后通告限两日内圆满答复，否则"以决裂战斗终"④。针对工人摊牌，商务联益公会只得具呈省署维持，并宣称："工资两界虽有主客之分，不应存彼此之见，盖两合则奋进之效立收，两离则倾覆之害立至，牵动大局，影响社会，种种窒碍，无待烦言。"⑤ 省署亦恐工潮"波及各公用局厂，致扰害地方治安"⑥ 而对调停甚是积极。6月8日，在省长陈炯明直接过问下，经劳资双方数度磋商，最终工人获胜。⑦ 这首先应归功于机工团体势力的雄厚与强大。"广州机器工人，联合本极巩固，又与香港及南洋各埠工人声气相通"⑧，便于联络互为支援。如此次罢工就得到海内外工界捐款6万元，可购买粮食足供罢工6个月之需。⑨ 同时，机工还实行合作互助，自设工厂维持生计，这就使资方"闭锁工厂之策制驭工人"的意图落空，"遂不得不俯就妥协"⑩。当然，政府之同情也是重要因素。如陈炯明调处机器工潮时，不仅令公用局长容纳工人条件，而且还将增步工艺局等原有铸造场所及机器，暂拨与失业机工，让其做工维持生活。诚如当时报纸在分析此次罢工成功的原因时所评论的："世界各国倡劳工运动者，每以政府为与资本家狼狈相倚，反抗资本家者，恒并政府而丑诋之。惟我新政府，则与工人表同情，而令资本家觖望。"⑪

与机器工潮相似，茶居、建筑等工潮亦因劳方未雨绸缪，组织筹备罢工得当而获胜。8月11日，茶居工人因东家行拒绝加薪宣言罢工，酒楼茶室工人因"物伤其类"皆"慨然醵资相助"，而茶居行东亦不甘失败，扬言

---

① 《两日来机器工人罢工之经过》，《广东群报》1921年5月28日，第3页。
② 《机器工人之第二次请愿书》，《广东群报》1921年6月1日，第3页。
③ 《机器厂东又组织营业公会》，《广东群报》1921年6月4日，第3页。
④ 《机器工人之第三次要求书》，《香港华字日报》1921年6月8日，第3张第4页。
⑤ 《机器联益公会呈文》，《香港华字日报》1921年6月8日，第3张第4页。
⑥ 无怼：《广州特约通讯》，上海《民国日报》1921年6月23日，第2张第6版。
⑦ 《机器联益公会呈文》，《香港华字日报》1921年6月8日，第3张第4页；《省长调处之罢工条件》，《广东群报》1921年6月10日，第3页；黄艺博：《广东之机器工人》，第18-19页。
⑧ 无怼：《广州特约通讯》，上海《民国日报》1921年6月23日，第2张第6版。
⑨ 《机器工人筹备六月粮食》，《香港华字日报》1921年6月3日，第3张第4页。
⑩ 无怼：《广州特约通讯》，上海《民国日报》1921年6月23日，第2张第6版；《机器工人自设工厂之先声》，《广东群报》1921年6月3日，第6页。
⑪ 无怼：《广州特约通讯》，上海《民国日报》1921年6月23日，第2张第6版。

"以罢业为抵制"①。对此，茶居工会临危不惧积极应对，除推举财政、粮食、外交、侦缉、文牍等员"组织十人团"维持秩序外，还派人往香港、澳门、佛山等地"阻止各乡工人上省"，以杜绝东家雇请行外工人，破坏罢工。② 8月23日，经省政务厅调停，资方完全同意劳方所提条件，最终双方妥协。为此，茶居工会发表复业宣言，要求工人应"念东家感情"而"回店服务，以维商业"③。茶居工会所表现出来的劳资合作姿态，自是与其加入国民党的政治立场有关④，更是"劳资合行"理念主导的结果。8月16日，土木建筑工人也因东家拒绝加薪50%而罢工。20日，工人为维护罢工秩序，在万福路与行东冲突，市公安局长魏邦平偏袒资方，将工人捕去六七人。工人愤怒，在中共组织的广东土木建筑工会的领导下，聚众3000余人包围公安局要求放人。各工团亦示同情并参加声援行动。22日，在省署干预下，被捕工人获释。26日，省署召集劳资双方调停，"卒以每工加价两毫，互允解决"⑤。而劳方之所以获胜，主要是"团体之巩固""纠察之得人""粮食之储备""各界之联络"等因素所致。⑥ 可见，"这都是广州土木工人有阶级觉悟而团结巩固的效果"。⑦

很明显，以上工潮是以正式政府劳资协调路线为指归短期内获得解决的，但也有不少因劳资双方相持不下陷入僵局的，如油漆、茶叶、油业等工潮就迁延约百日。5月29日，油漆工人因东家拒绝加薪50%而罢工。至6月中旬，由于损失惨重，东家只得同意加薪，但提出可自由招收学徒，工作

---

① 《愈接愈厉之茶居工人罢工潮》《茶居罢工风潮三志》，《广东群报》1921年8月12、13日，第3页；无忒：《广州特约通信》，上海《民国日报》1921年8月31日，第1张第4版。
② 《茶居工人罢工近闻》，《香港华字日报》1921年8月15日，第3张第4版。
③ 《茶居行工人复业之条件》《茶居工人已宣言复业》，《香港华字日报》1921年8月25日，第1张第3页、第3张第4页。
④ 无忒：《广州特约通信》，上海《民国日报》1921年8月31日，第1张第4版。
⑤ 参阅《建筑工人之罢工运动》，《广东群报》1921年8月13日，第6页；《广州之罢工潮流》，《申报》1921年8月21日，第3张第12版；《土木建筑工人罢工详情》，《羊城新报》1921年8月17日，第5页；《广州建筑工人大罢工》（三）、《广州工人罢工小胜利》，无忒：《广州特约通信》，上海《民国日报》1921年8月29日、8月31日、9月7日，第2张第6版；《土木建筑行罢工风潮详述》《调处建筑东西家行条件》，《香港华字日报》1921年8月23日、9月1日，第3张第4页；梁复然：《广东党的组织成立前后的一些情况》（1962年3月—1964年5月），中国社会科学院现代史研究室、中国革命博物馆党史研究室编："一大"前后——中国共产党第一次代表大会前后资料选编》（二），第447页；《中共中央执委会书记陈独秀给共产国际的报告》（1922年6月30日），中共中央党史研究室第一研究部编：《共产国际、联共（布）与中国革命文献资料选辑（1917—1925）》，北京：北京图书馆出版社，1997年，第308页；中国劳工运动史编纂委员会编纂：《中国劳工运动史》（一），第162－163页。
⑥ 《广州建筑工人大罢工》，上海《民国日报》1921年8月25日，第2张第6版。
⑦ 高语罕：《广州纪游》，上海：亚东图书馆，1922年，第212－213页。

繁多时亦可雇用外工。① 其目的是借学徒之名招募廉价劳力，以此开创自由雇用行外工人的先例。"此例一行，该行工人不啻无形取消。"② 对此，油漆工人即予否决。16日，东家议决加薪25%，且各号艺徒可多收一二名。而工人并不理会继续罢工，但至8月底因缺粮只好复工，"以求维持现状"，"东家行因此咸欣欣焉有喜色"③。

6月9日，茶行西家集成堂工人也因东家昭远堂拒绝加薪而联同罢工。而东家亦针锋相对，除将罢工者解雇外，还新雇了许多行外工人。迫于无奈，茶工只得向市公安局控诉。8月4日，公安局召集双方调停，并规劝西家若开工则令东家解散新工，但西家并不允肯。④ 其后，省署介入调处，"不准东家再用新人"，恒裕、广生祥等六家茶庄皆照办理，唯罗奇生茶庄仍用新人，故而遭到了数百茶工的包围。对此，该店不但掷石伤人，还雇请军队保护，劳资相争可谓不无激烈。茶工的遭遇即刻得到了旅业、茯苓、机器、油业、机织、理发、革履、牛皮、建筑、酒楼、车衣、首饰等20余家工团的同情。9月6日，各工团遂函告茶行东家："先行辞退近日雇入新工，恢复旧人职业，然后和平磋议履行条件，庶得相安，共同发达。倘经警告之后，仍复顽抗不恤，则各行工人大义所在，定必合助贵行西家，实行最后办法。"⑤ 针对工界的威胁，资方一面向公安局控告，一面以转移工厂为要挟向工人施压。此时劳方内部却就如何结束罢工问题发生分裂，结果温和派抢占先机，9月25日与东家谈判妥协，并达成如下协议：（1）集成堂工人复工，东家所雇新工一律遣散；（2）散工加薪40%；（3）各店所用茶工，应由东家向集成堂自由雇用；（4）集成堂工人不得仇视、抵制东家或无理要挟罢工，否则任由昭远堂另雇外工。⑥ 7月8日，油业工人亦因加薪50%等

---

① 《油漆牌匾工人要求加薪》《油漆工人状况及其罢工情形》《油漆工人罢工之趋势》，《广东群报》1921年5月31日、6月3日、6月17日，第6页；《粤油漆工人罢工趋势》，上海《民国日报》1921年6月24日，第2张第8版。

② 《油漆行工人罢工潮尚难解决》，《广东群报》1921年6月21日，第6页。

③ 《油漆行磋商解决罢工条件》，《广东群报》1921年6月18日，第6页；《油漆工人罢工之趋势》《油漆行工人已开工》，《香港华字日报》1921年6月18日、9月1日，第3张第4页。

④ 参阅《茶叶工人之罢工潮》《茶叶工人罢工风潮近讯》《茶叶行工人罢工近讯》《茶叶工人罢工之近状》，《广东群报》1921年6月13日、6月14日、7月14日、8月12日，第6页；《茶工要求加工之结果》《茶叶工人罢工风潮续志》，《香港华字日报》1921年6月14、15日，第3张第4页；《警区调处茶叶行罢工情形》，《羊城新报》1921年8月6日，第5页。

⑤ 《茶叶工人包围罗奇生茶庄》《罗奇生茶庄被围续志》《茶叶工人解散后之进行》《各工团会议援助茶叶工人》，《广东群报》1921年9月2、3、6、7日，第3、6、6、6页。

⑥ 参见《茶行罢工风潮近志》《茶叶罢工潮中之内讧》《茶行罢工之调停》，《香港华字日报》1921年9月13、24、26日，第2张第3页、第3张第4页、第2张第3页；《茶叶工人之选举潮》《茶叶行罢工风潮双方解决》，《广东群报》1921年9月23、26日，第6页。

要求未得东家同意而联行罢工，结果有 3000 余人被资方开除而失业。其后，由于工潮长期胶着不下，尽管大多数失业油工已沦为"车夫及各种苦力"，"情形甚为凄惨"，但油工仍坚强不屈，并通告钟村、冼村、陈村、九江等四乡一致罢工，"务使全省工人牵制东主，以祈早日解决。"① 后虽经省署、市政厅多次调停，劳资双方"仍难融和"。至 11 月 26 日，由于经济受损，资方才同意加薪 35%。②

不难发现，上述持续长久的工潮多是在政府劳资协调路线难以奏效的情况下，由于劳资双方利益受损而妥协的。这些工潮迁延长久，表明广州传统行会"劳资合行"的协调理念已见衰微，尽管不同行业的表现程度各异，但劳资间的阶级意识毕竟愈显分明，尤其机器、建筑、茶叶等工潮中，工人的"跨行"联合与支援，不仅说明"一个行会仅靠内部力量已难以满足工潮的需求"，"工人们正打破行业界限结为一体"③，同时也意味着国民党劳资协调的保育路线遭遇认同困境，即政府调停不时被工人"跨行"互助的集体行动所取代。革履工潮可称典型。10 月 28 日，革履工人因东家拒绝加薪 30% 而罢工④，并发表具有无政府主义色彩的理想宣言："资本公有；生产机关公有；劳动者直接管领工厂；直接享用生产物，此今后社会之真义，人类之信条也。"⑤ 随后，工人便结队向东家巡行示威。⑥ 为防止破坏罢工，革履工会还派纠察队巡查，"若见有开工者，均加以劝阻"。⑦ 11 月 4 日，纠察队在大市街一家鞋店调查时，因遭店东指控偷窃银纸 50 元而被公安局逮捕。革履工会闻讯，立派 3000 余人包围公安局，要求释放被捕队员。缝业、酒业、洗衣、药材、旅业、机器、土木建筑等业工人亦纷至声援，于是

---

① 《油榨工人已实行罢工》，《香港华字日报》1921 年 7 月 9 日，第 3 张第 4 页；《油业工人罢工之交涉》，《国华报》1921 年 7 月 26 日，第 7 页；《油业工人罢工后情形》，《广东群报》1921 年 9 月 5 日，第 6 页。

② 参见《饬令市厅调处油业罢工》《尚无办法之油业工人罢工潮》《市厅调处油业罢工之无效》《市政厅调处油业工人之办法》，《广东群报》1921 年 9 月 8、15、16、28 日，第 6 页；《市厅调处油业罢工风潮》，《香港华字日报》1921 年 9 月 19 日，第 3 张第 4 页；《市厅调处油业工潮》，《羊城新报》1921 年 10 月 3 日，第 5 页；《一年来广州罢工统计》，上海《民国日报》1922 年 3 月 6 日，第 1 张第 3 版；《一年来广州工界罢工之统计》，《晨报》1922 年 3 月 7 日，第 6 版。

③ 广田宽治：《广东工人运动的各种思潮——广东省总工会成立经过》，中国社会科学院近代史研究所《国外中国近代史研究》编辑部编：《国外中国近代史研究》第 23 辑，第 250 页。

④ 《革履工人实行罢工》，《香港华字日报》1921 年 10 月 29 日，第 2 张第 3 页；中国劳工运动史编纂委员会编纂：《中国劳工运动史》（一），第 163 页。

⑤ 《劳动界消息》，《劳动周刊》第 13 号，1921 年 11 月 12 日，《中国工运史料》1960 年第 3 期，第 79 页。

⑥ 高语罕：《广州纪游》，第 204 页。

⑦ 《罢工潮汇志》，《香港华字日报》1921 年 11 月 2 日，第 3 张第 4 页。

参加包围者逾万人。迫于压力,公安局只得放人,资方至 11 月 8 日也只好照允加薪。① 革履工潮的解决,无疑增添了广州工人团结互助的信心,而成立"跨行"联盟遂为其抵制资本家的题中应有之义。

其实,也就在这次工潮胜利不久,11 月 13 日,在革履工会举办的致谢援助茶会上,土木建筑工会倡议成立广州工团联盟,得到了与会缝业、盐业、旅业、白铁、木艺、陶瓷、洗衣、面粉、茶馆、茶叶、家私、车辆、钟表、木屐、茯苓、革履等工团代表的一致赞成。随后又有 10 余工会加入。16 日,广州工会同盟宣告成立,并颁布了信条和盟约。其信条为:"否认资本主义,否认私产制度,尽力于生产的劳动。劳动者直接支配生产机关,及直接享生产物。互相尊重其自由。人类平等。"其盟约规定:"一个劳动者遭非理的压迫,全体合起助其奋斗。一个劳动团体受非理的压迫,同盟诸团体合起助其抵御",且其成员"不得隐受非劳动阶级者之利用而参加别种运动同盟"②。由此可见,工会同盟是一个以无政府主义为基本指导思想的联合组织,而其所标榜的互助理念,则显示出与国民党系统的工人运动有着明显区别的新动向,体现了抛弃"劳资协商"幻想,高举反对资本主义旗帜,希望通过工人团结开展彻底斗争的"革命的工团主义"。③ 另外,就中共领导的土木建筑工会充当发起者的事实来看,工会同盟的成立亦可视为共产党、无政府党携手推动的结果。由于此时中共刚成立不久,对工人尚缺乏影响力,显然,单凭一己之力是很难实现"成立工会"基本任务的。④ 因而在中共党人看来,唯有与工人中颇具势力的无政府党合作,才能更好进行阶级动员,"不与无政府主义合作是不行的"。⑤ 实际上,此时广州不少工潮就有无政府党、共产党涉身其间。从这一时期中共广东党部无政府党人占多数的

---

① 参阅《革履工人围困公安局》《工人战胜资本家之声势》,《香港华字日报》1921 年 11 月 5、7 日,第 3 张第 4 页;中国劳工运动史编纂委员会编纂:《中国劳工运动史》(一),第 163 页。

② 《发起工团总联盟》《工会联盟之进行》《工党大同盟之简章》,《香港华字日报》1921 年 11 月 14、17、21 日,第 3 张第 4 页。

③ 广田宽治:《广东工人运动的各种思潮——广东省总工会成立经过》,中国社会科学院近代史研究所《国外中国近代史研究》编辑部编:《国外中国近代史研究》第 24 辑,第 141 页。

④ 《中国共产党第一个决议》(1921 年 7 月),中华全国总工会编:《中共中央关于工人运动文件选编》上册,第 1 页。

⑤ 蔡和森:《中国共产党史的发展(提纲)》,中国社会科学院现代史研究室、中国革命博物馆党史研究室编:《"一大"前后——中国共产党第一次代表大会前后资料选编》(三),北京:人民出版社,1984 年,第 77 页。须指出,中共这种对工人进行阶级动员而与无政府党合作的必要性在 1922 年 7 月其"二大"通过的决议中更有体现:"为工人们目前利益的奋斗,我们共产党人要随时与国民党、无政府党甚至与基督教合作。"参见《中国共产党第二次全国代表大会关于"工会运动与共产党"的议决案》(1922 年 7 月),中华全国总工会编:《中共中央关于工人运动文件选编》上册,第 15 页。

实情可知①，这些工潮一般是以无政府主义面目出现的。同时也不难想象，这些无政府主义色彩的工潮或多或少地会有中共的参与。只是囿于资料所限，笔者目前尚难一一甄别与厘清哪些工潮是真正由无政府党抑或中共领导的，或是两党共同参与的。尽管如此，通过审视工会同盟成立后发生的纸业、印刷业等工潮，还是能为我们进一步探究无政府党、共产党在广州工人阶级意识觉醒中的作用提供很好的参照。

12月4日，2000余名纸业工人因资方拒绝加薪50%而宣言罢工。② 在罢工宣言中，劳方揭批了"资本家制度"的"一味压迫工人"，并提出要"向靠我等吃饭之资本者"以"争回多少生存权"③。这种带有阶级抗争意蕴的罢工自然使资方"甚为震怒"，他们不但将罢工者悉数革除，还向同业散发传单："行友向西家领照营业的，则罚银五百元，或永远出行。"④ 资方的强硬姿态更是激起劳方的强烈抵制。与资方用传单约束同业以拒罢工的行为相应，劳方亦发传单："工人一律离店，如违罚银十元。"⑤ 同时，针对各纸店"多有雇用行外工人"，劳方则组织调查技击队，"伺击行外工人，以示惩戒，各行外工人因是大为恐慌，多裹足不敢出门"。就这样，劳资双方相持逾月仍是"迭商不协"，其间劳方因势渐不支，曾集结600余人举行大请愿及巡行示威。⑥ 至月底，部分工人以加薪25%～30%的条件与东家签约和解，但多数工人以取得职业介绍权为目标继续斗争⑦，而劳资间的激烈冲突亦时有发生。1922年1月2日，罢工工人在长乐街一家纸店调查开工时，因遭该店司事阻挠，遂将其殴伤，结果3名肇事工人被扭送至公安局。消息传来，劳方立即纠集200余人围聚公安局，作为工会同盟的成员，革履、白铁、缝业、洗衣等工会亦前来助威。对此，资方纸料同业公会即向报界声明此次工潮系有"无政府党人"在"煽动捣乱"⑧。也正是在工团同盟的援助下，被捕工人最终获释，而资方迫于形势，只得1月16日向工人妥协。⑨

---

① 蔡和森：《中国共产党史的发展（提纲）》，中国社会科学院现代史研究室、中国革命博物馆党史研究室编：《"一大"前后——中国共产党第一次代表大会前后资料选编》（三），第77页。
② 《纸业工人罢工》，《香港华字日报》1921年12月6日，第2张第3页。
③ 《纸业工人罢工宣言》，《香港华字日报》1921年12月10日，第3张第4页。
④ 《劳动界消息》，《劳动周刊》第18号，1921年12月17日，《中国工运史料》1958年第3期，第146页。
⑤ 《纸业工潮近讯》，《香港华字日报》1921年12月13日，第3张第4页。
⑥ 《广州市工潮消息汇述》，《香港华字日报》1922年1月3日，第2张第3页。
⑦ 广田宽治：《广东工人运动的各种思潮——广东省总工会成立经过》，中国社会科学院近代史研究所《国外中国近代史研究》编辑部编：《国外中国近代史研究》第24辑，第137页。
⑧ 《纸业工人之横行》，《香港华字日报》1922年1月4日，第3张第4页。
⑨ 《粤省要闻》，《香港华字日报》1922年1月17日，第3张第4页。

上述纸业劳资激烈相争的主题，亦同样显现于印刷业工潮。12月19日，广州汉文排字工社与印务工会向资方报界公会提出加薪50%、日工作8小时、节假日不开工等10项条件，限3日内答复。然而，报界公会仅同意加薪40%，其余要求概不承认。工人无奈遂于23日罢工。而资方亦议决相率停业，并组织临时委员会全权办理工潮事宜，但却遭到《广东群报》的抵制。该报认为，临时委员会是"德国式的会议，压制工人"，并宣言"单独照常出版，以壮声援"。由于《广东群报》系为中共广东区委的宣传喉舌，其宗旨一向"提倡劳工主义，鼓吹新文化"，主张"劳工神圣""推翻资本"。《广东群报》这种援助工人的行为最终导致其会员资格被报界公会取消。这样至24日，除《广东群报》外，广州"遂无一报发行"①。工潮事态的蔓延，随即引起省长陈炯明的关注，资方报界临时委员会遂趁势请陈炯明出面调解。而陈却以报纸"传达各处消息，不宜任令久停"为由要求工人先行复业，然后再予调停。由于陈的施压，临时委员会便和工头商妥于27日复工。②至27日，工人如期复业。但鉴于翌日各报同时登载抨击工人罢工及《广东群报》因声援工人被取消会员资格的消息，工人又二度罢工，并成立锄奸团以资抵抗。而报界公会亦顽强应对，在组建武装记者团"保障言论自由权"的同时，还向市长孙科申请保护。孙科即向各报派驻警察，并以下列条件进行调停：工资一律提高40%，劳动条件照旧，每月休假6日。此次调停使得工潮在1922年1月3日结束，但仍有部分工人继续坚持罢工。这些工人认为，"这次罢工完全是《广东群报》搞起来的"，显然接受了中共的领导。③

总之，根据以上劳资纠纷典型案例的考察，正式政府前期劳资阶级意识觉醒的程度不难归纳。通过分析这一时期劳资双方对待工潮的不同行为，或许有助于我们更好理解。就劳方而言，其应对工潮的显著表现莫过于"跨行"互助，而伴随其来的往往是请愿、游行示威等行动的交织。不过，劳方这种打破行业界限的"跨行"互助并非自发产生，而是经历了一个由同

---

① 参阅《省报因工人要求议决停工》《省报解决停工潮之经过详情》，《香港华字日报》1921年12月24、27日，第1张第3页；《广州之印刷工人大罢工详志》，《晨报》1922年1月6日，第6版。

② 参阅《广州之印刷工人大罢工详志》，《晨报》1922年1月6日，第6版；《广州排字工人罢工记》，上海《民国日报》1922年1月3日，第2张第6版。

③ 参阅广田宽治：《广东工人运动的各种思潮——广东省总工会成立经过》，中国社会科学院近代史研究所《国外中国近代史研究》编辑部编：《国外中国近代史研究》第24辑，第155页；《省报排字工人风潮平息之经过情形》，《香港华字日报》1922年1月3日，第1张第3页；《广州印刷工人罢工风潮扩大》，《晨报》1922年1月12日，第6版。

行互助到"跨行"互助的认知过程。与之相应,其工潮调停理念也发生新的变化,即由冀望政府调停到依赖自身互助以迫资方就范的转变。上述机器、茶居、建筑、茶叶、油业、革履、纸业等工潮中劳方的互助行为便是绝佳例证,而广州工会同盟的成立,则可谓是劳方"跨行"互助的阶级意识觉醒的重要标志。当然,这种阶级意识的觉醒在很大程度上是与无政府党和中共的动员分不开的。正是这些党派政治的初步渗透,使得这一时期不少工潮的事态发展与传统行会"劳资合行"的协调理念渐行渐远。而至于资方,一般多采取解雇罢工工人、雇用行外工人的方法来抵制工潮。由于雇佣权问题是关系罢工与反罢工的成败关键,故劳资双方对此自然格外看重。按照行会惯例,资方只能雇行内工人,而不能用行外雇工。但是,基于工潮中自身利益的考量,此时资方多已不再顾及行规约束,雇用行外工人的举动频频发生,油漆、茶叶、纸业、磁器潮碗、陶瓷等行工潮即是显例。① 资方这种破坏行规雇用外工的行为,对劳方来说不啻于取消罢工,不仅如此,连自身就业也难以维系。因而,为保障生存权,劳方自然是竭力抵制,甚或武力相向(如纸业工潮)。广州传统行会中劳资阶级意识的觉醒由此可见一斑。

  上述劳资双方的"跨行"互助与破坏行规,无疑加速了广州传统行会的衰败。其衰败集中表现就是行会组织结构由"劳资合行"至"劳资分离"的势头更加强劲:许多脱离行会具有现代意义的工会得以纷纷设立。不过这却激起资方的冥顽抵制,如车木、陶瓷、车衣、泥水、建筑、镜架、钟表等行工人组织工会就招致雇主的竭力破坏与反对。② 然而,须强调的是,尽管正式政府前期劳资阶级意识的觉醒日渐高涨,但传统行会"劳资合行"理念仍在这一时期劳资关系调处中居于主导地位。显然,这与国民党政权劳资协调政策大有关联。诚如时人所评论的:"(工人)罢工以后,即由市厅,或公安局,传集两造。对于西家,则稍抑其过甚之要求。东家方面,则令其略徇其请。务使双方融洽,各安生业。若各走极端,则转请由省署调停。究其结果,仍不外使其两相让步,各就范围,别无其他强制法之规定。盖持保育劳工政策者,自应出此。"③ 可是,这一政策却随着正式政府后期政治经

---

  ① 油漆、茶叶、纸业等行工潮中,资方的破坏行规雇用行外工人前文已有交代,而磁器潮碗、陶瓷等行工潮的相关情形可参见《磁器潮碗行工潮近志》,《香港华字日报》1921年11月12日,第2张第3页;高语罕:《广州纪游》,第208页。

  ② 详情可见《车木工人筹组工会》《陶瓷店伴组织工会之阻力》《车衣工会之会议情形》《泥水行组织工会》《建筑工人组织工会之阻力》《资本家制止设工会》《东家禁绝西家集会自由》,《广东群报》1921年5月31日、6月3日、6月13日、6月17日、7月26日、7月26日、8月3日,第6、7、7、6、6、6、6页。

  ③ 李宗黄:《模范之广州市》,上海:商务印书馆,1929年,第322页。

济形势的紊乱发生了新的变向,广州劳资关系因而亦呈新的态势发展。

第三节 归于沉寂:
正式政府后期劳资关系的主题转换

1922年上半年对正式政府而言可谓是命途多舛的艰难之秋。在这里,"护法北伐与联省自治"两种政治理念的冲突与较量始终左右着广东的政情。对孙中山来说,"南方的广东只是国民党夺取全国政权的跳板。统一的趋势和孙中山一贯的统一中国的政策与南方的割据主义、自治主义的趋势发生了冲突"①。针对孙中山的"北伐统一全国",陈炯明则主张"联省自治","我们应当把广东省变成全中国的模范省,那时,其他各省的督军看到在这方面的成绩和我省的福祉,定会效仿我们,亦在本省实行民主,这样在自相联合的基础上和平统一中国。"② 为此,他力主从财政上来遏制孙中山的北伐,宣称:"如今之中山政府,实不敢赞成,然事已成矣,只有不与之钱,以免妄费。总之,广东之钱,只能办广东事。"③ 这样,孙陈政争就使得正式政府后期原本困顿的社会经济形势愈显窘迫。

其实,早在1921年底,因受援桂西征及整军北伐的影响,正式政府的财政就已陷捉襟见肘之窘境。"徒以军费浩繁,收支遂不能相抵","总计是年收入,除正税外,所有一切杂税,多立名目,应有尽有,已属涸泽而渔,此外官产开投净尽。"④ 即便如此,粤省财政仍是入不敷出而致"军政费积欠至千余万"⑤。至1922年上半年,随着孙陈矛盾的激化及北伐筹饷的急迫进行,此种经济困局更是有增无已。际此境遇,粤当局只得以强征新税⑥和滥发纸币来弥补财政收支的平衡。然而,这一自杀式的敛财手段对于一个新生政权来说无异于饮鸩止渴,尤其是滥发纸币引发的社会经济危机,更令政

---

① [苏] C. A. 达林:《中国回忆录(1921—1927)》,侯均初等译,北京:中国社会科学出版社,1981年,第109页。
② C. A. 达林:《中国回忆录(1921—1927)》,第75页。
③ 吴宗慈:《护法计程》(续),黄季陆主编:《革命文献》第51辑,台北:中国国民党中央委员会党史史料编纂委员会,1970年,第517–518页。
④ 《广东财政之窘状》,《申报》1922年1月15日,第2张第8版。
⑤ 《国内专电·4日香港电》,《申报》1922年1月5日,第2张第6版。
⑥ 详见《北伐筹饷之与抽税种类》《北伐军之饷械筹备》,《香港华字日报》1922年2月10日、3月9日,第1张第3页。

府伤透脑筋。据统计，1922年上半年仅"流之于省城一隅"的纸币就有4160万元，这还不包括5月1日由香港运来的承印纸币五大箱。① 这些纸币的发行并无足够的银行准备金，其滥发的直接后果便是币值低折百物腾贵。受此影响，"广州全市之物价，突然飞涨。比之平时价格，约贵四五分之一，而柴米日用品尤甚。一般食力之民，因此极为狼狈"，"闻受其累最深者，为各行之苦力，几有饔飧不饱之势"②。不仅工人生活惨苦，就是商人也好不到哪里去，"各行生意，均形冷淡，且普通商店，多有裁汰工人，以谋节食者。据最近调查，（广州）失业工人，约有一万余人，其他游手好闲者，亦不下万人，均无处消纳，致成游民"③。这些游民的大量生成，也无疑增加了社会的不安定系数。事实上，此时广州社会治安形势亦因经济生活的困顿而日渐严峻。④ 可见，社会生活的艰困颠连，不仅激起民怨沸腾⑤，国民党政权的社会基础因之削弱，也成为影响社会安定的重要诱因和潜在威胁。后来正式政府的垮台与之不无关系。

正是在这种政治经济形势持续恶化的社会背景下，为护法北伐而稳固社会秩序便为此时国民党执政理念的重心所在。而正式政府前期因提携劳工所带来的劳资纷争格局，显然是与此格格不入的。这就预示着国民党政权势必对其"保育劳工"政策有所调整。究其调整动因除上述根本因素外，还与商界的推动有关。其实，至少自1922年初，国民党"保育劳工"政策就为粤商界所不满。1月3日，粤商界就曾以"工人因罢工，屡犯入店殴人，被捕后政务厅均令释放，殊属违法"为由向政府提出质问。⑥ 不久，粤当局即以"近日劳资屡斗风潮"而宣布对各工会予以约束："对于尚未立案之各种工会，一律从新加以限制，务使劳资双方互相融洽，于工商前途有所裨益。"⑦ 这无疑是对那些劳资不"融合"的工会的直接否定，也可以视为对

---

① 《纸币发出之调查》，《香港华字日报》1922年6月13日，第1张第3页。并见《纸币发出之调查》，《新加坡中华总商会月报》第1卷第4号，1922年6月30日，第78–79页。
② 《百物腾贵之广州》，《广州共和报》1922年5月3日，第6页。
③ 《经济状况》，《新加坡中华总商会月报》第1卷第2、3号合刊，1922年5月30日，第43–44页。
④ 详见《省行兑现之挤拥情形》《银号迭接打单函》《纸币与粮食之恐慌现状》《贫民抢米》《加派军警出巡》，《香港华字日报》1922年4月21、21、23、25、25日，第2张第3页。
⑤ 详见《纸币风潮中之社会情状》，《广东群报》1922年5月5日，第6页。
⑥ 《国内专电·4日香港电》，《申报》1922年1月5日，第2张第6版。
⑦ 《国内专电二·9日香港电》，《申报》1922年1月10日，第2张第6版；《限制各工会之先声》，《香港华字日报》1922年1月10日，第3张第4页。

工人的警告，令其不要背离"劳资协商"与"调停"路线。① 而2月24日孙中山以大总统名义颁行的《暂行工会条例》，则是国民党这种规范工人运动的秩序化理念在立法上的实现。② 该条例除了对工会的资格、注册、章程、财产及违反条例的处罚严格规定外，还对工会的职责详加规范，如工会应谋"工业之改良发展"，"主张并防卫同业者之利益，但不得有强暴胁迫情事"，"凡遇雇主与佣人有争执事件后，对于各当事者发表或征集意见，并调处之"等。所有这些，无不体现了孙中山政府试图将工人运动纳入劳资协调轨道的真实用意。然而，仅仅据此就说其劳工政策，已从"最初的具有放任与保护性质的'原始的劳工政策'向使工人运动'秩序化'的'限制'政策方向转化"③ 还为时过早。尽管《暂行工会条例》含有防范工人运动脱轨的意蕴，但这并不说明此时国民党政权已改变先前的提携保育政策，而向"限制"方面靠拢。相反，此后3月14日，非常国会还通过了大理院院长徐谦提议废止《暂行新刑律》有关禁止罢工条文的议案，"从此广州的法庭，不以罢工为违法，这是工界争法律自由的第一胜利"④。由此可见，提携与控驭的双重主题构成正式政府"保育劳工"政策的主要内涵，只是这两大主题随着社会治安的稳定与恶化而有所侧重。当然，倘若就此断言新政府"保育劳工"政策一成不变⑤，却也不合事实。实际上，这一劳工政策的转向并非瞬间完成，而是有一个动态的演变。通过考察1922年上半年广州劳资纠纷的调处（见表4-3），或可探寻正式政府后期国民党劳工政策变动的轨迹。

---

① 广田宽治：《广东工人运动的各种思潮——广东省总工会成立经过》，中国社会科学院近代史研究所《国外中国近代史研究》编辑部编：《国外中国近代史研究》第24辑，第151页。

② 《暂行工会条例》是在戴季陶拟定的《广东省工会法草案》的基础上，由正式政府内务部删改并提交国务会议及法律审查委员会审核修正，并由2月23日国务会议通过的。其内容详情可见《新政府公布工会条例》，上海《民国日报》1922年3月6日，第1张第3版。该条例被誉为是"中国之有劳界的特别法实以此为嚆矢"。参见燧石：《广州劳工运动成绩之概观》，上海《民国日报》1922年3月23日，第2张第6版。

③ 广田宽治：《广东工人运动的各种思潮——广东省总工会成立经过》，中国社会科学院近代史研究所《国外中国近代史研究》编辑部编：《国外中国近代史研究》第24辑，第152页。

④ 陈达：《中国劳工问题》，第543页。

⑤ 有学者认为，正式政府"保育劳工"政策"自始至终都是扶助与防范并存，只有孰主孰次的区别，而无由此及彼的转化"，并进而强调："国民党南方政权对工会发展的宽容和支持都居于主导地位，尚未表现出明显的限制工人运动的倾向。"参见饶东辉：《试论大革命时期国民党南方政权的劳动立法》，《华中师范大学学报》1997年第4期。

表4-3 广州劳资纠纷统计（1922年1—5月）

时 间	行业及人数	起 因	调停方式	结 果
1月3日	洗衣620人	加薪	直接磋商	即日加薪30%
1月7日—2月20日	酒业1200人	加薪30%～40%	市政厅、省署强制调处	部分妥协，加薪20%，后要求职业介绍权而继续罢工
1月12日	宰牛210人	加薪	市政厅调处	即日加薪20%
1月13日—1月18日	白铁1520人	加薪	直接磋商	加薪30%
1月29日	木箱1320人	加薪	直接磋商	即日加薪40%
2月10日—5月中旬	粪业	加薪50%	市公安局、省署强制调停	失败
2月15日—3月28日	米业	加薪	广东全省商会联合会、互助社调处	加薪
3月1日—3月21日	织袜	加薪，反解雇	市政厅调处	加薪
3月16日—？	刻字	加薪	不详	不详
4月初—4月13日	轮渡7150人	加薪20%～60%	广东总工会调处	加薪10%～40%
4月4日—4月6日	碾谷	加薪30%～60%，不得无故解雇工人	直接磋商	加薪
4月中旬—？	缝业	工会问题	不详	组织缝业工会
5月12日—5月下旬	盐业	加薪12元，不许解雇工人	政府强制调停	失败

续表4-3

时 间	行业及人数	起 因	调停方式	结 果
5月17日	派报	工资支付银元	直接磋商	即日胜利
5月23日—？	肉行	加薪	不详	不详

资料来源：笔者依据 Jay Calvin Huston, *The Recent Rise of Labor Unions and the Growth of Chinese Socialism in Canton under the Aegis of the "Kwo Ming Tang"*, June 26, 1922, Jay Calvin Huston Papers, 1917—1931, Box 6, Folder 1, 斯坦福大学胡佛研究所档案馆藏，p.4；《一年来广州罢工统计》《广州罢工事件类别调查》，上海《民国日报》1922年3月6、22日，第1张第3版；《一年来广州工界罢工之统计》，《晨报》1922年3月7日，第6版；宇高宁：《支那劳动问题》，第533页；唐海编：《中国劳动问题》，第381-382页；广田宽治：《广东工人运动的各种思潮——广东省总工会成立经过》，中国社会科学院近代史研究所《国外中国近代史研究》编辑部编：《国外中国近代史研究》第24辑，第149-150页；1922年1—5月的《广东群报》《香港华字日报》《广州共和报》《广州市市政公报》等文献所提供的信息整理。

由表4-3可知，此阶段劳资纠纷依内容和性质主要可分为劳资协调和冲突两种类型。劳资协调型多以加薪、提高待遇为目的的经济性罢工为主，通常在短期内由劳资直接磋商或由第三方调停解决。洗衣、宰牛、白铁、木箱、轮渡、碾谷、派报等行业纠纷堪称典型，这些行业劳资双方由于受"劳资合行"理念及同盟罢工的影响，而对纠纷多持协商合作姿态，"同盟罢工，既成了一时普遍的现象，一方面雇主渐渐觉悟，也就容易容纳工人之要求。一面工人也觉得不必一定同盟罢工，预先造成双方的损失，于是互相表示意见，和平解决，或请第三者调处了事"①。如轮渡、碾谷等行业的工人在要求东家加薪时，就是先提要求并不立即罢工，迨要求不遂后再行罢工，并向省署或市政厅请愿调停的。② 上述工人审慎行使罢工权及对国民党政权调停寄予厚望的事实表明，此时这些行业的劳资关系相对较为融洽，可以说是"劳资合行"的传统行会模式的延续。无疑，这与国民党政权为护法北伐而需要稳定后方秩序的"维稳"理念是基本吻合的。另外，从这些工潮劳方取胜的结果可知，至少在1922年5月之前，国民党劳工政策实践并未发生实质变动，仍是以提携保育为主。而最能体现这种劳工政策转向

---

① 燧石：《一月来广州劳工界概况》，上海《民国日报》1922年4月24日，第1张第3版。
② 详情可见《轮渡工人之最后表示》《陈省长饬令调停渡工》《轮渡工人罢工之近势》《轮渡工人加薪风潮近讯》《轮渡工潮尚难解决》《轮渡工人将一致罢工》《轮渡工潮已完满解决》，《广东群报》1922年4月4、5、5、7、10、12、14日，第6、6、7、6、6、7、7页；《轮渡工潮要闻》，《香港华字日报》1922年4月8日，第2张第3页；《碾谷工人要求加薪》《碾谷工人实行罢工》《碾谷工人罢工后之见闻》，《广东群报》1922年4月4、5、7日，第6、7、6页；《碾谷工潮要讯》，《香港华字日报》1922年4月8日，第2张第3页。

的，还是那些劳资冲突型纠纷的调停。这是因为，劳资冲突型纠纷多充满"火药味"，劳资间的阶级斗争意识颇具雏形，政府"劳资协调"的调停路线往往很难奏效，只好采取强制干涉，甚至不惜武力介入。这从酒业、米业、粪业、盐业等工潮可得实证。

1月7日，酒业工人因东家拒绝加薪30%～40%而罢工。鉴于酒税事关国税收入，省长陈炯明甚为重视，特令市政厅调处，并要求工人先行复工"以维税饷"①，但酒工依旧罢工。至31日，在市政厅干预下，劳资双方签约和解：（1）工价增20%。（2）凡工人无论是否加入工会，东家得自由雇用。因此次风潮有伤害东家者，东家得酌量退留。（3）东家原日优待工人条件照旧有效。②然而，纠纷并未就此消弭，此后酒业工人为争取职业介绍权仍继续罢工。迫于事态蔓延及影响税饷，2月20日，陈炯明只得强令工人"从速开工，毋得再生枝节"③。另外，从领导罢工的酒业工会系郭植生等人所设的事实可知，此次工潮应有中共的参与。④ 2月15日，货船工人也因米埠行商漠视加薪要求而举行罢工。3月7日，双方在谈判时因意见相左发生冲突，劳方当即纠集二三百人，手持"劳工神圣"字样大旗，结队游行示威，并将沙基兆丰祥商号捣毁。而米埠永安堂、养和堂、宏远堂、米机公会等四团体约70家米商遂于当日罢市，"与工人相抗"⑤。陈炯明闻悉，即令市政厅要求米商开市，"以免妨碍民食"⑥。同时，还电函广东全省商会联合会出面调停。其后，虽经商联会几度调处⑦，但劳资纷争仍是不已，且

---

① 《酒工要求加价之协定办法》《蒸酒工人罢工续志》《谕酒业工人先行开工》《香港华字日报》1922年1月13、16、21日，第2张第3页。
② 《呈省长酒业工人要求加薪一事奉批调处了结情形请令遵由》，《广州市市政公报》第50号，1922年2月6日，第4-5页。
③ 《令酒业工人从速开工》，《香港华字日报》1922年2月21日，第1张第3页。
④ 参阅《谕酒业工人先行开工》，《香港华字日报》1922年1月21日，第2张第3页；梁复然：《广东党的组织成立前后的一些情况》（1962年3月—1964年5月），中国社会科学院现代史研究室、中国革命博物馆党史研究室编：《"一大"前后——中国共产党第一次代表大会前后资料选编》（二），第447、452页。
⑤ 《米业罢市详情续志》，《香港华字日报》1922年3月10日，第2张第3页；《货船工人要求加薪》，《广东群报》1922年3月10日，第7页；《电令公安局奉省署邮电米行工人滋扰及米市罢业各节仰分别设法制止保护由》（1922年3月11日），《广州市市政公报》第56号，1922年3月20日，第9页。
⑥ 《米埠罢市原因》，《广州共和报》1922年3月10日，第5页。
⑦ 详情可见《货船协会愿听商联会调处》《商联会调停米行货船风潮近讯》《米业风潮有解决消息》，《广东群报》1922年3月14、18、21日，第6、3、3页；《广州米业风潮之解决难》《广州米业风潮之影响》，《晨报》1922年3月23日、4月1日，第6版；《广州米船罢工解决期》，上海《民国日报》1922年3月27日，第2张第6版。

愈演愈烈。鉴于民食问题的重要，陈炯明决定强制调停，加之互助社谢英伯等人从中斡旋，3月28日，米业工潮平息，货船工人最终获胜。①

如果说上述关系税收与民生的酒业、米业工潮中，国民党政权调处天平还向劳方倾斜，那么同样性质的粪业、盐业等纠纷的解决则完全是当局武力镇压的结果。2月10日，粪业工人提出加薪50%、改良待遇等要求，东家则置之不理。而工人却因工会章程规定不能罢工"只得隐忍"，卒致加薪失败。② 可是，工人并不甘心，在工会领导下于4月初再度发难，并实施罢工。如市区新桥、泮塘、大沙头、鸡鸭滘、火车桥等处粪艇就被工会稽查"强逼不准开行"，结果"致各艇粪秽堆积，臭气熏天，附近居民大受其害"。出于卫生安全着想，市公安局以武力制止罢工，并逮捕了2名粪工，但却遭到工人的重重围困。③ 至5月中旬，省署鉴于工潮事态严峻，即令公安、卫生两局设法禁止，"如有挟众罢工情事，即将该工会解散，以重卫生"④，最终罢工失败。

5月8日，盐业工人亦向盐商提出加薪、不得无故开除工人等条件⑤，因资方漠视而于次日发布具有阶级斗争意蕴的罢工宣言："今我辈处在物价奇昂之中，遑论仰事俯蓄，即出尽劳力，以求粗衣糙米，尚且不能。如此与牛马终身，为他人作嫁而饿死，何如爽爽快快争回固有之生存权，与资本主义拼死，还死得好汉英雄。"⑥ 基于民食问题的考虑，省长伍廷芳即令两广盐运使署妥为调处，但资方却对调解条件"坚不容纳"。盐商的恃强姿态随即激起劳方不满。14日，盐业工会遂纠集数百人向资方示威，并将怡和兴、东兴祥、绍和堂三家盐馆的招牌强行拆去。⑦ 及后，经盐运使署和国民党广东支部多次调解，尽管盐商也有让步，但工会态度则"愈趋强硬，至令各

---

① 《省长调处米潮》《米潮解决之工人态度》，《香港华字日报》1922年3月27、29日，第2张第3页、第1张第3页；《呈省长据公安局呈复米行与货船争议一案办理情形请核令遵由呈为呈复事》，《广州市市政公报》第59号，1922年4月10日，第2页；《本社专电·广州》《广州米风潮结果》，上海《民国日报》1922年3月29日、4月6日，第1张第2版、第2张第6版。
② 《粪业风潮与卫生关系》，《广州共和报》1922年2月13日，第5页；《粪业工人要求加薪失败》，《广东群报》1922年3月15日，第7页。
③ 《臭风潮》《臭风潮仍难解决》，《广州共和报》1922年4月10、17日，第5页；《粪业工人之加工风潮》，《广东群报》1922年4月15日，第6页。
④ 《省署调停粪业风潮》，《广东群报》1922年5月12日，第6页。
⑤ 《盐业工人要求加薪之条件》，《广东群报》1922年5月9日，第7页。
⑥ 《广东盐业工人宣言书》，《香港华字日报》1922年5月11日，第2张第3页。
⑦ 《盐业工潮近讯》《盐业工潮之扩大》，《广州共和报》1922年5月13、15日，第6页；《盐船罢工后之要闻》，《香港华字日报》1922年5月13日，第1张第3页。

东无从置议，迫持消极主义"①。盐业工会在工潮调解中充满阶级斗争意蕴的强硬姿态，显然与中共的援助密不可分②，同时也与国民党劳资协调路线背道而驰。盐业工人这种对国民党政治的偏离，使其改善生活的行动不但未得当局同情，反而遭到镇压。据悉，广州卫戍司令魏邦平和市公安局长吴飞派遣保护资方济安公堂及盐务研究公会的军警就有180人，同时还发布告："如工人寻衅，即严拿。"③ 至21日，鉴于盐税在政府税收中的重要地位，伍廷芳下令解散盐业工会。④ 24日，魏邦平即令军警解散工会，并驱逐盐业工人。⑤ 这样，在军政两界的联合镇压下，盐业工潮遂以劳方失败告终。而之所以出现如此结局，除了盐业固有的关系民食与税收的行业特质因素外，亲密融洽的政商关系也应值得注意。对此，时任两广盐运使的邹鲁曾直言："那时军饷来源，全靠财政厅和盐运使署两个机关。因为全省还有不少地方，尚在军阀的占据下，而军队的数量则有增无减，所以政府财政，往往入不敷出，军饷尤不能按时发给。在这种情形之下，不免时向盐商借款"，因而，"政府与盐商间，感情非常融洽"，且还联合成立盐务研究会，该会"除聘请熟悉盐务的人和经验才能兼具的盐商外，并规定署内科长秘书以上的人员，一概参加，自己（邹鲁）则为主持人"⑥。另据达林记载，此次工潮中盐商为北伐军需捐助了一大笔款，收买警察镇压罢工。⑦ 由此观之，盐业罢工遭到政府镇压也就不难理解了。再者，从被镇压对象盐业工人系互助社成员并由互助社领导此次罢工的事实可知⑧，粤当局已开始对那些背离劳

---

① 详情可见《运署调停盐业风潮》《盐业工潮之解决难》《调解盐业工潮之昨讯》，《广州共和报》1922年5月17、18、19日，第6页。
② 《中共中央执委会书记陈独秀给共产国际的报告》（1922年6月30日），中共中央党史研究室第一研究部编：《共产国际、联共（布）与中国革命文献资料选辑（1917—1925）》，第309页。
③ 《加派盐警保护盐船》，《香港华字日报》1922年5月18日，第1张第3页；《盐业工潮之解决难》，《广州共和报》1922年5月18日，第6页；《国内专电·18日香港电》，《申报》1922年5月19日，第1张第4版。
④ 《解散盐业工会》，《香港华字日报》1922年5月22日，第2张第3页；《省长饬令解散盐业工会》，《广东群报》1922年5月22日，第6页。
⑤ 《国内专电·25日香港电》，《申报》1922年5月26日，第1张第4版。
⑥ 邹鲁：《回顾录》，长沙：岳麓书社，2000年，第90—91页。
⑦ C.A.达林：《中国回忆录（1921—1927）》，第121页。
⑧ 《盐业工会解散后之各工会》，《广东群报》1922年5月27日，第6页。另有论著认为，盐业工潮是广东工人第一次在阶级斗争学说指导下进行的罢工（详见刘明逵、唐玉良主编：《中国工人运动史》第2卷，第512页；李新、陈铁健主编：《中国新民主革命通史》第1卷，上海：上海人民出版社，2001年，第687页），此说恐不妥，盐业工潮是由国民党互助社领导而由中共参与援助的，确染有阶级斗争色彩，但这并非是广东最早以阶级斗争学说来指导的罢工，至少此前的土木建筑业、印刷业等工潮是由中共领导的，自然也是以阶级斗争学说来指导的。

资协调路线，即便是国民党系统的工人运动也不惜正式诉诸武力了。

其实，也就在武力解决盐业工潮之际，广州国民党政权的劳工政策开始发生转向，甚至"还实行取缔工会条例"①。5月23日，广州市政厅就建议省长对工会组织"逾越轨范"施以严惩，"自非严加裁制，不足以维秩序，备文呈请省署，请赐转咨大理院、内务部，另订取缔工会条例，从速颁行，俾得依法办理，以保公安"②，24日，复令市公安局将滋事工会"勒令解散，勿任扰害"③。此时卫戍司令魏邦平亦发布告："工人如有法外行动，惟该工会主任人是问。"④ 这些事实足资说明，粤当局的劳工政策已由先前"纯取宽容态度"的"奖励、维持、劝导"为主向"警戒督察"的"制裁"方面转化。⑤ 而其直接动因，显然与此时广州工界愈益激烈的内部纷争严重危及社会治安有关。"近查各工会内部之酝酿，互相倾轧，各谋分裂，仇杀之风，正未有艾。"⑥ 须指出，这种工界内争主要表现为两种情形：一是资方组织御用工会争夺工会领导权所致，如缝业、酒业、土木建筑业的工会组织便因此发生内讧乃至斗殴⑦，这也从另一侧面折射出广州行会工会化过程中"劳资分离"的曲折与艰辛；二是因业务问题而生纠葛，如贯抖、锯木两工会就因"行务争执，迭次决斗，伤毙人命"，甚至连警察也"不敢过问"⑧。此种"寻仇殴杀情事"亦广泛存在于其他行业。茶叶、茶居、粉面、茶馆、磁业、抖行、油漆、纸业、笋头行、酸枝花梨等行业的工人，也曾上演"迭次聚众滋闹，斗殴伤人"的惨剧，"诸如此类，不可胜纪"⑨。然而，广州工界纷争所引发的社会治安隐患远非如此，而工人包围官署之事也时有

---

① 《中国职工运动简史（一九一九—一九二六）》（1930年6月19日），人民出版社编辑部编：《邓中夏文集》，第454页。
② 《市厅请订取缔工会条例》，《广州共和报》1922年5月24日，第6页；《呈省长工党逾越轨范请咨部院严定条例取缔由》（1922年5月23日），《广州市市政公报》第67号，1922年6月5日，第2页。
③ 《市厅严厉取缔工会》，《广州共和报》1922年5月25日，第6页。
④ 《国内专电·22日香港电》，《申报》1922年5月23日，第1张第4版；《卫戍司令约束工人布告》，《香港华字日报》1922年5月22日，第2张第3页。
⑤ 燧石：《一月来广州工会观》，上海《民国日报》1922年5月24日，第1张第3版。
⑥ 《市厅今始请订取缔工会条例》，《新国华报》1922年5月24日，第5页。
⑦ 详见《缝业工会之暗潮》《缝业东西家之恶斗》，《广东群报》1922年4月17、28日，第7页；《缝业工会之内讧》，《广州共和报》1922年5月23日，第6页；《酒业工人呈请制止破坏党》，《广东群报》1922年5月17日，第7页；《建筑工会之暗潮》，《广东群报》1922年5月15日，第6、7页；《土木建筑工会之分裂》，《广州共和报》1922年5月22日，第6页。
⑧ 《声势滔滔之土木工潮》，《广州共和报》1922年5月20日，第6页。
⑨ 《市厅请订取缔工会条例》《市厅严厉取缔工会》，《广州共和报》1922年5月24、25日，第6页。

发生。"本市工人围聚公安局,已屡见不鲜。惟前此各工人之行动,是单纯的,今已趋于群众的共同的",如5月7日,广州艺元洋服店工人因私自低价做工有意破坏会规,而与工会调查员发生冲突以至互殴伤人,结果涉事双方被市公安局拘押。当晚,公安局则遭到洋服工会、牛肉工会、工人合助社、洗衣工会、纸业工会、土木工会、缝业工会、旅业工会等20余家工团的联合围困,"至天亮仍不解队"①。不仅公安局被围,就连法院也难以幸免。② 所有这些,足以构成威胁护法北伐时期社会稳定的严重暗流与隐患,加之此时孙陈政争已近白热化,社会治安自是弥显重要。因此,整顿工会组织、抑制工人运动便为正式政府的当务之急。由此可见,国民党劳工政策的转向也就迫在眉睫和理所当然了。

不过,尚应说明的是,国民党政权这种劳工政策转向,除了前述相关因素外还有其更深层的原因,这与此时广州工人对国民党政治的厌倦与偏离息息相关。不可否认,正式政府"保育劳工"政策的实施,固然有提升工人对国民党政治认同的真实用意,尤其随着孙陈政争的激烈进行,对孙中山而言,强化工人对国民党的政治认同就更显迫切,于是在粤各国民党机关"日日以拉人入党为事。而对于工人入党尤为注意,每日工人入党的平均有百数十人,差不多广东现在的工团无不与国民党有关系"③。可是,这并不说明国民党与广东工人在政治上已固结一体,其政治认同深入人心。相反,正式政府后期因滥发纸币而导致的社会经济的急剧恶化,却在很大程度上冲淡乃至抵消了工人们的这种政治认同,甚或有的走向国民党政治的对立面。最能体现这一时期工人对国民党政治产生疏离的典型事例则非1922年3月发生的纸币风潮莫属。

3月21日晚,粤军总参谋长兼第一师师长邓铿遇刺,促使孙中山和陈炯明的矛盾直接激化。④ 受暗杀事件影响,广州顿时"谣诼繁兴,市面金融恐慌,纸币遂由十足降至八成有奇"⑤,纸币风潮就此发端。风潮伊始,陈炯明就将纸币低折的罪名归因于桂系军阀勾结奸商扰乱金融所致,"把商人

---

① 《洋服工人围聚公安局详情》,《广东群报》1922年5月9日,第6页;《洋服工人围困公安局》,《香港华字日报》1922年5月9日,第2张第3页;《工党抗警风潮详志》,《广州共和报》1922年5月10日,第6页。

② 《锯木工人又围困法院》,《广州共和报》1922年5月17日,第6页。

③ 林生:《再述孙陈之争》,《努力周报》第17期,1922年8月27日,第4版。

④ 邓铿(1885—1922),字仲元,广东惠阳人。孙中山赴桂督师北伐时,邓负责供应北伐军枪弹器械和协调后方军事调度,同时还统领宪兵在广州、三水、肇庆等地查缉烟土。邓援助北伐厉行缉私,直接损害陈炯明及其核心集团的利益。3月21日晚,邓铿从香港接人返穗时,在广九车站遭到陈部枪击,不幸身负重伤于23日晨去世。参阅莫世祥:《护法运动史》,第280、281页。

⑤ 《香港特约通信》(二),上海《民国日报》1922年6月26日,第1张第3版。

置于敌人一方加以攻击,以转移民众对政府的不满"①。从表象上看,商人似乎是此次风潮的始作俑者无疑,但事实上,其主因如前所述,恰是正式政府筹饷北伐而滥发纸币造成的。诚然,一味地拿商人说事,效果并不理想。随后,尽管当局严惩了一些不法商人,但纸币依旧"起跌不常"②。迫于无奈,陈炯明只好授意国民党粤支部冯自由、邓泽如等人,号召全省工界出面维持。正是在互助社谢英伯与广东总工会黄焕庭的策动下③,由于"大半属国民党籍",及出于"尤为损失不起"的自身利益考虑,各工会遂纷起响应④,于4月1日,成立了广东全省劳工尊重省币联合办事处,并议决维持纸币办法:(1)工人领取一元以上薪金应全收纸币;(2)尊重省立银行,并劝各界十足通用省币;(3)派纠察队认真稽查低折省币之奸商;(4)不论何界如低折省币,工界将实行永远抵制。⑤ 2日,工界纠察队在十三行、省银行等处捕获兑换银商数人⑥,结果激起广州银商罢市抗议。⑦ 自3日罢市开始后,"一切汇兑交收,概行停顿,全省商场,大受影响"⑧。省财政厅长钟秀南唯恐事态蔓延,便于6日函请广东全省商会联合会出任调处。商联会为此拟定两项办法:(1)由该会劝谕各银号表示永远尊重纸币,由银号自行标贴门首,随请工界撤回纠察队,以息风潮;(2)由工商两界合资一千万元,组织工商银行。同时请政府添发纸币两千万元,该银行即以本行资本为保证,担任全省兑换事务。"如是则纸币可以流通全省,并十足通用,永无低折之虞,且足以实行劳资协调政策,消弭今后一切之纠纷。"⑨

---

① 梁尚贤:《试述 1922—1923 年广东纸币风潮》,《近代史研究》1995 年第 2 期。
② 参阅梁尚贤:《试述 1922—1923 年广东纸币风潮》,《近代史研究》1995 年第 2 期;《粤工界维持广东金融》,上海《民国日报》1922 年 4 月 6 日,第 1 张第 3 版。
③ Jay Calvin Huston, *The Recent Rise of Labor Unions and the Growth of Chinese Socialism in Canton under the Aegis of the "Kwo Ming Tang"*, June 26, 1922, Jay Calvin Huston Papers, 1917—1931, Box 6, Folder 1, 斯坦福大学胡佛研究所档案馆藏, p. 37.
④ 《香港特约通信》(二),上海《民国日报》1922 年 6 月 26 日,第 1 张第 3 版;《空前之劳资合作银行》,上海《民国日报》1922 年 4 月 15 日,第 2 张第 6 版;《广东设立工商银行之由来》,天津《大公报》1922 年 4 月 17 日,第 2 张第 2 页。
⑤ 《工界实行尊重粤省币》,上海《民国日报》1922 年 4 月 9 日,第 1 张第 3 版。
⑥ 《国内专电·3 日香港电》《广东银业罢市之风潮》,《申报》1922 年 4 月 4、9 日,第 1 张第 4 版、第 2 张第 7 版。
⑦ Jay Calvin Huston, *The Recent Rise of Labor Unions and the Growth of Chinese Socialism in Canton under the Aegis of the "Kwo Ming Tang"*, June 26, 1922, Jay Calvin Huston Papers, 1917—1931, Box 6, Folder 1, 斯坦福大学胡佛研究所档案馆藏, p. 36.
⑧ 《工团维持纸币与银业罢市》,《香港华字日报》1922 年 4 月 4 日,第 1 张第 3 页;《广东纸币风潮已解决》,《申报》1922 年 4 月 15 日,第 3 张第 10 版。
⑨ 《广东银业罢市风潮未平》,《申报》1922 年 4 月 14 日,第 3 张第 10 版;燧石:《广州金融之曙光》,上海《民国日报》1922 年 4 月 14 日,第 1 张第 2、3 版。

正是在全省商联会的积极斡旋下，9日，工界代表林丽生、谢英伯与商联会会长刘焕及银行代表正式签订八项条款：（1）全省商联会、互助社、广东总工会为此次调人。（2）凡劳工及银行应互相尊重省立银行发出纸币，与各行商一律十足行用。银业行不得将省行纸币买空卖空，如查有确证，从重议罚。（3）凡劳工及各界兑换纸币，不能强迫银店兑现，任其自由交易。如银业中人向省行兑现，除政府外，无论何人不得阻止。（4）被捕之银业中人，由调人担任保出。（5）劳工如与银业中人争执，均由全省商联会、广东总工会或互助社先行调停，如仍未妥，请官判断。（6）立约后，由全省商联会、互助社、广东总工会共同出力，邀请工商两界合组工商银行，资本各半，权限平均，合集资本一千万元，作省政府所出纸币两千万元之担保，随时兑现，以便工商各界共同信用，以资周转。遇有劳资争议事端，由银行董事调解时，须互相尊重。（7）此条约由双方及调人签押后，即由调人呈请官厅出示，依法保护营业，不准他人骚扰。前项公示发行后，银店一律复业，劳工尊重纸币办事处与纠察队同时解散。（8）双方如有反约，均归担保人负责。① 于是，银业罢市得以解决。然而纸币风潮并未因此平息，各银号仍借口"交易自由""银毫未便"以消极抵制。② 至4月21日，孙中山下令免去陈炯明的内务总长、粤军总司令及广东省长等职，孙陈政争甚是剧烈。受此影响，市面纸币"极形低落，已至五折"③，而工人支薪"亦多拒纸币"④。这就宣告了劳资两界合组银行解决纸币风潮行动的破产。⑤

也正因此次风潮所带来的经济生活的恶化，粤工界开始对国民党的政治认同产生疏离。尽管在纸币风潮的劳资较量中，"斗争以工人胜利而告结束。纸币也按票面价值兑换了。局势缓和下来，但这是暂时的。资产阶级决定变换手段破坏政府发行的纸币。各种商品都开始涨价，起初不明显，过了两周，各种商品的价格就上涨得相当可观了。商品涨价实际上意味着工资降低，这引起了工人们的不满。分散的罢工时而在这里，时而在那里不断爆发。后来罢工运动发展为群众运动。又因为发生罢工的那些企业，其资方往往是国民党员，孙中山的反对者们就试图利用罢工运动去反对政府。南方的

---

① 《银业罢市风潮已解决》，《广东群报》1922年4月10日，第3页；《空前之劳资合作银行》，上海《民国日报》1922年4月15日，第2张第6版；《广州金融界风潮之结果》，《晨报》1922年4月18日，第6版。
② 《银店复业金融仍不流通》，《广东群报》1922年4月17日，第6页。
③ 《陈炯明辞职后之两粤局势》，《晨报》1922年4月26日，第3版。
④ 《国内专电·21日香港电》，《申报》1922年4月22日，第1张第4版。
⑤ 此次风潮解决详情可见梁尚贤：《试述1922—1923年广东纸币风潮》，《近代史研究》1995年第2期。

和平被破坏了。工人们对国民党的热情冷却下来。"① 当然，工人们这种与国民党政治的疏离，除了纸币风潮引发的社会经济恶化因素外，还有孙陈政争中党派政治渗透的影响。中共广东区委在工人中进行"联陈倒孙"的政治宣传则证实了这一点。

早在酝酿建党时，中共势力即向广州工人渗透。这在正式政府成立后表现愈益明显。"孙氏既允为工人出力，而陈独秀党徒日复鼓煽罢工风潮，而罢工风潮遂如波起云涌，报张所纪几已惯见。"② 至正式政府后期，中共更加注重对工人的政治与阶级动员，以至形成了国共两党竞争工运领导权的局面。当时中共渗透工运的重点目标就包括国民党中的无产阶级、工会现任职员、机器补习学校学生、铁路工人、互助社重要分子等在内。③ 但是，中共的这种努力却遭到孙中山派国民党人的反对。由于孙陈政争的激化，国民党发生分裂，"党内相当一部分人支持陈炯明；而另一部分支持孙中山的人则进行活动，旨在破坏共产党在工会中的影响，这一切使当地的共产党员对国民党及其政府更加反感"④。加上陈独秀等中共党人与陈炯明的关系本来就很密切。⑤ 因而，在孙陈政争中，中共广东区委持"联陈倒孙"的工运方针也就很自然了。⑥ "在陈炯明叛变之前，我负广东工运专责"，"陈独秀担任广东省教育委员会主委，马文车为秘书长，谭平山、杨匏安、陈公博等一批共产党分子当权，致 S、Y、（社会主义青年）C、Y、（共产主义青年）C、P、（共产党）皆极活跃。且积极渗透各业工会，强行夺权，意图取代本党之领导地位，以为陈逆叛变阴谋铺路。"⑦ 时任国民党工运领导人马超俊的此番言论，可谓是国共两党早期争夺工运领导权的真实写照，而这种争夺工

---

① C. A. 达林：《中国回忆录（1921—1927）》，第 87—88 页。
② 《孙文与粤工商》，天津《大公报》1921 年 6 月 3 日，第 2 张（无版码）。
③ 《谭平山致国昌先生》（1922 年 3 月 6 日），广东省档案馆、中共广东省委党史研究委员会办公室编：《广东区党、团研究史料（1921—1926）》，广州：广东人民出版社，1983 年，第 14 页。并见《平山致国昌信——广东团的工作情况》（1922 年 3 月 6 日），中央档案馆、广东省档案馆编：《广东革命历史文件汇集》甲 1，1982 年，第 2 页。
④ C. A. 达林：《中国回忆录（1921—1927）》，第 84 页。
⑤ 陈炯明与中共党人的关系可谓过从甚密。早在陈驻军漳州时，就倡导社会主义。至粤军回粤后，陈炯明遂"邀陈独秀主持教育，言听计从，相处若师友"。参见郭廷以、王聿均访问，刘凤翰纪录：《马超俊先生访问纪录》，台北："中央"研究院近代史研究所，1992 年，第 49 页。
⑥ 其实，陈炯明事变前，无论在政治上还是策略上，中共对孙、陈均难作取舍，中央与地方支部的意见不一，中央本身的态度也不够明确。甚至可以说，支持陈炯明比较自觉，而与孙中山联合则十分勉强，因而对双方的明暗斗一直左右为难，态度暧昧。参见桑兵：《陈炯明事变前后的胡适与孙中山》，《近代史研究》2001 年第 3 期，第 89 页。
⑦ 马超俊：《我的革命奋斗纪实》，台北，1973 年 9 月，第 71—72 页。并见郭廷以、王聿均访问，刘凤翰纪录：《马超俊先生访问纪录》，第 68 页。

运领导权的党派较量则随着孙陈矛盾的尖锐化亦衍生为公开冲突。就在陈炯明被孙中山免职不久，5月1日，在中共领导的中国劳动组合书记部的倡议下，第一次全国劳动大会于广州召开，会上各党派工运代表就因选举主席团问题"发生了剧烈的斗争，几乎把大会捣乱"①。国民党方面"要求主要把该党代表选进大会主席团。这激起了代表们的愤怒。工人们严厉谴责政府和国民党。结果国民党方面的要求被绝对多数票否决。当选为主席团的主要是共产党员和共青团员。张国焘被选为大会主席。国民党人退出了会场，以示抗议，尔后再也没有露面"②。"当时共产党与国民党争取工人影响的斗争"③亦由此可见。此次劳动大会过后不久，中共广东党组织即"在陈公博的领导下开展了广泛反对孙中山的运动"。④ 也正是这种"联陈倒孙"工运方针的施行，以及中共对国民党工运的政治渗透，使得一些本属国民党领导的工运也沾染了共产党的某种色彩，这无疑是陈炯明危及孙中山政权稳固的重要助力。就此而言，孙中山唯有将其"保育劳工"政策改弦更张外别无他途。前述国民党互助社领导而由中共参与的盐业罢工被镇压，即是此种劳工政策转向的典型缩影。

总之，正因上述诸因素的交织，至5月下旬，广州工人运动就已呈衰微之象，"其一部分已见江河日下之势，盖为不可争之事实矣"⑤。至6月16日，陈炯明发动兵变颠覆正式政府，更使广州工运归于沉寂。与孙中山热衷劳工政治不同，陈炯明却认为"现阶段中国劳动运动只宜作劳工教育运

---

① 《中国职工运动简史（一九一九——一九二六）》（1930年6月19日），人民出版社编辑部编：《邓中夏文集》，第480页。
② C. A. 达林：《中国回忆录（1921—1927）》，第92页。另据张国焘和邓中夏的记述，中共原拟定的主席团5位人选中，黄焕庭、林伟民、谢英伯三人系国民党籍，邓培、谭平山则系中共党员，由于谢英伯遭受无政府党人的强烈反对，主席团人选问题也就"成了不解决之解决"，实际上由谭平山一人执行主席的任务。而张国焘则为"避免刺激国民党工运人物的情绪，退居幕后"，但大会通过的决议多半是由他拟定的。此次劳动大会标志着中共在全国工运中开始获得了领导地位。参见张国焘：《我的回忆》第1册，北京：现代史料编刊社，1980年，第224、230页；《中国职工运动简史（一九一九——一九二六）》（1930年6月19日），人民出版社编辑部编：《邓中夏文集》，第481页。
③ 《中国职工运动简史（一九一九——一九二六）》（1930年6月19日），人民出版社编辑部编：《邓中夏文集》，第483页。
④ C. A. 达林：《中国回忆录（1921—1927）》，第93页。直至6月16日，陈炯明发动围攻孙中山的军事政变后，广东党组织不顾中共中央"拥孙反陈"的指示，依旧从事"联陈倒孙"的政治行动，"陈公博和谭植棠仍在广州《群报》工作，并发表一些支持陈炯明的文章"。参见张国焘：《我的回忆》第1册，第237页。
⑤ 燧石：《广州工界一月来状况》，上海《民国日报》1922年6月21日，第1张第3版。

动"、"不可令工人加入政治的旋涡"①。事实上,此次兵变后不久,广东机器工会、广东总工会、互助社等国民党工会即宣明"脱离政治"②。这就使广州劳资关系党派政治色彩渐次消逝。据统计,1922年下半年,广州共发生煤炭、药材、钟表、土布、草席、宰牛、汽车驾驶等7起经济性罢工,"除土布药材外,皆无胜利"③。这实与陈炯明向持严厉的"家长制"工运政策有关。④ 就这样,由于"嫉视而摧残之者甚多,爱护而扶植之者反少",广州工人运动"近且沉寂者几月矣"⑤。至此,正式政府时期劳资相争格局也因之趋于平静。不过,从这一时期"劳资合行"与劳资相争两种劳资关系主题动态演绎的事实中,亦可蠡测五四后传统行会近代转型时劳资阶级意识分野的复杂面相。

其实,广州正式政府时期劳资阶级意识的觉醒,始终受到国民党劳工政策变化的制约。正式政府前期,由于"保育劳工"政策的推行,以及国共两党、无政府党的党化渗透,直接促使广州工人阶级意识的猛醒,"自劳工主义,澎湃东来,粤中工人,乘时崛起,以组织工会为本营,以同盟罢工为利器,莫不奋发淬厉,以与资本家相抗,冀达减时加薪之目的"⑥。这些罢工虽多以加薪减时的经济性为主,表面上看似与传统行会体系下发生的劳资纠纷并无二致,但实已蕴含新的因素:组织工会、同盟罢工、"跨行"互助遂为工人向资本家抗争的主要方式,尤其国共两党、无政府党等政治势力的介入,更是开启近代中国劳资关系与党派政治结合的先例。正是这些新因素催生了正式政府时期劳资阶级意识的觉醒。于是,"劳资合行"的传统劳资

---

① 《在惠州与陈独秀的谈话》(1922年4—5月)、《与广州工人代表的谈话》(1922年5月19日),段云章、倪俊明编:《陈炯明集》(增订本)下卷,广州:中山大学出版社,2007年,第930、938页。

② 《总工会又声明决不干预政治》《工人对于政潮之态度》,《广州共和报》1922年7月12、18日,第6页;广田宽治:《广东工人运动的各种思潮——广东省总工会成立经过》,中国社会科学院近代史研究所《国外中国近代史研究》编辑部编:《国外中国近代史研究》第24辑,第158-159页。

③ 参阅广田宽治:《广东工人运动的各种思潮——广东省总工会成立经过》,中国社会科学院近代史研究所《国外中国近代史研究》编辑部编:《国外中国近代史研究》第24辑,第158页;奇峰:《一年来之广东》,《前锋》第2期,1923年12月1日,第37页。另有学者认为,1922年下半年,陈炯明控制下的广州并未发生罢工的说法显然是有悖于事实的。参见 Ming Kou Chan, Labor and Empire: The Chinese Labor Movement in the Canton Delta, 1895—1927, p. 218.

④ [美]杜赞奇:《从民族国家拯救历史:民族主义话语与中国现代史研究》,王宪明译,北京:社会科学文献出版社,2003年,第190页。

⑤ 《经济状况·广州工商界之现状》,《新加坡中华总商会月报》第1卷第8号,1922年10月30日,第33页。

⑥ 《广东工潮之观察》,《申报》1922年2月6日,第3张第11版。并见《广东工潮之影响于工人自身》,《晨报》1922年2月25日,第6版。

关系模式遂向劳资相争的复杂实态演进。然而，这种带有阶级斗争意蕴劳资关系格局的生成，并非国民党政权所愿。孙中山等国民党人之所以施行扶植劳工的保育政策，主要是基于动员工人积极参与国民党革命政治这样的根本意图，而并不想"完全让劳工当家作主并且为工农利益进行新的革命"①。须承认，国民党"保育劳工"政策的实施诚然赢得多数广州工人的政治认同，但也带来劳方为改善经济权益而自动罢工的劳资纷争局面，且这种局面在中共、无政府党等党派政治的催化下大有愈演愈烈之势。显然，这对后期就已陷入政治经济双重危机的正式政府来说不啻于雪上加霜，同时也与孙中山"劳资协调，互助合作"②的固有理念多有背离。因而，国民党政权最终对那些充满阶级斗争色彩的工潮诉诸武力，也就不可避免了。其实，国民党这种"保育劳工"政策的转向，既体现了其劳资协调的政治统治逻辑，又与"劳资合行"的广州传统行会理念如出一辙。

此外还须强调的是，尽管由于劳资阶级意识的觉醒，正式政府时期广州行会的组织实体始陷崩溃，但传统手工业为主体的社会经济结构的存续无疑又迟滞了这一崩溃进程，使"劳资合行"的传统行会理念仍具顽强生机，如前述那些劳资协调型工潮的解决，以及工会组织的内讧分裂则是行会理念影响的具体反映。而这种行会理念的潜存客观上阻碍了广州工人阶级意识的生成，同时也削弱了工人运动赖以生存的组织基础。诚如时人所言："广东工业尚在手工业时代，工会之单位不能筑于工厂上面，只可筑于工作店上面。工作店组织势力甚弱，行会之历史尚未过去，工作店之单位组织比较困难，故工会无单位做其基础，遂形散漫。"③ 正是这种"劳资合行"的行会理念与国民党劳资协调政策的联动交织，使得正式政府时期劳资相争的主题格局渐趋沉寂。这与中共工运领导人所期望的激烈阶级斗争仍相距甚远。也正因如此，邓中夏认为正式政府时期的"广东罢工潮比上海还要落后"④。这一看法却也真实道出了此时广州传统行会近代转型中劳资阶级意识分野的有限性。

---

① 莫世祥：《护法运动史》，第256页。
② 早在1917年孙中山就认为，"马克斯[思]学说，乃强将劳资双方划为两个不同阶级，煽动工人从事阶级斗争，居于仇恨心理，针对资本家作殊死战。此在极端资本主义社会或能引起工人及其同情者之支持，造成一种夺权攫利情势。但现在我国只有大贫小贫，并无大资本家之存在，且劳工从业自由，亦无被剥削太苛或压榨过甚之事实。所以我国工人不应听信马克斯[思]之邪说，以偏概全，宜对劳资协调，互助合作，以增加生产，改善生活，充裕国力为旨趣。"参见马超俊：《我的革命奋斗纪实》，第39页。
③ 奇峰：《一年来之广东》，《前锋》第2期，1923年12月1日，第38页。
④ 《中国职工运动简史（一九一九——九二六）》（1930年6月19日），人民出版社编辑部编：《邓中夏文集》，第454页。

第五章 双重变奏：
大元帅府时期的劳资合作与冲突

1923年3月2日，孙中山借粤、湘、滇、桂、豫等联军①驱逐陈炯明后，在广州设立陆海军大元帅大本营（简称"大元帅府"）。可是此时的国民党政权并不稳固，必须"频繁地进行防御战和进攻战"来消除敌患。② 按理说，针对来自外患的威胁，孙中山政权理应积极整饬内政，与民休养生息，共御外侮。但遗憾的是，以革命标榜的国民党政权却未能担负起其应有的社会整合职责，相反，为了满足军事优先的战略行动，甚至不惜牺牲民力，尤其助孙讨陈的各省联军的"乱粤"与"祸粤"，更使广东社会经济生态急剧恶化，严重危及广大民众的生活与生存，而作为民众重要构成的工人、商人自然亦难以幸免。同时，大元帅府时期又是国共合作进行国民革命的起步阶段，国民党的扶助农工以及中共阶级革命的政治宣传与动员，无疑又赋予五四以来渐趋觉醒的广州劳资阶级意识分野以新的助力，广州工界内部的党派政治分化也随之凸现端倪。那么，国共两党的这种政治动员与社会经济生态的恶化又是如何影响劳资关系的？而广州劳资两界又是如何权衡和

---

① 据统计，此驱陈联军号称"七省十一军"，约10万人。主要包括：（1）粤军2.5万人，分三部：许崇智部大部在东江，小部驻广州；梁鸿楷部在西江四邑及南路，小部驻东江；李福林部大部在广州河南，小部驻东江。（2）滇军杨希闵部2.5万人，一部驻东江，另一部驻北江及广（州）韶（关）沿线防御北军，余部留守广州及广（州）三（水）沿线。（3）桂军刘震寰部1.2万人，大部在东江，小部在广州；刘玉山部3000人驻东江。（4）湘军谭延闿部1.2万人，大部驻东江。（5）豫军樊钟秀部4000人，驻东江，后请缨北伐经赣、鄂入豫。（6）朱培德部4000人，初在东江，后调北伐。此外，尚有陕军路孝忱部、赣军李明扬及党军（黄埔学生军）等。参见《南方孙文系之兵力调查》，《东方杂志》第21卷第19号，1924年10月10日，第162－164页；罗翼群：《记孙中山南下护法后十年间粤局之演变》，中国人民政治协商会议广东省委员会文史资料研究委员会等编：《广东文史资料》第25辑，广州：广东人民出版社，1979年，第149页；丁文江：《广东军事纪》，《近代史资料》1958年第3期，第55－66页。

② ［苏］А. И. 卡尔图诺娃：《加伦在中国（1924—1927）》，中国社会科学院近代史研究所翻译室译，北京：中国社会科学出版社，1983年，第66页脚注1。此时孙中山南方政府所辖地区仅为粤省中部，即广州至韶关南北铁路沿线地带、珠江以及西江和东江三角洲一带。周围全是敌军：北有吴佩孚从湘、赣两省威胁，粤东沿石龙—惠州—河源一线为陈炯明盘踞，粤西南驻军亦归陈调遣，南面是与孙中山政府相敌对的英殖民地香港。

应对其经济权益与政治诉求的？鉴于愈益显化的阶级冲突，国民党政权又是怎样调整其劳资政策的？这些问题的明晰，可以为客观评估和揭示国共合作前后劳资阶级意识分野的复杂关联提供新的认知。

第一节 祸及工商：社会经济的生态失衡

稳定而和谐有序的社会经济生态是任何社会呈良性运行的首要前提，也是衡量政府社会整合能力的一项重要指标。而作为社会实体性要素的工人与商人，通常关注的则是这一"生态"平衡能否惠及其经济地位的改善。因而，如何规避此"生态"失衡，便为社会中心体的国家政权借以应对社会失范的主要方略。然而，1923—1925年上半年的广州呈现的却是一幅战乱频仍、经济萧条、匪祸烟赌肆虐泛行的凄凉景观，这与大元帅府社会控制能力的衰微密切关联。

一、联军苛政

由于兵力不足，孙中山借师助剿并击溃陈炯明后，助孙讨陈的各省联军的角色愈显举足轻重。然而，联军中真正受孙中山节制的仅有粤军李福林、滇军朱培德等部，其余多数军队须以重金雇聘方肯"忠诚"，诚如达林所言："不仅孙中山的士兵，而且连军官，从低级军官到将军，都是雇佣者。这些人在大多数情况下与国民革命的思想是格格不入的。他们是追求个人名利、贪赃受贿之辈，把军人职业视为生财之道"①，而且"多数人对于打仗的目的不闻不问，他们同自己的军队及雇主的关系，一概源于传统、复杂的私人关系和私利。"② 正因大元帅府的软弱无力，孙中山根本无法约束"那些既对他提供保护，又不断要求新的钱财的各路将军"③。于是，各联军胡作非为、横征暴敛，严重破坏了广东社会经济的生态平衡。

---

① C. A. 达林：《中国回忆录（1921—1927）》，第110页。
② A. И. 卡尔图诺娃：《加伦在中国（1924—1927）》，第32页。
③ ［法］白吉尔：《中国的资产阶级（1911—1937）》，费正清主编：《剑桥中华民国史》第1部，章建刚等译，上海：上海人民出版社，1991年，第846页。

（一）封船拉夫

兵力和军需能否及时供给与运输，往往关涉战争的胜负。际此战事纷扰、革命政权风雨飘摇的困境下，各联军封船拉夫确有其不得已之处。但问题是，这类行为并无规范与节制，通常还会伴随敲诈勒索、抢劫财物、伤人捕人等事件，各界居民的生命财产因而毫无保障，正常的生产、运输、销售也无法进行，这就激起了广州工商两界的愤懑与抵制。

1923年8月，尽管孙中山明令禁止各军擅自封船，但仍有军人将泊在广州长堤的渡船全部封用，以致"航商人人自危"①。而最令航商恐惧的"致命伤"，当属"冒军封船及借名勒收保护费"②。针对此，粤省航政局曾于12月特发通告予以严禁："嗣后倘有不法军队，胆敢仍前擅封船只，或假冒军人，借端勒索敲诈者，准由各航商随时据实赴局报明，定行立予派队拘究，决不姑宽。"③然而，粤当局根本无力制止冒军封船，加之各军名目庞杂，"是军是匪，辨别无从"④，航商的悲惨遭遇因而也就每况愈下，无奈只得实施自卫，各江轮渡这才"有陆续开行之势"⑤。由于业缘的关系，航商的遭遇亦得到工界的同情与支持。1924年4月，驳载总工会因感时局多故，"船民痛苦备尝，非实行办团自卫不可"，遂发起组织工团军50名，以图"改良水上风俗，为船民求幸福"⑥。可是，航业工商两界的联合自卫却因战事严峻而告失败。至5月，因各军兵发东江，"各江渡船，多被封用，事后或未尽发还"⑦，"航商感受痛苦，莫可名言"⑧。联军肆意封船所酿的"扰商"恶果，实与孙中山的"恤商"初衷完全背离："如有封借商人轮渡，尚未发还者，应即克期发还，如敢抗违，准该原商来府呈控，本大元帅定饬海防司令，将原有轮渡查照发还，以恤商艰。"⑨尽管此令颁行后，"一般航商视为绝处逢生，无不距跃三百"，但各军仍置若罔闻，封船迭有发生，而

---

① 《商船被封之呼吁》，《广州民国日报》1923年8月6日，第6版。
② 寿华：《广东市经济概略》（1924年），中央档案馆、广东省档案馆编：《广东革命历史文件汇集（1923—1926）》，1982年，第26页。
③ 《航政局实力保护轮渡布告》，《广州共和报》1923年12月15日，第5页。
④ 《大元帅训令第107号》，《陆海军大元帅大本营公报》第8号，1924年3月20日，第34页。
⑤ 《各江轮渡近况》，《广州共和报》1923年12月8日，第6页。
⑥ 《驳载公［工］会办团》，《广州民国日报》1924年4月14日，第9版。
⑦ 《限令发还封用商船》，《广州民国日报》1924年5月22日，第6版。
⑧ 《航商纷请截缉被封商轮》，《现象报》（广州）1924年5月17日，第1张第3版。
⑨ 《帅令发还所封轮渡》，《广州民国日报》1924年7月18日，第6版。

各航商亦"闻风畏避，将所有轮渡纷纷停歇，不敢驶泊省河"①。为此，1924 年 11 月，粤省财政厅长古应芬呈请帅府重颁禁令，"各军不得擅将各江轮渡封用，免碍交通"②，但也只是具文而已。

不过，最令民众惊恐不已的还是军队强征夫役。按大本营规令，"冒充军队及不知会警察，擅自拉夫者枪决"，这是孙中山颁布的临时军律六条中的一项重要内容。③ 广州市公安局亦规定募夫"只准募及苦力及无业之人"④。但实际情况却是各军漠视法令、强制征夫，"不加审择，社会啧有烦言"⑤。结果致广州市面的苦力"几至绝迹"，而军队索取夫役"动辄盈千累百，供应稍迟，则曰贻误戎机"⑥。这样，夫役供需失衡，各军只得强行拉夫，尤其工商两界倍遭蹂躏。如 1923 年 8 月，粤汉铁路因工匠"被误拉充当夫役者，不知凡几"而影响运输。⑦ 广东火柴厂被强闯拉人时，却招致该厂数百工人的罢工抗议，"后经几许调停，并加派商团数十人，武装守卫，始允开工"⑧。广州东市街亦因军队拉夫滋扰，商店纷纷停业，"闹得声势汹汹，全街鼎沸"⑨。

至 1923 年 9 月初，广州拉夫又起高潮。大本营兵站部限令市公安局一日内募役三千人输送东江前线。于是，"军警如狼似虎，手持长绳，并持上刺刀之枪追逐示威"，"一路哀声震天，闻者下泪"⑩。即便如此，"然三千之额，仍难足数"。对此，兵站部总监罗翼群不无忧虑："窃思募夫数月计达二万余名，本市苦力中人雇募殆尽，即或间有漏网，亦忍饿不敢出门，四乡小贩相戒不敢来城，而取夫者函电纷驰，急如星火"，"更闻近日有因夫役逃走，被军士开枪乱击，当场击毙者多起，并有在各街上向途人强拉乱殴

---

① 《帅令发还所封轮渡》《财厅请禁各军擅封轮渡》，《广州民国日报》1924 年 7 月 18 日、11 月 17 日，第 6 版。
② 《财厅请禁各军擅封轮渡》，《广州民国日报》1924 年 11 月 17 日，第 6 版。
③ 《大元帅训令第 215 号》，《陆海军大元帅大本营公报》第 18 号，1923 年 7 月 6 日，第 11 页。其余五条为：抢劫财物者枪决，未奉长官命令不知会警察，擅自逮捕商民或入铺屋搜索者枪决，不经由兵站擅自封用船渡者枪决，强占商民铺屋者枪决，掳人勒索及打单吓诈者枪决。
④ 《警察拉夫限制》，《广州民国日报》1924 年 3 月 31 日，第 9 版。
⑤ 《军队拉夫波及路工》，《广州民国日报》1923 年 8 月 1 日，第 6 版。
⑥ 《大元帅训令第 181 号》，《陆海军大元帅大本营公报》第 16 号，1923 年 6 月 22 日，第 11、12 页。
⑦ 《军队拉夫波及路工》，《广州民国日报》1923 年 8 月 1 日，第 6 版。
⑧ 《本省新闻·黄沙发现刺毙逃夫之骇闻》，《新小桥报》（江门）第 8 期，1923 年 8 月 1 日，第 30 页。
⑨ 《本省新闻·最近拉夫之惨闻》，《新小桥报》（江门）第 9 期，1923 年 9 月 1 日，第 27 页。
⑩ 今生：《广州军队拉夫之惨状》，《晨报》1923 年 9 月 14 日，第 5 版。

情事，以致行人奔避，商贾裹足。募夫前途越加一层障碍。"① 广州总商会亦痛言："惟月来军队开拔，沿途拉夫，不论其人强弱老幼，及有职业与否，强逼充役。稍有抗拒，即被放枪追击，或伤或毙。凡此残酷情形，查阅报章所载，笔不绝书。"②

1924年2月，因东江战火复燃，前线需役甚急。至3、4月间，广州拉夫再现高潮，影响所及，"市内各苦力、挑夫、舆夫，暨两肩度活之小贩辈，闻风生畏，伏匿不敢出门，以为规避。即各繁盛市场，如禺山市、惠福市、五仙门等处，亦因蔬菜小贩不敢出市，遂致顿呈冷淡之象。"③ 惠福西路、仙羊街至绒线北街、走木巷、米市街等路口，亦有军人分守"拦途截拉"④。除在马路市场截拉苦力、小贩外，军警还向茶肆搜索夫役。东门口东如得云茶楼、惠福路五如巧心茶楼、五仙门瑞如茶楼等，"均有人在此预伏门外，截拉品茗客。被获者几如瓮中之鳖，无从逃脱。一般茶客，闻此风声，多为裹足，以致各茶肆，异常冷落"⑤。各军肆意拉夫，遭到商界抵制。4月3日，有士兵数人在云来茶居门前拉夫，鉴于有碍营业，该店东"以商团军资格，出而干涉"，"势将用武"，后因商团军驰援，士兵才"分头散去"⑥。粤商团总所亦因第八分团队长刘心平被强拉充役，特致函公安局转呈军政部各军，"不得强行拉夫，俾定人心而免纷扰"⑦。而广州总商会也对政府拉夫持抗拒姿态，"善后委员会，前以缺于经费，募夫困难，求助力于总商会，总商会竟却之"⑧。

拉夫之风的盛行，相当程度地加剧了民众的恐惧心理：人人自危，缺乏安全感。而工人更感拉夫之苦，"除各工会，或其他关系团体，给发于自置襟章外，多系蛰居不动，如无非常要故，当以敛迹为宜。若至执行职务时，当必高悬其襟章。故游广州者，名广州为襟章世界云"⑨。此外，冒军借端敲诈"更足令人惊恐"，⑩ 其劣迹迭见当时报端："但一般散军，或地痞牛王友，曾入营伍者，则假借军队名目，行种种不法之事。并有自置襟章，以作

---

① 《大元帅训令第279号》，《陆海军大元帅大本营公报》第28号，1923年9月14日，第10页。
② 《请禁拉夫》，《广州民国日报》1923年9月10日，第6版。
③ 《市上拉夫情形》，《广州民国日报》1924年3月29日，第9版。
④ 《昨日之拉夫情形》，《广东七十二行商报》1924年4月2日，第5版。
⑤ 《连日募夫情形》，《广州民国日报》1924年4月7日，第9版。
⑥ 《军队依然违令拉夫》，《广东七十二行商报》1924年4月4日，第5版。
⑦ 《商团队长被拉充夫》，《广东七十二行商报》1924年4月7日，第6版。
⑧ 永生：《拉夫》，《广州民国日报》1924年4月8日，第3版。
⑨ 《劳动调查》，《广州民国日报》1923年9月25日，第7版。
⑩ 《粤局转危为安》，《申报》1923年11月9日，第3张第10版。

'老虎蚧'而吓人者，商民受苦异常"①，而个中"更有假冒军人，专向衣服鲜洁者强拉勒赎，连日闻见，报不绝书"②。对此，孙中山政府也无能为力。其后，尽管大本营一再禁令军人拉夫，"以安市面而慰民心"③，但事实上仍是屡禁不止。④

（二）繁征苛敛，截吞税饷

财政与军事犹如一体两面，休戚相关。在"有军队就有政权"的生存法则支配下，"军阀们觉得自己在广州，就像是在火车站候车的乘客"⑤，"梁苑虽好，终非久留之地"，"他们只想在广东养兵聚财，待到兵强马壮，即打回老家去，赶走那些其统治手段并无二致的敌对军阀。"⑥ 因而，"搂满腰包""中饱私囊"便成为这些客军"祸粤"的潜规则。

联军入粤后，即以胜利者自居，纷纷竞设防区，"北江则属滇军杨希闵范围，西江则属古应芬范围，东莞、增城、宝安三县，则属桂军刘震寰范围"⑦。在防区内，联军肆意加抽税捐，"尚有二三十种"⑧，有时还合作征抽。如1924年8月，为筹措军费，驻广州的滇、湘、桂军总司令部宣布成立"滇湘桂军战时军需联合筹备处"，合伙抽捐，"无论水陆范围，果有一物焉而可以征收款项者，则立起名目，实行开抽。对于种类额数，又绝无制限。如有可借为征抽之名目者，即凡物皆抽，应有尽有，亦不顾虑。"⑨

而最能体现联军强取豪夺的野蛮行径的则莫过于"护商"了。"粤省自军兴以来，各种军队，名目繁多。而所谓司令者，更多如鲫，凡招集百数人，即霸据一方，剥抽就地商民之术，层出不穷。在理军队之多，则保护商民之力愈周，而粤省现象，则适得其反。"⑩ 联军这种"假护商之美名干剥

---

① 《拉夫影响市面之情形》，《广州民国日报》1923年9月18日，第6版。
② 《清秽夫因避拉将实行罢工》，《广东七十二行商报》1924年4月3日，第5版。
③ 《省令禁止拉夫》《卫戍部禁拉夫》，《广州民国日报》1924年4月7、8日，第9版。
④ 详见《连日又有拉夫》《花地芳村之大拉夫》，《广东七十二行商报》1924年10月3、4日，第6、5版；《滇军拉夫之大黑幕》，《香港华字日报》1925年3月12日，第3张第1页；《惠爱路东关之拉夫潮》，《广州共和报》1925年6月8日，第5页。
⑤ ［苏］亚·伊·切列潘诺夫：《中国国民革命军的北伐——一个驻华军事顾问的札记》，中国社会科学院近代史研究所翻译室译，北京：中国社会科学出版社，1981年，第29页。
⑥ А. И. 卡尔图诺娃：《加伦在中国（1924—1927）》，第145页。
⑦ 今生：《粤省财政益趋紊乱》，《晨报》1923年9月11日，第5版。
⑧ 今生：《粤省之民穷财尽》，《晨报》1924年8月14日，第6版。
⑨ 《驻粤军队联合抽捐》，《晨报》1924年8月13日，第6版。
⑩ 毅庐：《广州通信》，《申报》1924年1月30日，第3张第10版。

民之暴行"① 的事例可谓俯拾即是：西江商船来广州，沿途因军队抽收护费就有 50 余起，"与盗贼打单行水一般"②；广州城郊泥城至泮塘不过数里，亦因士兵"公然索诈"勒收护费，以致附城西北一带乡艇纷纷停摆，"故乡民之欲来省者，虽一苇可航，亦大有望洋兴叹之概"③；番禺、从化、花县等地商船亦因军人设卡"不堪烦苛"而停业。④ 不过，联军"护商"所酿恶果尚远不及此，其"祸商"机构之多、程度之深乃前所仅见，"几令江河梗塞，百物停滞，牵动大局"⑤。而此时各军被控"勒索财物残杀人命"之事亦多有发生，以致时人发出"兵乱如斯，商民尚可居乎"⑥ 的慨叹。

除苛抽外，联军还截留税饷。由于粤省频年用兵，军饷浩繁。"饷糈为军人命脉，刻不容缓"，而钱粮税捐则是定期征收，缓不济急。于是，防军便"借口饷项无着，将该就地税捐自行截收，以充伙食。一军作俑，他军效尤，于是全省收入，为军队截收殆尽，丝毫不归省库"⑦。为争截税源，各军展开激烈竞争，并时滋事端，尤以滇桂两军为甚。如踞粤之初，滇军已抢得补抽厂、东西税厂、沙田清理官产等税收机构，桂军则占盐运署和造币厂。后因"盐税绝无起色"，造币厂缺乏资本，结果桂军收入"几于不能维持军食"，而滇军"收入源源而至，脑满肠肥"。两军所获相形见绌，桂军遂包开杂赌、番摊，滇军亦步其后尘。⑧ 随后，两军为争赌饷多次上演武力冲突的闹剧。⑨

巨额税饷被截留，其直接后果就是造成广东财富大量外流。据估计，从 1923 年 4 月至 1925 年 6 月，仅滇桂军在广州截分的烟赌费就达 190 余万元⑩，而"滇军汇款回滇者，一年以来，不下二三千万（元）"，桂军"亦

---

① 《查禁各部队设卡抽税筹饷扰民》（1923 年 3 月—1925 年 6 月），陆海军大元帅大本营档案，二三 O—042，中国第二历史档案馆藏。
② 《西江船商之行路难》，《广州共和报》1923 年 12 月 12 日，第 6 页。
③ 《勒收护船费之屡禁不绝》，《广州民国日报》1923 年 12 月 17 日，第 6 版。
④ 《电请撤销护商队》，《广州民国日报》1923 年 12 月 28 日，第 6 版。
⑤ 《船民之呼吁声》，《广州民国日报》1924 年 4 月 8 日，第 9 版。
⑥ 《各部队被控勒索财物残杀人命》（1923 年 4 月—1925 年 2 月），陆海军大元帅大本营档案，二三 O—043，中国第二历史档案馆藏。
⑦ 毅庐：《粤省之财政状况》，《申报》1924 年 1 月 9 日，第 2 张第 7 版。
⑧ 干：《梦如乱丝之广东财政》，《晨报》1924 年 4 月 3 日，第 5 版。
⑨ 如 1924 年 2 月，滇、湘军在韶州、广州、增城、香山等地因争"赌规"多次冲突；3 月，两军又为"白鸽票"大打出手。而守护杂赌之湘军，亦"时被便装滇军轰毙"。参见温小鸿：《1924 年广东"商团事变"再探》，《浙江社会科学》2001 年第 3 期；干：《梦如乱丝之广东财政（续）》，《晨报》1924 年 4 月 4 日，第 5 版。
⑩ 卜汉池：《桂军刘震寰的兴起及其复亡》，中国人民政治协商会议广东省委员会文史资料研究委员会编：《广东文史资料》第 15 辑，1964 年，第 65 页。

汇回桂省款项三四百万（元）"，其余各军可想而知。① 而更严重的，恐怕还是直接导致大元帅府财政税收体系的崩溃，诚如当时舆论所言："所有各属正杂税捐，复为驻防各军就近截留几尽，批解寥寥，遂致库空如洗，罗掘俱穷"②，"驯此以往，政府财政非至破产不止。"③

二、财政竭蹶

从政治学角度看，一个政府社会控制能力的强弱，通常取决于两种因素：权力结构和财政能力。联军的"祸粤苛政"，无疑在很大程度上削弱了大元帅府的财政汲取能力。据笔者统计，1924年1月至1925年6月，广东财政总收入为1847.7万元，而总支出1891万元，其中军费为1006.7万元，竟占总额的53.24%。④ 可见，"财政分裂，军饷虚糜"⑤ 乃是孙中山政府财源枯竭之主因。因而，统一财政势在必行。

早在1923年7月，大元帅府就责成廖仲恺、叶恭绰为首的统一广东财政委员会，下令统一财政，但却"无丝毫效果"⑥。1924年1月，孙中山在大本营军政会议上限令各军将征税机构交与政府接管，可是应者寥寥。⑦ 后来政府虽迭令统一财政⑧，但终因遭到各军抵制而落空，诚如《晨报》所言："无如军队复杂，各霸一方，多持观望态度。无肯首将财权奉还财政当道者。上峰虽三令五申，然占领财权之军人，卒无一应。"⑨ 而滇军反对甚力，"大本营致滇军之公事文件，凡关系统一财政者，滇军皆一概搁置，并不答复"⑩。大元帅府统一财政的努力遂遭失败。其后广东财政困局依旧

---

① 今生：《粤省之民穷财尽》，《晨报》1924年8月14日，第6版。
② 《省署请令各军勿截专款》，《广州民国日报》1924年8月5日，第3版。
③ 毅庐：《粤省之财政状况》，《申报》1924年1月9日，第2张第7版。
④ 这是笔者依据秦庆钧：《北伐战争时期的广东省财政》，中国人民政治协商会议广东省广州市委员会文史资料研究委员会编：《广州文史资料》第27辑，广州：广东人民出版社，1982年，第183–186页表1、2、3、4所提供的数据估算而得。
⑤ 《辞财政部长职通电》（1924年9月17日），广东省社会科学院历史研究室编：《廖仲恺集》（增订本），北京：中华书局，1983年，第216页。
⑥ 今生：《粤省财政益趋紊乱》，《晨报》1923年9月11日，第5版。
⑦ 《三大问题之解决》，《广州民国日报》1924年1月7日，第2版。
⑧ 其主要措施为：（1）成立统一机构，负责供给军需；（2）编制预算；（3）禁止商人承办、招揽军队占据的税收；（4）整顿广东金融；（5）禁止军队擅抽杂捐。详情参见丁旭光：《民国初期的广东省政府（1912—1925）》，广州：中山大学历史系博士学位论文（未刊稿），2003年，第158–159页。
⑨ 《粤政府财政之紊乱》，《晨报》1925年1月11日，第5版。
⑩ 干：《广州财政统一不易实行》，《晨报》1924年3月13日，第5版。

"梦如乱丝"①,"不论工商各界,咸受财政不统一之痛苦,乃人人握腕,而莫如之何"②。其主政者更是一筹莫展。1924年9月,廖仲恺在辞财政部长的通电中曾有这样的抱怨:

> 维默察现状,广东财政,已濒绝境,虽欲负责,诚恐力不从心。辗转思维,实有不忍言,且不能不言之痛。粤省虽号富裕,而军兴以后,财政久陷分裂。厘捐粮税悉为各军截收,赌饷烟捐亦由各军支配。是全省税收,业已瓜分豆剖,点滴无遗。计吏职权,情同告朔。把注势有不能,整顿亦无从着手。故迄今两载,财政命令,不出署门。财厅五易长官亦都束手无策。此中困苦情形,为有目所共睹。现在财政状况,较窘于前;而千里馈粮,军需之急,百倍昔日。③

际此逆境,为维持"支付能力",大元帅府只得采取一系列过度"抽血"的财税政策。首先,增辟新税。"在税收上创新,五花八门,名目繁多"④ 是此时政府税政的主要特征。据1924年5月《申报》不完全统计,政府征税名目有60余种⑤,同期《晨报》记载则有70余种⑥,而蔡和森认为有"八十几种苛税杂捐"⑦,香港华字日报社所编的《广东扣械潮》则称"细杂苛捐有百四十余种"⑧。尽管税目众说纷纭,但政府征税繁杂却是不争的事实:"巧立新捐,无微不至,名目之多,真书不胜书。"⑨ 其次,提高税率。1924年3月,粤省财政厅布告:地方税、各行坐厘台费一律提高20%和50%,所增征税收应每5日一次径送省财库;至9月复通告:从10月15

---

① 干:《梦如乱丝之广东财政》,《晨报》1924年4月3日,第5版。
② 《财政不统一之危机》,《广州民国日报》1924年1月9日,第3版。
③ 《辞财政部长职通电》(1924年9月17日),广东省社会科学院历史研究室编:《廖仲恺集》(增订本),第216页。
④ [美]丹·N.雅各布斯:《鲍罗廷来到广州》,林海译,中国社会科学院近代史研究所《国外中国近代史研究》编辑部编:《国外中国近代史研究》第5辑,北京:中国社会科学出版社,1983年,第196页。
⑤ 星星:《广州教费专税之调查》,《申报》1924年5月26日,第3张第10版。
⑥ 今生:《广州罢市风潮之面面观》,《晨报》1924年6月8日,第5版。
⑦ 和森:《击败商团后广州政府的地位》,《向导周报》第88期,1924年10月22日,第724页。
⑧ 香港华字日报编:《广东扣械潮》第3卷"评论",香港:香港华字日报,1924年,第52页。
⑨ 今生:《水深火热之广东人民》,《晨报》1923年10月9日,第5版。

日起，在粤征收的所有税项的税率再提高20%。① 另外，政府还利用纸币政策滥发债券。如大本营财政部、省财政厅发行的"国库券""军用手票""地方短期抵纳券""广东省金库券"等约数百万元，皆因无抵押、缺乏信用保障而遭冷遇。② 大元帅府中央银行所发纸币亦因低折、失信商民而"几至不名一钱"③。当然，国民党政权的"吸血"财税政策远不止以上方面，"除通常的'预征'税，战事债券，'自愿'捐助之外，孙中山还出卖公地，发汽车执照，拍卖庙宇，勒索因避纳新税而逃离广州的富人的亲属"，"尽管如此，他的政府还是越来越债台高筑。"④ 可见，上述苛税政策的实施，不仅未能改善大元帅府财政竭蹶的窘境，相反却使商民身受其害，致其敌对情绪与日俱增，社会矛盾愈趋激化。因抵制苛税而生的罢市风潮此起彼伏，"已成了司空见惯的事情"⑤。对此，孙中山亦不无内疚：

> 军事既殷，军需自繁，罗掘多方，犹不能给，于是病民之诸捐杂税，繁然并起，其结果人民生活受其牵制，物价日腾，生事日艰。夫革命为全国人民之责任，而广东人民所负担为独多，此已足致广东人民之不平矣。而间有骄兵悍将，不修军纪，为暴于民，贪官污吏，托名筹饷，因缘为利。驯致人民之生命、自由、财产无所保障，交通为之断绝，廛市为之凋敝［敝］。此尤足令广东人民叹息痛恨，而革命政府所由徨彷夙夜，莫知所措者也。广东人民身受痛苦，对于革命政府渐形失望，而在商民为尤然。⑥

财政金融危机的频发，是政府社会控制能力衰竭的一重要表征，也是导致社会失范的基本动因。而大元帅府竭泽而渔的财税政策，无疑强化了这种"衰竭"，使社会长期处于失衡状态。

---

① 广东省档案馆编译：《孙中山与广东——广东省档案馆库藏海关档案选译》，广州：广东人民出版社，1996年，第604、622页。
② 参见温小鸿：《1924年广东"商团事变"再探》，《浙江社会科学》2001年第3期；《粤政府财政愈形困难》，《晨报》1924年6月23日，第5版。
③ 干：《粤省财政竭蹶》，《晨报》1925年2月13日，第5版。
④ 丹·N. 雅各布斯：《鲍罗廷来到广州》，中国社会科学院近代史研究所《国外中国近代史研究》编辑部编：《国外中国近代史研究》第5辑，第196页。
⑤ 广东省档案馆编译：《孙中山与广东——广东省档案馆库藏海关档案选译》，第617页。
⑥ 《告广东民众书》（1924年9月10日），广东省社会科学院历史研究所等编：《孙中山全集》第11卷，北京：中华书局，1986年，第35页。

三、病态杂陈

因联军祸粤造成的大元帅府社会控制体系的弱化,使得整个社会的有序化程度大为降低,其直接表现就是社会病态的滋生与蔓延,这以匪祸烟赌最为典型。而饱尝战乱与苛税之苦的广州劳资阶层的生存空间遂更日益萎缩,并呈现恶化的势态。

匪祸与战乱历来就像一对孪生体,如影随形。民初以降,军阀政治一直为广东政局演变的常态。它在削弱政府权威的同时,复使社会军事化,而兵和匪自然也就构成了"军阀政治的一体两面"①。此种"兵匪一家"双向流动的职业军事化态势在大元帅府时期表现尤为明显,"匪徒进可以作军长、师长、旅长、团长,退亦可坐收行水,掳人勒赎","而政府军官,皆充耳不问,故匪愈张。"②

兵匪的同恶相济及政府的熟视无睹,更加纵容滋长了粤省盗匪的肆虐与嚣张:"洗劫掳掠,无所不为"③,如"警察林立"的广州,"劫窃之案,时有所闻"④,甚至"秩序向称良美"的南海九江,自治美名也为盗匪所用,"匪党挂民团襟章,横行墟市,杀人报仇,无恶不作,团局形同赘疣"⑤。而更恶劣的是,影响商业交通甚剧,如广州市外"满途荆棘","东南西北,会匪猖獗","实为空前所未有",随之而来的便是"省乡交通断绝,商业大受影响"⑥。为此,"各居民阶层对政府益发不满","大多数商人也跟政府对立,大商人更是如此,恨不能一脚把政府踢开"⑦。

与匪祸不同,烟毒泛滥却是政府行为直接介入所致,具有合法性或准合法性。加之联军恣意庇护,粤省烟毒业已成灾,这从当时报纸记述中可窥一斑:"广州烟土充斥",其"烟馆统计约百家,多设繁盛街道内"⑧,"烟馆名为谈话处,堂堂皇皇有兵大哥守卫,有美女招待"⑨,而有的军官甚或

---

① 蔡少卿主编:《民国时期的土匪》,北京:中国人民大学出版社,1993年,第139页。
② 今生:《粤省之天灾与人祸》,《晨报》1923年7月22日,第5版。
③ 《轮渡倍受匪患之呈诉》,《香港华字日报》1924年4月30日,第3张第12页。
④ 《饬公安局严缉窃匪》,《广州共和报》1925年4月15日,第5版。
⑤ 诚意:《自治的九江竟成匪治》,《香港华字日报》1925年3月12日,第3张第1页。
⑥ 《新顺河面匪风之猖獗》,《广州共和报》1925年5月20日,第5页;双翼:《广州市外之满途荆棘》,《香港华字日报》1924年7月30日,第3张第12页。
⑦ А. И. 卡尔图诺娃:《加伦在中国(1924—1927)》,第146页。
⑧ 《国内专电·18日香港电》《国内专电·22日香港电》,《申报》1923年5月19、23日,第1张第4版、第1张第3版。
⑨ 今生:《粤省之天灾与人祸》,《晨报》1923年7月22日,第5版。

"异想天开,公然登报售卖鸦片"①。正是得益于联军的庇护,粤省烟毒实难禁绝,反而愈演愈烈。对此,《广州民国日报》的分析可谓一语中的:"查鸦片一项,本已早经悬为厉禁。其所以愈禁愈盛者,实缘纠纠者得饷包庇","故在此时期欲图根本禁绝,不能谓非一件最难的事。"② 这样,"寓禁于征"便为政府禁烟的主要方策。1923 年 10 月,财政厅长杨西岩就任禁烟总办,其禁烟办法:由政府配制一种"禁烟膏"(实为鸦片)批商承办,且分五等收取"牌照费"。1924 年 1 月,政府又颁布禁烟条例,并成立禁烟局,任命湘军将领鲁涤平为督办。鲁一上任,即宣布设立"鸦片专卖捐",以每月 9 万元承包给万益公司。③ 可见,政府的"禁烟"并非实意,只是欲与军人争夺烟税而已,其禁效亦可想而知。

而赌祸贻害风化更是无穷,"流毒所致,实不堪言"④。这与粤当局放开赌禁大有关联,"全省大开赌禁,百赌杂陈,无赌不备"⑤、字花、牛牌、牌九、鱼虾蟹、小闱姓、公仔牌、扑克、男女摊、天九牌等五光十色⑥,"种种式式,应有尽有"⑦。据报道,广州的西关十一甫洪圣庙旧址、西来初地华林寺前、长寿街快活亭前、西堤二马路、东堤东关戏院前、老城归德门旧址、绒线巷、禺山市场、惠福路米市街、四牌楼横街及旧将军署前、德宣西路、惠爱东路与城隍庙等处,皆设杂赌,其"肉搏争攘,喧闹之声,惊动邻里,男女混杂,丑态万状","非笔墨所能形容"⑧。这是当时赌祸盛行的真实缩影。赌风嚣炽,直接导致世风的堕落,"妇女因赌及失节丧生者,只广州一隅,日常数十起,其余男子因此为盗窃为棍骗者更不知何许"⑨。

烟赌作为社会毒瘤,实属禁政范畴。然而,濒临枯竭的经济困境逼使大元帅府又将其视为一种利源,企图通过烟赌税收以缓解财政危机。这样两相权衡,使得官方的政策与实践发生偏离,而禁绝也就难以企及,政府只好顺水推舟"寓禁于征",这就在客观上助长了粤省烟赌的泛滥。

总之,匪祸烟赌等社会病态的滋长,对当时广东社会有机体的侵蚀显而易见:败坏社会风气,扰乱社会治安,危害社会成员的生命与财产,妨碍社

---

① 《广东竟公卖鸦片》,《晨报》1924 年 8 月 22 日,第 3 版。
② 《杨西岩任禁烟督办原因》,《广州民国日报》1923 年 12 月 12 日,第 6 版。
③ 温小鸿:《1924 年广东"商团事变"再探》,《浙江社会科学》2001 年第 3 期。
④ 《督拆赌厂[场]》,《广州民国日报》1923 年 11 月 13 日,第 7 版。
⑤ 今生:《粤省之天灾与人祸》,《晨报》1923 年 7 月 22 日,第 5 页。
⑥ 《广州市赌场之调查》,《广州民国日报》1923 年 8 月 10 日,第 6 版。
⑦ 《督拆赌厂[场]》,《广州民国日报》1923 年 11 月 13 日,第 7 版。
⑧ 《杂赌复活》,《广州民国日报》1923 年 9 月 5 日,第 7 版。
⑨ 今生:《粤省之天灾与人祸》,《晨报》1923 年 7 月 22 日,第 5 页。

会机制的正常运行,致使稳定宽松的社会经济生态受到严重破坏、无法形成。"苛捐如毛,烟赌遍地,而盗贼的纵横,和军队的骚扰,这尤足为我粤民致命之伤。三年以来,我粤民可谓有受皆苦,欲哭无泪了。然而这些,我们早已知道是不肖军队的所为,他们挟着多量的杀人利器,遂弁髦政府的法令,截收税饷,频增苛捐。因为这样,我士、农、工、商各阶级遂觉得更无生路。"① 这可谓是大元帅府时期社会经济生态恶化下民众生活凄苦的真情表白与控诉。

第二节 劳资合作:经济困境中的双向互动

因大元帅府社会整合能力衰微而导致的整个社会经济生态恶化,不仅严重危及广州工商两界的生存,还极大制约着其劳资关系的波动与走向。针对当局滥征捐税的经济压力以及社会秩序失范所带来的严重后果,广州工商两界并未坐以待毙,而多是合力抗争与积极应对,传统行会互助合作的"劳资合行"理念遂为其拓展生存空间的主要路径,这在抗税风潮和劳资纠纷等涉及其自身经济利益的事件中表现颇为典型。

一、劳资互助:抗税风潮

1923年上半年,广州商界抵制政府苛税的请愿、罢市就陆续发生。至9、10月间业已"汇流成潮"②,而劳资合作罢市抗税便是此罢市潮流"最可注目之点",诚如《香港华字日报》时评所言:"从前工人与资本家恒立于反对地位,今则工人亦与资本家取一致行动,觉非合力与恶政治宣战,则将无术可以图存","从前罢市,只限于身受痛苦之一行,今则范围扩大,利害切身者,固匪少数,即非利害切身者,亦间接受环境之影响,觉罢市固罢,即不罢市亦罢,结果遂不得不同走罢市之一途。"③ 广州劳资双方这种同盟罢市抗税行动,可从以下事例中得到很好的体现。

1923年9月,省河筵席捐经省财政厅批裕源公司承办后,酒楼行商为

---

① 献声:《粤民重睹天日之后》,《广州民国日报》1925年6月15日,第2版。
② 参阅敖光旭:《广东商团与团事件:1911—1924——中国"市民社会"的案例分析》,广州:中山大学历史系博士学位论文(未刊稿),2002年,第119页。
③ 冷眼:《非常时代与非常罢市》,《香港华字日报》1923年10月1日,第1张第2页。

争回自办，拟联合西家行实行罢市抵制。① 而酒楼、茶楼、茶室等工人亦决定全体罢工，"协助东家行，并悬赏五百元，向承商施激烈之对待"，同时为确保罢工顺利进行，还议定罢工期内工人照发工资，如有受伤除请医治疗外，另每日给费4元。若至丧命，则支付安家银500元，每月给家属赡养费80元。② 至9月19日，该行东西家"已联同一致行动，实行互助主义"③。酒楼行劳资合作，最终迫使省署将筵席捐交回酒楼行自办。④ 值得注意的是，在此次抗捐风潮中工人的态度格外强硬。如酒楼茶室行鉼笙、山泉等茶室因罢业损失很大擅自开市，就由于工人的强烈反对只好停业。⑤ 后来，该行东家又想复业。为此，西家工会特发传单以示警醒："非奉工会通告，不得擅自开工，如有违抗，视为公敌，一致坚持前议。"⑥ 东家行只得打消复业念头。

同年12月，省财政厅批开源公司承办省河土制丝品坐厘，即按生丝价增抽1%的附加厘金，结果激起锦纶行强烈抗议。⑦ 9日，千余行众在锦纶堂集议，决定全省绸缎庄口、店铺及机房一律罢业抵制。⑧ 10日，丝业劳资联合举行罢业，事态迅速蔓延。广州、佛山、顺德、陈村、容奇等地丝商和工厂纷起响应，"估计此次失业者达上万人"⑨。28日，该行失业工人遂函请当局公正评判，并指责"政府现在的行动显然背离了'三民主义'和孙大元帅首创的'保护劳工'的政策"⑩。随后，丝业劳资迭向省财政厅接洽，而工界尤为积极。1924年1月7日，该行工人向省署请愿取消厘税，并散发传单吁请各界援助。⑪ 最终得到各属行众的积极配合，"查该行团体遍省、佛（山）、容（奇）、桂（洲）、大良各处，工人不下十万余人，停工辍业，

---

① 《酒楼罢业中之工人态度》，《广州民国日报》1923年10月3日，第6版。
② 《酒楼罢市中之种种进行》，《香港华字日报》1923年9月22日，第1张第3页；《广州酒楼罢市风潮难决》，《晨报》1923年10月7日，第5版。
③ 《酒楼饭店罢市反对筵席捐》，《香港华字日报》1923年9月20日，第1张第3页；《筵席捐风潮之近讯》，《广州共和报》1923年9月28日，第6页。
④ 《再志各行罢市之近状》，《香港华字日报》1923年9月29日，第1张第3页；《筵席捐已准承回自办》，《广州民国日报》1923年10月13日，第7版。
⑤ 《酒菜行罢业近讯》，《广州民国日报》1923年10月3日，第6版。
⑥ 《酒楼茶室行仍未复业》，《香港华字日报》1923年10月12日，第1张第3版。
⑦ 《反对土丝抽厘会议结果》，《广州共和报》1923年12月10日，第5页；广东省档案馆编译：《孙中山与广东——广东省档案馆库藏海关档案选译》，第594页。
⑧ 《反对土丝抽厘会议结果》，《广州共和报》1923年12月10日，第5页。
⑨ 广东省档案馆编译：《孙中山与广东——广东省档案馆库藏海关档案选译》，第595页。
⑩ 广东省档案馆编译：《孙中山与广东——广东省档案馆库藏海关档案选译》，第596页。
⑪ 《锦纶行工人请愿情形》，《广州民国日报》1924年1月8日，第3版。

陆续来省，参加请愿。"① 1月8日，面对丝业劳资23000人的请愿，孙中山"恻然动念"即准取消坐厘。9日，政府正式布告："嗣后土制丝品各行，原有厘金台炮经费，及丝品关税外，永远不得别立名目，再行征收。"②

酒楼、锦纶两行劳资互助的成功，为广州其他行业抗税树立了典范。1924年1月，滇军为军饷征抽火柴捐，激起广州火柴业罢工。③ 18日，该业劳资在东家行启源堂集会，决定派黄秀峰、梁业生等四位代表，率同数千工人分赴省署、滇军总部请愿"以恤工商"④，最终赢得取消苛捐。⑤ 4月，大本营财政部成立航运保卫处，宣布征收省河渡船附加军费。⑥ 四乡商会、驳载盘运工会等团体闻悉，皆要求广州商船公会予以抵制。⑦ 27日，商船公会据此在总商会集议，并函电各劳资团体"一致进行，联请极峰豁免"⑧。5月3日，渡船劳资千余人在商船公会代表张耀明等率领下请愿省署，要求"切实转咨财部取消"附加军费。⑨ 其后因省署、财政部"彼此抵赖，各扯猫尾"，渡船劳资4000余人遂全体罢业⑩，以致省乡金融商业顿受打击，"不特直接影响税收，大足以制政府之命"⑪。此时广州总商会亦请大元帅、财政部"立下明令，永远撤销"航运费。⑫ 迫于压力，5月17日，财政部只得布告停征附加军费，"该船渡工商闻讯，大为欢跃"⑬。与此同时，广州市财政局宣告征收20%的珠宝玉石附加捐，亦遭到珠宝、玉石、金银首饰等行劳资2万余人的联合抵制。5月18日，各行劳资特组织维持会，以"若商人因而辍业，则工人势必辍工"为由请愿，最终迫使市政厅当日取消

---

① 《锦纶行工人再请愿》，《广州民国日报》1924年1月9日，第6版。
② 《土制丝品罢业平息》，《广州民国日报》1924年1月10日，第6版；《土制丝品工人二次请愿》，《广州共和报》1924年1月8日，第5页。
③ 毅庐：《广州之两大工潮》，《申报》1924年1月25日，第3张第10版。
④ 《土制火柴工人请愿》《范军长撤销火柴捐》，《广州共和报》1924年1月19日，第5页。
⑤ 《火柴工人请愿成功》，《广州民国日报》1924年1月21日，第6版。
⑥ 广东省档案馆编译：《孙中山与广东——广东省档案馆库藏海关档案选译》，第610页。
⑦ 毅庐：《粤省渡停驶风潮之经过》，《申报》1924年5月11日，第2张第7版。
⑧ 《渡船加费之风潮》，《广东七十二行商报》1924年4月29日，第5版；《渡船加费之风潮》，《香港华字日报》1924年4月30日，第3张第12页。
⑨ 《渡船工商之大请愿情形》，《香港华字日报》1924年5月6日，第3张第12页。
⑩ 《广州两大罢业之风潮》，《香港华字日报》1924年5月8日，第1张第3版。
⑪ 《广州两大罢业风潮》，《晨报》1924年5月24日，第5版。
⑫ 《国内专电·15日香港电》，《申报》1924年5月16日，第2张第6版；《商会为航运请永远撤销抽费》，《香港华字日报》1924年5月16日，第3张第12页。
⑬ 《渡船加费案已解决》，《广州民国日报》1924年5月19日，第6版；《航商定期复业之省讯》，《香港华字日报》1924年5月20日，第3张第12页。

税捐。① 7月，省财政厅批商征抽鞋捐，亦遭到唐鞋行敦和堂及革履工会的联合抵制。② 而鞋业劳资双方还议决"实行互助"，"如不达目的，即拟联合东西家各行一致罢业"③。尽管其结果不得而知，但鞋业劳资合力抗税的决心足以可见。9月23日，广州百余家丸散店因市财政局苛税而宣言罢市，千余丸散工人亦与东家"取一致行动"④。

至1924年10月，广州政府大举捐税，"尤以化妆品捐为各行商反对"⑤。在请愿市财政局无果后，化妆品制造、面粉、纸花布花、土洋杂货、茶油、头发等行商遂设维持会于1日罢市抗争。而省佛河南的纸布花、面粉、化妆品制造、榨油、茶油、土洋杂货、头篦等行工人也随之一体行动。⑥ 至3日，市政厅无奈只得取消税捐。⑦ 至此不难发现，广州劳资同盟抗税已不再是某一行的个体行为，而已呈现跨行互助的集体行动态势。茶捐风潮亦是例证。10月初，滇湘桂军战时军需筹备处布告于5日开抽茶居附加军费。广州各茶居东家以商业凋零请求取消。3日，茶居工会亦紧急通告同业以谋解决。⑧ 4日，酒楼茶室工会也集会反对征抽茶捐，并议决与东家行联请筵席捐局，准由东西家行合办，"以杜搀承，免增负担"⑨。至5日，全市茶居行协福堂80余店，炒粉行广志堂200余店，姑苏行怡怡堂百余店，相率"一律罢业"⑩。受此影响，茶叶、糖面、柴炭、大光灯、油盐酱料等行业务"顿形冷淡"，"余如女伶瞽姬，亦受绝大打击，牵动甚大"⑪。正因

---

① 广东省档案馆编译：《孙中山与广东——广东省档案馆库藏海关档案选译》，第611、612页；《珠玉行罢市风潮续闻》，《香港华字日报》1924年5月20日，第3张第12页；《复议珠宝玉石捐之提案》，《现象报》（广州）1924年5月22日，第4页。
② 《财厅又举办履鞋附加捐》《鞋行赓续会议》，《香港华字日报》1924年7月15、18日，第3张第12页。
③ 《鞋行东西家又拟联合罢工》《鞋业行之集议忙》，《香港华字日报》1924年7月19、22日，第3张第12页。
④ 《中央工人部报告书》（1924年9月23日），汉口档案，汉5540，台北中国国民党文化传播委员会党史馆藏。
⑤ 《香港华字日报》编：《广东扣械潮》第1卷"事实"，香港：香港华字日报，1924年，第78页。
⑥ 香港华字日报编：《广东扣械潮》第1卷"事实"，第78页；《化妆品商店罢市抗捐》，《广州民国日报》1924年10月2日，第7版。
⑦ 《市厅取消化妆品捐》，《广州民国日报》1924年10月3日，第6版；《市长准予取消化妆品捐》，《广东七十二行商报》1924年10月3日，第5版。
⑧ 《茶价加一军费之通告》，《广州民国日报》1924年10月4日，第7版。
⑨ 《酒楼茶室行对加抽茶捐之会议》，《香港华字日报》1924年10月6日，第3张第12页。
⑩ 《茶居实行罢市》，《广东七十二行商报》1924年10月6日，第5版。
⑪ 《茶馆罢业之闻见》，《广州民国日报》1924年10月6日，第7版。

"于民生有害",战时军需筹备处只得取消茶捐。① 以上同盟抗税行动中,工人还是商人的追随者,随后的奢侈品印花税风潮则完全是由工人主导,且劳资抗税跨行互助的态势更趋鲜明,尤其广东总工会、广州总商会等团体的介入,无疑强固了广州劳资同盟抗税的信心。

1925年3月,大本营财政部宣布征收金银、玉石、珠宝、象牙、细工等11种奢侈品印花税,其税率为2%~10%不等。② 由于"抽收之范围太大","税率太重"③,遂激起广州工商两界极力反对。29日,玉石、玛瑙、琥珀、珍珠等行工人率先发难,他们以"制成货品辗转售卖,实无工商之分"为由,要求代理大元帅胡汉民、财政部长古应芬撤销印花税以维民生。④ 4月5日,在总商会倡议下,金行、皮草行、顾绣行、金银首饰行、珍珠玉石行等3000余行商皆同盟罢市。⑤ 而与之有连带关系的工人,"亦不免受此影响"⑥。据悉,仅至4月13日,工人因此失业的就有万余人。⑦ "无工可作,生计乖绝"的窘境逼使工人强烈要求当局取消印花税,"如当局仍置不恤,则再以工人名义,运动各行工友,共同罢工,以促当局之觉悟"⑧。而此时国民党中央工人部却严令各工会,"一律不准干涉政府抽捐事务,违者即将该工会主要人斥革惩戒"⑨。不过,这未能动摇工界抗税的决心。22日,金银、首饰、珠宝、玉石、玛瑙等行万余工人请愿胡汉民。迫于压力,胡汉民下令暂缓征税。但工人并未罢休,仍继续抗争。⑩ 同时,"其他职工团,多前来慰问"⑪。最后尽管此次请愿未达目的,但工界抗税的主导作用不容小觑。至5月,象牙、珠宝、玉石、金银、首饰等行工人和广东总工会相继发难,终使财政部修正印花税章程:除珠宝类减轻罚则仍征收外,其余

---

① 《军需处取消茶居捐消息》,《广州民国日报》1924年10月6日,第7版。
② 《各项事件传闻录》(1925年3月27日),粤海关档案,94—1—1585,广东省档案馆藏。
③ 执中:《粤商抗税罢市风潮扩大》,《晨报》1925年4月25日,第5版。
④ 《广州玉石四行工人等上中执会等代电》(1925年3月29日),五部档案,部8230,台北中国国民党文化传播委员会党史馆藏。
⑤ 执中:《广州局面益形不稳》,《晨报》1925年4月30日,第5版。
⑥ 《玉器行停顿中之工人苦况》,《广州共和报》1925年4月15日,第5页;《奢侈品商停业后之工人状况》,《广州市商会报》1925年4月15日,第7页。
⑦ 《各项事件传闻录》(1925年4月13日),粤海关档案,94—1—1586,广东省档案馆藏。
⑧ 执中:《粤商抗税罢市风潮扩大》,《晨报》1925年4月25日,第5版。
⑨ 执中:《粤商抗税罢市风潮扩大》,《晨报》1925年4月25日,第5版。
⑩ 《广州唐装金银首饰器皿工会致中央工人部呈》(1925年4月),五部档案,部6007,台北中国国民党文化传播委员会党史馆藏;《奢侈印花行商大请愿》,《广州民国日报》1925年4月23日,第6版。
⑪ 《粤奢侈品印花税风潮》,《晨报》1925年4月28日,第7版。

金银器、玉器诸类皆奉准撤销。①

抗税事件中工人的助商行为，亦遭到一些站在政府立场社会舆论的谴责："近来有因商人抗捐而利用工人罢工请愿者，是罢工之真义已失，而立于与资主对抗地位之工人，且变为资主之走狗矣。"② 据此，有的还流露出对工人阶级意识的担忧："然而见短的工人，受资本家之驱策"，"而无清明的意识，则劳动阶级的前途，实有莫大之危险。"③ 显然，一味苛责工人"见短"，将其抗税罢工归咎于商人利用不免有失公允，而规避政府滥征捐税以免私利受损，才是双方合作的根本动因。这既是劳资休戚与共的业缘关系使然，也与广州"劳资合行"的行会理念一脉相承。

当然，也有部分行业工界不愿与东家合作抗税，这主要是国共两党领导的工会组织。如1923年9月，大本营财政部为筹措军饷加征爆竹印花税，爆竹工会工人本已同意与东家行同盟抵制，但因中共领导的广东工会联合会的及时规劝而改弦易辙。④ 爆竹行商联合工人挟制政府的企图落空。1924年6月，广州糖行东家罢市抗议财政部征抽糖捐⑤，尽管经济上"大受牵累"，国民党领导的驳载工会非但未"盲从糖商一致停工"，还自行购糖应市，结果致糖商抗税失败。⑥ 相对于广州不少行业劳资同盟抗税的经济利益考量，爆竹工会、驳载工会不配合，乃至抵制东家抗税的行动明显是党派政治起了主导作用。类似事例或许尚少，但至少表明此时广州劳资阶级意识并未因抗税风潮中"劳资合行"理念的固化而迟滞不前。

---

① 《象牙行代表区骧伯、何信孚致中央工人部呈》（1925年5月）、《珠宝玉石金银首饰联合维持会致中央工人部呈》（1925年5月13日）、《大本营财政部致中央工人部公函》（1925年5月28日），五部档案，部6008、部6009、部5990，台北中国国民党文化传播委员会党史馆藏；《金银玉器类准免奢侈印花》，《广州共和报》1925年5月30日，第5页；《请撤销奢侈品印花之指令》，《广州民国日报》1925年5月30日，第6版。

② 永生：《力量》，《广州民国日报》1924年5月31日，第3版。

③ 瀛洲：《广东劳动阶级的意识》，《社会评论》第11期，1925年5月5日，第4页。

④ 《爆竹类印花税不准撤销》《爆竹工人不为资本家利用》，《广州民国日报》1923年9月22、25日，第6版；中国劳工运动史编纂委员会编纂：《中国劳工运动史》（一），第200页。

⑤ 《糖行罢业影响》《糖业罢市说之调停》，《广州民国日报》1924年6月25、27日，第7、3版；《糖面行罢业之昨讯》，《香港华字日报》1924年7月3日，第3张第12页。

⑥ 《糖商罢业之反响》《驳载工人实行售糖》《糖商罢业已告解决》，《广州民国日报》1924年7月2、5、28日，第6、7、7版；《糖业风潮已平息》，《香港华字日报》1924年7月29日，第3张第12页；《团粤区委关于广东工农状况的报告》（1924年3月6日），中央档案馆、广东省档案馆编：《广东革命历史文件汇集》甲1，1982年，第352页。

二、协商合作：劳资纠纷

社会经济的生态失衡，不仅是广州工商两界互助抗税的主因，同时也导致其劳资纠纷多呈"温和"态势发展，且其调解亦循"劳资合行"的"协商合作"基本模式运作。据笔者初步统计，1923年1月至1925年8月，广州工商间发生的劳资纠纷如表5-1所示：

表 5-1　广州劳资纠纷案件统计（1923年1月—1925年8月）

时　间	行　业	起　因	结　果
1923年8月	盐业	省河盐业配兑工人要求盐商加薪	未详
1923年8月—11月	油业	油业工人要求资方加薪及改良待遇	市政厅及公安局调处未果，双方直接磋商解决
1923年11月—12月	茶居	茶居工会要求资方将送货出店每两抽三分，以一半作店内公共下栏，一半充工会经费	双方直接磋商解决
1924年1月—2月	米业	海陆粮食理货员工会要求米埠加薪	在国民党华侨联合办事处调处下，双方将原条件取消，另订解决办法六项
1924年2月	猪肉	昭信工会要求资方将前存下栏出店拨为工会经费	市政厅及公安局令工会以前存下栏既经拨分，概免追缴，以后应由旧历1924年1月起缴交工会
1924年5月	搭棚	工人要求资方加薪	未详
1924年6月	锦纶	提花铁机工人要求资方加薪三五	未详
1924年6月—7月	茶居	工人要求资方加薪四成	双方直接磋商解决，工金一律增加34%
1924年8月—9月	米机	碾谷工会要求资方加薪，并将谷米每担拨一分出店归工会	双方直接磋商解决，另订条件八项，工金每月5元以下小工，加半毫；5元以上大工加1毫

续表 5-1

时 间	行 业	起 因	结 果
1924 年 8 月	寿板	芳村寿板店工人要求资方加薪五成	在崇文团局调处下,资方部分承认工人要求
1924 年 8 月—11 月	印刷	排字工人要求各报馆加薪	在省政府调处下,资方容纳工人要求
1924 年 11 月	盐船	工人要求盐商增加运脚	未详
1925 年 4 月—8 月	建筑	土木建筑工人要求建筑总行十一堂加薪	由农工厅将加薪条件三条修正,颁令双方履行,规定做日工以每日工银9.5毫为底价,伙食另外每日3.5毫
1925 年 5 月	织造	远昌隆织造厂工人因庆祝劳动节被东家误会开除	未详
1925 年 5 月—7 月	茶居	茶居工会控天珍茶粉面馆违反雇工条例,雇外人工作	在公安局调处下,双方订立解决条件,各粉面馆一律依照茶居工会佣工条例雇用茶居工会会员工作
1925 年 5 月—8 月	草席	工人要求资方加薪	在农工厅调处下,双方订立条约九项,长工1元以上者加15%,10元以上者加10%;散工照原工值加20%;罢工期内长工工金由资方补足

资料来源:笔者依据余启中:《民国十二年至廿二年广州劳资争议底分析》,"附录—广州市历年劳资争议案件统计表",第1—4页;《广州市海陆粮食理货员全体工人上中执会呈》(1924年2月)、《朱文伯上中执会呈》(1924年2月29日),汉口档案,汉11672、汉11495,台北中国国民党文化传播委员会党史馆藏;广东省档案馆编译:《孙中山与广东——广东省档案馆库藏海关档案选译》,第598—599、667页;1923年1月—1925年8月的《申报》《晨报》《广州共和报》《广州民国日报》《香港华字日报》《向导周报》等文献所提供的信息整理。

由表5-1可知,在上述16起劳资纠纷中,工界要求加薪、改良待遇的有14起,占总数的87.5%。这至少可反映出此阶段劳资纠纷的两大特点:(1)发生频度低;(2)争议内容多集中于加薪、改善生活等经济领域。这是与当时恶劣的社会经济生态环境相适应的,也与工人运动处于"休眠期"密切相关。据陈明銶统计,1923—1924年,广州仅有9个新工会成立和12

次罢工发生。① 正如1924年孙中山政府军事总顾问加伦所言:"虽然工人和手工业者的经济状况因物价普遍上涨,失业加剧以及连年内战带来的其他种种后果而日趋恶化,但除了反帝示威性质的沙面工人大罢工外,近来广州没有发生任何其他的罢工。"② 工潮的沉寂,至少说明此时期广州劳资关系总体上处于平静的温和状态。尽管工商两界有时为争取劳资纠纷解决的"最大利益化"而展开激烈角逐,皆以罢工、停业相要挟,但其调停往往是以"劳资妥协"的模式了结。在上表11起有调处结果的劳资纠纷中,劳资双方直接磋商解决的有4起,由政府或社团促使双方"合作"解决的为7起。兹结合案例就其调解情形予以分析。

1923年8月,广州油业工人因资方油务土榨行拒绝加薪及改良待遇而宣布罢工。③ 油商为避免损失便令伙计"自行开榨",却遭到油业工会的干预。④ 资方遂向政府控告工会"纠众滋扰,致碍治安",并请求保护。⑤ 市政厅即令市公安局妥为调处。但由于劳资双方"坚持如故",公安局只得强制调停,"折中办理"⑥。对此,油业工会颇为不满,遂请愿市政厅"迅传东家行到案,饬遵旧约并赔偿"⑦。省署亦令市政厅务必"剀切劝处,持平办结在案"⑧。正是在政府劳资协调路线的督促下,加之此时年关将近,恰逢油榨旺季,油商唯恐继续罢工损失更大,乃纷纷派人与工会商议条件。⑨ 据悉,至12月中旬,油业工潮因资方妥协而告终。而劳方之所以得胜,其原因在于:(1)工人相对集中,纯为工厂工人,且厂中每台榨油机要用5人,易于团结;(2)工人罢工时,可到别埠做工或回乡耕田,易于持久;(3)工会经费充足,基础稳固;(4)得到政府的帮助。⑩ 这可算是在政府劳资协调路线指导下,资方因经济利益关系而最终向工界退让的典型事例。与油业工潮相比,茶居行纠纷却是由于劳资角力造成经济上两败俱伤,致双方直接妥协解决的。1923年11月初,茶居工会因要求东家协福堂将礼饼出店"半

---

① Ming Kou Chan, *Labor and Empire: The Chinese Labor Movement in the Canton Delta, 1895—1927*, p. 222.
② А. И. 卡尔图诺娃:《加伦在中国(1924—1927)》,第97页。
③ 《油业工潮结束》,《广州共和报》1923年12月3日,第6页。
④ 《油业工潮》,《广州民国日报》1923年9月12日,第7版。
⑤ 《油业工潮(续)》,《广州民国日报》1923年9月13日,第7版。
⑥ 《油业工潮结束》,《广州共和报》1923年12月3日,第6页。
⑦ 《油潮余波》,《广州民国日报》1923年12月10日,第6版。
⑧ 《省署调处油业工潮》,《广州共和报》1923年12月11日,第6页。
⑨ 《油业工潮局部解决》,《广州共和报》1923年12月12日,第6页。
⑩ 《团粤区委关于广东工农状况的报告》(1924年3月6日),中央档案馆、广东省档案馆编:《广东革命历史文件汇集》甲1,第353–354页。

拨为工会经常费不遂"而罢工。① 8日，资方协福堂90余家议决联同罢市，并将茶楼工人全部开除。② 针对资方的肆意解雇及停业抵制，茶居工会特发求助宣言，痛斥东家险恶用意。③ 劳资双方相持一月后，终因全行利益损失巨大而握手言和。④ 而翌年6月、8月的茶居、米机两行劳资纠纷的调处也是双方直接"妥协"的结果。⑤

然而，多数纠纷却是劳资双方因政府或社团的介入而"合作"解决的，米业工潮可为例证。1924年1月，广州海陆粮食理货工会要求米行加薪遭拒而罢工。⑥ 工潮发生后，"工人纷往河面，制止各号起货"，"粤省米源遂告断绝"⑦。省长廖仲恺恐风潮蔓延，函令劳资双方于20日赴省署调解，但收效甚微。⑧ 米行此时只得雇请商团"驻店戒备"⑨，企图以武力制服工人。⑩ 对此，工人针锋相对，派侦探"侦查东家会议情形"，并宣称"以手枪对待"，米行"有所畏惧"皆"转持消极态度"⑪。而米商也多避走香港，致纠纷调停陷入僵局。⑫ 2月23日，海陆粮食理货工会只好上书国民党中央执行委员会，要求迅即调处工潮。25日，国民党中央执行委员会致函米行养和堂、永安堂等资方"应体恤工艰，妥筹办法"，且强调"劳资两面并有利益，断不能各走极端"⑬。鉴于米业劳资争执的"日趋险恶"⑭，2月27

---

① 《茶居风潮》，《广州民国日报》1923年11月9日，第7版；《茶居工潮近讯》，《广州共和报》1923年11月10日，第6页。

② 《茶居行罢市风潮》，《广州共和报》1923年11月9日，第5页。

③ 《茶工宣言》，《广州民国日报》1923年11月13日，第7版。

④ 《茶居复业之所闻》，《广州共和报》1923年12月28日，第5页。

⑤ 详见《茶居工人加工之磋议》《茶居工潮经已解决》，《广州民国日报》1924年6月28日、7月3日，第9、6版；《茶居行东西家磋商加工》《再志茶居东西家会议情形》《茶居行工潮之趋势》《茶居工潮将无形消灭》《茶居东西家之合约》，《香港华字日报》1924年6月30日、7月1日、7月3日、7月4日、7月5日，第3张第12页。《碾谷工人要求加薪》《碾谷工人罢工宣言》《碾谷工潮尚未解决》《调处碾谷工潮之近讯》《碾谷工潮已解决》《碾谷工潮解决后之通告》。(分别见《广州民国日报》1924年8月9日，第7版；8月16日，第7版；9月4日，第7版；9月23日，第6、7版；9月30日，第6版；10月1日，第7版)

⑥ 毅庐：《广州之两大工潮》，《申报》1924年1月25日，第3张第10版。

⑦ 《万人注意之米工潮》，《香港华字日报》1924年1月17日，第1张第3页。

⑧ 《国内专电·19日香港电》，《申报》1924年1月20日，第2张第6版；广东省档案馆编译：《孙中山与广东——广东省档案馆库藏海关档案选译》，第598-599页。

⑨ 《国内专电·18日香港电》，《申报》1924年1月19日，第2张第6版。

⑩ 广东省档案馆编译：《孙中山与广东——广东省档案馆库藏海关档案选译》，第599页。

⑪ 《广州米工风潮未可乐观》，《晨报》1924年2月14日，第5版。

⑫ 《米风潮将强制调停》，《广州民国日报》1924年2月20日，第3版。

⑬ 《广州市海陆粮食理货员全体工人上中执会呈》(1924年2月)，汉口档案，汉11672，台北中国国民党文化传播委员会党史馆藏。

⑭ 《米潮调解米价低落》，《广州民国日报》1924年2月23日，第3版。

日，国民党华侨联合办事处维持民食团特致函广东地方善后委员会、广东总工会、广州总商会、善团总所及米行劳资团体，各派代表协商，"总求劳资双方，根本解决"而"免纠纷"①。由于各社团努力调停，米业劳资最终和解。② 及后，猪肉、寿板、建筑、草席等行纠纷的调处亦与此如出一辙。③

当然，也有工潮的解决是国共两党政治合作的结果。1924年8月底，汉文排字工人因生活困难要求加薪。④ 对此，资方报界公会不仅拒绝，还决定停业以示制裁。工人愤怒，遂于9月8日宣布罢工。⑤ 报馆的停业，所产生的社会后果无疑是严重的，"社会耳目闭塞，机关声息不灵，商场交通亦觉不便，无异陷入黑暗之境"⑥，而更致命的，"正是商团刚刚开市，政局非常动摇的时候，又是北伐呼声最高，广州政府要发表种种宣言，布告'新政方针'的紧急关头。因此，当时突然间市上没有了报纸，狠是一个政治上的打击"⑦。为此，省长廖仲恺派中共党员施卜为调停代表，要求报界公会先行复业，但资方态度强硬不肯让步。⑧ 针对报界的顽抗，9月11日，排字工社亦向省署宣布复工要求：（1）各报宣言拥护革命政府，代政府宣传文电，不得推诿；（2）各报不得做反对工人的宣传；（3）开工两周内加薪条件须解决，否则再罢工。⑨ 而廖仲恺只同意向资方担保后两项条件，随后即赴广州工人代表会，"责工人以大义，立即回工，免碍政府宣传"⑩。经此

---

① 《朱文伯上中执会呈》（1924年2月29日），汉口档案，汉11495，台北中国国民党文化传播委员会党史馆藏；《解决米潮之大会议》，《广州民国日报》1924年2月27日，第6版。
② 《华侨维持民食团更正省报所载米潮解决条件》，《香港华字日报》1924年3月3日，第3张第12页。
③ 详情可见《猪肉行请免追缴出店》《猪肉行实行罢市之宣言》《猪肉行罢市风潮已解决》，《香港华字日报》1924年2月22、25、26日，第3张第12页；《芳村棺工要求加薪》，《广州民国日报》1924年9月2日，第7版；《建筑工会加薪运动之真相》《土木建筑工会罢工情形》《农工厅定期调处土木建筑工潮》《土木建筑工潮已解决》，《广州民国日报》1925年5月30日、6月19日、7月31日、8月15日，第6版；《草席行工潮之实现》《调处草席工潮之进行》《草席工潮结束》，《广州共和报》1925年5月20日、6月3日、7月28日，第5页；《草席工潮近讯》《草席工潮经已解决》《草席工人罢工胜利》，《广州民国日报》1925年8月6、8、22日，第7、6、11版。
④ 《排字工人之加薪办法》，《广州民国日报》1924年8月19日，第7版。
⑤ 《国内专电·8日香港电》，《申报》1924年9月9日，第1张第4版。
⑥ 《报馆停版后之广州市》，《广州民国日报》1924年9月11日，第2版。
⑦ 巨缘：《广州印刷工人罢工之经过》，《向导周报》第87期，1924年10月15日，第712页。
⑧ 《国内专电·9日香港电》，《申报》1924年9月10日，第1张第4版。
⑨ 参阅《国内专电·12日香港电》，《申报》1924年9月13日，第1张第3页；巨缘：《广州印刷工人罢工之经过》，《向导周报》第87期，1924年10月15日，713页。
⑩ 《国内专电·14日香港电》，《申报》1924年9月15日，第1张第3页。

调解，9月16日，工人正式复工。① 究其缘由，除了国民党的施压外，更有中共的参与。由于此次工潮适值商团事件发生，其所引发的直接严重后果对国民党自不待言，"广州所有报纸都停刊了，这对国民党极为不利，使它无法通过报刊大造反对商团的舆论"，这就"不能不影响政府的地位，而政府的地位本来就不稳固"，因此，"不仅国民党人，而且共产党人也出来劝阻工人"，最后，"由于共产党人出面，印刷工人才在他们的要求未得到满足的情况下开始复工"②。

综上可见，"协商合作"已成为此阶段广州劳资纠纷调处的最基本模式，这是符合社会经济发展的有益选择。当然，也与大元帅府劳资协调的指导路线一脉相承。由于劳资关系的平衡是建立在等量劳动换取等量报酬基础之上的，这里所谓"等量"并无现成标准，双方皆能接受就平衡；反之就失衡。而维系这种平衡最有效的调节方式便是罢工，"只有通过罢工，将劳资关系不平衡的信息传递给资方，双方协商让步，才能达到新的平衡"③。这样，就能更好推动社会生产关系不断完善与发展。同时，应指出，作为经济范畴劳资纠纷常态的罢工频度的增加，并不意味着工人阶级觉悟的提高。④ 这只是生产关系在社会经济结构中进行自身调整的动态反映。

三、合作动因

通过上述实证考察，不难发现，作为利益分野的劳资两界之所以能"互助与合作"不是偶然的，而是有着深刻的政治、经济动因。由于孙中山重建的革命政权始终濒临着内忧外患的双重煎熬，"军事优先"遂为其应谋时艰的重心所在。也正因"夸大了军事行动在他的除军阀的运动中所起的重要作用"，孙中山从不考虑到工人"不仅仅是一支支持的力量"⑤。1923年底，时任孙中山政治顾问的鲍罗廷曾指责国民党未能对工人表现出真正的关心：

---

① 广东省档案馆编译：《孙中山与广东——广东省档案馆库藏海关档案选译》，第667页。
② А. И. 卡尔图诺娃：《加伦在中国（1924—1927）》，第97-98页。
③ 刘国良：《中国工业史》（近代卷），南京：江苏科学技术出版社，1992年，第56页。
④ 事实上，将工人的罢工增加视为其阶级觉悟的提高不免有点差强人意，而在社会经济恶化的情况下，尤其这样。美国学者裴宜理亦指出，"工人的战斗性并不等同于阶级觉悟"。参见裴宜理：《上海罢工——中国工人政治研究》，第343页。
⑤ ［美］陈福霖：《廖仲恺与1924—1925年广东劳工运动》，江枫译，中国社会科学院近代史研究所《国外中国近代史研究》编辑部编：《国外中国近代史研究》第5辑，第269页。

自有贵政府以来你们没有向工人们发过一份传单。你们没有举行过一次工人的会议。你们满足于工会向你们表示某种好感。这种好感多半是因为你们毕竟与反动分子不同，没有特别干涉工人们的阶级斗争。因此，本来可能成为你们政权——掌握这种政权有利于进行民族革命斗争——的一个重要支柱的工人们，现在却从你们身旁溜掉了。①

尽管1924年初国民党确立"扶助农工"政策，但也仅限于政治策略层面，并未立即付诸实践。如在1924年5月初召开的工人代表会议上，"许多代表懊丧地指出，人们丝毫也感觉不到现在当政的是国民革命政府。他们还举出大量突出的事实作为例证。一位工人代表简洁地归纳说：'在我们广州，现在同以前一样，工人一个钱也不值，而商人主宰一切。'这句话赢得了全会场的赞同。"② 而曾任共产国际代表的维经斯基亦深有感触："国民党虽然愿意得劳动平民的同情，极愿意在他们之间有势力，可是国民党以为军事未了，一切实际工作及经济组织都可以暂缓——'让他们晚些再组织工会罢！'工人阶级的群众因此便自然而然开始表示对于政府及某某几个官吏不满意的态度"，甚至"往往看着国民党政府是一个束缚他们的国家机关"，因为自"从国民党执政以来，他的政策竟使群众连他为平民政治权利而奋斗的心愿都看不见。"③ 这些批评，真实反映了国共合作初期国民党政权对工农利益关注的严重不足。

然而，更重要的是，因大元帅府"军事优先"造成的社会经济生态的普遍恶化，更激起了广东民众尤其是工人的不满，使其对国民党政权渐生疏离并丧失信任。诚如斯列帕克所言："国民党由于组织不健全，缺乏明确的纲领和党纪，常常因为自己的行动失当而在广州工人和商人中引起误解，甚至招致敌对性的示威游行和罢工。即使情况较好时，南方工人群众对国民党的命运也只抱漠不关心的态度。"④ 同样事实亦可从鲍罗廷的相关评论中得以印证：

---

① 亚·伊·切列潘诺夫：《中国国民革命军的北伐——一个驻华军事顾问的札记》，第42页。
② ［苏］格列尔：《广州和香港》（1925年9月23日），安徽大学苏联问题研究所、四川省中共党史研究会编译：《苏联〈真理报〉有关中国革命的文献资料选辑（1919—1927）》第1辑，第134页。
③ ［苏］卫金：《广东政府与国民革命》（1924年12月20日），中共中央党史研究室第一研究部编：《共产国际、联共（布）与中国革命文献资料选辑（1917—1925）》，第617、620页。
④ ［苏］C. 斯列帕克：《国民党的改组》（1924年2月24日），安徽大学苏联问题研究所、四川省中共党史研究会编译：《苏联〈真理报〉有关中国革命的文献资料选辑（1919—1927）》第1辑，第55页。

广东的百姓对孙政府持激烈的否定态度。广州工人和手工业者计约近350,000人,曾几何时他们热情地欢迎孙中山由沪返穗,现在则非常冷淡地对待孙的政府,根本不关心孙的胜败。因前线战事时胜时败,敌人随时可能来犯,城市小资产阶级深受无政府状态之害,稍有风吹草动要么就关门打烊,要么就请求列强庇护。人力车夫们一批批地被抓夫,送去前线服劳役,因此城市交通相当困难。这也影响了贸易。与上交国税相比,滥收捐税更让人不解和激愤。①

对此,廖仲恺亦坦言:"我们在广州[东]省差不多工作了一年,不仅没有向人民证明我们的主义是好的,而且相反,整个税收政策,所有财政措施,所有军事行动和军官们的专横做法等等,不仅没有巩固我们的威信,反而从根本上彻底地损害了人民对我们的信任。"② 可见,国民党政权的苛政及对工人利益的漠视,直接削弱了其赖以存在的阶级基础。这尤以滥征捐税为甚,"因而闹捐风潮,遂日有所闻"③。

大元帅府捐税政策的实施,使广州商人首当其冲成为财政勒索的对象。他们除了被强制定期预缴各种捐税外,还须时常向政府大量捐献,同时还要承受粤省银行滥发巨额纸币的痛苦。④ 而商人为避免"失血"过多,往往借助罢市这个行之有效法宝进行抗争。不过,由于商人罢市牵涉的失业危机却时刻威胁着工人的生存。其实,此时工人的生活困苦已"实至不堪","两年来之广东,俱处于战事时期中,苛捐百出,百物腾贵,普通劳工日中收入一元八毫者,只足一饱,如有妻子者,更不易维持。"⑤ 正因这种利益趋同的业缘关系,联合抵御外来经济压迫便为捐税风潮中广州多数行业劳资的共识。同时,一些颇有势力的工会团体,如广东总工会、广东机器工会等向以

---

① 《鲍罗廷关于华南形势的报告》(1923年12月10日),李玉贞译:《联共、共产国际与中国(1920—1925)》第1卷,台北:东大图书股份有限公司,1997年,第299页。
② 《鲍罗廷的札记和通报(摘录)》(不早于1924年2月16日),中共中央党史研究室第一研究部译:《联共(布)、共产国际与中国国民革命运动(1920—1925)》,北京:北京图书馆出版社,1997年,第484页。
③ 执中:《粤商抗税罢市风潮扩大》,《晨报》1925年4月25日,第5版。
④ 参阅陈福霖:《国共合作以外:孙中山与香港》,曾学白译,中国社会科学院近代史研究所《国外中国近代史研究》编辑部编:《国外中国近代史研究》第5辑,第261-262页。
⑤ 南溟:《广州工团工会组织之经过及其派别(续)》,《香港华字日报》1925年2月14日,第1张第3页。

"劳资合行"理念开展工人运动，它们本身就与商界联系密切①，因此，这两大系统的工会组织就很容易与商界联为一气。此外，国民党政权所奉行的劳资协调政策也是劳资合作的重要因素。正是这些，使得广州早期萌生的劳资阶级意识暂时被恶化的经济境遇所淡化。"对内妥协，对外互助"② 已为大元帅府时期劳资两界勉力合作应对经济困境的最显著特征。

第三节　劳资冲突：国共合作前后的阶级分野

孙中山主政的大元帅府时期，不仅是国共合作进行国民革命的起点，也是劳资间阶级意识急剧分化的前夜。因受党派政治的影响，这一时期广州工人与国共两党的"链接"渐趋紧密，其政治与阶级意识亦有明显提高，这表现在劳资关系上就是具有激烈阶级斗争意蕴的工商冲突时隐时现，而商团事件的发生为深入考察国共合作初期劳资阶级意识分野提供了绝佳素材。

一、冲突潜因

自 1921 年成立始，动员工人并向其宣传革命已为中国共产党的主要关注。③ 其后，为加强对工人运动的影响与领导，同年 8 月，中共在上海组建中国劳动组合书记部，并在广州设立南方分部，其任务是"向劳动者宣传组合之必要，要联合或改组已成的劳动团体，使劳动者有阶级的自觉"④。1922 年 5 月，由中共筹组的第一次全国劳动代表大会在广州召开，大会通

---

　　① 如广东总工会是属国民党控制的旧式手工业行会和新式工团的联合体，其行会色彩甚为浓厚；而广东机器工会脱胎于行会，系劳资混合体，马超俊在对上述两工会会员（工人和雇主）谈话时，多是强调敦促他们"和谐合作以实现共同的目标"。参见广田宽治：《广东工人运动的各种思潮——广东省总工会成立经过》，中国社会科学院近代史研究所《国外中国近代史研究》编辑部编：《国外中国近代史研究》第 23 辑，第 238 页；陈福霖：《廖仲恺与 1924—1925 年广东劳工运动》，中国社会科学院近代史研究所《国外中国近代史研究》编辑部编：《国外中国近代史研究》第 5 辑，第 277 页。
　　② "对内妥协"系指劳资纠纷的调处多以双方妥协而告终；而"对外互助"则是就工商两界联合抵制政府的滥征捐税而言。
　　③ Ming Kou Chan, *Labor and Empire*: The Chinese Labor Movement in the Canton Delta, 1895—1927, p. 247.
　　④ 《中国劳动组合书记部宣言》（1921 年 8 月），中华全国总工会中国职工运动史研究室编：《中国工会历史文献》第 1 集，北京：工人出版社，1958 年，第 2 页。

过会议宣言，直陈中国工人阶级遭受痛苦的根源是资本主义剥削制度，其出路在于工人阶级"即刻联合起来，组成一个阶级的强固的紧密的阵线，向着资产阶级和压迫阶级为不断地奋斗"①。随后，尽管陈炯明政变"短暂地抑制着工人运动"②，使国民党对工人的影响完全消失。③ 但中共却以此为契机，试行改组广州工界，并取得一定成效。至1922年底，在冯菊坡、阮啸仙、周其鉴、刘尔崧等共产党人的组织发动下，盐业工会、配兑工会、车磨玻璃工会、省港同德工会广州分会等先后建立，此外，还改组了油业工会、酒业工会、米业工会、柴炭工会、碾谷工会、手车工会及全省土木建筑工会等工团。④ 同时，在中共强势影响下，广东总工会于12月正式改组为广东全省工会联合会。⑤ 这样，因国民党势力消退导致的以中共为核心的广州工界重组统一趋势渐趋明朗："无政府主义者虽不联合，但亦不反对联合，机器工人维持会亦加入统一运动，即互助社所属工会，亦有加入统一运动的倾向。"⑥

然而，1923年初，国民党政权重建后，中共的统一工会运动始陷困境。由于"工会中国民党派复得机会活动"⑦，直接造成广东全省工会联合会的分裂：广东总工会首先退出，1923年5月互助社再次重组，广东机器工人维持会也独立行动。于是，全省工联会便为中共领导的工会组织。⑧ 至此，广州工人运动的党派政治分化凸现端倪。而1924年国共合作更为广州工运发展注入新的生机，使其党派色彩日渐浓郁。在中共协助下，改组后的国民党对工人的政治动员能力大为提高，广州工界入党的热情日趋高涨：如粤汉路艺余工社、肉行昭信工会是全体参加，兵工厂、西餐、酒业、油业、土木建筑等工会则是部分加入，而广东机器工人维持会、起落货集贤工会、海员

---

① 《全国劳动大会第一次会议宣言》，上海《民国日报》1922年6月8日，第4张第1、2版。
② Ming Kou Chan, *Labor and Empire*: *The Chinese Labor Movement in the Canton Delta*, 1895—1927, p. 218.
③ 广田宽治：《广东工人运动的各种思潮——广东省总工会成立经过》，中国社会科学院近代史研究所《国外中国近代史研究》编辑部编：《国外中国近代史研究》第24辑，第158页。
④ 参阅广东省地方志编纂委员会编：《广东省志·工会志》，广州：广东人民出版社，2007年，第67页；谭天度：《回忆广东的"五四"运动与共产主义小组的建立》（1979年），中共广东省委党史研究委员会办公室、广东省档案馆编：《"一大"前后的广东党组织》，第144页；梁复然：《广东党的组织成立前后的一些情况》（1962年3月—1964年5月），中国社会科学院现代史研究室、中国革命博物馆党史研究室编：《"一大"前后》（二），第452页。
⑤ 《全省工会联合会开代表大会》，《香港华字日报》1922年12月8日，第2张第3页。
⑥ 奇峰：《一年来之广东》，《前锋》第2期，1923年12月1日，第37页。
⑦ 奇峰：《一年来之广东》，《前锋》第2期，1923年12月1日，第37页。
⑧ 广田宽治：《广东工人运动的各种思潮——广东省总工会成立经过》，中国社会科学院近代史研究所《国外中国近代史研究》编辑部编：《国外中国近代史研究》第24辑，第160页。

工会、驳载工会、盘运工会、米业理货员工会等皆与国民党有历史渊源,且设有分部。此外,"其他各种工人零碎加入者尚多"①。当然,最能体现广州工人对国共两党政治动员能力认同的,还是 1924 年 5 月拥有 10 万工人的广州工人代表会的成立②,该会会长由国民党中央工人部长廖仲恺兼任,但其实际工作则由共产党员主持和领导。③ 也正是在国共两党的携手下,广州工人运动日渐勃兴,"自劳动主义之说倡,数年之间,工会林立。即广州一隅,已有三百多间,蓬蓬勃勃,盛极一时,数千年屈服于资产阶级下之工人,至此乃得一吐其不平之气。"④ 广州工人阶级意识的提升亦由此不难想见。

随着国共两党的渗入,尤其国民革命的开展,更使工人运动如虎添翼,这当然是生性保守、深惧变革的广州商界所不能容忍的,加之由于社会整合能力的式微,孙中山政府不但未能有效履行社会保障职能,反而直接损害了商人的生命权与财产权。显然,这与商人"趋安思利"的固有理念是格格不入的。"官之卫民,不如民之自卫",社会整合主体缺位而造成的无序状态,逼使商人们积极寻求自保之法,而拥有武力并代表和维护商人利益的商团⑤遂为其应谋时艰和对付工界竞争的有力依恃。早在陈炯明主政广州时,广州商团就以"插手劳资纠纷,镇压罢工运动"而"闻名"商界。如 1922 年 7 月,广州药铺店员、纺织工人的罢工就因商团的破坏而失败;随后,煤炭装卸工人的罢工亦被其摧残,"并把工会的文件和财产洗劫一空";而 1923 年 3 月,稻米加工厂工人举行罢工,商团更是包围工会,"以枪杀进行

---

① 《团粤区委关于广东工农状况的报告》(1924 年 3 月 6 日),中央档案馆、广东省档案馆编:《广东革命历史文件汇集》甲 1,第 350 - 351 页。
② 中国劳工运动史编纂委员会编纂:《中国劳工运动史》(二),第 287 页。
③ 因廖仲恺同时在国民党中兼有 12 个高职,实际上工人部行政事务就掌握在其秘书中共党员冯菊坡手中。参阅 Ming Kou Chan, *Labor and Empire*: *The Chinese Labor Movement in the Canton Delta*, *1895—1927*, p. 245;李伯元、任公坦:《广东机器工人奋斗史》,第 95 页;А. И. 卡尔图诺娃:《加伦在中国 (1924—1927)》,第 103 页。
④ 振汉:《再勖工人》,《广州民国日报》1924 年 2 月 28 日,第 2 版。
⑤ 广州商团最初成立于 1911 年,是粤商维持公安会为"防御内匪,保全生命财产,维持公安"而创办。由于其成员须自备枪械服装,因而充当商团军的多为资金丰裕的大资本家、少东和高级职员,间或也有雇人充任。小商店则出"月费"支持商团。1919 年 3 月,陈廉伯继任总团长,自后不断购械扩充实力。至商团事件前夕,广州商团共有十团约四千人,连同后备力量共六千余人。此外,还有加入联防的省城以外商团共 138 埠,这样就形成了以广州为中心,遍及全省的非正式武装体系。参阅李朗如等:《广州商团叛乱始末》,中国人民政治协商会议广东省委员会文史资料研究委员会等编:《广东文史资料》第 42 辑,广州:广东人民出版社,1984 年,第 242 页;张磊:《孙中山与广州商团叛乱》,《学术月刊》1979 年第 10 期;丁文江:《广东军事纪》,《近代史资料》1958 年第 3 期;刘明逵、唐玉良主编:《中国工人运动史》第 3 卷,第 31 - 32 页。

威胁，强迫罢工者复工"①。

正因广州商团的怂恿与袒护，各属商团自是有恃无恐，不时涉身劳资纠纷，并与当地工人发生冲突。如1923年11月，香山纸业工人在罢工后调查有无私自开工时，被纸行东家联络商团枪伤数人，"各工人因此愤激异常"②。12月22日，佛山对联工会派员至黄炳号商店调查不肖工人，却被该店东串通商团军拘拿9人，"诬以盗贼，转解警署"，而佛山工联会所派调处代表亦遭扣留。③ 后经各工会向南海县署保释，被拘工人才得自由。④ 1924年国共合作后，商团武力干涉工潮的势头更是有增无减。如5月，香山石歧起落货集贤工人因要求米行加薪不遂而罢工，却遭到米商唆使商团枪击的报复。对此，香山工联会决定同盟罢工"以为援助"⑤。同时，香山小榄理发工会亦因要求东家加价而遭商团军"横加干涉""捣毁器具"⑥，其四名工人被商团"留押不释"至"半月有余"，后由廖仲恺出面干涉，方始解围。⑦ 此外，新会葵业工会、大良碾谷工会、四会理发工会亦遭商团围攻。⑧ 而江门油业风潮则是此时劳资冲突中规模最大、最剧烈的典型事例。1924年5月1日，江门各工会在庆祝劳动节巡行途经蚬步街协成英店铺时，适该店有人嘲笑油业工人为"油榨鬼"，被讽工人遂愤激入店，毁烂财物，并拘店伴2人，打伤1人。⑨ 当日，油行东家便督率商团军百余人持械围困油业工会，油工被拘囚、拷打21人，失踪62人⑩。案发后，廖仲恺与广州

---

① 亚·伊·切列潘诺夫：《中国国民革命军的北伐——一个驻华军事顾问的札记》，第126-127页。
② 《香山商团枪伤纸业工人》，《广州民国日报》1923年11月17日，第7版。
③ 《佛山团警拘押工人》，《广州民国日报》1924年1月1日，第7版。
④ 《佛山工会欢迎出狱工人》，《广州民国日报》1924年1月4日，第7版。
⑤ 《石歧工人又将联盟罢工》《请押究香山米工潮主凶》，《广州民国日报》1924年5月20、22日，第7、10版。
⑥ 详见《中央工人部致香山县长函稿》（1924年5月3日），五部档案，部8433，台北中国国民党文化传播委员会党史馆藏；《中执会致香山理发工会函》（1924年5月8日），汉口档案，汉11497，台北中国国民党文化传播委员会党史馆藏。
⑦ 《廖仲恺电释小榄理发工人》，《广州民国日报》1924年5月30日，第7版。
⑧ 《工团反对商团起械之呼声·工代表会通电》，《香港华字日报》1924年8月16日，第3张第12页。
⑨ 参见《黄侠生上廖部长函》（1924年5月5日）、《广东警务处上廖部长函》（1924年5月5日）、《江门商团公所上大元帅代电》（1924年5月8日），五部档案，部8435、部8436、部8437，台北中国国民党文化传播委员会党史馆藏。
⑩ 详见《广东油业工会曾西盛等上中执会呈》（1924年5月22日），汉口档案，汉11498，台北中国国民党文化传播委员会党史馆藏；《广东警务处致廖部长函》（1924年5月15日），五部档案，部8439，台北中国国民党文化传播委员会党史馆藏；《国内要闻·农民协会之宣言》，《广州民国日报》1924年8月19日，第3版。

工人代表会即通电要求政府成立工团军,维持工人行动自由,同时"依法严惩江门油业东行及商团,以为惨杀劳工者戒"①。新会工联会亦宣言总罢工以示抵制:"我们工人,明白对抗资本家的实力,是在内部的团结,政府和外力,是不能专恃,因此我们有总同盟罢工的必要。我们工人,更明白想脱离资本家的束缚,除了阶级争斗,是没有别法,我们是有武装团结的必要。"② 此宣言颇具阶级斗争意味,显然受到了中共的影响。事实上,在经历江门油业风潮之后,大元帅府时期劳资阶级斗争已启序幕:"江门商团以武力压制工人之举,几酿成大罢工之风潮。虽幸而解息,然工人不复肯出死力以卫东主,则固必然之势","工商分离已肇其端也。"③

当然,针对商团武力干涉,中共工会并未坐以待毙,而是积极应对。1924年5月,广州工人代表会专门通过《商团问题决议案》,其主要内容:(1)商团不得干涉工会事情及侵犯工人自由。(2)商团如有伤毙工人生命及掠夺工人财物,须满足赔偿。(3)商团军若伤毙工人,由所属团军团体负责。如有纵容团军自由行动,政府须解散之,并惩办该负责人。(4)工人不得充当商团军,一经查出,即行驱逐出境。(5)如商团压迫工人时,凡加入工人代表会的工会与工人,须一致对付及援助。(6)工人得组织工团军自卫。④ 这说明,此时中共工会与商团的矛盾业已尖锐。酒业工潮便是显例。1924年7月,广州酒业工人因生活困难要求东家行福志堂加薪及改善待遇。资方不但拒绝,还指使部分工人另设团体,"以抵抗旧有工会"⑤。劳资遂呈对立态势。27日,工人代表会所属酒业工会派员调查工人有无入东家所设的酿酒工商联合会时,在东鬼基遭到恒茂、志成信、启昌隆等酒铺"主使商团开枪",当场击伤3人,棍伤10余人。⑥ 随后,该行商团又串同酒税局稽查率兵士多人,前往国民党中央工人部滋闹,并欲拘捕酒业工会会长。⑦ 商团肆意挑衅随即遭到社会舆论的谴责:"夫商团执枪,所以保卫商务,事关工潮,不应干涉,即干涉之,至维持秩序制止斗殴斯可以已。若动

---

① 《江门油工潮续志》,《香港华字日报》1924年5月13日,第3张第12页。
② 《新会工联会总罢工宣言》,《广州民国日报》1924年5月14日,第10版。
③ 克:《正告商团诸君》,《广州民国日报》1924年5月29日,第2版。
④ 《广州市工人代表会决议案》(1924年5月),中华全国总工会中国职工运动史研究室编:《中国工会历史文献》第1集,第71-72页。
⑤ 《酒业工潮将扩大》《酒业工人之加薪问题》,《广州民国日报》1924年7月18、22日,第7版。
⑥ 参见《广州酒业工会上中执会代电》(1924年7月29日),汉口档案,汉11674,台北中国国民党文化传播委员会党史馆藏;《酒业工商大斗殴》,《香港华字日报》1924年7月30日,第3张第12页。
⑦ 《酒业工潮之扩大》,《广州民国日报》1924年7月31日,第6版。

辄拔枪轰击,似有伤商团全体之名誉。"① 驳载总工会亦通电强调"商团仇工,莫此为甚",并要求当局严惩凶手。② 对此,市公安局不仅不缉凶,反以有碍税收为由制止工人罢工。③ 不仅如此,还助商团逮捕工人。④ 公安局的抑工行径即激起工界的愤懑与抗议。8月3日,广州工人代表会就此致函国民党中央工人部,强烈质问国民党保护劳工政策之何在⑤,并指责公安局"摧残劳工,实为民治下之污点"⑥。

至此不难发现,上述劳资冲突多发生于商团对中共工会的激烈对抗,显然已具阶级斗争意蕴,这充分表明此时广州劳资关系变动受党派政治影响较大。同时还应注意,至少在商团事件前,广州商团武力干涉工潮并未引起大元帅府的应有重视,相反它却持放任纵容政策。正如维经斯基所言:"商人企业家和工人冲突的时候,警察总是帮着企业家;行会和工会实际上并不受政府机关的承认;商团每每殴杀工人,而政府不管;工会常常在恐怖状态之中——也许今天明天商团跑来捣毁。"⑦ 事实上,广州政府这种放纵商团武力干涉工潮的姿态,直至商团事件发生才得以改变。

二、激烈交锋:商团事件

1924年8月10日,商团首领陈廉伯雇丹麦轮船"哈佛"号运枪械至广州,被大元帅府截获。扣械案一发生,陈廉伯即策动商团向孙中山请愿还械,且声称如不答应其要求,"便煽动广州全体商人罢市,抵制政府"⑧。商团的强硬随即激起广州工界的愤慨,各工会纷纷通电声援政府。⑨ 13日,广州工人代表会召开碾谷、酒业、轮船、理发、车衣、土木建筑等数十工会代

---

① 鸣:《酒业工潮之评议》,《广州民国日报》1924年7月29日,第7版。
② 《商团狙击酒工之声援》,《广州民国日报》1924年7月31日,第3版。
③ 《饬警制止强逼酒业罢工》,《香港华字日报》1924年8月4日,第3张第12页。
④ 春园:《广州通信》,《向导周报》第80期,1924年8月27日,第644页。
⑤ 《工人代表会之议决案》,《广州民国日报》1924年8月5日,第7版。
⑥ 《省署令饬慎重办理劳工案》,《广州民国日报》1924年8月16日,第6版。
⑦ 卫金:《广东政府与国民革命》(1924年12月20日),中共中央党史研究室第一研究部编:《共产国际、联共(布)与中国革命文献资料选辑(1917—1925)》,第620页。
⑧ 《在神户欢迎会的演说》(1924年11月25日),广东省社会科学院历史研究所等编:《孙中山全集》第11卷,第382页。
⑨ 《广州扣械案与工人》,《晨报》1924年8月19日,第3版。

表会议，一致议决"协助政府，共维秩序"①，并通电声讨商团起械行径。②广东油业工会亦电呈孙中山"将扣留商团军之枪械，全数没收，发给工人组织工团军，以减削反动商团之势力，而利国民革命之进行"③。同时，为"戢止商团之谋乱"而维"革命策源地之安谧"④，广东派报总工会、草席工业联合会、茶居工会、机器工人维持会等工团还组设中国劳工同盟救国会⑤，通电劝诫商团"服从政府共策进行，以保地方而安闾里"⑥。

可见，自扣械伊始，广州工界就坚决拥护孙中山政府，主张对商团行为予以遏制。工界的行动得到了孙中山的赞许与支持。针对商团的罢市胁迫，孙中山决定组织工团军与商团抗衡。⑦同时，为了更好推动工界与政府合作，8月17日，廖仲恺代表孙中山向工界阐明政府扣械理由："大部分为工人谋利益，一部分为农民谋利益，亦为商人谋幸福。现闻商团有罢市之要求，假如其实行罢市，大元帅希望我们有组织之工人，数万之工人，任其罢市，我们工人，可以继续工作，自己去做生意，直接管理。此为工人直接［截］了当之办法，试测验工人们之智识，及技能与势力也。"⑧随后，工人代表会亦散发传单，呼吁工人协助政府，勿上陈廉伯等"少数野心家的当"⑨。

当然，工界的援助政府行动并未仅仅止于声援层面，而是将其付诸实际行动。为澄清扣械真相、争取社会舆论，工界还协助政府加强对报纸、传单等信息传播渠道的封锁控制，这对商团尤为致命，"其最为一般商团所痛心疾首者，大抵莫如禁止新闻一着"⑩。针对大元帅府的舆论宣传控制及攻势，商团更是冥顽抵制，尤其对传播新闻舆论的派报工人的仇视与日俱增，"如

---

① 《扣留私运军火案三志·工团之注意》《扣留私运军火案四志·工界应付之办法》，《广州民国日报》1924年8月14、15日，第3版。
② 《工团反对商团起械之呼声·工代表会通电》，《香港华字日报》1924年8月16日，第3张第12页。
③ 《扣留私运军火案六志·油业工会之通电》，《广州民国日报》1924年8月18日，第3版。
④ 李伯元、任公坦：《广东机器工人奋斗史》，第96页。
⑤ 《工团反对商团起械之呼声·工团赴帅府请愿》，《香港华字日报》1924年8月16日，第3张第12页。
⑥ 香港华字日报社编：《广东扣械潮》第2卷"文件"，香港：香港华字日报，1924年，第40页。
⑦ 广东省档案馆编译：《孙中山与广东——广东省档案馆库藏海关档案选译》，第547页。
⑧ 《工人代表会开幕之详情》，《广州民国日报》1924年8月18日，第6、7版。
⑨ 《扣留私运军火案八志·工人代表会之传单》，《广州民国日报》1924年8月20日，第3版。
⑩ 梅影：《官商争械潮（五）》，《香港华字日报》1924年8月21日，第1张第3页。

有派报人至，即行阻止，如有抗拒，即乱棍殴打，将报纸撕毁"①。此外，商团还"常用武力驱散看众"，"不准市民阅报"②。可见，抵阅报纸和截殴派报工人便为商团对政府扣械宣传实施反封锁的主要手段。商团肆意封杀舆论即遭到广州报界的痛责："自扣械案发生后，无意识之商人恨本市报界之主持正义，多弃报纸而不阅。且挟其资本枪械，以殴打派报工人，及干涉市民阅报，亦可谓无聊之极思矣。"③ 对此，廖仲恺亦愤慨道："正当报纸，横遭掠弃，派报工人，又被截击，尤属横蛮无理。"④ 不过，面对商团的恫吓截殴，广州工界并未因此退缩不前，而是针锋相对，积极抵制，"劳工会及工人执行会分子，已开始向茶楼（茶楼皆入商团）活动，务宣传攻击商团之资料于市民，因此（工商）恒发生龃龉也。"⑤ 派报工会也勉励工人继续工作，"对于主持公理，援助同人之报纸，尤应极力贩销，以尽互助之谊"⑥。

也正因工界的积极干预，商团以社会舆论压逼政府还械的企图落空，只好诉诸罢市进行抗争。于是，围绕罢市问题，广州工界与商团展开激烈较量。早在8月17日，商团就鼓动广州银业罢市，以拒中央银行纸币。究其用意是欲借金融停顿，以"促成全体商场罢市之实行"⑦。22日，在商团联防总部指使下，佛山、九江等数十埠城镇罢市。至25日，罢市城镇已达百余个，"广州亦加入"⑧。对此，孙中山在大本营军政联席会议上决定"解散商团，以武力制止罢市"⑨。此时工界更是竭力协助政府抵制商团罢市。8月24日，广东总工会、机器工会、海员工会、油业工会、药材工会、铜铁工会、土墨工会、缝业工会、酒业工会、人力车夫工会及善、商、军、政各界人士2万余人，在第一公园召开广州市民大会，强烈抨击陈廉伯的罢市行径，呼吁商团"当顾全市民安全"，"勿为陈廉伯所愚"而"齐起拥护革命政府"⑩。26日，佛山的工联会、土木建筑工会、理发工会、机器铸做研究

---

① 《扣留私运军火案七志·坊众拒绝报纸之无理》，《广州民国日报》1924年8月19日，第3版。
② 巨缘：《帝国主义与反革命压迫下的孙中山政府》，《向导周报》第85期，1924年10月1日，第691页。
③ 廉：《渡船竟没收报纸耶》，《广州民国日报》1924年8月25日，第7版。
④ 香港华字日报社编：《广东扣械潮》第2卷"文件"，第46页。
⑤ 雯郎：《官商争械潮（七）》，《香港华字日报》1924年8月23日，第1张第3页。
⑥ 《扣留私运军火案八志·派报工会之通告》，《广州民国日报》1924年8月20日，第3版。
⑦ 香港华字日报社编：《广东扣械潮》第1卷"事实"，第29页。
⑧ 南雁：《广州当局与商团》，《东方杂志》第21卷第17号，1924年9月10日，第9页。
⑨ 张磊：《孙中山与广州商团叛乱》，《学术月刊》1979年第10期。
⑩ 《昨日市民大会之详情》，《广州民国日报》1924年8月25日，第7版。

社、制饼工会、描联工会、履业工会、裱对工会等三千余人亦举行市民大会，要求商团取消罢市。①

除集议反对商团煽惑罢市外，工界还纷纷劝言商人开市。8月26日，广东总工会发出劝告商人复业书：

> 敝总会九十余行工人，素与商人接近，今一旦受此（罢市）影响，生产品必因之而停滞。倘工人失业，粮无隔宿，万一别起变端，则流离转徙，其何以堪！须知工商之间，互相维系，不能不有以转圜于其间，务望以大局为重，勿为谣言所惑。先行复业，免受损失，不独工人之幸，抑亦商业前途之幸也。②

同日，碾谷工会、粤汉铁路艺余工社、广三铁路互联俱乐部等工团亦宣告反对罢市。与总工会的"温和"言论相比③，中共领导的工会如油业工会、土木建筑工会的抵制罢市宣言则显"强硬"的意味：

> 吾工界同胞，实处恶势力压迫之最下层，如果一天无革命政府，即吾人此生永无自奋之希望。多数小资产家，多数商店伙友同胞，所处之境遇，正与吾侪相同。其速奋起，弗为私通外国勾结内奸之少数商人陈廉伯、陈恭受等所利用。吾工界此为第一次反对罢市之宣言，推赤心以道诚意，如商人始终不觉悟，吾工界决不能坐视也。④

此外，机器工会、轮渡工会、沙面青年工社亦宣言"劝告商界勿为陈廉伯谣言所惑，率为罢市之举动"⑤。与此同时，为更好抵制罢市，工界还组设工团军。扣械甫始，广州工人代表会就着手筹组工团军，决定油业、酒

---

① 《扣留私运军火十六志·佛山市民大会之情形》，《广州民国日报》1924年8月29日，第3版。
② 《总工会劝商民复业书》，《广州民国日报》1924年8月27日，第8版。并见香港华字日报社编：《广东扣械潮》第2卷"文件"，第73页。
③ 从劝商民复业书中，可以发现广东总工会言辞较为"温和"，这是其素以提倡"劳资调和"的缘故。也正因总工会对罢市态度的"不合理"，而遭到了广州工人代表会的质问。不过，为了其会员的经济福利和对孙中山的支持，国民党右派工会在1924年商团事件中"并未犹豫起来反对广州的资本家阶级"。参见《工人代表之议决案》，《广州民国日报》1924年9月3日，第7版；Ming Kou Chan, *Labor and Empire*: *The Chinese Labor Movement in the Canton Delta*, 1895—1927, p. 260.
④ 《工界反对罢市之宣言》，《广州民国日报》1924年8月27日，第8版。
⑤ 《昨日市内商店复业情形·市民敬告商团传单》，《广州民国日报》1924年8月28日，第7版。

业、茶居、驳载、海员、轮渡、碾谷、土木建筑等21个工团为筹备委员。① 8月26日，全省工团军正式成立，推举中共党员施卜为团长，刘公素、胡超为副团长。② 工团军直接受工人部指挥，"专注意于政治及军事方面的训练"③，其宗旨是"为自身利益与国家利益而武装，以拥护工人利益辅助革命进行为职志"④。27日，500余工团军向省长廖仲恺请愿，要求明令讨伐商团。⑤ 至此，广州劳资阶级冲突大有一触即发之势。

正当孙中山与工界准备以武力解决商团之际，却遭到国民党右派抵制：伍朝枢、许崇智等主张对商团问题应"和平审慎"，滇军将领范石生、廖行超等不仅反对使用武力⑥，还以调人自居，与商团谈判。其目的是"想借此与商人接近，见好商人，然后从中剥夺"⑦。8月29日，范、廖出面调停，并与商团代表邓介石签订六项条件：（1）陈廉伯、陈恭受通电拥护孙中山、服从政府，然后政府取消通缉令；（2）照军政部所发护照内的军械数目完全交商团；（3）商团联防改组，受省长节制；（4）商店即日复业，军队同时解严；（5）商团军报效军费50万元，领械时缴纳；（6）商团联防改组完毕，由范、廖负责将全部军械点交商团总所。⑧ 同日，孙中山签字，调停生效。"以条件而论，商团可谓完全达到目的"⑨。对此，广州工人代表会急电"誓不承认"调停条件，并严正指出陈廉伯等"私通北洋军阀，勾结英国帝国主义者，瞒运大帮军械进口，阴谋推翻革命政府，阻止国民革命进行，其

---

① 《工代表会组织工团军》，《广州民国日报》1924年8月20日，第7版。
② 《农工两军均准立案》《工团军之组织大纲》，《广州民国日报》1924年8月28日、9月1日，第8、7版。
③ 谭平山：《中国国民党全国党务概况》，《政治周报》第3期，1925年12月20日，第7页。
④ 《广东全省工团军成立宣言》，《广州民国日报》1924年9月14日，第1版。
⑤ 《工团军巡游请愿情形》，《广州民国日报》1924年8月28日，第8版。据施卜所言，为应对商团而实施自卫，这是广州工人组设工团军的直接原因。参见 Conference of Dr. Chen Ta and Mr. G. Chen with Mr. P. Sze, Secretary of the Labor Delegates Association of Kuomintang, February 3, 1925, The Chinese Labour Movement Report, p. 1, Jay Calvin Huston Papers, 1917—1931, Box 5, Folder3, 斯坦福大学胡佛研究所档案馆藏，p. 1.
⑥ 香港华字日报社编：《广东扣械潮》第1卷"事实"，第47页。
⑦ 伍豪：《最近二月广州政象之概观》，《向导周报》第92期，1924年11月19日，第772页。
⑧ 香港华字日报社编：《广东扣械潮》第1卷"事实"，第51页；南雁：《广州当局与商团》，《东方杂志》第21卷第17号，1924年9月10日，第10页。
⑨ 公侠：《帝国主义军阀买办右派共同宰割之下的广州革命政府》，《向导周报》第82期，1924年9月10日，第664页。

罪已无可逭。所扣留之军火，实无发还理由"①。可是，工人代表会的通电未能改变大元帅府和平解决扣械事件的幻想。商团对抗政府行动也未因调解生效而消弭，相反却随孙中山的出师北伐愈益升级。

10月4日，全省188县镇商团代表在佛山集会，决定以武装和罢市为后盾，向政府请愿：（1）取消所有苛捐；（2）全数发还投变市区寺庙各产；（3）发还全部枪械；（4）发还被扣留、变卖之商船；（5）恢复全省自治机关；（6）枪毙捕杀团员邹竞先的警察及区长，并抚恤邹氏家属。②6日，广州总商会、市商会、省商联会、九善堂、自治研究社等亦联呈广州卫戍司令杨希闵，要求取消商团携械出游禁令，"因此愈加增长商团之气焰"③。9日，商团发出罢市通牒。迫于压力，代理大元帅胡汉民遂于10日将所扣枪械发还商团。④

也就在商团得到被扣枪械的同日，工团军、农民自卫军等15个社团万余人举行"双十警告节"集会，反对商团罢市。会后各团体游行时遭商团袭击，20余人（其中工团军4人）遇害，百余人受伤，145人被捕。⑤11日，广州工人代表会、广州反帝国主义大联盟、工团军、酒业工会、土木建筑工会、油业工会、理发工会等29个团体联名致函中共中央机关报《向导周报》，向其揭露商团制造惨案的真相。⑥孙中山闻悉血案后决意镇压商团。15日，工团军与政府军前后夹击，商团因"首尾不能相顾"及实力悬殊而失败⑦，并在溃败时对参加工团军的理发工人进行报复。据查，理发工人被杀12人，重伤11人，失踪12人，店铺被毁40余间，损失财产约四五万元。⑧国民革命初期广州劳资阶级意识凸显自不待言。不过，其分野程度毕竟有限。通过细致评估广州商界对商团事件的因应态度，或许对此会有更清

---

① 香港华字日报社社：《广东扣械潮》第2卷"文件"，第89页。并见《广州市工人代表会通电》（1924年9月1日），中国第二历史档案馆：《孙中山镇压广东商团叛乱文电》，《历史档案》1982年第1期，第48页。

② 大山：《广州商团的大失败》，《东方杂志》第21卷第20号，1924年10月25日，第4页；《国内专电·6日香港电》，《申报》1924年10月7日，第1张第3版。

③ 卫恭：《商团事变前后见闻杂记》，中国人民政治协商会议广东省广州市委员会文史资料研究委员会编：《广州文史资料》第7辑，1963年，第105页。

④ 刘明逵、唐玉良主编：《中国工人运动史》第3卷，第34页。

⑤ 详见《广州反帝大联盟等三十个团体为抗议商团军屠杀双十节示威的市民告国民书》（1924年10月11日），中央档案馆、广东省档案馆编：《广东革命历史文件汇集》甲1，第497－500页。

⑥ 《告全国国民》，《向导周报》第89期，1924年10月29日，第743－744页。

⑦ 中国劳工运动史编纂委员会编纂：《中国劳工运动史》（二），第320页。

⑧ 《商团惨杀理发工人调查表》，《广州民国日报》1924年10月28日，第8版。

楚的认识。

三、商界与商团事件：劳资阶级意识分野的程度评估

从前述工界对扣械及抵制罢市的宣言中不难发现，其斗争矛头所指并非全体商团，亦更非商界，而是陈廉伯等少数商团分子。在国共合作的革命政府看来，商团事件是一场反革命的政治叛乱。商人若参与势必首先考虑的是其风险和胜算的系数。就实情而言，商团并不具备推翻政府的实力与法理性。这样，尽管多数商人对政府的苛政产生不满，甚至厌倦，但在涉及有可能牺牲身家性命的政争时，却往往畏缩不前、置身事外，而广州商界对商团事件态度的分化就是如此。当然，这种分化有一个动态的发展过程。

须指出，在广州，商团和商会的关系是分头并立而非两位一体，"也不是谁统属谁"①。尽管广州各行业都有参加商团的，但其数量"在商界中不过最少数"②，且其对商团的态度亦不尽相同：有的积极参加，图拥有商团武装以自重，这以陈廉伯所能直接控制的银钱业为主，也有陈所能控制或与陈有密切交往的若干大行庄为奥援；有的则企图借重商团武装以自卫，防范散兵、土匪滋扰，这以一般商店、工厂为主；也有的虽然本身很需要自卫，但不敢寄望于商团，因而与其保持一种不即不离的关系的，如航运业等。③可见，拥团自卫是一般商人参加商团的主要目的。对此，东山火柴厂的利耀峰曾直言："我与罗雪甫所以加入商团原为自卫而参加，至其他厂商老板之参加商团，最初动机亦不外如是。但加入后，因受陈廉伯以及其他少数人之利用，卒至一齐参加叛乱，反对革命，却非自己初料所及。"④

正因自卫的武器被政府扣留，使其自卫失去依凭，加之此时社会经济生态的恶化，更使商人自卫心理愈加迫切。因而，在商团请愿还械无效后，广州总商会、商业维持会、广东全省商会联合会等12团体遂以"商团为地方

---

① 植梓卿等：《工商界老人回忆商团事变》，中国人民政治协商会议广东省广州市委员会文史资料研究委员会编：《广州文史资料》第7辑，第52、56页。
② 据调查，广州商店约12万家，入商团者不过6000家。因此，"决不能以商团之意思，即为商界之意思"。（参见《本党敬告商界诸君》，《广州民国日报》1924年8月25日，第8版）另一说认为，广州商店不下万余户，入商团的不过3000户，其中加入不问事的尤属多数。参见惠仙：《广州革命派与反革命派的大激战》，《向导周报》第89期，1924年10月29日，第742页。
③ 梁墨缘：《航运业对商团的态度》，中国人民政治协商会议广东省广州市委员会文史资料研究委员会编：《广州文史资料》第7辑，第92页。
④ 利耀峰：《我是怎样参加商团的》，中国人民政治协商会议广东省广州市委员会文史资料研究委员会编：《广州文史资料》第7辑，第96页。

保障，枪械为商团命脉""深恐团军解体，地方失恃"而通电政府"迅赐发还"①。8月24日，商业维持会在总商会召集七十二行300余人就还械问题商讨对策，"讨论良久，迄无解决办法"，后多数商董主张罢市，"以促政府之觉悟"②。然而，究其多数心理，"本不欲罢市，不过以身家性命之系关，常思自卫。今以各军队又行入驻市面，每夜宣布戒严，商民惊恐，停止营业之念，实出于此。"③ 对此，国民党中央党部亦承认："最近二三年来，在军事区域以内，或因军纪不修，或因土匪滋扰，商民感其痛苦，故亟求自卫。今闻政府扣留军械，以为政府既不卫民，又不许人民自卫，故其愤怨遂不可遏。"④ 这样，在社会普遍痛恨军阀的舆论氛围下，因商团以反抗"客军"标榜，就易得到很多同情。⑤ 其时，广州报界多数"对于商团的所谓商人自卫，表示同情，虽有时对商团略有诘责，但自卫之义，则视同当然。有少数报纸还左袒陈氏，谓其肯为商群着想。陈廉伯利用了商界中人一般存在的这种心理，遂把他最后的赌注下在商团身上"⑥。

　　除为争自卫权而罢市的心态外，商人对革命的恐惧心理更不容忽视。1924年国民党改组后，孙中山实行联俄、联共、扶助农工的三大政策，使其政权的革命色彩愈益浓厚，这对恪守"在商言商"传统理念的广州商人来说，无疑是一大难以治愈的"心病"，"商民们以其和本身利害冲突，更为惴惴不安"⑦。同时，繁重的战时苛税政策也是导致商人对政府不满的重要因素。"商民对于迩年战事担负加重，其希望和平，不恤苟且姑息，较之往时，尤为急切。因之对于积极革命之政府，意向每致相左。"⑧ 这样，广州多数商人对商团还械寄予同情与支持也就不难理解了。即使后来他们为扣械而附和总罢市，但多数也不外乎两种心理："一则徇情，大家既同属商界，恐过于立异，感情太坏，以后不好交易"；"二则畏祸，恐歹徒乘机抢

---

① 香港华字日报社编：《广东扣械潮》第2卷"文件"，第37页。
② 《国内专电·25日香港电》，《申报》1924年8月26日，第2张第6版；香港华字日报社编：《广东扣械潮》第1卷"事实"，第36页。
③ 《扣留私运军火十二志·总商会昨日会议情形》，《广州民国日报》1924年8月25日，第3版。
④ 《中国国民党对广州罢市事件宣言》（1924年8月29日），《国父全书》第1册，台北：中国国民党中央党史委员会，1973年，第902页。
⑤ 邱捷：《广州商团与商团事变——从商人团体角度的再探讨》，《历史研究》2002年第2期。
⑥ 王昌、罗秉严口述，陈曙风记：《陈廉伯其人与商团事变》，中国人民政治协商会议广东省广州市委员会文史资料研究委员会编：《广州文史资料》第7辑，第44页。
⑦ 植梓卿等：《工商界老人回忆商团事变》，中国人民政治协商会议广东省广州市委员会文史资料研究委员会编：《广州文史资料》第7辑，第49页。
⑧ 《中国国民党对广州罢市事件宣言》（1924年8月29日），《国父全书》第1册，第902页。

掠。故一面营业，一面仍不敢大开其门，非不遵政府复业命令也。"①

况且，其中还有商家"本不主张罢市，但为罢市运动所胁迫"的。②"武装商团，差不多完全改换便装，到处检查不罢市的商铺"③，且扬言"不罢市者，必以敌人视之"④。如小市街茶楼、第四甫桂香茶楼、西关戏院前某茶楼就因遭商团的胁迫而停业。⑤ 也正因商团的武力威慑，"许多小商人虽然不愿罢市，也不得不罢"⑥，"然总核其数，将双扉紧闭，一概停止交易者，不过十之二三"，"其余十之六七，门虽虚掩，仍属买卖如常"，"至于柴米盐油及鱼肉蔬菜各项生意，绝无罢市，人民无有不便之处，亦可见多数商人之心理，实非故意与政府为难也。"⑦ 而西关城内"最大多数未入商团之商家，以商团之有无，无关彼等利害，皆营业如故。对于逆党捏造共产之谣言，咸嗤之以鼻，无稍置信者"⑧。至此不难发现，坚决主张罢市的在商民中亦仅"居最少数"而已。⑨ 至 10 月第二次总罢市时，尽管商团总部"迫令开市的商店继续罢市"⑩，"（但）大多数商人仍是半开门的营业"，"而市民的生活品的供给，并没有感受甚么困难"，由此可见，"商人与商团并不是一件事，商团的举动，并不能代表多数商人的利益，其所以迫于罢市者，不过为商团手枪迫挟"⑪。

此外，还有部分商界坚决反对罢市。如 8 月 19 日，广州河南商团欲与

---

① 《昨日市潮情形汇志·商家半开门之心理》，《广州民国日报》1924 年 8 月 29 日，第 7 版。
② 《中国国民党对广州罢市事件宣言》（1924 年 8 月 29 日），《国父全书》第 1 册，第 901 页。
③ 巨缘：《帝国主义与反革命压迫下的孙中山政府》，《向导周报》第 85 期，1924 年 10 月 1 日，第 691 页。
④ 《昨日市内商店停业详情·奸徒煽动之可恶》，《广州民国日报》1924 年 8 月 26 日，第 7 版。
⑤ 《昨日市内商店复业情形·商团挟迫停业情形》，《广州民国日报》1924 年 8 月 28 日，第 7 版。
⑥ 巨缘：《帝国主义与反革命压迫下的孙中山政府》，《向导周报》第 85 期，1924 年 10 月 1 日，第 691 页。
⑦ 《昨日市内商店停业详情·奸徒煽动之可恶》，《广州民国日报》1924 年 8 月 26 日，第 7 版。
⑧ 《昨日市内商店停业详情·反对罢市之传单》，《广州民国日报》1924 年 8 月 26 日，第 7 版。
⑨ 《中国国民党对广州罢市事件宣言》（1924 年 8 月 29 日），《国父全书》第 1 册，第 902 页。
⑩ 李剑农：《中国近百年政治史（1840—1926）》，上海：复旦大学出版社，2002 年，第 574 页。
⑪ 惠仙：《广州革命派与反革命派的大激战》，《向导周报》第 89 期，1924 年 10 月 29 日，第 741 页。

河北商团联同罢市,后因李福林劝阻而"觉悟",遂决放弃罢市行动。① 24日,河南全体商店亦宣言抵制罢市:"现有奸之徒,不计利害,四出运动罢市,自受损失。不论何方罢市,我河南决不附和。"同时,还"沿途散派反对罢市之传单"②。25日,全省盐商亦通告反对罢市:"我盐业上下河商人,向来安分营业,不涉外事。现值商业凋残,尤须专心营业,不宜自相纷扰,致受损失。"③ 27日,广东全省商会联合会、广州总商会、地方善后委员会、九善堂院、市商业维持会等五团体也联衔通告:"尚祈各商店,熟权利害,照常营业,听候解决。"④ 商界内部对罢市态度的歧异,表明此时广州商人并非完全支持商团的对抗政府行动,而是多持中立姿态。尤其在商团与政府矛盾激化时,他们不愿牺牲身家性命而涉身政争的保守特质顿露无遗。诚如商团一主要人物所言:

> 至于益南(陈恭受别字)说能在佛山号召,此不过未弄出大事之前一种说法,如真打起来,谁无家庭父母,谁肯为陈廉伯争地位去牺牲。比如我们,做生意只求赚钱,如卷入政争旋涡,今日甲来当政,便依甲了,甲倒又如何?干政争的野心家,拿我们以血本为生的商人作其你争我夺,明欺暗诈的陪祭品,是十分不对头,我们是一定吃亏的。⑤

即使在商团内部,不少人对陈廉伯购械谋叛不仅不赞同,还暗中指责其谬误。⑥ "日来广州商家,多不值陈廉伯陈恭受等悖谬行为,纷纷退出商团总公所。"⑦ 这些人中,既有中小商人,也有大商人:如保险业的赵秀石,大新、先施、真光公司的蔡昌、马应彪等,更有洋行买办:如德商鲁麟洋行罗雪甫、礼和洋行关国士等。⑧ 即使是为商团请愿还械出力甚多的航业巨商

---

① 《扣留私运军火案十志·河南商团之纯正态度》,《广州民国日报》1924年8月22日,第3版。
② 《河南商店反对罢市》,《广州民国日报》1924年8月26日,第8版。
③ 《盐商反对罢市之通告》,《广州民国日报》1924年8月27日,第8版。
④ 《五法团劝告商民营业》,《广州民国日报》1924年8月28日,第7版。
⑤ 文琛:《商团主要人物的言论及与康有为的关系》,中国人民政治协商会议广东省广州市委员会文史资料研究委员会编:《广州文史资料》第7辑,第82页。
⑥ 李朗如等:《广州商团叛乱始末》,中国人民政治协商会议广东省委员会文史资料研究委员会等编:《广东文史资料》第42辑,第249-250页。
⑦ 《扣留私运军火十二志·商人对于商团之真相》,《广州民国日报》1924年8月25日,第3版。
⑧ 文琛:《商团主要人物的言论及与康有为的关系》,中国人民政治协商会议广东省广州市委员会文史资料研究委员会编:《广州文史资料》第7辑,第82、85页。

谭礼庭、谭作舟，亦不同情陈廉伯所为。① 甚至被誉为商团中坚的银钱业商人也对陈廉伯离心离德：如梁朗秋见陈廉伯被政府通缉后，曾在会上提选他人来接替陈总团长职，但为陈系所反对②，佘雪轩、左仰祺则"对于商团事始终保持中立"③。事件平息后，誉德号的佘伯祺亦坦言："银业中之文朗轩、梁简轩、梁际云等，并非拥陈（廉伯）分子。当事态紧张时，银钱业的动向，预留后路的多，准备抵抗的少"，"迨后扰扰攘攘，糊糊涂涂，演成惨剧，受害者还不知咎由自取抑祸从天降，言之可痛。"④ 此外，当押业的赵香石、匹头行的梁佩唐及打铜街正和布店的熊式之等，对商团事件亦"守中立"⑤。正如时人所言：许多商人包括参加商团者在内，"向来都是很自爱的，对于政府都是很安分的"，"陈廉伯、陈恭受等的谋叛行动愈升级，他们在商人集团中就愈孤立。"⑥ 事实上，商团事发时，不仅加入商团的广州商人多持中立，就是省外绝大多数商团也并未与广州总商团"同流合污"对抗政府，而是取"洁身自好"之态。⑦ 从城北、西江、虎门、香山、花县、石湾、西樵、官山等地商团"只图自卫，并未附乱"⑧ 的通电声明中，亦可窥见商团内部的政治分野。可见，大多数广东商人因其保守性并未陷入商团事件这场政治泥淖而不拔。商人的这种保守性随即遭到商团首要分子的批判：

> 我国商人只知惧共产，骂共产，而不知以"自力拥护自己利益"，一洗从前"在商言商"之习惯，起而参加政治运动，以图企自身之存

---

① 植梓卿等：《工商界老人回忆商团事变》，中国人民政治协商会议广东省广州市委员会文史资料研究委员会编：《广州文史资料》第7辑，第61页。
② 林志钧：《商团事变知闻忆述》，中国人民政治协商会议广东省广州市委员会文史资料研究委员会编：《广州文史资料》第7辑，第73页。
③ 植梓卿等：《工商界老人回忆商团事变》、文琛：《商团主要人物的言论及与康有为的关系》，中国人民政治协商会议广东省广州市委员会文史资料研究委员会编：《广州文史资料》第7辑，第57、82页。
④ 何睦梓：《商团事变时广州市的银钱业》，中国人民政治协商会议广东省广州市委员会文史资料研究委员会编：《广州文史资料》第7辑，第90页。
⑤ 植梓卿等：《工商界老人回忆商团事变》，中国人民政治协商会议广东省广州市委员会文史资料研究委员会编：《广州文史资料》第7辑，第57—58页。
⑥ 李朗如等：《广州商团叛乱始末》，中国人民政治协商会议广东省委员会文史资料研究委员会等编：《广东文史资料》，第250页。
⑦ 《扣留私运军火十二志·省署通告地方安宁》《扣留私运军火十四志·各属平靖之又一确报》，《广州民国日报》1924年8月25、27日，第3版。
⑧ 参阅敖光旭：《广东商团与商团事件：1911—1924——中国"市民社会"的案例分析》，第133—134页。

在，及发展。当此阶级战争时代，国中劳农阶级，方结大团体，放大眼光，浸假而大宣传，浸假而大示威，浸假而大奋斗、大流血，以期达其取得"支配阶级"地位之最后目的（即以劳农阶级支配全国全人类）。而我商人独苟舍偷安若是，欲不为新时代之落伍者，又安可得？①

这也从另一侧面印证了广州商界对商团事件不积极参与的冷漠姿态。就此而言，"在商言商"的传统藩篱并未完全随之冲破，仍在国民革命初期广州商人的"政治参与"中居支配地位。② 如果说抗税风潮中商人罢市多是自愿③，那么，这次为"谋叛"而"附和"在商人看来多少有点勉强。事实证明，在广州商人应对商团事件的价值取向中，生命权与财产权始终是第一位的，其"参与政治"主要是为了能否更好推动这两大目标的实现。这可从广州商人在经济性的抗税风潮和政治性的商团事件的不同应变中得以印证。窃以为，此时劳资冲突因受党派政治的影响尽管很激烈，但也仅限于国民党左派工会，尤其是中共领导的广州工人代表会与陈廉伯等少数商团分子的矛盾，这在大元帅府时期广州劳资关系中并非常态，其阶级意识分野总体上仍处于相对和缓的休眠期。

应注意，这种因商团事件引发的劳资阶级意识分野，相当程度上是孙中山政权为挽救危局而有意促成的。当然，这其中既有共产国际与中共的积极策动④，也有国民党权衡利弊的明智抉择，可以说是国共合作扶助劳工的政治动员的结果，也是国民党政权与商团之间矛盾激化不可调和的产物。针对商团企图颠覆政权的强势抗衡，国民党意识到唯有依靠工人，才有可能有效制约商团，化解政治危机。"恰好在这个期间，发生了广州商民罢市反对政府的事件，来自工人方面的压力相当大，他们要求收缴商团军的武器"，"事态不断扩大。国民党政府慑于英国枪炮的威胁，至少为了维持自己的中

---

① 香港华字日报社编：《广东扣械潮》第1卷"序一"，第2页。
② 清末民初，商人的政治意识是否由"在商言商"向"在商言政"转变，一直为国内外学者所关注。对此，目前学界主要有两种观点：一是在商言商论。其论点为：近代中国商人并无多少政治意识，他们对政治的关心是建立在产权是否受到波动的基础上。一旦有低成本的维持秩序或保护产权的途径，商人便会放弃自己的"政治参与"。二是在商言政说。其要点是：随着政治及思想认识的提高，至20世纪20年代，商人不断发起各项政治运动，实际上已在很大程度上突破了在商言商的戒律。参阅冯筱才：《在商言商：政治变局中的江浙商人》，上海：上海社会科学院出版社，2004年；朱英：《"在商言商"与近代中国商人的政治参与》，《江苏社会科学》2000年第5期。
③ 须指出，广州商人为抗税而罢市，并不意味着其政治意识的增强，仅是维护其经济权益的一种"自救"手段。一旦政府妥协，他们便会放弃自己的集体行动。这是商人们屡试不爽的抗税"法宝"。
④ 敖光旭：《共产国际与商团事件》，《中国社会科学》2003年第4期。

派立场,也不得不依靠工人群众。"① 正是以商团事件为契机,国民党"果真实行了依靠工人"的明确方针②,且"在这次作战中,孙中山得到当地无产阶级的全力支持。从这时候开始,孙中山着手组织工人群众,并试图扩大到广州以外的地区"③。至此,国民党扶助劳工政策亦由策略宣传向真正付诸实施转变。然而,这并不意味着国民党已认同劳资阶级斗争。事实上,随着商团的覆灭,此种劳资阶级意识分野亦即暂呈弱化态势。这与国民党阶级协调的劳资政策密切相关,正如日本学者山田辰雄所指出的:

> (尽管)孙中山接触了1924年蓬勃发展的群众运动,以致进一步认识到了工人农民在革命运动中的重要作用。然而,即使在这个时候,他对劳资之间以及地主与雇农之间的关系,仍采取阶级调和的态度。……这就是说,尽管孙中山在国民党组织内部享有绝对的权威,但在工人农民的组织化与军队方面,还要分别依靠中国共产党、客军及黄埔学生军。从这种意义上说,与其说孙中山是群众运动的组织者,莫如说他是通过自己巨大的领导力量将其作为革命运动的一环来进行统筹的领导者。由于这样的组织基础,所以,他不承认特定阶级的领导权。④

正因如此,国民党开始注重调整其失衡的劳资政策。首先,强化党商关系。1924年11月,国民党中央设立商民部,正式开展商民运动。究其缘由诚如商民部长伍朝枢所言:"吾党向来对于商民方面工作较工农方面略少,致商民与吾党发生隔膜,而有前此商团风潮发生,实为不幸之极。故中央执行委员会特将实业部改为商民部,此后对于商民方面,积极工作,以谋与商民协作并提倡商民真正之利益。"⑤ 不久,全省各县市普遍成立商民协会。在商民协会的领导下,广大中小商人参加国民革命的热情日趋高涨。另外,也正是通过商团事件,国民党与工人的政治联系更加紧密。1924年10月,孙中山以大元帅名义颁行《工会条例》。该条例规定:同一职业集合50人

---

① 《关于中国国民党中央执行委员会第二次全体会议讨论国共关系问题情况的报告》(不早于1924年8月30日),李玉贞译:《联共、共产国际与中国(1920—1925)》第1卷,第428页。
② 格列尔:《广州和香港》(1925年9月23日),安徽大学苏联问题研究所、四川省中共党史研究会编译:《苏联〈真理报〉有关中国革命的文献资料选辑(1919—1927)》第1辑,第134 - 135页。
③ [苏]拉狄克:《广州》(1925年9月1日),安徽大学苏联问题研究所、四川省中共党史研究会编译:《苏联〈真理报〉有关中国革命的文献资料选辑(1919—1927)》第1辑,第125页。
④ [日]山田辰雄:《廖仲恺与工农运动》,马宁译,中国社会科学院近代史研究所《国外中国近代史研究》编辑部编:《国外中国近代史研究》第20辑,第147 - 148页。
⑤ 《商民部开商民党员会议详情》,《广州民国日报》1924年11月12日,第7版。

以上者，可组织工会，并享有言论、出版、罢工及办理教育事业等自由；工会有权与雇主缔结团体契约；工会与雇主争议时，有要求雇主开联席会议仲裁之权，并请主管行政官厅派员调查及仲裁；工会有参与雇主方面规定工时、改良工作状况及工厂卫生之权；行政官厅对于非公用事业的工会与雇主间冲突，只任调查及仲裁，不执行强制判决等。同时，条例还特别声明：对于刑律及违警律中所禁止的聚众集会等条文，不得适用于工会条例，"以免妨碍工会之进行"①。这样，工会权利便从法律上得到承认和保障。而工人对国民党的政治认同也达到空前高度，以至踊跃要求参加国民革命。由此可见，"商团事件不但引起工人对于阶级斗争之切实观念，且引起工人对于国民革命之勇毅精神。"②

商团事件后，国民党劳资政策的调整取得了明显成效，使得广州工商两界与孙中山政府的关系日趋巩固，并向国民革命的共同目标迈进，这在国民会议运动及平定杨希闵、刘震寰的叛乱上可得印证。1924年10月，冯玉祥发动"北京政变"，电邀孙中山北上共商国是。11月10日，孙中山发表《北上宣言》，提出召开国民会议、废除不平等条约两大主张，以解决国家政治问题。③ 宣言发表不久，即得到广州工商两界的积极响应。12月7日，广州工人代表会特发拥护通电。④ 商民协会除通电赞成外，还与其他商界人士筹组广东商界国民会议促成会。⑤ 20日，由工、农、商、学等174个团体参加的广东国民会议促成会正式成立，随即在全省掀起一场声势浩大的国民会议运动。⑥ 1925年6月，滇桂军阀杨希闵、刘震寰公开背叛革命政府，亦激起广州工界的强烈抵制。⑦ 此时，商民协会亦通电声讨杨、刘，宣言"拥护国民政府"⑧。以上这些，客观上为后来广州国民政府的肇建赢得了广泛而深厚的社会群众根基。

---

① 详见《工会条例》，《陆海军大元帅大本营公报》第28号，1924年10月10日，第5-10页。
② 《工人运动之经过》，《政治周报》第6、7期合刊，1926年4月10日，第55页。
③ 详见《北上宣言》（1924年11月10日），广东省社会科学院历史研究所等编：《孙中山全集》第11卷，第294-298页。
④ 刘明逵、唐玉良主编：《中国工人运动史》第3卷，第38页。
⑤ 《商民运动之经过》，《政治周报》第6、7期合刊，1926年4月10日，第67页。
⑥ 张克谟、钟毅旭主编：《广东工人运动史》第1卷，第184页。
⑦ 详见蒋介石：《关于工农兵大联合的报告》，《海外周刊》第7期，引自刘明逵、唐玉良主编：《中国工人运动史》第3卷，第37页。
⑧ 《商民运动之经过》，《政治周报》第6、7期合刊，1926年4月10日，第67页；《广东人民一致拥护革命政府》，《广州民国日报》1925年6月2日，第3版。

第六章 民族主义：
省港罢工期间的劳资利益博弈

晚清以降，作为"乱世潜流"的民族主义①，是近代中国政治演变最基本的动力，也是决定各政治力量成败的关键因素。诚如余英时所言："中国近百年来的变化，一个最大的动力就是民族主义。一个政治力量是成功还是失败，就看它对民族情绪的利用到家不到家。如果能够得到民族主义的支持，某一种政治力量就会成功，相反的就会失败。"② 此情形在国民革命时期表现尤为明显③，"民族利益与阶级利益相互关系这一民族革命的首要问题，在中国大革命时期首次成为革命实践中的具体问题。"④ 而能否妥当处置好这个"具体问题"，对首度携手进行国民革命的国共两党而言至为重要，尤其在抵御外侮的民族主义运动中更是如此。这是国民革命反帝统一战线能否最终形成并持续稳固的重要动因。为此，本章拟以国民革命阵营的基本力量工人与商人的利益互动为视点，以1925—1926年最具影响的一次全民族反帝爱国运动——省港罢工为中心，试图通过此次运动中广州劳资两界利益博弈的史实重构与分析，以审视作为阶级利益矛盾统一体的劳资双方与

---

① 罗志田：《乱世潜流：民族主义与民国政治》，上海：上海古籍出版社，2001年，"自序"，第1页。
② 余英时：《钱穆与中国文化》，上海：上海远东出版社，1994年，第203页。
③ 罗志田认为，中国政治力量有意识地在政治竞争中运用民族主义，至少在北洋军阀统治时期已见端倪，并在五卅运动后日见风行，南方尤长于此。参见氏著：《乱世潜流：民族主义与民国政治》，"自序"，第2、3页。
④ ［苏］T. 阿卡托娃：《民族因素在中国工人运动中的作用（1919—1927年）》，曾宪权译，中国社会科学院近代史研究所《国外中国近代史研究》编辑部编：《国外中国近代史研究》第6辑，北京：中国社会科学出版社，1984年，第299页。

国共两党，在民族主义运动中"疏密与离合"的心态及行为①，并探寻其演变动因，进而揭示民族主义观念与劳资关系变动的复杂关联，以深化我们对国民革命统一战线内部复杂性的认知和评析。

第一节 商界始应：复杂的心态取向

五卅惨案是"帝国主义用屠杀政策来镇压中国民族解放运动的表示，而省港罢工却是这种表示的强有力的反抗"②，它是"中国五卅运动长期潮流中之最后砥柱"③。1925年6月，为声援上海人民反帝爱国运动而掀起的持续近16个月的省港罢工，正以汹涌的态势迅即向社会各阶层延伸。"粤人侨居出入香港者众，所蕴蓄的愤懑为深，在国民革命运动中，又以粤人之觉醒为早。此次上海南京路的血案，英人适首尸其咎；所以'五卅'噩耗，传至粤、港，其反感的强烈，乃冠于全国。"④ 正是在此股民族主义爱国潮流的浸润与激荡下，以广州总商会、广州市商会、广州商民协会及广东全省

---

① 关于工人、商人在中国近代民族主义运动中的表现与作用，目前学界成果较为丰富，主要有张铨：《论"五卅"中的上海工人运动》，《史林》1988年第2期；裴宜理：《上海罢工——中国工人政治研究》，第99-103、113-117页；何毅亭：《五卅运动中的上海总商会》，《历史研究》1989年第1期；王冠华：《爱国运动中的"合理"私利：1905年抵货运动夭折的原因》，《历史研究》1999年第1期；李学智：《五四运动中天津商人罢市、抵制日货问题考察》，《近代史研究》1995年第2期；朱英：《五四运动期间的天津总商会》，《华中师范大学学报》1997年第6期，《上海总商会与五四运动》，《华中师范大学学报》1999年第3期，《重评五四运动期间上海总商会"佳电"风波》，《历史研究》2001年第4期；虞和平：《五四运动与商人外交》，《近代史研究》2000年第2期；冯筱才：《罢市与抵货运动中的江浙商人：以"五四"、"五卅"为中心》，《近代史研究》2003年第1期；周石峰：《近代商人与民族主义运动（1927—1937）——以津沪为中心》，杭州：浙江大学历史系博士学位论文（未刊稿），2005年；齐春风：《北平党政与济南惨案后的反日运动》，《历史研究》2010年第2期等。综观上述研究多将工商两大阶层分开关注，甚少将其互动关系纳入分析视野。另外，与本章相关的成果如温小鸿：《省港罢工与广东商人》，《广东社会科学》1987年第1期；卢权、禤倩红：《省港大罢工史》，广州：广东人民出版社，1997年，多是从传统工运史的角度来分析的，以中共领导的省港罢工委员会对商人所采取的反帝革命统一战线策略为重点，而对商人在罢工中的"心态及行为"层面则着墨甚少。笔者拟在前人研究成果的基础上，以工人、商人二者的互动关系为切入点，力求客观平实地反映当时的历史面相。
② 古有成：《一年来省港罢工工人的革命工作》，《广州评论》第2、3期合刊，1926年，第29页。
③ 邓中夏：《省港罢工概观》，《中国工运史料》1981年第1期，第2页。
④ 中国劳工运动史编纂委员会编纂：《中国劳工运动史》（二），第401页。

商会联合会等四商会①为主体的粤商中早期萌蘖、沉积的民族主义意识渐复生机。② 沪案发生不久，广州总商会、商民协会即通电宣布"实行反英、日帝国主义的总示威""取消一切不平等条约"③。6月19日，省港罢工爆发后，广州总商会即议决对沙面及由港返穗的罢工工人给予经济援助。④ 21日，四商会联组广州市外交后援会，通电各界"一致联合协助"罢工。⑤ 同时，不少商民还积极参加6月23日举行的反帝示威大游行，且至少有9人罹难于沙基惨案。⑥ 血案的发生，更使广州商人的民族情绪得以抬升，他们多以同情与支持的姿态应对这场民族主义的爱国运动。这主要体现在以下三方面：

---

① 省港罢工期间，广州仅已注册的各种商业公会就有140家。在此基础上，形成了四个复合型的、颇有影响的商会组织：(1)广州总商会，成立于1905年，是广东最早的具有近代意义的商人团体。其主要代表大商人阶层的利益，不仅财力雄厚，联合了广州所有的银行家及银行业公会，同时也是广东政治势力最大的商会。如商团首陈廉伯，就曾兼任总商会会长。商团事件后，广东革命政府下令重新改组总商会，清除了一批把持总商会的买办分子及大商人，使其在商会中的势力大大削弱。省港罢工时，广州总商会会长邹殿邦、副会长胡颂棠，皆是从事洋货生意的商人；(2)广州市商会是1924年9月广州一部分中小商人因不满广州总商会的控制而组设的旨在"维持商业、研究商务"的商人团体。因常常为中小商人争取权益，其势力很快在广州中小商人中发展。这表明，由大商人把持商会，操纵商人活动的一统天下已出现裂痕。省港罢工时，市商会与总商会等老牌商会齐名参加政治活动，此时的会长梁培基是从事制药业的资本家兼商人；(3)广州商民协会1924年12月成立，以"互相协助谋广州工商业之发展，并协助政府以谋商民之利益"为宗旨，由国民党中央商民部领导。最初成立时，以加入国民党的商人为主体。随着广东革命根据地的建立及发展，各地中小商人纷纷加入。不到一年，商民协会就已设有广州南郊、中山、深圳、新洲等分会。1926年5月，全省商民协会代表大会在广州召开，表明该会组织已遍布全省。省港罢工时的会长为经营房产业的商人黄旭升；(4)广东全省商会联合会是1924年由陈廉伯组织的全省各城镇商会的联合体。其成员多为地方的高利贷钱庄，同时买办亦起着重要作用。这个名义上为全省各地总商会的联合组织，实际也由洋行买办及大商人把持，广州总商会作为其主要成员，许多活动与商联会密不可分。省港罢工时的会长林丽生，是日本洋行买办兼国民党中央银行副行长。参阅 C. A. 达林：《中国回忆录（1921—1927）》，第199－202页；温小鸿：《省港罢工与广东商人》，《广东社会科学》1987年第1期；《广州将组织市区商会》，上海《民国日报》1924年9月4日，第2张第6版；《市商会立案之批示》，《广州民国日报》1924年9月4日，第7版。

② 事实上，至少在清末，广东商人就已有较强的民族主义意识，这主要从其发动、领导的几次民族主义爱国运动中可以窥见，如领导反对英国攫夺西江缉捕权的斗争；掀起近代中国第一次抵制日货的运动；参加维护国家领土主权的斗争（如澳门划界、日占东沙岛等问题）等。详情参见邱捷：《辛亥革命时期的粤商自治会》，《近代史研究》1982年第3期。

③ 《各项事件传闻录》（1925年6月15日），粤海关档案，94—1—1586，广东省档案馆藏；《商协会援助上海民众》，《广州民国日报》1925年6月15日，第7版。

④ 《各项事件传闻录》（1925年6月20日），粤海关档案，94—1—1586，广东省档案馆藏。

⑤ 《广州各界对沪案之激昂》，《广州民国日报》1925年6月22日，第6版。

⑥ 这是笔者根据《沙基惨案调查会报告书》（1925年，中山大学历史系资料室藏）第15－21页的《调查沙基惨案死亡人数表》统计而得，在52名遇难者中，已证实身份的有：商界9人，工界6人（含学徒），军人、教员、入伍生等31人，而职业不明的有6人。

（一）强烈谴责列强的野蛮罪行

针对列强"屠夫"行径，广州商界极为愤慨，纷纷通电予以声讨。广州总商会通电云："此等野蛮行动，直视吾国为屠场，视吾民为牛马。灭绝人道，莫此为甚。现在国内各界经风起云涌，联合反抗，以消极抵制为对待方法。不买英、日货物，实行经济绝交。凡属商人，亟应与各界一致行动，集中实力，以谋最后之胜利。"① 广州市商会亦愤言道："似此侮辱邦交，草菅人命，凡有血气，莫不痛心。本会刻经一致议决，誓与经济绝交，借为政府外交后盾。在未根本解决以前，实行抵制劣货，拒用外币，以达到最终目的为止。"② 广州商民协会亦通电呼吁全国民众"实行与英国经济绝交，不买英货、不售原料与英国，不乘英国轮船、不使用英国钞票外，并希政府严重交涉，以争公理而雪奇耻"③，同时企望政府"起而铲除北方军阀，统一中国。并极力进行取消不平等条约，以绝帝国主义之根基"④。而广东全省商会联合会则宣称："所有侵害我国主权，杀戮我国人民之英、法、日等国，苟不悔祸输诚，实行惩凶，赔偿谢罪，取消不平等条约，交回租界治外法权等件，凡我国民，自应［本］团结精神，寝息内讧，文明对付，百折不回。"⑤ 可见，"抵制英货""经济绝交"遂为广州商界爱国的核心话语。从这些措辞激烈的言论中，至少可以发现罢工初期粤商民族主义意识的日趋高涨。事实上，商人们并未停滞在爱国的"空谈"层面，而是将其付诸实践。

（二）募捐援工

自6月23日后，港澳各地返穗的罢工工人骤然增多，仅7月8日已至2.8万人，每日开支约5000元。⑥ 为改善此"膳宿供应，需款孔多"之境遇，广州商界不仅与学界联请政府"征收租捐半月，用资挹注"⑦，而且还通告各商店"务祈踊跃输将，以拯劳工而资互助"⑧。其实，早在6月24日国民党商民部召集的商民会议上，黄旭升业已提议：（1）商民自动加税，

---

① 《总商会之通告》，钱义璋：《沙基痛史》，广州：广东人民出版社，1995年，第159页。
② 《各界对沙基惨案之悲愤声·广州市市商会电》，《广州民国日报》1925年6月30日，第6版。
③ 《各界之悲愤声·商协会通电》，《广州民国日报》1927年6月27日，第6版；《商协会之宥电》，钱义璋：《沙基痛史》，第154页。
④ 《广州市商民协会之俭电》，钱义璋：《沙基痛史》，第156页。
⑤ 《全省商会联合会宣言》，钱义璋：《沙基痛史》，第139页。
⑥ 《各项事件传闻录》（1925年7月10日），粤海关档案，94—1—1586，广东省档案馆藏。
⑦ 中国劳工运动史编纂委员会编纂：《中国劳工运动史》（二），第413页。
⑧ 《四商会劝各商店踊跃输将》，《广州民国日报》1925年7月4日，第7版。

所得之款接济罢工工人及振兴实业；（2）由四商会、善团担保向商店借款救助工人。① 为了更好开展募捐运动，7月20日，四商会还议决共组广东商界援助罢工募捐委员会，并通告各商店捐助办法：（1）凡领甲乙丙丁四种商业牌照者各捐10元；（2）凡领戊种一级商业牌照者捐5元，纳戊种二级牌照费10元以上者捐2元，而纳戊种三级牌照费以下者随人乐助；（3）其未领商业牌照者，则按月租多少而定，50元以上者捐10元，30元以上者捐5元，10元以上者捐2元，10元以下者可自愿捐助。② 正是在四商会颇有成效的推动下，广州商人纷纷慷慨解囊：自7月28日至8月26日就已捐银1.9万余元。③ 此外，商界还通过其他方式援助罢工：不少商店酒楼在门前张贴写有"打倒帝国主义""欢迎爱国罢工工友"等字样的标语；有的商人对罢工工人赠医送药，而一些商店企业的工人要参加反帝爱国游行集会等活动，厂商初时也抱支持的开明态度。④ 商人的捐助行为不仅对解决罢工工人的生活问题、稳定当时的社会秩序颇有裨益，而且还有助于缓解罢工基金濒临匮乏的窘境⑤，从而为这场民族主义爱国运动的稳步推进提供可靠的物质保障。

（三）经济绝交与抵制外货

与五卅运动初期上海、江浙地区商人的消极、被动罢市及抵制外货相比⑥，广州商人的应对相对积极与主动。6月中旬，为声援沪案而成立的广东各界对外协会，"查广州市各商会俱有加入，而总商会及商民协会且被选为执行委员，办事甚热心"⑦。该会主要职责之一便是组织各社团实施经济绝交与抵制外货，如其成立时通过的15项决议中有4项是有关这方面内容的：（1）抵制英、日、美货；（2）拒用外币；（3）断绝与英、日、美的一切经济联系；（4）不向此三国出售原料及食物。⑧ 27日，该会因沙基惨案召开代表大会，特议决对外经济封锁办法：（1）请政府通令各海口禁粮出

---

① 《各界之愤激情形·商民部召集商民会议》，《广州民国日报》1925年6月25日，第6版。
② 《商界捐款援助工人办法》，《广州民国日报》1925年7月27日，第6版；《各项事件传闻录》（1925年7月27日），粤海关档案，94—1—1586，广东省档案馆藏。
③ 《商界捐款协济工人之呈报》，《广州民国日报》1925年9月12日，第10版。
④ 卢权、禤倩红：《省港大罢工史》，第195页。
⑤ 如为帮助罢工工人将反帝运动向前推进，广州国民政府训令粤省府将商人捐款用作罢工基金。参见《各项事件传闻录》（1925年7月22日），粤海关档案，94—1—1586，广东省档案馆藏。
⑥ 参阅何毅亭：《五卅运动中的上海总商会》，《历史研究》1989年第1期；冯筱才：《罢市与抵货运动中的江浙商人：以"五四"、"五卅"为中心》，《近代史研究》2003年第1期。
⑦ 《广州市商人对外之态度》，《工人之路特号》第8号，1925年7月1日，第2版。
⑧ 《各项事件传闻录》（1925年6月18日），粤海关档案，94—1—1586，广东省档案馆藏。

口；（2）通电各海口岸人民团体，联合禁粮往香港；（3）请驳载工会担任沙面海面纠察，巡缉运粮资敌者；（4）请政府筹备粮源以济广州同胞；（5）禁绝英、法、日等国外币，其措施包括：（甲）由协会通告全市各界不得再用外币买物及找换；（乙）函请政府申饬市民禁用外币；（丙）通告各总商会及银业公所，通令所属商店银号嗣后不得找换、使用及收受外币；（丁）派纠察队巡查市面，遇有外币即将其当众烧毁。① 国民革命后广州商界参与酝酿、实施对外经济绝交运动已启肇端。

6月29日，在商民部授意下，四商会与大新、先施、真光等公司召开广东商界对外经济绝交会筹组会议。蒋寿石、潘琴航、黄旭升、卢炽南、梁培基、任少麟等多名商界闻人与会。在商民部长甘乃光主持下，会议通过两项议题：（1）拒用外币。献议银业公会收集西纸，由中央银行换以纸币标记通用，再将西纸向外国银行兑现，俾金融流通。（2）检查外货。各商店现存英、日、法货须经该会查验标记方可发售，但"五卅"前定货经验明可准进口，其后的则一概不准运入。② 30日，广东商界对外经济绝交会正式挂牌，由四商会每会举荐干事6人组成。③ 为此，省港罢工委员会、广东各界对外协会、中华全国总工会、学生联合会等还派员30人，与商界对外经济绝交会联合调查外货。"所有粤省各处通商口岸，均酌派调查队前往，协同当地商会，缜密调查，务使英、法、日劣货无从入境，一般奸商，无法偷运，以期贯彻经济绝交之主旨。"④ 于是，以"抵制英日货"为中心的对外经济绝交运动便在广州商人中有组织地开展起来。

近世以来，由于抵制外货具有"非暴力"和"易于使用"的优点⑤，一直为中国民族主义运动中的社会各阶层所推崇。而商人在抵货运动中的功用亦日益凸显，爱国情感和利益驱动的双重动机开始于此交织、碰撞，最终商人的爱国行为却往往为其趋利心态所湮没。诚如时人所论："在积弱之我国，对强暴之帝国主义者，最稳健而足以致帝国主义者之死命的，就是不合作运动"，"可是这种运动，是要全民一致努力，尤其是商民为要紧"，"如历次的抵货运动，学生提倡于前，而商民却不随之于后，在当时因为面子关系，却不能不随声附和一下。但心中却认此事为学生所强迫，而且怨恨学生

---

① 《国内要闻·沙面惨案（四）》，上海《民国日报》1925年7月7日，第1张第3版。
② 《商人组织对外经济绝交会》，《广州民国日报》1925年6月30日，第3版。
③ 《总商会通告成立对外经济绝交会》，《广州民国日报》1925年7月3日，第7版；《国内要闻·沙面惨案（八）》，上海《民国日报》1925年7月11日，第1张第4版。
④ 《经济绝交会查货之进行》，《新国华报》1925年8月4日，第4版。
⑤ 王冠华：《爱国运动中的"合理"私利：1905年抵货运动夭折的原因》，《历史研究》1999年第1期。

阻碍他个人发财的事业","所以几次的抵制运动的结果,总算得了一个'中国人只有五分钟热度'美号的讥讽。"①

然而,就此次广州抵货运动而言,商界则起着组织发起者的先锋作用。这也是运动前景被时人看好的重要原因②,但其进展并非一帆风顺。如何查货与处置存货,是关系抵货运动能否顺畅开展的首要前提,也是与商人自身经济利益攸关的核心问题。显然,由商人自查存货已为商界心照不宣的共识。对此,广州商界自始就掌握着主动权。6月28日,总商会就已通告:"(各商店)所购买之英、日货物,或有积存,应即由各商会召集会议,妥定自行检查,处置积存英、日货物之相当办法,公布各界,切实执行。免被不轨之徒藉端骚扰,实为至要。"③30日,四商会还专门召开联席会议,议决处置外货办法:"请各商自行检查,分别种类、国名、价格,呈报商民部及对外协会,由商民部检查发凭",同时还规定:"其以前定购而未运到者,即缴验定单,货到即行报销,不准再运,并派员前往关口监视起运,以防流弊而绝来源",这样,"对于我商人不致感受损失,而大众可办到而无窒碍地方"④。

可是,商界的如意算盘毕竟是一厢情愿。7月初,广东国民外交后援会发出将于4日举行查货"以示经济绝交之决心"的通告,广州趸售英日货商家闻悉唯恐查货滋扰,遂"多起恐慌",四商会见此即请愿公安局致函后援会暂缓查货。⑤为此,7月4日,广东商界对外经济绝交会还函请后援会派人至总商会协商,而后援会代表则以商界办法"纯系保存商人一方私利,并非真正对外经济绝交,且抵制劣货一事,复与商界本身有利害关系,更不宜商界自决办法"⑥为由与之辩驳。双方争论激烈,无果而散。此外,就处置存货问题,四商会还与广东各界对外协会几生抵牾。7月初,在罢工工人和学生的提议下,对外协会要求商人将所存外货一律封存,立即遭到广州商界的强烈反对,商界对外经济绝交会还以"此举将在市场制造极大麻烦"为辞向省政府提出异议。⑦后该会与学界磋商成立商学联合会,并达成协议

---

① 《不合作运动》,钱义璋:《沙基痛史》,第157–158页。
② 时人认为:"此次广州之经济绝交运动,乃由商界自动发起,组织团体,大约日后情形,必能得一良好之结果。"参见《不合作运动》,钱义璋:《沙基痛史》,第158页。
③ 《总商会之通告》,钱义璋:《沙基痛史》,第159页。
④ 《四商会对积存英日货物之会议》,《广州共和报》1925年7月1日,第3页;《四商会讨论处置积存英日货物之会议》《总商会通告成立对外经济绝交会》,《广州民国日报》1925年7月1、3日,第6、7版。
⑤ 毅庐:《港粤大罢工后之形势》,《申报》1925年7月15日,第2张第7版。
⑥ 《协议检查劣货之所闻》,《广州民国日报》1925年7月6日,第7版。
⑦ 《各项事件传闻录》(1925年7月4、7日),粤海关档案,94—1—1586,广东省档案馆藏。

三项：（1）所有本国商店必须取消外货合同；（2）派商学代表驻海关检查入口货；（3）各行商应向商界经济绝交会报告其所存外货，且货须由该会标记始能出售。① 至此，封存外货风波才得平息。

同样，针对罢工工人的检查外币，商界则以"匪徒假冒名目，借搜查为名，乘机入店劫掠"而要求政府设法"消隐患而保公安"，政府遂令中华全国总工会、罢工委员会"毋得向市商店检查外币"②。可见，省港罢工中"爱国"与"私利"的权衡始终支配着广州商人对外经济绝交观的形成：在"爱国"中尽可能地博取最大"私利"，遂为其参加民族主义运动的基本理念。然而，这势必影响着对外经济抵制运动的有效进行，尤其一部分唯利是图的商人，往往空谈抵制，食言自肥。至其采取破坏经济绝交的方式，起初是私运食粮资敌，如将"蔬菜肉类之运往香港的，只是虎门、太平、容奇、石歧、梧州等处已是不少"，继则与许多军人、官吏"合资运粮食出口"③，甚至公然借助武力，纠合民团、土匪围击执行封锁的工人纠察，如太平、沙鱼涌、白鹅潭、中山、淡水等地发生纠察被杀的，"多者十数人，少亦二三人"④。这些事实，昭示着省港罢工中经济绝交和抵制外货路途的艰难与曲折。

一般而言，在民族主义经济抵制运动中，商人通常关注的是，自身经济利益是否受到影响，影响的程度如何。若运动能增进经济利益，这自然再好不过，际此境遇，商人多能积极参与，坚持到底。但多数结果是，实施经济抵制往往会带来经济上的损失，倘若损失较小且时间短暂，出于"爱国"民族情感的激励与召唤，商人最终也能坚持下去。然而，若其损失严重且无法得到有效补偿，商人就难免持消极姿态，加以反对，甚或中途退出。五卅运动时期上海、江浙等地商人的表现即是例证。⑤ 当然，一旦损失得到补偿或运动能带来更高的经济效益，商人参与运动的积极性就会提高，其爱国热情自然也就会更加长久。"强烈的爱国热情一般总比物质补偿更重要。"⑥ 可见，此种"爱国"与"私利"双重价值观念的交织与权衡，不仅左右着商

---

① 《对外经济绝交之进行》，《广州民国日报》1925年7月11日，第6版；《各项事件传闻录》（1925年7月16日），粤海关档案，94—1—1586，广东省档案馆藏。
② 《市商会请禁止入店检查外币》，《广州民国日报》1925年7月20日，第7版。
③ 孚木：《亟应制止运粮食赴港》，《广州民国日报》1925年7月3日，第6版。
④ 《省港罢工委员会上中央工人部呈》（1926年7月14日）、《广州市党部上中央工人部函》（1926年8月27日），五部档案，部11360、部14964，台北中国国民党文化传播委员会党史馆藏。
⑤ 何毅亭：《五卅运动中的上海总商会》，《历史研究》1989年第1期；冯筱才：《罢市与抵货运动中的江浙商人：以"五四"、"五卅"为中心》，《近代史研究》2003年第1期。
⑥ 王冠华：《爱国运动中的"合理"私利：1905年抵货运动夭折的原因》，《历史研究》1999年第1期。

人参与民族主义运动的持久程度，同时也决定着省港罢工初期广州商人复杂的心态及行为。

第二节 特许证之争：
"爱国"与"私利"的激烈碰撞

省港罢工伊始，在各界民众反帝爱国的民族主义浪潮推动下，广州商人多能牺牲"私利"积极参加对外经济抵制运动，并初有成效。然而，随着运动的开展，"私利"的严重受损和趋利的本性却驱使其重新评估投资此次罢工的"风险和成本"，而省港罢工委员会的全面封锁政策更使其抵触情绪与日俱增。于是，广州劳资间围绕着经济抵制问题展开了激烈的交锋与竞逐。

为了彻底进行对外经济抵制，7月9日，省港罢工委员会议决封锁香港及新界口岸："自本月十日起，所有轮船轮渡一律禁止往港及新界，务使绝其粮食制其死命。"① 随之，国民政府和粤省政府亦明令：严禁五谷、柴火输出，凡企图偷运米粮、食物出省者，依最高惩治叛国条例处以死刑。② 当然，对省港罢工委员会而言，除了"内则截留粮食出口，杜绝敌地接济"，"外则拒绝仇货，及由港澳直运货物入口"也是其全面封锁政策的重要内容。③ 此后，"省港交通，完全断绝，继以澳门附和香港，亦宣告断绝"④。这期间，省港罢工委员会所建的22支工人纠察队，⑤ 则是上述封锁令的主要执行者，且其封锁实效显著。这从英国总领事詹美逊在《字林西报》上有关广州封锁英货的描述中可得证实：

> 广州反对英货的封锁是由罢工委员会控制，通过纠察队去执行，封锁关口和制止与惩办那些所谓参加"帝国主义的货品"的转运者。不论在广东境内何处，但凡可转运货物的道路，都有纠察队到场，检查

---

① 《实行封锁香港》，《工人之路特号》第16号，1925年7月10日，第1版。
② 《各项事件传闻录》（1925年7月29日），粤海关档案，94—1—1586，广东省档案馆藏。
③ 《广州市党部上中央工人部函》（1926年8月27日），五部档案，部14964，台北中国国民党文化传播委员会党史馆藏。
④ 邓中夏：《省港罢工概观》，《中国工运史料》1981年第1期，第4页。
⑤ 《省港罢工委员会上中央工人部呈》（1926年7月14日），五部档案，部11360，台北中国国民党文化传播委员会党史馆藏。

货物，打开行李，进行人身检查，借以保证没有英国商品得到进入广东。……封锁是彻底的，我在广州没有见过英国货，我在广州许多商店里寻找英货的商标，但并没有看见过英国的货物。政府并没有打算停止封锁，因为广州与香港之间并没有达成解决封锁问题的协议。必须把封锁认为是对香港及英国政府的一场战争，而纠察队就是战争中的士兵。这种封锁执行的毫无人情，是没有其他理由可作圆满的解释的。①

可是，罢工、抵货与封锁合力联动，俨若双刃剑，使香港陷入"臭港""饿港""死港"的凄凉窘境②，但也给广州商务带来负面影响：因全面封锁政策的实施，广州与海外交通贸易断绝，一向靠进口供应的粮食、工业品及煤油、汽油等燃料，因"中继港"香港被封锁愈显紧张。同时，英国还设法切断海外输穗的粮路和油路，企图"反锁"广州破坏罢工。③邓中夏认为，此封锁政策"不只封锁了香港，而且封锁了我们自己"④。正因如此，广州商贸活动日趋萎缩，不少商店工厂濒临破产、停业的威胁，"私利"严重受损致使广州商人"爱国"热情骤减：其接济罢工的募捐因商务冷淡与预期目标相距甚远⑤，且对罢工亦由初时同情而逐渐冷漠，甚或持对立姿态。⑥

鉴于封锁香港引发的严重后果，此时省港罢工委员会开始反思其全面封锁政策，且已认识到要先解决两个问题才能摆脱困局。诚如邓中夏指出的："一个是商人营业问题，很明显的，沙基惨案之后，爱国空气高涨，一时商人停止贸易，尚可隐忍；时过境迁，热潮低降，商人非要求贸易不可"，"再一个是帝国主义联合问题，也是很明显的，英、美、日帝国主义年来争夺广东市场，极为猛烈"，"广东排英，在日、美自然认为是取英而代的绝好机会，如广东抵制一切外货势必逼成日、美与英协同对我。"⑦基此考虑，8月14日，省港罢工委员会摒弃全面封锁政策，与商务厅、公安局、外交部

---

① 《〈中华年鉴〉有关省港大罢工资料择译》，广东哲学社会科学研究所历史研究室编：《省港大罢工资料》，广州：广东人民出版社，1980年，第802－804页。
② 《一年来省港罢工的经过》（1926年8月），人民出版社编辑部编：《邓中夏文集》，第270页。
③ 程浩编著：《广州港史（近代部分）》，北京：海洋出版社，1985年，第198页。
④ 《中国职工运动简史（一九一九——一九二六）》（1930年6月19日），人民出版社编辑部编：《邓中夏文集》，第621页。
⑤ 《商界募捐将告结束》，《广州共和报》1925年8月26日，第5页。
⑥ 《奸商私航港澳之可诛》，《广州民国日报》1925年8月10日，第3版。
⑦ 《中国职工运动简史（一九一九——一九二六）》（1930年6月19日），人民出版社编辑部编：《邓中夏文集》，第622页。

联衔颁行以"单独对英"为中心策略的特许证制度。其主要内容：（1）本市商民所存货仓之货，请领特许证出仓办法如下：（甲）在英国货仓，如非英国产品，且为华商所买准其出仓；（乙）非英国货仓，亦非英国产品，准其出仓入仓。（2）非英国产品及不由英国船只，又不由香港运来者，一律发给特许证。其所有领到特许证，准存入非英国货仓，并准其出仓。（3）已由香港运来未卸之货处分办法：（甲）粮食、药材罚5%；（乙）其他原料罚10%；（丙）英国产品完全充公。① 在此基础上，8月16日，罢工工人代表大会还颁布货物审查标准，对商人存放沙面外国货仓货物（火油类除外）及外国商船来穗装卸货物，皆以详细规定。② 其后，"所有港澳运来之货物及船只一概充公"③。

在邓中夏看来，罢工委员会推行特许证制度的目的是"解除广东经济的困难，保持广东商人的中立，拆散帝国主义的联合战线，最后还促进广东经济的独立发展"④。不过遗憾的是，这一制度自酝酿时就为广州商界所诟病，更遑论使其"保持中立"。8月10日，在广州商界联席会上，与会代表以"提货稽延、担负额外税款、省内贸易受阻、取得手续麻烦"为由一致坚持取消特许证。⑤ 会后，邹殿邦、宋俊堂、余厚庵、蒋寿石等商界代表还请愿商务厅"将（特许证）原案取消，以顺商情"，对此，厅长宋子文颇为同情，并与商界妥定办法三项：（1）凡省内各地输运货物，一律免领特许证；（2）仇国货物，除英国不准出入外，法日两国可按其货所需、确不能不购运的，则发特许证以便运输；（3）请领特许证一律免费，且领证之货无须检查。"各代表亦认为满意，乃兴辞而出。"⑥ 然而，这毕竟是商务厅与商界的一厢情愿。随着8月14日罢工委员会颁布与实施特许证制度，广州商界使特许证胎死腹中的努力终成泡影。紧接着，劳资两界因特许证存废问题又展开了新一轮微妙而激烈的利益角逐。

8月14日，为缓解来自商界的压力，商务厅通告简化领特许证手续：（1）仿照报关单填明报厅；（2）请政府取消呈文印花、特许证手续费及其

---

① 《省港罢工委员会重要宣言》，《工人之路特号》第51期，1925年8月14日，第1版。
② 详情参见《省港罢工工人代表大会重要布告》，《工人之路特号》第53期，1925年8月16日，第2版。
③ 《各项事件传闻录》（1925年8月17日），粤海关档案，94—1—1586，广东省档案馆藏。
④ 《中国职工运动简史（一九一九—一九二六）》（1930年6月19日），人民出版社编辑部编：《邓中夏文集》，第622页。
⑤ 《各项事件传闻录》（1925年8月11日），粤海关档案，94—1—1586，广东省档案馆藏。并见广东哲学社会科学研究所历史研究室编：《省港大罢工资料》，第833-834页。
⑥ 《四商会请撤特许证之近讯》，《广州民国日报》1925年8月13日，第7版。

他团体所发与特许证重复的护照证书;(3)令海关监督知照税务司,粮食中干果水果类,如有特许证即准放行。① 同日,四商会召开联席会,对商务厅的特许证修正通告仍为不满,并议决:(1)与商务厅谈判;(2)向国民政府、省政府申诉;(3)请罢工委员会本月17日举行会议,以避免罢工工人误解,使商务厅"颁行特许证乃阻止罢工者干涉运输中之商品"的借口不能得逞。② 16日,广东粮食维持会正副会长魏邦平、简琴石亦代表运粮商就特许证问题向商务厅提出:"以最简单、最敏捷之手续行之,庶可收维持之效。"③

其后,广州商界为取消特许证,可谓不遗余力。四商会为此连日会议,"经议决分呈各当道,请俯念商艰,准予撤销";商民协会还请求国民党中央商民部协助商界向商务厅交涉,并得到商民部长甘乃光的支持。④ 同时,还与工界直接交锋磋商。8月17日,四商会与中华全国总工会、罢工委员会商议撤销特许证事宜。会上,工商两界据理力争。商界主张:"我们反对特许证,不是因其与商人运输手续有碍,乃反对特许证系只具一种形式,而无实效,故今日最要研究者就是'特许证是否有效用'","如果特许证确无效用,而只具一种形式者,不特商人反对,就是从事救国运动者亦应一致反对。"⑤ 对此,工界代表邓中夏、苏兆征一再解释设特许证之用意,并请商界"体谅此意,务求和平协商(解决)"⑥。然而,因双方意见分歧较大,此次协商并无实质结果。会后,商民部、商务厅召见商界代表,表示"甚愿此次官商相持之纠纷迅速解决",商界代表却趁机提出要求:(1)请商务厅解释施行特许证理由;(2)将特许证章程全部撤销;(3)倘与官厅协商无效,各商董唯有总辞职而不准有所通融。⑦ 商界对撤销特许证问题态度之强硬由此可见。

8月18日,罢工委员会因商界"取消特许证"而召开工人代表大会。会议认为,"如将特许证撤销,罢工运动即无保障,无保障则罢工难免失

---

① 《特许证变通办法续报》,《广州共和报》1925年8月15日,第5页;《各项事件传闻录》(1925年8月14日),粤海关档案,94—1—1586,广东省档案馆藏。
② 《各项事件传闻录》(1925年8月15日),粤海关档案,94—1—1586,广东省档案馆藏。并见广东哲学社会科学研究所历史研究室编:《省港大罢工资料》,第835页。
③ 《粮食会对特许证之意见》,《广州民国日报》1925年8月17日,第6版。
④ 《工商界对于特许证之反响》,《广州民国日报》1925年8月18日,第7版。
⑤ 《工商两界讨论特许证之大会议》,《广州民国日报》1925年8月18日,第10版。
⑥ 《商会讨论取消特许证》,《工人之路特号》第55期,1925年8月18日,第1版。
⑦ 《商界代表协商特许证之权限》,《国民新闻》1925年8月19日,第3版。

败"，结果全体议决保留。① 同时，致函四商会阐明其实施特许证与商人的利害关系："商界同胞如径情孤行，不予帮助，使我爱国之罢工工人失望，实乃太不忍之事也。罢工工人失望，恐将来商界同胞所受之损失，或比现在所受之些微麻烦尤多。"② 19 日，素有国民党"喉舌"之称的《广州民国日报》亦发社论，呼吁商界对特许证应"虚心而研究之，勿徒逞意见，为无谓之纷争，致予帝国主义者以隙也"③。另外，为缓和工商间日趋激烈的特许证之争，20 日，商务厅正式通告："所有呈请手续，改照报关单程式报厅。其属普通货物，可不适用原定核发特许证规则，准其自由呈请"，并宣布取消特许证手续费，每证仅按货价贴用印花，1 万元内的贴印花 1 元，1 万元以上则为 5 元。④

也正是在罢工委员会和国民党当局的积极努力下，广州商界内部就特许证问题发生了分化。"最近商界中之先进分子，如商民协会等，亦已渐渐明了此特许证之功能，与乎有了充分之谅解。"⑤ 8 月 23 日，广州商民协会在复罢工委员会的信中说："似此改善颁发手续，已不妨碍于商业，敝会自当认为相对满意。惟敝会尤有所要求者，特许证之颁发，一方面则为保障罢工，一方面则为利便商场，自当由工商两界之关系人，会同官厅签字颁发，始足以昭平允，而免弊端。"⑥ 然而，广州总商会仍"未能谅解其用意"，24 日，特召商界集议对策。经过激烈争论，多数代表认为，"特许证自有成立之必要，无论如何，苟有爱国心者，亦不当反对"⑦。商界撤销特许证主张的松动，缓和了一度紧张的劳资矛盾，为广州工商两界进一步磋商、走向联合提供了可能。

随着罢工的深入和形势的发展，迫切需要商界的密切配合，正如邓中夏所言："工商为社会两个有力基础，何能发生分裂，为帝国主义与反革命派

---

① 《省港罢工委员会工人代表大会议决保留特许证》，《广州民国日报》1925 年 8 月 19 日，第 7 版。
② 《省港罢工委员会致四商会函》，《工人之路特号》第 56 期，1925 年 8 月 19 日，第 1、2 版。
③ 献声：《对特许证问题告商界诸君》，《广州民国日报》1925 年 8 月 19 日，第 2 版。
④ 官厅对特许证最近之表示》，《国民新闻》1925 年 8 月 22 日，第 3 版；《撤销特许证手续费之布告》，《广州民国日报》1925 年 8 月 22 日，第 6 版。
⑤ 《总商会昨日再讨论特许证问题》，《广州民国日报》1925 年 8 月 25 日，第 7 版。
⑥ 《商民协会致省港罢工委员会函》，《广州民国日报》1925 年 8 月 24 日，第 7 版；《广州市商民协会代电》（1925 年 8 月 23 日），中国第二历史档案馆编：《五卅运动和省港罢工》，南京：江苏古籍出版社，1985 年，第 292 页。
⑦ 《总商会昨日再讨论特许证问题》，《广州民国日报》1925 年 8 月 25 日，第 7 版；《商界讨论特许证尚无解决》，《国民新闻》1925 年 8 月 25 日，第 3 版。

所乘；并且香港帝国主义正在打算勾结商人，借以反对罢工。"① 显然，稳固反帝革命统一战线，实行"工商联合"乃时势使然，而适时取消特许证自然也就成为国民党当局与罢工委员会的共识。8 月 26 日，国民党中央政治委员会致函罢工委员会，指出："现在情形已有变更，似无发给特许证之必要，应将此问题交由贵会讨论。"翌日，罢工委员会议决撤销特许证。② 28 日，苏兆征以省港罢工委员会委员长名义致函四商会：鉴于"现在反革命已暂告肃清，工商正宜益加亲密，一致对外"，因而宣称"尊重政治委员会意旨，取消特许证"，并要求与商界磋商"关于取消后之保障罢工办法"③。对此，29 日，广州总商会在代表四商会的复函中声明"对于罢工保障磋商办法极表赞同"④。至此，困扰广州工商两界 20 余日的特许证问题峰回路转，柳暗花明。9 月 3 日，在坚持"单独对英"原则下，罢工委员会与四商会联名公布取消特许证的工商善后条例：(1) 凡港澳来的任何货物不准入粤，凡广东去的任何货物亦禁往港澳；(2) 凡英船及经港澳的任何船只，均不准来往粤内地装卸货物；(3) 凡非英、货船及不经港澳者，均可自由起卸；(4) 凡非英、货船均可在粤自由贸易及来往；(5) 凡存在广州之货，只要不是英货或为英人所有，均可开仓发卖（政府专卖者及违禁品不在此例）。⑤ 同时，商务厅正式通告："兹自九月五日起，除土丝类、烟酒类、煤油类特许证，仍应照旧由职厅办理外，其余普通货物出入口特许证，一律取消。"⑥ 然而，该条例实施后，罢工委员会鉴于"轮船到粤卸货后，出口时多有经泊香港载运货物到各埠者，此实与封锁政策大有妨碍"⑦，遂于 9 月 14 日与四商会增订善后条例一项：

> 凡雇用轮船来省时，应由该雇主先与该轮船公司，订附条件。该船到粤卸货后，出口时不得经泊香港、澳门，并由该雇主报告商会及罢工委员会备案；倘该雇主违此条件，应负其责。但出于该轮船违约时，即

---

① 邓中夏：《省港罢工概观》，《中国工运史料》1981 年第 1 期，第 9 页。
② 参见《政治委员会来函》《特许证昨议撤销》，《工人之路特号》第 65 期，1925 年 8 月 28 日，第 1 版；《特许证已议决撤销》，《国民新闻》1925 年 8 月 28 日，第 2 版。
③ 《本会致四商会函》，《工人之路特号》第 66 期，1925 年 8 月 29 日，第 2 版。
④ 《总商会复省港工委员函》，《工人之路特号》第 68 期，1925 年 8 月 31 日，第 2 版。
⑤ 《取消特许证后之善后条例》，《广州民国日报》1925 年 9 月 3 日，第 7 版；《省港罢工委员会关于取消出入口货特许证之善后条例文件》（1925 年 9 月），中国第二历史档案馆编：《五卅运动和省港罢工》，第 297 - 298 页。
⑥ 《广东商务厅等关于取消普通货物出入口特许证呈批》（1925 年 9 月），中国第二历史档案馆编：《五卅运动和省港罢工》，第 299 页。
⑦ 《紧要布告》，《工人之路特号》第 87 期，1925 年 9 月 19 日，第 1 版。

由工商团体宣布,将该公司轮船,完全抵制。此条例定于十月一日施行。①

至此,绵延、持续月余的特许证风潮完全平息。综观此次特许证之争,实质是广州劳资两界"爱国"与"私利"观念在民族主义运动中的冲突与较量。针对商界强烈抗衡,工界始终以反帝爱国相标榜,以民族大义为号召,晓谕商界牺牲个人"私利"维系"爱国",且将之付诸行动:如简化领证手续,并适时主动取消特许证,代之以通航新规章。此举不仅有助于推进广东通航、贸易和各项业务的发展,解决国民革命策源地的经济困难,同时也加深了其他列强同英国的矛盾,及时消除了"无产阶级与它的资产阶级同盟者之间日趋严重的冲突"②。这就部分满足了商人的"私利",赢得了商界的支持,最终巩固了反帝革命阵营。同时,不难发现,正是在罢工委员会的统一战线策略下,商界的"爱国固好,做生意更好"③的观念亦在悄然地发生裂变:商界对特许证的态度经历了从"根本取消"到"多数赞成"的转变,而工界亦有一个由"主张保留"至"自动取消"的过程,因民族主义运动中商人凸显的功用,及其非"私利"行为道德价值内涵与工界"爱国"目标的融通,决定着二者的矛盾可以得到缓和——在冲突中调适。也正是以此为契机,罢工委员会正确执行和运用了反帝革命统一战线策略,驱使商人以"积极的心态"投身于这场民族主义的爱国运动,从而使"工商联合"由可能变为现实。

第三节 工商联合:
民族利益与阶级利益的最佳契合

特许证取消后,"商业资产阶级对于罢工不仅不反对,而且相当赞助"④,"工商联合"的互动态势日趋明显。9月14日,罢工委员会与广州

---

① 《附加善后条例》,《工人之路特号》第83期,1925年9月15日,第2版;《各项事件传闻录》(1925年9月19日),粤海关档案,94—1—1586,广东省档案馆藏。
② T.阿卡托娃:《民族因素在中国工人运动中的作用(1919—1927年)》,中国社会科学院近代史研究所《国外中国近代史研究》编辑部编:《国外中国近代史研究》第6辑,第318页。
③ 邓中夏:《省港罢工概观》,《中国工运史料》1981年第1期,第8页。
④ 《中国职工运动简史(一九一九—一九二六)》(1930年6月19日),人民出版社编辑部编:《邓中夏文集》,第623页。

商界举行联谊会。与会双方对工商联合诸问题的协商"皆有极圆满之结果"①，并议决将拥护国民政府、废除苛捐杂税、肃清土匪、振兴商业等标语10条作为"工商联合"的共同纲领。②"工商联合"的决议也得到国民党中央的高度赞许与支持："凡工商所认之利益，本党决心以实力行之，并同时训令国民政府及国民革命军，以决心实力拥护工商联合之议决，以期急速达到中国之自由平等，为国家及军民之解放。"③显然，这无疑为广州劳资阵营的稳固提供了良好的政治屏障。自此，"工商联合""工商携手"④便为省港罢工中广州劳资关系的主题。这既是广州工商两界应对民族主义运动价值取向博弈的必然结果，也是其对"爱国"与"私利"的两难境遇权衡、抉择的最佳契合点。

（一）省港商界初始调停罢工

随着国民革命形势和罢工事态的发展，9月29日，罢工委员会为响应国民党中央政治委员会精神⑤，适时地做出解决罢工条件问题的决定。⑥同时，香港华商亦因"此次罢工风潮，久未解决，省港交通断绝，商务摧残"而致函罢工委员会"务恳开诚容纳"其调停罢工，罢工委员会当即允诺。⑦9月28日，以谢树棠为首的香港各邑商联会代表17人抵穗，受到广州各界的欢迎。⑧10月1日，在总商会联欢会上，双方代表议决组织省港商界联合会⑨，究其用意，"不特粤港商界要联合"，"即急起而再谋粤港工商界之大

---

① 《工商联合更进一步》，《工人之路特号》第83期，1925年9月15日，第2版。
② 《工商联合标语》，《工人之路特号》第83期，1925年9月15日，第2版；《罢工会欢宴商界领袖》，《广州民国日报》1925年9月16日，第7版。
③ 《中国国民党接受工商联合决议宣言》《中央党部之重要命令》，《广州民国日报》1925年9月21日、10月6日，第3、2版。
④ 李森：《工商携手》，《工人之路特号》第68期，1925年8月31日，第1版。
⑤ 9月22日，国民党中央政治委员会召开第六十次会议，认为"今日为提出解决罢工条件之时机已到"，"至此等条件之提出，于国民革命运动，至有利益。如对方能承认吾人之要求，则国民革命运动，必因以日臻强固；如对方表示拒绝，则世界知曲直所在，于国民革命运动，亦有促进之效也。"参见《政治委员会召开解决罢工会议》，《广州民国日报》1925年9月24日，第6版。
⑥ 《省港罢工委员会通告》，《工人之路特号》第99期，1925年10月1日，第1版。
⑦ 参阅义罗：《调停粤港罢工案之动机》，《申报》1925年9月21日，第3张第10版；蓝裕业：《省港罢工交涉之经过及其现状》，《广州评论》第2、3期合刊，1926年，第5页；《各项事件传闻录》（1925年9月12日），粤海关档案，94—1—1586，广东省档案馆藏。
⑧ 《香港代表抵省后之行踪》《香港代表来省后之表示》，《广州民国日报》1925年9月30日，第3版。
⑨ 《商善团体欢迎港商代表》，《广州民国日报》1925年10月2日，第3版。

联合，务期实现全民运动之目的"①。2日，罢工委员会召集广州各界及港商代表200余人开会，商讨解决罢工条件共3种（即《香港罢工工人恢复工作条件》《香港学生联合会之要求条件》《广州及沙面罢工工人恢复工作条件》）②，并由港商代表携返香港。迨其至港后，连日将带回之文件向有名望的绅商分头接洽，以便请求港府承认，然而港府和港商上层对此反应冷淡。直至10月下旬，港英商因耐不住罢工长期打击，而"极愿意容纳工人条件"，并向港府表示希望调停。③

其实，此时不仅港商热衷调停罢工，广州商界也是如此。因罢工封锁，"港中华人之金融机关，已呈恐慌之状态，因巨大之银号倒闭者，已十余家，影响所及，省城之大商店与港中有金融流通者，亦连带而倒盆"④。因粤港经济的依附连锁关系而造成的"商务凋零"，迫使四商会亦"乘时为和解罢工案之运动"。11月9日，广州商界在总商会议决推举胡颂棠等八代表，"从速向各界接洽"而利调停工潮。⑤ 及后，复派总商会会董刘东屏为代表先与港商接洽以资磋商。12日，刘氏遂以报聘港商来粤名义赴港，相继与侨港粤商、华人代表周寿臣，西商代表何理玉等商洽，他们皆希望"早日结束罢工"，且"愿就此意与港府接触"。14日，刘东屏偕同港商杨西岩回粤复命。翌日，四商会立即就此开会商讨和解之法。⑥ 省港商界的再度合作、积极调停罢工就这样悄然而互动。

11月16日，在港英政府的授意下，港商代表雷荫荪、黄季熙等赴穗与四商会妥商调解罢工⑦，并就广州商界赴港谈判代表及其行期取得共识。⑧ 20日，广州商界代表胡颂棠、陈远峰、林丽生、简琴石、梁培基、黄旭升等24人赴港⑨，他们得到香港辅政司、西商会的盛情接待。此时港英政府

---

① 《省港商人之觉悟》，《工人之路特号》第106期，1925年10月8日，第3版。
② 详见《罢工会致港商会函》，《工人之路特号》第101期，1925年10月3日，第4版；毅庐：《解决粤港罢工案之先声》，《申报》1925年10月5日，第2张第5、6版。
③ 参阅张晓辉：《略论香港华商调停省港大罢工》，《史学集刊》1999年第3期。
④ 毅庐：《调解港粤罢工案之非正式接洽》，《申报》1925年11月23日，第2张第6版。
⑤ 《四商会讨论解决罢工情形》，《国民新闻》1925年11月10日，第3版。
⑥ 毅庐：《调解港粤罢工案之非正式接洽》，《申报》1925年11月23日，第2张第6版；《各项事件传闻录》（1925年11月16日），粤海关档案，94—1—1586，广东省档案馆藏；广东哲学社会科学研究所历史研究室编：《省港大罢工资料》，第842页。
⑦ 毅庐：《和解港粤罢工案之进行》，《申报》1925年11月24日，第3张第9版。
⑧ 《港商代表与四商会谈话情形》，《工人之路特号》第146期，1925年11月19日，第2版。
⑨ 执中：《港粤工潮或可解决》，《晨报》1925年12月10日，第5版；《各项事件传闻录》（1925年11月21日），粤海关档案，94—1—1586，广东省档案馆藏。

亦甚愿"四商会帮忙解决罢工"①，遂于25日宣布派遮打、宾那、罗旭和、周寿臣等四人专责赴穗调停罢工。对此，粤商代表对其香港之行颇感乐观，一返穗即向当局提议派员与港方代表磋商，"则罢工必易解决"②，国民政府立刻同意选任工商四代表准备谈判。③

然而，事态发展并非如广州商界所愿，在推选谈判代表时，因内部利益纷争而陷入难产。对此，四商会主要分为两派：总商会、商联会主谨慎，而市商会、商民协会主强硬。"前派恐后派分子态度强硬，开罪对方，有所败事，不愿后派分子代表全商界；后派则以前派过于持重，遇事畏葸，不知工人心理，对内对外，难收完满结果。"④ 究其争执，是广州大、中小商人阶层因罢工中商业"私利"得失相异所致，总商会、商联会主要代表大商人利益，其会员不少在香港设有分店或联号，与英资的经济联系密切，罢工对香港的冲击，使其经济利益损害甚大。不过，对代表中小商人利益的市商会、商民协会来说，非但未有损失，反而是其发展民族工商业的"黄金时期"，因此持强硬态度亦在情理之中。可见，商人内部的利益分野，在很大程度上决定着其对罢工的不同态度及行为。同样的事例在香港商界也存在："查此次倡言调解者，实港商各邑商会之商董，其余华商总会等商董，则仍与港政府同一持冷静态度。各邑商会分子，何以急于谋工案之解决，则以罢工之影响，利害关系比诸华商总会分子，较为深切。"⑤

广州商界在推选总代表问题上的分歧，无疑为港英政府拒绝谈判授以新的口实。迨粤方苏兆征、胡颂棠等工商四代表选出后，此时国内政治形势却发生了不利于革命阵营的变动⑥，港方遂持强硬态度，"不欲直接与工人及商人磋商"⑦，要求国民政府"派出专员与其四代表交涉，否则不开议"⑧。而国民政府认为，省港罢工系中国人民自发举行的反帝爱国行为，与政府无

---

① 执中：《港粤工潮或可解决（续）》，《晨报》1925年12月11日，第5版；蓝裕业：《省港罢工交涉之经过及其现状》，《广州评论》第2、3期合刊，1926年，第6页。
② 《商界代表返省后之报告》，《工人之路特号》第155期，1925年11月28日，第3版。
③ 《函促选派解决罢工代表》，《国民新闻》1925年11月30日，第3版。
④ 木庵：《调解港粤罢工之搁浅原因》，《申报》1925年12月14日，第2张第6版。
⑤ 毅庐：《港粤罢工尚未解决原因》，《申报》1925年12月26日，第3张第9版。
⑥ 因国民党左派和中共领导者的妥协退让，使国民党右派在1926年1月召开的国民党二大中得势。此后，国民革命阵营内部的分裂倾向及党争日趋严峻。
⑦ 《交涉署答港辅政司公布调解罢工经过情形宣言》，《广州民国日报》1926年1月30日，第6版。
⑧ 蓝裕业：《省港罢工交涉之经过及其现状》，《广州评论》第2、3期合刊，1926年，第8页。

涉,"倘本政府有参加解决罢工会议之可能,亦只居间调停而已"①。双方就此争持不下,最终港英政府于1926年1月25日宣布停止和议,"此后几个月之内,(调停)罢工问题没有重要的进展"②。广州工商两界调停罢工的尝试遂遭顿挫。诚如时人所言:"香港目前困况,本为香港与广州两政府之外交问题,非工商问题。兹之调停云者,乃以工商界露面,两方政府,皆站在后台,利己者则许之,损于己者则拒之。是调停能成功否,本无甚可靠之希望,特参加调停之人,谬希成功而已。"③

港英对谈判的毫无诚意,即刻激起省港工商两界的强烈抗议。四商会在听取市政厅长伍朝枢解决罢工的报告后④,愤言指出:"此次罢工实为人民自动出于爱国运动,争回国体与人格,各工友如此牺牲热烈,我等商人亦应联合一致热烈援助,务求达到香港完全承认复工条件为目的。"⑤ 罢工委员会也为商界诚挚的爱国精神所感染:"我们罢工工人对于商人此种爱国之运动,誓以全力为之援助,共同联合进攻,以屈服帝国主义,为至高无上之义务。"⑥ 而香港华商则因罢工未决无法"岁杪结账"⑦,亦积极联络西商会、旅港工人酝酿罢市⑧,以胁迫港府就范。1月26日,香港工界亦议决以全港机器工人名义派员谒见港督,"倘无诚意答复,即联同港商罢市"⑨。对此,港府则采取软硬兼施、威逼利诱的两手政策⑩,以分解工商联合行动。正是在其威慑下,港商"终竟胆小,不敢动弹"以致罢市流产。⑪ 而工界却于2

---

① 《交涉署答港辅政司公布调解罢工经过情形宣言》,《广州民国日报》1926年1月30日,第6版。
② 陈达:《中国劳工问题》,第209页。
③ 邝笑庵:《香港最近之观察》,《国闻周报》第2卷第48期,1925年12月13日,第7页。
④ 《四商会请伍市长报告调解罢工经过情形》,《工人之路特号》第215期,1926年1月28日,第2版;《各项事件传闻录》(1926年1月29日),粤海关档案,94—1—1587,广东省档案馆藏。
⑤ 《广州四商会对于解决罢工决议案》,《工人之路特号》第215期,1926年1月28日,第2版。
⑥ 邓中夏:《香港商人之最高觉悟》,《工人之路特号》第216期,1926年1月29日,第2版。
⑦ 毅庐:《粤港罢工案解决无期》,《申报》1926年1月26日,第3张第9版。
⑧ 详情可见《全港工商联合罢工罢市》《香港酝酿罢市罢工续闻》《全港商店定期大罢市》《解决省港罢工问题近讯》《香港酝酿大罢市近闻》,《广州民国日报》1926年1月9、11、13、23、28日,第3版。
⑨ 《香港工商联合罢工罢市消息》,《广州民国日报》1926年1月30日,第3版。
⑩ 详情可见《港政府和缓商人罢市诡谋》《港政府对二次罢工之态度》,《广州民国日报》1926年1月21、2月18日,第6版;《香港二次罢工与港政府》《香港大罢工即爆发矣》,《工人之路特号》第220、221期,1926年2月2、3日,第2版。
⑪ 邓中夏:《省港罢工概观》,《中国工运史料》1981年第1期,第16页。

月1日发起了第二次罢工,"因之香港商务,更形冷淡"①。

不过,尽快解决工潮、恢复粤港交通始终为省港商界的共同夙愿。就广州商界而论,"此方面实为最渴望解决之一部分,在普通商场言之,此次工潮罔不感受打击,与重大牺牲。其尚怀一线希望者,则企图旧历年内得到解决,以结束年关账目,并得将囤积数月之英国货物,运销各江,可免巨大损失。商人心理,大抵如是。"②而香港商界亦一样,1925年底,港商曾以"年关交收账目"为由派代表余斌臣赴省港罢工委员会疏通,请求年底开放省港短期交通七日,但"罢工会未即答允"。港商仍不死心,遂派代表谢树棠等三人向国民政府请愿,终获官方批准。于是,"港商乘此时机,纷纷回省结束去岁商场账目,亦有乘轮回粤,作新年游乐之兴者,故每日往来航轮,均拥挤不堪"③。然而,此时港英对罢工态度并未有丝毫和缓之意,相反却与国民党右派勾结,"将议和之事丢开不说,更双方合力,破坏罢工"④。粤海关封关事件的发生,正是其筹谋破坏罢工的真实缩影。不过,这却为"工商联合"的进一步巩固造就了新的机遇。

(二) 工商联合验货与粤海关封关事件

为了更有效封锁香港及抵制英货,1925年10月,广州工商两界宣告成立广东工商审查仇货委员会,以保障罢工、维持商业、双方兼顾为宗旨⑤,且"其任何判决须同四商会协商执行"⑥。另外,还设特务调查员以绝"私运仇货",但后因调查员"部分办事不良,致商界时有怨言",罢工委员会为贯彻"工商合作本旨"遂将其取消⑦,并提议另设验货处以查输穗之货,"若为英货,随即没收",这得到了广州商界的赞同。⑧ 这样,在工商两界的积极筹备下⑨,1926年2月,以"便利商人,增进工商联合感情"为旨趣

---

① 《二次罢工后香港恐慌近状》,《广州民国日报》1926年2月17日,第6版。
② 执中:《港粤工潮之面面观》,《晨报》1926年2月9日,第5版。
③ 毅庐:《旧历新年之粤港短期交通》,《申报》1926年2月18日,第9版。
④ 蓝裕业:《省港罢工交涉之经过及其现状》,《广州评论》第2、3期合刊,1926年,第8页。
⑤ 《工商审查会已选定委员》《工商审查会第一次会议》,《广州民国日报》1925年10月19、20日,第10版。
⑥ 《各项事件传闻录》(1925年10月19日),粤海关档案,94—1—1586,广东省档案馆藏。
⑦ 卢泉:《罢工代表会一百次经过纪略》,广东哲学社会科学研究所历史研究室编:《省港大罢工资料》,第196页。
⑧ 《各项事件传闻录》(1925年12月31日),粤海关档案,94—1—1586,广东省档案馆藏。
⑨ 详见《各项事件传闻录》(1926年1月8、12日),粤海关档案,94—1—1587,广东省档案馆藏。

的工商检验货物处在西堤成立,且通告自2月22日起实行验货。① 同时,为配合验货顺利进行,商界还任命富有鉴货经验的12名商人,与罢工工人合作验货②,并规定验货暂行办法:(1)如各验员均认为无违犯工商条例之货,应即发给凭证由货主起回,任何人不得留难。(2)如验员中有认为系违犯条例嫌疑之货,则应抽样交罢工委员会会审处审理,其余货准先由货主照货价另立保单具结领回,俟会审处判结。如货主不服,可提请工商审查仇货委员会再行处理。(3)若查确属仇货,或由港澳直来之非仇货,须即备函连货移送会审处照例处分。③ 此外,还规定商人报验手续:(1)凡报验货须列明货色、件数、重量、价值、商标、何船载来、何埠起运,完全依照报关单格式。如有货价单、报关底单及可证明非违例之凭据,亦要缴验。(2)报验单须盖该商店正式图章,注明街道门牌,有海关编号图章更妥,不得伪造。(3)有无货报验,须先将报单投递挂号处,由其编号并送交检验处依次检验。(4)货验妥后由商人领取放行证,粘贴货面,每件一张,另加盖检验处骑缝印,不得遗漏。④

正当工商联合验货进行之际,英国策动的粤海关事件爆发。其实,早在工商检验货物处孕育时期,港英当局即与沙面英领事联名致电北京总税务司安格联,谎称"省方组织工商检验货物处,即系收回海关自主之变相"。对此,安格联即令粤海关停止验关。⑤ 粤海关税务司贝尔奉令后,即以罢工纠察队扣留货物"关务断难继续办理"为由颁布通告:自2月22日起,"所有本口及黄埔船只,一律暂行停止起卸货物"⑥,同时粤海关也停止验货。⑦ 广州口岸顿时陷入瘫痪状态:仅23日,"港口轮船,即停留至40余艘,而省河大小轮船亦全行停驶,由此可知航商损失,已属不赀,其他商业损失,当更数倍于此。"⑧

为了激化劳资矛盾,离间工商联合,2月23日,贝尔还召集广州各行

---

① 《工商检验货物处开始检验》,《工人之路特号》第239期,1926年2月22日,第2版;《工商开始检验货物情形》,《广州民国日报》1926年2月23日,第10版。
② 《各项事件传闻录》(1926年2月22日),粤海关档案,94—1—1587,广东省档案馆藏。
③ 《工商检验货物处章程》,《工人之路特号》第207期,1926年1月20日,第3版。
④ 《工商检验货物处成立》,《广州民国日报》1926年2月17日,第10版。
⑤ 《海关停止起货之狡谋》,《广州民国日报》1926年2月22日,第3版。须说明,省港罢工前,中国海关税务司皆用英人。其名虽为中国政府机关,实际则是英国一"府库",而中国海关监督也"不过'腊则季氏,祭则寡人',摆摆样子罢了"。参见邓中夏:《省港罢工概观》,《中国工运史料》1981年第1期,第18页。
⑥ 《海关停止起货潮详情》,《广州民国日报》1926年2月24日,第3版。
⑦ 秋人:《最近的粤海关事件》,《政治周报》第8期,1926年4月19日,第11页。
⑧ 子宽:《粤海关停止商货交通》,《国闻周报》第3卷第7期,1926年2月28日,第4页。

商开会,报告其停关理由为"维持税饷保障关权",罢工纠察队唯有将扣留之货交回,方可"照旧开关验货"①。然而,各商皆以其系属"片面理由"而相率退席。② 此时,"香港最希望的就是商人与罢工工人的冲突"③,于是,贝尔变本加厉推行其分裂政策,一面对政府说:"罢工会不听政府命令,我来替你教训",另一面则对商人言:"我之停关,系为减少你们受(罢工)纠察之压迫"④,以此挑拨政府、商人与罢工工人之感情。对此,中共曾一针见血地指出:"一方面借口于罢工纠察队干涉其行使职务,其实罢工工人并不坚持要在税关前验货,以前所扣留货物都已交还。以广东商业停顿之罪归之于罢工工人,借此离间广东商人;一方面对政府挑衅,如政府用武力强迫之,或借此收回海关,则该问题成一对待帝国主义各国之问题,英国帝国主义于是可以乘机用武力解决罢工。"⑤ 这样,粤海关封关真相被中共揭穿后,贝尔分裂工商的阴谋并未得逞,"工商联合"却因而日益稳固。

封关案发当日,广州总商会就已分电上海总商会、京师总商会、全国商联会及各省总商会,"说明粤海关税务司之不法",并请各商会支持其决议案:撤换贝尔,收回关税⑥,且宣称"广州商人现与革命政府合作,各商会有要求全国商人支持革命政府之必要"⑦。2月24日,总商会又函责贝尔"迅即照常开关,俾得起卸货物,以安大局,而定人心"⑧。此外,四商会还与罢工委员会议决联请政府即令海关复关,并致电北京总税务司将贝尔"撤差示惩",否则"撤废粤海关"⑨。同时,又联名痛斥贝尔封关之行径:"如再利用封关以绝我人民生命,则吾辈工商各界,必有最严重之方法以对付者。"⑩ 广州工商两界的联合行动,得到了国内各界团体的热烈响应与支

---

① 《海关停止起货潮详情》,《广州民国日报》1926年2月24日,第3版;《反帝运动与粤海关停验风潮》,《中国国民党中央执行委员会党务月报》第1期,1926年5月,第49页。
② 《海关停止验货后昨日所闻》,《广州民国日报》1926年2月25日,第3版;《海关停止验货后之昨日情形》,《工人之路特号》第242期,1926年2月25日,第2版。
③ 太雷:《抗议粤海关停止验货起卸》,《人民周刊》第3期,1926年2月24日。第4页。
④ 邓中夏:《省港罢工概观》,《中国工运史料》1981年第1期,第18页。
⑤ 《为海关事件告广东民众》,《人民周刊》第4期,1926年3月4日。第13页。
⑥ 秋人:《最近的粤海关事件》,《政治周报》第8期,1926年4月19日,第17页。
⑦ 广东哲学社会科学研究所历史研究室编:《省港大罢工资料》,第854页。
⑧ 《广州总商会函责税务司》,《广州民国日报》1926年2月25日,第3版;《广州总商会斥责卑路》,《工人之路特号》第243期,1926年2月26日,第2版。
⑨ 《广州工商抗议海关事件》,《工人之路特号》第241期,1926年2月24日,第2版;《各项事件传闻录》(1926年2月24日),粤海关档案,94—1—1587,广东省档案馆藏。
⑩ 《工商联合对粤海关税务司贝尔宣言》,《广州民国日报》1926年2月24日,第3版;《反帝运动与粤海关停验风潮》,《中国国民党中央执行委员会党务月报》第1期,1926年5月,第45-46页。

持。统一广东各界代表大会号召民众起来抗议,并提出五项主张:(1)撤换贝尔;(2)粤海关即日开仓;(3)税务司应完全服从中国政府命令;(4)打倒一切破坏罢工阴谋;(5)一致拥护罢工。① 2月26日,广州国民会议促成会集合10万人示威游行,并通过"贝尔必须去职,以顺民情"的决议。② 此外,上海、北京等地"各团体及商界领袖个人,函电纷飞,皆极愤慨","各都市闻风响应,几遍全国"③。

贝尔的野蛮行径亦招致国民党官方的强烈不满。封关伊始,国民政府则以贝尔"此种无理封关举动,决不能坚持多日"④,即令粤海关监督傅秉常"严厉对付"⑤。2月23日,国民政府财政部亦令傅氏严饬贝尔"即日开仓,照常办理","如敢故违,发生前种枝节,政府必有相当处置"⑥。24日,国民党中央政治会议训令傅秉常、陈公博、苏兆征等组成海关风潮委员会,并通告全国民众"一致起来反对粤海关行为","务必采取措施,推进运动,以收回海关之控制权"⑦。可见,国民政府与工商各界对封关的立场是团结一致的。也正因"政府商人工人之团结一致,无从实施其破坏罢工之阴谋"⑧,加以"外商之不满意",贝尔"自知理屈"⑨,只得于26日布告复关。⑩ 历时5日的粤海关停验风潮卒因港英觊觎工商分裂未果而暂告平息。

此后,工商联合验货一直呈良性运行状态,共开了83次审查会,经判明的货物达数百宗。⑪ 这不仅有利于杜绝英货、遏制香港经济复苏,从而赢得罢工的胜利。而且,也正是以此为媒质,工商合作验货的信息得以互动与

---

① 《反帝运动与粤海关停验风潮》,《中国国民党中央执行委员会党务月报》第1期,1926年5月,第47页。
② 《各项事件传闻录》(1926年3月1日),粤海关档案,94—1—1587,广东省档案馆藏。并见广东哲学社会科学研究所历史研究室编:《省港大罢工资料》,第854页。
③ 详情可见秋人:《最近的粤海关事件》,《政治周报》第8期,1926年4月19日,第14-15页;《举国同慨之封关事件·上海总工会为海关事来电》《普天同愤之封关事件》《上海各界对海关事件之激昂》,《工人之路特号》第250、252、252期,1926年3月5、7、7日,第2、3、3版。
④ 《海关停止起货各面观》,《广州民国日报》1926年2月25日,第3版。
⑤ 秋人:《最近的粤海关事件》,《政治周报》第8期,1926年4月19日,第11-12页。
⑥ 《反帝运动与粤海关停验风潮》,《中国国民党中央执行委员会党务月报》第1期,1926年5月,第49页。
⑦ 《各项事件传闻录》(1926年2月25日),粤海关档案,94—1—1587,广东省档案馆藏。并见广东哲学社会科学研究所历史研究室编:《省港大罢工资料》,第853页。
⑧ 秋人:《最近的粤海关事件》,《政治周报》第8期,1926年4月19日,第16页。
⑨ 《海关停止验货潮——解决》,《广州民国日报》1926年2月26日,第2版。
⑩ 《反帝运动与粤海关停验风潮》,《中国国民党中央执行委员会党务月报》第1期,1926年5月,第50页。
⑪ 温小鸿:《省港罢工与广东商人》,《广东社会科学》1987年第1期。

传递，增强了彼此间的信任与团结。

（三）农工商学大联合及罢工收束

封关阴谋破产后，港英当局迫于各界压力只得重新考虑解决罢工问题。① 不过，3月20日"中山舰事件"的发生，却使得其解决罢工"将醒之幻梦又复沉酣"②。由于国民党右派把持的国民政府此时"积极援助工人政策，已稍变更"③，同时对罢工的态度亦日趋冷淡，甚至予以"种种刁难"④，这使罢工"确受相当之影响"⑤。因而，港府对调停罢工"重行抱持强硬的态度"⑥。4月9日，港督正式通告："对于罢工期内工金及不能复业损失的赔偿，均不给与，亦不容许此项办法。"⑦ 罢工工人与广州商界的"工商联合"又一次濒临着新的考验，而农工商学大联合却为其适时地注入了新的活力。

国民革命的进行，迫切需要社会各阶层的紧密团结与合作，这是"巩固和发展此革命势力，唯一的要件"⑧。于是，农工商学大联合便应势而生。至其发轫动因，诚如国民党中央党部所言："在本党革命政府之下，各界民众组织日益完备，惟各界间素无联络，有时或竟至发生误会，革命力量未能集中，革命战线未能联合，诚憾事也。工农商学联欢大会，本为广州商界欢迎工农教育代表之会，由劳动大会提议改为联欢会，自有此会，而各界间之感情将以沟通，农工商学联合大会之成立，即以此为滥觞。"⑨

5月11日，农工商学联欢大会在广东大学举行，并通过议案七项：（1）请政府取消煤油专卖，赞助其抽适当的火油捐税；（2）拥护省港罢工，并由罢工工人、省港商人及粤省政府共组解决罢工委员会，以谋罢工解决；

---

① 《港督召集会议》，《广州民国日报》1926年3月3日，第6版；秋人：《省港罢工的过去和现在》，《政治周报》第9期，1926年4月26日，第15页。
② 邓中夏：《省港罢工概观》，《中国工运史料》1981年第1期，第20页。
③ 毅庐：《港粤罢工案调解之趋势》，《申报》1926年4月10日，第3张第10版。
④ 卢权、禤倩红：《省港大罢工史》，第324－325页。
⑤ 《一年来省港罢工的经过》（1926年8月），人民出版社编辑部编：《邓中夏文集》，第287页。
⑥ 《中国职工运动简史（一九一九——一九二六）》（1930年6月19日），人民出版社编辑部编：《邓中夏文集》，第631页。
⑦ 《一年来省港罢工的经过》（1926年8月），人民出版社编辑部编：《邓中夏文集》，第288页。
⑧ 梁桂华：《工农商学联合委员会之意义》，《工人之路特号》第320期，1926年5月15日，第2版。
⑨ 《工农商学联欢大会》，《中国国民党中央执行委员会党务月报》第2期，1926年6月，第13页。

(3) 请政府积极除盗安民；(4) 请政府设立劳资仲裁机关，以政府代表为主席，劳资代表各半，共同解决一切劳资冲突；(5) 肃清贪官污吏，整饬吏治；(6) 禁止奸徒造谣；(7) 建公路，开黄埔，改良港口，完成粤汉路，普及教育，增加教育经费及拥护国民政府。① 14 日，四商会为此还特发拥护宣言："国民革命实为吾民众之唯一生路，吾工农商学各阶级民众，皆当一致团结，筑成坚固的联合战线，以使此国民革命早日成功。"② 17 日，四商会、中华全国总工会、省农民协会及省教育会七团体在总商会开联席会议，宣告成立农工商学联合委员会③，以"建立并巩固农工商学的联合战线，保护人民利益，拥护国民革命基础"为宗旨④，而积极调停省港罢工亦成为其主要使命之一。⑤

5 月 18 日，农工商学联合会派余厚庵、梁培基、潘琴航、简琴石、邓中夏等八代表赴国民党中央党部请愿，要求当局施行其七项议案⑥。对此，国民政府颁布命令，"实行完全容纳"，且规定"省港工人罢工应早解决，着外交部速与有关系各方面接洽，以助成圆满解决之目的"⑦。随后，即派外交部长陈友仁、财政部长宋子文、农工厅长陈公博三人全权办理。然而，港英当局对此依旧漠然视之，国民政府乃示意市商会"设法向港方重要商界征询意见"，市商会即派梁培基赴港接洽。而港方以"梁氏之至，尚乏根据"，主张由广州四商会用公函或派正式代表至港，始可召各界协商。农工商学联合会闻悉，遂向国民政府商请，"政府即允四商会参加"。6 月 1 日，该会召集四商会会董共谋罢工调停事宜，并议决：(1) 由四商会联函香港各商会，请其与省商会合作，以促罢工解决；(2) 举马伯年、梁培基二人为代表赴港接洽。⑧

---

① 《工农商学联欢大会详情》，《广州民国日报》1926 年 5 月 13 日，第 6 版。
② 《四商会拥护工农商学大联合决议案宣言》，《广州民国日报》1926 年 5 月 15 日，第 10 版。
③ 《工农商学联合委员会成立》，《工人之路特号》第 323 期，1926 年 5 月 18 日，第 3 版。
④ 《广东农工商学联合委员会简章》，《中华民国国民政府公报》第 36 号，1926 年 6 月，第 41 页；《农工商学联合会成立通电》，《广州民国日报》1926 年 5 月 22 日，第 2 版。
⑤ 须说明，农工商学联合会的七项议案中，最重要的只有取消火油专卖、组织劳资仲裁机关及解决省港罢工三项，其余四项皆为"红花中的绿叶"而已。(参见中央档案馆、广东省档案馆编：《中共广东区委对于工农商学联合会问题的报告》，《广东革命历史文件汇集》甲 6，1982 年，第 373 页）另一说认为，"取消煤油专卖及解决港粤工潮问题，实为其主要目的"。(参见铜驼：《粤政府确定解决罢工问题》，《申报》1926 年 6 月 9 日，第 3 张第 10 版) 显然，解决省港工潮始终为农工商学联合会的主要任务。
⑥ 《工农商学联合会代表昨日赴中央党部请愿》，《广州民国日报》1926 年 5 月 19 日，第 3 版。
⑦ 《国民政府实行工农商学决议案》，《工人之路特号》第 336 期，1926 年 6 月 1 日，第 3 版。
⑧ 铜驼：《粤政府确定解决罢工问题》，《申报》1926 年 6 月 9 日，第 3 张第 10 版。

6月5日，国民政府外交部致函港英当局，表示准备委派全权代表3人与之进行对等磋商。① 而国民政府之所以对调停罢工甚为积极，可谓事出有因，正如时人所分析的："一方固为体恤商艰计，使恢复省港交通，以纾省港商人之困苦，而实施其保商政策；一方则因现在北伐大军已陆续出发，已开南北大战争之机，战事非旬月可了。粤省为北伐策源地，省港罢工一日未决，则最足以贻北伐后顾之忧。此所以近日借名接受农工商学会之要求，而对于解决工案，又作旧事重提之原因也。"② 此外，还有基于维持罢工者生活与就业所带来的沉重财政负担的利益考量。因此，国民政府"渴望结束这场冲突"，同意与港府直接谈判，而不再"伪称它扮演的只是调解人的角色"③。

6月6日，粤商代表马伯年、梁培基二人抵港后，即赴各邑商会联合会、华商总会、东华医院、罗旭和及周寿臣等处接洽，"彼等均表示同情，尤殷殷希望（罢工）早日解决"，且允诺向港府请愿。④ 然而，港府否决了华商的两次请求⑤，并复函国民政府称"罢工已成为过去事件"，只交涉"排英货问题之解决"⑥。港府对结束罢工的推诿姿态，随即遭到农工商学联合会的厉言斥责："今香港帝国主义弄其狡猾，无诚意希求解决，吾人誓必合力为罢工后盾，共同对付帝国主义，获得胜利的解决，不达目的则不止。"⑦

7月15日，中英解决省港罢工的第二次交涉在国民政府外交部举行。至23日，双方共会议5次。⑧ 针对谈判中英方所谓"罢工系少数人强迫"等言论，7月21日，广州农工商学各界10余万人联合发动拥护解决罢工的

---

① 《中英谈判总评（下篇）》（1926年7月），人民出版社编辑部编：《邓中夏文集》，第259页；《各项事件传闻录》（1926年6月7日），粤海关档案，94—1—1587，广东省档案馆藏。
② 毅庐：《再纪调解粤港工潮之进行》，《申报》1926年6月15日，第3张第9版。
③ ［美］韦慕庭：《国民革命：从广州到南京（1923—1928）》，费正清主编：《剑桥中华民国史》第1部，第646页。
④ 《四商会代表赴港接洽情形》《马梁两代表报告赴港接洽情形》，《广州民国日报》1926年6月9、12日，第7版。
⑤ 《各项事件传闻录》（1926年6月17日），粤海关档案，94—1—1587，广东省档案馆藏。
⑥ 《中英谈判总评（下篇）》（1926年7月），人民出版社编辑部编：《邓中夏文集》，第260页；毅庐：《商解港粤罢工问题之结果》，《申报》1926年6月26日，第3张第9、10版。
⑦ 《农工商学联合会会议》，《广州民国日报》1926年6月30日，第3版。
⑧ 详情可见唐有壬：《粤港交涉》，《现代评论》第4卷第88期，1926年8月14日，第6-8页；《一年来省港罢工的经过》（1926年8月），人民出版社编辑部编：《邓中夏文集》，第290-292页。

示威大会①，并联名告诫英方："此地人民是一致拥护政府代表，力争沙基惨案条件及罢工条件的，如英港代表无诚意接受条件，我们两广人民预备一致继续奋斗到底，誓必争回国体达到目的而后止。"② 然而，此次谈判中，尽管中方颇具诚意，"屡次表示愿意牺牲政治条件和一部分经济条件要求解决罢工"，而英方却置之不理，"因使会议停顿"③。

英方的不合作态度，更加激起了农工商学各界民族主义意识的高涨。8月11日，农工商学联合会在总商会集议，决定"筹备罢工周，援助省港罢工"，并即席推商界余厚庵、马伯年等5人12日赴国民党中央党部商洽相关事宜。④ 随后，还致函罢工委员会，勉励其继续坚持罢工，充当"反帝国主义之先锋"与"中流砥柱"，"以争最后胜利"⑤。

为进一步推动对英经济抵制而援罢工，9月10日，农工商学联合会主持召开广州各界反英会议，并通过提案：（1）全国民众应加强反英抵制运动；（2）通电广东各公共团体，强化对英经济绝交；（3）总商会选出国货取代仇货，并通令人民不买仇货；（4）要求民众支持政府以应时局；（5）致电鼓励前线士兵与军阀战斗，勿忧后方。⑥ 此外，该会又函请国民政府财政部拨款，"务使黄埔开埠早日见诸实行，以便安插省港罢工工友，使其安心作战，无后顾之忧。"⑦ 同时，农工商学各界20余团体还成立广东各界扩大对英经济绝交委员会，并通电全国："（罢工）一日未得解决，我广东对英经济绝交运动，誓不中止。"⑧ 经济抵制运动的开展，无疑是与罢工委员会"旧式封锁应该变更，扩大为全国民众新的对英杯葛运动"⑨ 的决议一脉相承。10月10日，罢工委员会正式通告："各海口纠察一律撤回，暂行停止

---

① 《中英谈判经过报告》（一），广东哲学社会科学研究所历史研究室编：《省港大罢工资料》，第612页；《各项事件传闻录》（1926年7月21日），粤海关档案，94—1—1587，广东省档案馆藏。
② 《力争沙基惨案及省港罢工条件宣言》，《工人之路特号》第384期，1926年7月21日，第1版。
③ 《中国共产党致粤港罢工工人书》，《向导周报》第167期，1926年8月15日，第1684页。
④ 《农工商学各界决议援助罢工》，《工人之路特号》第404期，1926年8月12日，第2版。
⑤ 《农工商学联合会复省港罢工委员会函》，《工人之路特号》第409期，1926年8月17日，第1版。
⑥ 《各项事件传闻录》（1926年9月11日），粤海关档案，广东省档案馆藏，档号：94—1—1587。并见广东哲学社会科学研究所历史研究室编：《省港大罢工资料》，第868页。
⑦ 《农工商学联合会援助罢工》，《工人之路特号》第451期，1926年9月30日，第2版。
⑧ 《各界扩大对英经济绝交》，《工人之路特号》第451期，1926年9月30日，第2版；《各项事件传闻录》（1926年9月30日），粤海关档案，94—1—1587，广东省档案馆藏。
⑨ 《省港罢工工人代表大会对罢工变更政策之决议》，《工人之路特号》第452期，1926年10月1日，第2版；《各项事件传闻录》（1926年10月2日），粤海关档案，94—1—1587，广东省档案馆藏。

封锁"①，这在很大程度上顺应了广州商界发展贸易的强烈愿望。正如中共所承认的：

> 武装的封锁所给予商民的正当贸易不能自由。贸易是商人的生命，反帝国主义的罢工，商人应该拥护，但是同时我们不能否认商人的贸易。香港政府代表说：封锁是有强力者人为的组织，不久就有人冲破这种藩篱。这是讥笑我们的话，同时亦是真话。这虽不单指商人，然而商人实不愿封锁以阻碍他们的贸易。②

此前，正是慑于武力封锁，"广州商人，虽欲与英人贸易，然因恐罢工者之蛮横手段，皆裹足不前"③，而罢工委员会的经济绝交取代武力封锁，恰好为商人拓殖"私利"清除了窒碍，促使其以更大的热情从事于对英经济抵制。11月初，由广州商人、工人、学生等300人组成的英货调查队至各商店查货，就得到了四商会的积极配合。④ 可见，"工商联合"始终为省港罢工中广州劳资反帝统一战线的主题内涵。

第四节　内外交织：工商联合之成因

国民革命时期，民族主义运动统一战线能在中国形成，一个重要的原因，就是此时工人阶级和资产阶级作为阶级都尚未完全"定型"，正如美国记者路易·甘勒所论："欧西所谓阶级觉悟，现在才开始在（中国）通商口岸萌芽；但每每遭种族的觉悟占据了。"⑤ 这是因为，在工人阶级和资产阶级各自的斗争中，民族因素重于社会因素。这样，"在一定时期内，不仅在

---

① 《省港罢工委员会命令》，《工人之路特号》第461期，1926年10月11日，第1版。其实，省港罢工委员会停止武力封锁政策还有一个真实原因，即"纠察队执行封锁之困难问题"。由于"私利"动机驱使，广东不法商人武力对抗封锁惨杀工人纠察的事件"乃迭出不穷"。参见《广州市党部上中央工人部函》（1926年8月27日）、《省港罢工委员会上中央工人部呈》（1926年7月14日），五部档案，部14964、部11360，台北中国国民党文化传播委员会党史馆藏。
② 《省港罢工问题》，广东哲学社会科学研究所历史研究室编：《省港大罢工资料》，第668页。
③ 《英报纪广东停止罢工事》，天津《大公报》1926年10月22日，第6版。
④ 《各项事件传闻录》（1926年11月1日），粤海关档案，94—1—1587，广东省档案馆藏。
⑤ ［美］路易·甘勒：《中国：无产阶级的世界（续）》，《工人之路特号》第442期，1926年9月20日，第1、2版。

工人运动中，而且在资产阶级民族解放斗争中，阶级因素也服从于民族因素。资产阶级不仅与本阶级的敌人及其政党实行联合，而且还从物质上援助他们。革命符合资产阶级的阶级利益，因为资产阶级只有摆脱外国资本压迫，才能有发展和致富的自由"。因而，"彼此联合是历史的必然"，而"求得民族解放"则是其结成统一战线的基础。① 然而，随着两个阶级在民族斗争中日渐成熟，阶级对抗亦日趋明显。"合作与对抗"便构成了民族主义运动统一战线的辩证主题。不过，在以上海为中心的五卅运动中，劳资两界始终没有形成稳固的政治联盟。② 究其缘由，主要是此时罢工工人提出的有关民族解放的空泛口号脱离实际，以及中共的战略与策略方针并未随着革命阵营力量的变化而调整，致使罢工结束时"工人阶级陷入孤立，资产阶级同盟者也分道扬镳"③。

与之鲜明对照，省港罢工中的"工商联合"却呈现出稳固、持久的特点。这不仅与中共民族主义运动统一战线策略的成熟、国民党"袒工抑商"的劳资政策关系密切，同时也与商界国民革命性的提高不无关联，更重要的是，罢工"促进了广东经济的发展"④，使商人深受其惠，这是"工商联合"经受风雨考验而巩固发展的最终经济动因。罢工伊始，中共领导的省港罢工委员会就对港英实施经济抵制和武力封锁并用的全面政策，试图削弱英国在华势力，从而推进广东革命根据地的经济发展和政治稳固。应当说，这一全面政策确有成效，但也带来了广州商人参与支持罢工热情的渐趋冷却。诚如苏联学者T. 阿卡托娃所言：

> 如果说罢工和抵制二者对英帝国主义的打击效果真是立竿见影的话，那么，广东经济却没有因此而立刻巩固起来，当地资产阶级也没有因此而立刻就获得直接利益。在举行罢工和实行抵制的头两个月，广州在经济上也遇到困难，这是因为广州在业务上与香港有着密切联系的缘故。外贸额减少了，原料和燃料告急。广州资产阶级在罢工之初，为普

---

① T. 阿卡托娃：《民族因素在中国工人运动中的作用（1919—1927 年）》，中国社会科学院近代史研究所《国外中国近代史研究》编辑部编：《国外中国近代史研究》第 6 辑，第 300 页。

② [法] 白吉尔：《中国资产阶级的黄金时代（1911—1937）》，张富强等译，上海：上海人民出版社，1994 年，第 255 – 256 页。

③ 参阅 T. 阿卡托娃：《民族因素在中国工人运动中的作用（1919—1927 年）》，中国社会科学院近代史研究所《国外中国近代史研究》编辑部编：《国外中国近代史研究》第 6 辑，第 316 – 317 页；黄逸峰、姜铎、唐传泗、徐鼎新：《旧中国民族资产阶级》，南京：江苏古籍出版社，1990 年，第 288 页。

④ 邓中夏：《省港罢工与广州商务》，广东哲学社会科学研究所历史研究室编：《省港大罢工资料》，第 751 页。

遍的爱国热情所吸引,如今却开始不满。国民党右派和大买办乘机火上加油。形势同上海商人停止罢市前的形势颇有相似之处。"①

同时,也正因罢工与抵制,广州对生活品的需求骤增,"资产阶级现在企图将这种非生产性的支出转嫁给消费者群众,即工人和贫苦的小资产者阶层。但另一方面,总罢工的鼓舞人心的范例以及作为罢工直接结果的无产阶级组织的迅猛发展,也导致产生了广州工人反对中国资产阶级的一支较强大的力量。这一切即使在广州内部的较大的罢工浪潮中和资产阶级与无产阶级关系的尖锐化的情况中都有所反映。资产阶级对抵制运动开始的那种热情,在运动发展到要求他们做出物质牺牲时,就迅速地冷淡了下来。"② 因此,如何维持并加强同广州资产阶级的联盟,以确保罢工胜利及国民革命的继续发展,便成为摆在中共面前的一项急迫任务。③ 对此,罢工委员会决定以"单独对英"策略代替一律封锁政策,鼓励除英国外的其他各国直接与广州通航通商,且实行沪穗直航,从而改变了以往两地贸易取道香港的境况。于是,"上海、暹罗等处商船闻风而来","商船直达黄埔者,每日平均四十余艘,为亘古以来所未有"④。尤其是1925年8月底特许证制度的取消,更使广州商务如雨后春笋,颇有生机盎然之势。"自是而后,广州商务,渐复生机,金融亦比前为活动。由秋徂冬,日有起色。入冬以后,则更形势剧变,各项商务,均日见畅旺。"⑤

同样的事实,亦可从粤海关的商务统计加以实证研究。为便于对比观照罢工尤其特许证取消前后广州的商务实情,笔者兹将1922—1926年粤海关的部分关税收入择要列下(见表6-1),以资探讨。

---

① T. 阿卡托娃:《民族因素在中国工人运动中的作用(1919—1927年)》,中国社会科学院近代史研究所《国外中国近代史研究》编辑部编:《国外中国近代史研究》第6辑,第317-318页。
② [德]汉斯·希伯:《从广州到上海(1926—1927)》,山东省中共党史人物研究会编:《希伯文集》,济南:山东人民出版社,1986年,第39页。
③ T. 阿卡托娃:《民族因素在中国工人运动中的作用(1919—1927年)》,中国社会科学院近代史研究所《国外中国近代史研究》编辑部编:《国外中国近代史研究》第6辑,第318页。
④ 《一年来省港罢工的经过》(1926年8月),人民出版社编辑部编:《邓中夏文集》,第271页。
⑤ 《一年来广州商业之概观》,《广州民国日报》1926年2月6日,第10版。

表6-1　1922—1926年粤海关广州商务统计（部分）　　　　单位：海关两

年份 \ 月份 收入	1	7	8	9	10	11	12
1922—1924年平均值	306494	256167	299205	317662	319602	333490	301099
1925	257541	70711	150180	232407	306125	337532	304838
1926	422971	—	—	—	—	—	—

资料来源：笔者主要根据《广州商务表》（《工人之路特号》第287期，1926年4月11日，第2版）中的数字整理，同时亦酌情参考《中国职工运动简史（一九一九——一九二六）》（1930年6月19日），人民出版社编辑部编：《邓中夏文集》，第624页；[英]阔乞特（H. G. W. Woodnead）主编：《中华年鉴》（1926—1927年），"广州贸易"，第868页，见广东哲学社会科学研究所历史研究室编：《省港大罢工资料》，第818页的部分数据。

由表6-1可知，1925年7月罢工初始时，粤海关收入为70711两，仅占1922—1924年同月256167两的1/3弱，这可谓是广州商务最萧条时期。然而，自9月颁布工商善后条例与海外直接通航后，其海关税收"不仅完全恢复原状，而且逐月均有增加"①，1926年1月竟至422971两，与1925年同期的257541两相比，则超出165430两，即增60％强，并创下自1922年以来的最高纪录。对此，英人亦不无承认："1925年，广州贸易因'五卅'骚乱事件发生引起与香港冲突而受到严重损失。英国货物被苛刻地抵制。尽管如此，广州港口实际上增加贸易。"②可见，"对香港的斗争，在经济上也是站得住脚的，因而也是卓有成效的"③，"罢工不仅不妨害广州商务，而且大有造于广州商务"④。

在此新形势下，民族资本经营更显繁荣态势：昔日英美烟充斥广州市场，如今已被南洋兄弟烟草公司的产品所取替；梁培基制药厂发冷丸等药品亦获畅销。此外，许多粤商乘机设立公司以事口岸贸易，走向新的兴盛之

---

① 邓中夏：《省港罢工概观》，《中国工运史料》1981年第1期，第37页。
② 《〈中华年鉴〉有关省港大罢工资料择译》，广东哲学社会科学研究所历史研究室编：《省港大罢工资料》，第818页。
③ 汉斯·希伯：《从广州到上海（1926—1927）》，山东省中共党史人物研究会编：《希伯文集》，第80页。
④ 《中国职工运动简史（一九一九——一九二六）》（1930年6月19日），人民出版社编辑部编：《邓中夏文集》，第624页。

路。① 也正因从罢工和抵制英货中受益匪浅,广州商人得以合作的姿态援助罢工,践行工商联合。诚如路易·甘勒所观察的:"中国的雇主,会巧避阶级斗争的。他们还未自认与世界的雇主阶级同类。去年,他又公然鼓励工人阶级,替他去尽力民族的奋斗,以反抗他自己的外国竞争者。……广东之杯葛香港,多数都系由国内华商,或南洋新加坡的富有的中国人,所接济的。"② 这样,商人就以工会组织和罢工工人"最亲近朋友的面貌出现"③而踊跃参加国民革命,从而避免了像五卅运动中上海那样工商联合反帝阵营的分裂。对此,时任《中国通讯》的德国记者汉斯·希伯曾精辟地评论道:

> 广州的国民革命斗争,因为联合了华南的农民阶级、工人阶级、小资产阶级以及大资产阶级,因此它不仅在广州,而且在整个华南的群众中都有较为雄厚的基础。相反,在上海,斗争只是在城市内部进行,中国的大资产阶级(大工业家、银行家、大商人和大买办)也同样被这次斗争卷了进来。上海斗争的阶级基础,比广州的斗争更加现代化得多,它关系到工业无产阶级和小资产阶级的最贫困阶层的利益也更多。因此,群众的斗争在没有失去其民族斗争特点的同时,就不能不越来越多地显示出无产者反对占有者这种阶级斗争的特点。相反,在广州,运动在更大程度上也还是建筑在资产阶级利益的基础上,从根本上说来,是建筑在广州反对香港的竞争利益的基础上。但是,这种竞争不是任意地单独对一个城市的竞争,而是针对着打进华南肌体上的一个楔子,针对着一种强大的帝国主义势力。反对这种势力的斗争,只有建筑在最广泛的基础上,以最大的毅力和坚持不懈的精神去进行,才能取得成功。反对香港的罢工和抵制运动,就显示了这个基础的存在,并初步证明了包括资产阶级在内的整个民族革命阵线的斗争手段是有效的。这次运动,同时也是广州和香港的工人反对英国的、总的来说是反对外国的资本家的一场阶级斗争。但是,这种斗争不仅受到中国资产阶级的支持和促进,而且也部分地受到它的领导。④

---

① Ming Kou Chan, *Labor and Empire: The Chinese Labor Movement in the Canton Delta, 1895—1927*, p. 338.
② 路易·甘勒:《中国:无产阶级的世界(续)》,《工人之路特号》第442期,1926年9月20日,第1、2版。
③ 白吉尔:《中国资产阶级的黄金时代(1911—1937)》,第255页。
④ 汉斯·希伯:《从广州到上海(1926—1927)》,山东省中共党史人物研究会编:《希伯文集》,第32-33页。

除注重维护商人的经济利益外,罢工委员会还在政治策略上坚持团结、尊重商人的人格与地位。"至于大政方针之决定,尤为审慎,与商人发生交涉,则常依照所定'工商联合反抗帝国主义'的原则,取让步态度。"① 同时,因国民党"袒工抑商"政策而造成的"劳强资弱"格局的存在,也是工商联合阵线维系持久的重要因素。路易·甘勒在其中国纪行中曾这样写道:"一件可想不到的奇事,竟然发生。现在工会竟成了新民族自觉性的工具了。它们和南方的国民党联合起来,孙中山渐渐倚仗它们,以它们为最可靠的帮助者了。……但少年机警的商人——正是受过外人教育的商人——则多和工人联合,因他们的民族主义很强之故。中国的军阀,没有一个能够有力量,可以用武力来驱逐外人的,不但他们不肯如此去做,即使他们肯做,他们也不能。但在工会里,却有一种势力,可以将外人在中国的经济地位,连根破坏的。"② 工界的政治强势,使得商界在省港罢工反帝联合阵营内部斗争中多难以自身实力与之抗衡,只好委曲求全,从而规避了工商联合阵线的破裂。或许中共广东区委的报告能说明这一切:

> 在廖案未发生、政局未变以前,商人确有反对我们之趋势,一日逼紧一日,不言可知买办阶级与反革命派在后挑拨与怂恿。政变后,取消出入口货特许证,提倡"工商联合",情势乃为一变,商人突与工人表示好感。自然此种好感,不必系出于至诚,然而,1. 因政治在我们手里,商人原来怯懦,以为放不着开罪,讨不必要的苦吃,此慑于威。2. 因罢工工人方面既表示工商联合,又表示愿意解决罢工,商人知硬来是不能解决罢工的,见工人方面如此表示,或风潮不久可以解决,此时亦放不着反对,反致工人愤怒而延长其罢工。③

此外,商人国民革命意识的提高更不容忽视。至少商团事件发生时,广州多数商人尚思想保守,害怕激烈变革,甚至对革命抱有恐惧、排斥心理。④ 然而,经过省港罢工中"工商联合"的洗礼后,商人民族主义情感得以增强,与国民政府合作的愿望愈益迫切,实行"商人干政"以"监督政

---

① 李森:《代表大会的精神》,广东哲学社会科学研究所历史研究室编:《省港大罢工资料》,第194页。
② 路易·甘勒:《中国:无产阶级的世界(续)》,《工人之路特号》第442期,1926年9月20日,第1、2版。
③ 《中共广东区委关于省港罢工情况的报告》(1925年10月),中央档案馆、广东省档案馆编:《广东革命历史文件汇集》甲6,第83-84页。
④ 邱捷:《广州商团与商团事件——从商人团体角度的再探讨》,《历史研究》2002年第2期。

府"遂为其参政的心声。① 正是在工人影响下,"商人与革命绝缘"②的特质渐已消逝,参加国民革命的呼声日趋强烈。诚如邓中夏所言:"仅仅一年之间,商人态度为之一变,头年不容讳言是反对政府的,现在却改为拥护政府,而且申言要参加国民革命了。虽说国民政府废除苛捐杂税的一切善政有以服商人之心,然而居间拉拢的却是罢工工人。"③

可见,因省港罢工委员会"工商联合"所带来的广州商界,尤其广大中小商人国民革命性的提高,不仅丰富了中共民族主义运动统一战线的策略内涵④,而且客观上亦有利于劳资同盟反帝阵营的巩固与发展。全省商民协会答复省港罢工委员会有关"工商联合"的言论即是例证:"我们商人已感觉到工商联合之必要,尤其是要有密切联合,站在同一战线上,共同奋斗。我们的敌人,帝国主义者和一切反革命派,时常要分裂我们的联合战线,用种种离间挑拨的手段,务想我们工商的冲突。我们革命的商人已有彻底的明了,深确的认识,知非与你们工友彻底合作,不能促国民革命之成功,谋共同之解放。所以在此省港罢工当中,愿以至诚拥护罢工。"⑤

正因以上诸因素的合力作用,省港罢工中民族革命阵线的基本要素——"工商联合"就这样在阶级、民族利益的博弈中实现着冲突与调适,这既是广州工商两界同仇敌忾、共御外侮以应对民族主义运动的"爱国"心态趋同的必然结果,同时也是中共领导的罢工委员会满足商界"私利"行为,巩固反帝革命统一战线的最佳选择。也正是"爱国"与"私利"的双重动因,共同谱奏着民族主义运动中劳资关系绵延跌宕交响乐章的主题曲。

---

① 《四商会昨日之重要会议组织改除杂捐研究会》,《广州民国日报》1925年9月7日,第7版。
② 献声:《革命的商人快联合起来》,《广州民国日报》1926年5月22日,第2版。
③ 邓中夏:《省港罢工的胜利》,《第一次国内革命战争时期的工人运动》,第159页。
④ 1926年7月,中共中央在《商人运动议决案》中就特别指出:"我们商人运动之对象,正是中小商人的群众,他们是民族运动的联合战线中一重要成分";同年10月,在关于广东市民运动议决案中亦认为,"广州及各县现在的商民协会,客观上可以有极大发展的前途,广东买办阶级(总商会)的政治势力已逐渐低落,现在的问题就是怎样在中小资〔产〕阶〔级〕群众中,发展并恐〔巩〕固革命势力"。参见《中国共产党中央扩大执行委员会会议文件》(1926年7月)、《中央对于广东市民运动议决案》(1926年10月13日),中央档案馆编:《中共中央文件选集》第2册,北京:中共中央党校出版社,1989年,第219、389页。
⑤ 《全省商民协会答复省港罢工会书》,《工人之路特号》第411期,1926年8月19日,第2版。

第七章 党派政治：
国民政府时期劳资关系格局演变

广州国民政府时期，不仅是国民革命迅速发展的高潮阶段，也是革命统一战线发生斗争与分化的转折点。以国共合作与党争为主线，这一时期广州劳资关系因党派政治的强力渗透而愈加错综复杂。可以说，国共两党的党派政治构成了此时广州劳资关系变动的政治背景，并起着加速催化的作用。众所周知，国民革命时期的国共两党皆以革命党著称，共同的革命目标终使两党暂时走向合作，但在阶级基础认知层面，两党毕竟有着迥异的政治理念，国民党向来主张阶级调和，而中共素奉阶级斗争为圭臬。两党政治理念的歧异随着国民革命的深入而日趋尖锐，且逐渐成为国共关系的主题基调。而这必然影响国民革命统一战线的暗流涌动，甚至汹涌澎湃，这在劳资关系方面尤为显著。当然，针对因党派政治影响所带来的日趋激化的劳资阶级纷争有可能造成国民革命统一战线分裂的威胁，此时国共两党也并非一味固守其阶级政策的固有理念，而是根据各自利益进行了适时调整。那么，国共两党阶级政策是怎样调整的？这一调整与此时期劳资关系的主题变动究竟是如何互动的？劳资两界内部又是如何分化与因应的？而考察国民政府时期广州劳资关系格局的演变过程，却为我们提供了这种可能。

第一节 袒工抑商：
国民政府前期"劳强资弱"的格局演绎

1925年7月至1926年7月，为广州国民政府的统治前期。这一时期因国民党"袒工抑商"劳资政策的实施，广州工人运动不仅自身组织建设得以强固而迅速发展，同时亦因国共两党的党派政治渗入而产生两极分化。不过，这却为广州商界应对"劳强资弱"的劳资关系格局以新的契机。

一、"袒工抑商"与工界的党化渗透

1924年初国共合作伊始,国民党劳资政策就已现"袒工"倾向:对工人运动要"全力助其开展,辅助其经济组织,使日趋于发达,以期增进国民革命运动之实力",同时还将"制定劳工法,改良劳动者之生活状况,保障劳工团体并扶助其发展"列入政纲。① 随着国民党政治发展急剧"左"转②,其"袒工"的政策倾向更趋鲜明,而1925年7月国民政府的创建则为国民党践行"袒工"政策提供契机,"国民政府成立,予人民种种政治自由,并扶助工人组织的发展,广州工人得到此种助力,而发展自然格外迅速。"③ 尤其1926年1月国民党二大通过的《工人运动决议案》更是强调:"工人群众在各界民众中最为重要","对此受压迫最深、革命性最强之工人群众,一方面宜加以深切的援助,使其本身力量与组织日臻强大;一方面须用种种方法取得其同情,与之发生密切的关系。使本党在工人群众中树立伟大的革命基础。"此外,还规定保障工人权益的具体措施:(1)制定劳动法;(2)主张8小时工作制,禁止10小时以上的工作;(3)制定最低工资;(4)保护童工、女工,禁止招收14岁以下童工,女工生育期内应休息60日,工资照给;(5)改良工厂卫生,设置劳动保险;(6)工人在法律上有集会、结社、言论、出版、罢工之绝对自由;(7)主张普遍选举,不以资产及知识为限制;(8)厉行工人教育,补助设置工人文化机关;(9)切实赞助工人的生产、消费合作事业;(10)取消包工制;(11)例假休息照

---

① 《第一次全国代表大会宣言》(1924年1月23日),荣孟源主编:《中国国民党历次代表大会及中央全会资料》上册,北京:光明日报出版社,1985年,第18、22页。

② 杨天宏:《苏俄与20年代国民党的派别分化》,《南京大学学报》2005年第3期。

③ 《一九二六年之广州工潮》(1927年),人民出版社编辑部编:《邓中夏文集》,第351页。须说明,笔者在查阅相关资料时发现,中共惠州市委党史办公室、中共紫金县委党史办公室编《刘尔崧研究史料》(广州:广东人民出版社,1989年)第114–168页收录的《广东职工运动》一文与邓文雷同,并注明:日期为1926年5月21日,广州工人代表大会出版,其复印件现存紫金博物馆。然而,该文内容所反映的时间却是1926年全年的情况,这就使该文来源的可靠性遭到质疑;而广东省档案馆所藏的《职工运动》(上、下册,档案号:A1—20—1,A1—20—2)的内容亦与邓文雷同,其影印件并未署名作者,但在卷宗的扉页上则写着"作者应为刘尔崧",同样亦值得商榷;而《邓中夏文集》中的《一九二六年之广州工潮》一文也未注明原文出处(该文集收录的绝大多数文章皆注明出处),仅指出其时间为1927年。这样,有关《职工运动》作者的署名之争似很难最终判定,笔者这里仅是提出疑问,以待日后有心人去证实之。另,为行文便捷,笔者姑且以邓文为准。

给工资。① 与此"袒工"相比,商团事件的影响则使国民党对商界仍心存余悸,以至国民党二大通过的《商民运动决议案》就隐然有"抑商"意蕴:对于旧商会"须用适当方法,逐渐改造",同时"使一切商团成为真正小商人之武器。而不可使变为资本家所利用以成压迫革命民众之武器",而对革命商人"则当以特殊利害向之宣传","使之参加国民革命"②。显然,国民党"袒工抑商"政策的形成是基于工商两界对国民革命的不同态度为考量的。换言之,国民党维护工人利益的政治决策是由其需要工人大力支持以实现国民革命的根本任务所决定的,而各地商会因顾及眼前经济利益惧怕甚至反对革命,使国民党对资本家阶级表现出相当程度的不信任,认为商会"稍一驾御失法,则在在足为革命之障碍",这是当时国民党劳资政策向工人倾斜的主要原因。③

国民党"袒工抑商"政策的施行,自然暗合了中共劳资阶级斗争的固有理念,并使之更趋强固。如1925年1月,中共四大即已提出深具阶级斗争意蕴的工运方针与策略:(1)力争工会公开,尤其要使群众能自动力争,"勿使群众觉着工会的恢复完全是国民党或所谓'进步的'军阀的恩惠";(2)主张工会统一,"决不在已有别派有群众的工会之处分立同样的共产派工会,而且要加入这种工会工作,为各种具体的群众的利益而奋斗,以取得群众对于我们的信仰,而暴露反动派的真相";(3)强化阶级斗争理念,认为工人与企业家在经济斗争方面是劳资对抗的关系,"应当指导工人对他们决不让步地斗争",并坚信"此种阶级斗争的进行,必然能打倒工会各种反动派,尤其是国民党右派的势力"④。5月1日,在广州召开由中共主持的全国劳动大会则进一步强调工运的阶级斗争方略,指出:"工人阶级的利益与帝国主义者军阀资本家的利益是绝对不能调和的,双方利益之冲突,就是阶级斗争","无论工会组织的形式有各种的不同,但工会组织的性质是阶级的,工会工作的内容是阶级的,工会的教育同样也是阶级的","工会组织必须有坚决的阶级行动",而工会会员"不宜包含雇主高等职员及包工头等

---

① 《工人运动决议案》(1926年1月16日),荣孟源主编:《中国国民党历次代表大会及中央全会资料》上册,第127、128-129页。
② 《商民运动决议案》(1926年1月18日),荣孟源主编:《中国国民党历次代表大会及中央全会资料》上册,第136页。
③ 徐思彦:《20世纪20年代劳资纠纷问题初探》,《历史研究》1992年第5期。
④ 《对于职工运动之议决案》(1925年1月),中央档案馆编:《中共中央文件选集》第1册,北京:中共中央党校出版社,1989年,第348-349页。

与工人利益相反的分子"①。同时，成立以林伟民为首的中华全国总工会，统一领导工人开展阶级革命。而后中共领导的省港罢工及工人纠察队的设立，亦为其在广州开展阶级革命提供助力。②

借此政治发展的绝佳良机，中共工会运动的开展可谓如火如荼。为了更好"化除门户之见"，"集中工会力量，以为全省无产阶级之利益及幸福而奋斗"③，此时中共领导的广州工人代表会遂在中华全国总工会及国民党左派的支持下，趁势解决工界派系分化问题，试图统领工人运动开展阶级革命。1925年8月6日，工人代表会发出工会统一运动宣言，呼吁全省工人自由组成"整个职业的或产业的组织"，各工会领袖应"推诚相见，自由联合"而使"现在几个总联合机关合而为一"④。正是在工人代表会卓有实效的组织下，至1926年6月，广州各工会先后有广东火柴总工会、广州印务总工会、广州织造业总联合会、广东运输业联合总工会、广东邮务总工会、广东粮食业联合总工会、广东烟业总工会等实现大联合。而粤汉、广九、广三等铁路总工会在各自完成统一的基础上，还成立了全国铁路总工会广东办事处。⑤ 其余如海员、油业、电报、轮渡、起落货、土木建筑等工人亦相继进行工会统一运动，对原工会进行了改组。⑥ 在强化工会组织建设的同时，中共还十分重视对工人的思想教育工作。1926年4月，中华全国总工会决定成立以共产党员张瑞成为主任的教育宣传委员会，以便"专门教育训练罢工工友"，"灌输革命知识"⑦。及后，还设劳动学院以培育工运骨干，使其能胜任"领导工人群众完成民族革命的工作"和"担负工人阶级自身解放使命的任务"⑧，并出版《中国工人》《工人之路特号》《广东工人之路》

---

① 《工人阶级与政治斗争的决议案》《组织问题的决议案》（1925年5月），中华全国总工会中国职工运动史研究室编：《中国历次全国劳动大会文献》，北京：工人出版社，1957年，第12、20页。
② 《中共广东区委关于省港罢工情况的报告》（1925年7月、10月），中央档案馆、广东省档案馆编：《广东革命历史文件汇集》甲6，第32、84页。
③ 《广东问题决议案》（1925年5月），中华全国总工会工人运动史研究室编：《中国历次劳动大会文献》，第26页。
④ 《工代会对工会统一运动宣言》，《广州民国日报》1925年8月7日，第6版。
⑤ 刘明逵、唐玉良主编：《中国工人运动史》第3卷，第272－274、279页。
⑥ 禤倩红、卢权：《第一次国共合作期间粤港工会统一运动》，中共广东省委党史研究室编：《广东党史资料》第32辑，广州：广东人民出版社，1999年，第40页。
⑦ 禤倩红、卢权：《北伐出师后的广东工人运动》，《近代史研究》1997年第3期。
⑧ 广州工人运动史研究委员办公室：《广州工人运动简史》（初稿），1988年，第169页。

等报刊,对工人进行革命政治宣传。① 此外,中共党人还在各工会设立学校、剧社与宣传队,"除着力求工人识字运动之外,应当给以最明了的阶级斗争的意识"②。由于中共的积极努力,广州工人参加国民革命的政治与阶级意识明显提升,这从时人的观察中不难窥见:

> 他们普遍的知道参加国民革命的意义;知道国民革命是工人解放必由之路;知道痛恨帝国主义、军阀、买办阶级、大地主、贪官污吏、土豪劣绅;知道痛恨反革命派;知道拥护总理的三大革命政策;并且还知道革命绝对不能中途妥协。任便找一个工人问他,他可以毫不踌躇的答复出来。广州工人意识确实政治化了。③

广州工人这种政治与阶级意识的提升,遂与中共阶级斗争理念和国民党"袒工抑商"政策合力交织,使国民政府前期广州"劳强资弱"关系格局生成。

二、"劳强资弱"格局下的阶级纷争

至少在 1926 年 7 月国民政府北伐出师前,因国民党"袒工抑商"而造成的"劳强资弱"态势,一直是这一时期广州劳资关系格局的最显著特征,这在工人对资本家的经济斗争中体现尤为鲜明。尽管国民政府的成立赋予相应的政治权益,但广州工人在经济上"尚未得生活上的改善"④,这种政治经济地位的不同步,往往促使工人依凭政治优势向资本家谋取经济利益的改善。于是,"罢工已成了广州工人生活的基本特征","广州没有一天没有罢工"⑤。

---

① 另外,广州工界出版旬刊或周刊的还有印务总工会、理发工会、大新俱乐部、真光俱乐部等;出版月刊的则有海员工会、酒楼茶室总工会、粤汉铁路总工会、轮渡总工会、油业总工会等。参见黄天伟:《广州工人宣传教育的概况》,《广东工人之路》第 8 期,1926 年 10 月 15 日,第 11 页。

② 黄天伟:《广州工人宣传教育的概况》,《广东工人之路》第 8 期,1926 年 10 月 15 日,第 11 - 12 页。

③ 《一九二六年之广州工潮》(1927 年),人民出版社编辑部编:《邓中夏文集》,第 353 页。

④ 冯菊坡:《广州工人代表大会与广州工人运动之现状》,《人民周刊》第 33 期,1926 年 12 月 3 日,第 4 页。

⑤ 参阅 C. 达林:《工人的广州》(1927 年 4 月 3 日),安徽大学苏联问题研究所、四川省中共党史研究会编译:《苏联〈真理报〉有关中国革命的文献资料选辑(1919—1927)》第 1 辑,第 323 页;C. A. 达林:《中国回忆录(1921—1927)》,第 183 页。

为更好保障罢工和工人的经济利益,1926年4月,广州工人代表会通过《经济斗争决议案》,决定设立经济斗争委员会,统一领导各工会的经济斗争,并明令各工会罢工前"应先行报告代表大会执行委员会征得同意,以便通令各工会一致援助"①。这标志着经济斗争由过去的各自为战向工人代表会的统一管理转移,此后广州工界罢工的威力大增,集体行动便为其向商界开展经济斗争的最佳选择。也正是在政府的袒护和中共工会势力的威慑下,劳资间的经济斗争往往以商界的妥协而告终。据1926年5月的《中外经济周刊》统计,自1925年6月以来的半年中,广州发生工潮百余起,但就既成事实的罢工而言,"工人所要求之条件,莫不完全胜利,于此可见工人今日在广州之地位与势力矣"②。时任国民党粤省党部工人部长的中共党员刘尔崧在报告中亦指出:"今年(1926年)数月以来在广州的工会做经济斗争的有五十余个,每次工人改良生活的斗争,都得到相当胜利。"③当然,这与国民政府的"袒工抑商"颇有关联。针对时人指摘政府在劳资争执中的"袒工"行为,国民党机关报特发社论辩驳:

  许多不明经济原理和社会生活趋势的人们,他只是以浅陋混〔浑〕噩的眼光批评劳资争执。他说起工人之要求加薪或罢工风潮,便切齿痛恨,以为这是政府故意维护工人,挑拨工人与资本家的恶感。更有些诋政府为实行共产主张劳工专政之征兆。他们不知道这些劳资争执,并不是由于政府之偏袒与行甚么共产而始发生,这个完全关系于物价问题,这个完全是由于物价趋于高涨所发生的一种影响。④

不过,将劳资争执完全归于物价问题,不免有失偏颇,而政府"袒工抑商"恐怕也是事实。而且,此时广州工人对商人斗争还呈现过激态势,这主要表现在两方面:(1)要求条件过高。1926年夏,中共广东区委的报告就直言"工人们的经济要求太高",并还指陈其具体情状:"产业工人和一些主要几种体力工人已实现了八小时工作日。因此,各种体力工人都普遍要求八小时工作日。这个要求当然不能接受。另一个要求是不上夜班。由于

---

① 《广州第一次工人代表会决议案》(1926年4月10日),中华全国总工会中国职工运动史研究室编:《中国工会历史文献》第1集,第201-202页。
② 《广州最近工潮调查表》,《中外经济周刊》第162号,1926年5月15日,"附表"。
③ 刘尔崧:《中国国民党广东省第二次全省代表大会广东省执行委员会各部工作报告》(1926年12月),中共惠州市委党史办公室、中共紫金县委党史办公室编:《刘尔崧研究史料》,第180页。
④ 孚木:《物价问题与劳资争执》,《广州民国日报》1925年10月29日,第2版。

小商店缺乏钟表，不可能决定下班的时间，因此他们要求灯亮之后就下班，关于增加工资，有时他们甚至要求增加百分之百。"① 1926 年 7 月，刚辞去粤省农工厅长的陈公博，在接受记者访谈时亦曾抱怨广州工人要求条件过高问题，"商人最感受不安者，厥为抽佣问题。因中国商人对于营业，素有一种秘密性，而现在工人已由要求增加工资，转而有要求抽佣之趋势。向来商人每年以赢利百分之几分与工人，亦为情理之常。然而，现在工人则不问商店之有无，专就买卖货物之出入而抽佣。此种要求一开，凡百纠纷由是而出"，因此，"对于抽佣应行禁止。"同时，他还对工会拥有用人权进行批评，主张将用人权还之商人。②（2）封锁商店。如 1926 年 1 月 12 日，石印工人因生活困难向东家提出加薪要求后，不待东家商议便罢工，并派纠察携木棍分赴各店，威迫店东承认条件。③ 4 月，广州土洋匹头店员工会要求东家行锦联堂改善待遇，东家行因要求过苛而"不敢开市贸易"。12 日，该工会遂纠合百余名工人各持刀棒，将行中大光、南方、全兴三大公司占夺，"强踞店账货物及店员行李"，并将"店伴驱逐一空"，"全行均极震恐"，但工人仍不罢休。15 日，再派纠察数十人闯入扬巷恒安店，"将店伴殴伤，尤以在职店东易祝三伤势为最重"④。4 月下旬，车衣工人亦因东家拒绝改善待遇而罢工。车衣总工会不仅连日派队巡行，勒逼工伴罢工离铺，且还逼令各店"盖章承认"，否则，"咆哮侮辱，备极难堪"⑤。对于广州工人的激进行动，中共广东区委亦不无承认：

> 在广州举行罢工很普遍，在每次武装冲突中，封闭商店成为必要的措施。因为如果只是工人进行罢工，所谓的资本家和他们自己的子女仍旧能进行工作；但如果商店被封，他们就不仅不能工作，而且也做不了生意。有时候厂主宁愿不做生意，那末工会派遣检查小组轮流地、不分

---

① 《广州工会运动的报告——关于广州工会各派的演变，对待各派的策略》（1926 年夏），中央档案馆、广东省档案馆编：《广东革命历史文件汇集》甲 6，第 343 页。

② 《陈公博高谈工会纠纷原因》，《讨赤旬报》第 3 期，1926 年 7 月 21 日，"狂澜汇编"，第 60、61 页。

③ 《广州石印工业研究社社长上中央工人部呈》（1926 年 1 月 13 日）、《广州石印工业研究社致中央工人部函》（1926 年 1 月 21 日），五部档案，部 8854、部 8856，台北中国国民党文化传播委员会党史馆藏；《局令制止石印工人骚扰行店》，《新国华报》1926 年 1 月 27 日，第 7 版。

④ 执中：《广州工人以暴力占领商店》，《晨报》1926 年 4 月 30 日，第 5 版；《广州土洋匹头行锦联堂致中执会代电》（1926 年 4 月 19 日），五部档案，部 8883，台北中国国民党文化传播委员会党史馆藏；《广东省府农工厅致广州土洋匹头店员工会令》（1926 年 4 月 20 日），汉口档案，汉 11342.1，台北中国国民党文化传播委员会党史馆藏。

⑤ 《请制止工人纠众骚扰》，《公评报》（广州）1926 年 4 月 29 日，第 5 页。

白天和黑夜对他们进行骚乱，使厂主吃喝不得安宁，甚至对一二个商店提出特殊条件，强迫他们实行这些条件，厂主不得不接受这些条件，否则会带来很大的麻烦。我们所领导的印刷工人工会最近仍采取这种措施，因此小商人和小商贩非常不安，社会人士对工人们更为讨厌。这就是为什么在广州特别有关于共产党的谣言的主要原因。另一方面，工会经常和警察、士兵和政府发生冲突，这给政府中的国民党右派进攻工会提供了机会，甚至比较左倾的人对工会也表示不满。仅仅是由于国民党一次代表大会宣言的缘故，他们才不敢对工会实行镇压。在一九二六年三月十五日的大会上，李宗仁（Li Chung-jue）建议限制工农运动；虽然这是由于国民党右派的诡计所引起的，但事实上能代表广东的公众舆论。①

类似有关广州工人运动过激的看法，在当时的报纸舆论中亦有反映："粤中自共产党执政而后，各业工会，均为共派中人所把持。于劳资双方，原无恶感者，则务挑拨之。于争持问题，原无罢工之必要者，则务煽成之。共党煽惑于下，政府纵容于上。粤中工会，遂成为天之骄子，享特殊阶级之待遇。受特殊法律之保障。一切法律典章，其效力不能拘束工会"，乃至"犯法违警，不容警察之拘捕，不容法院之过问；杀人越货，不容警察之制止。已可谓毫无顾忌矣。"② 这些话自然并非都是事实，明显带有诋毁中共工会运动的意图，但一定程度上也揭示了广州工人运动的过激行为。鉴于工人运动呈现的"据铺骚扰、入屋拿人、触犯警刑各律"③ 的偏激态势，1926年4月，中共与粤省当局亦力图纠偏。如中共广东区委关于工人代表大会的经济斗争报告就曾明示此过激问题，"但由于工人群众不了解，在他们之中引起了许多反感"④，而粤省农工厅则布告工人"更不应有骚扰秩序之暴举"，"（对）各工会工人之犯法行为，应依法专责办理"⑤，但效果不彰。其后广州工人运动激进态势依然持续，封店拘人之事时有发生。如6月，广州酒楼茶室工人要求独享炮金、杂钱、槟水，东家行颐怡堂遂以生意冷淡为

---

① 《广州工会运动的报告——关于广州工会各派的演变，对待各派的策略》（1926年夏），中央档案馆、广东省档案馆编：《广东革命历史文件汇集》甲6，第343-344页。
② 《广州工人以暴力占领商店》，《晨报》1926年4月30日，第5版。
③ 《农工厅严禁工人骚扰之布告》，《广州民国日报》1926年4月27日，第11版。
④ 《广州工会运动的报告——关于广州工会各派的演变，对待各派的策略》（1926年夏），中央档案馆、广东省档案馆编：《广东革命历史文件汇集》甲6，第344页。
⑤ 《农工厅严禁工人骚扰之布告》，《广州民国日报》1926年4月27日，第11版。

由拟歇业抵制。① 工人侦悉资方意图后，即派武装纠察队"威逼各号承认"。慑于威力，各店"答允承认者不下三四十家"②。后经农工厅调处，令东家不得罢市，"工人亦不得派纠察出而骚扰"，"滋生事端"③。但工人纠察队仍"骚扰如故"④，计有数十家店号惨遭封锁。⑤

然而，此时广州工界的强势并未能迫使商界就范。针对中共工会的阶级攻势，广州商界自然是勉力筹谋，使自国民革命兴起时就已显现的劳资阶级纷争日趋激化。通过考察这一时期广州劳资双方对工会组织的争夺，或可得到更好印证。由于国民党"祖工抑商"政策的施行，以及中共阶级革命理念的输入，这一时期广州工人的阶级意识颇有提高：摆脱"劳资合行"的组织形态，建立完全脱离资方不受其控制的纯粹工会组织，已为此时广州工人阶级觉悟的真实写照。"自纯粹工人运动组织工会后，依照工会条例规定，工会与雇主立于对等地位，东西合组之行会当然不能适应现代之要求，觉悟工人自行联合组织纯粹工会脱离原有之行会，系受时代之驱使，亦即工人阶级进步之表征。"⑥ 不过，这也为政治上居于"弱势"的广州商界利用"劳资合行"理念，"组织御用工会与真正的工会对立"⑦ 造就了机遇。至其组织方式不外乎以下几种：

巧立名目，私组工会。如广州土墨工会成立数年"相安无异"，1925年7月，东家则私组广东来墨总工会"冀图取巧"立案。⑧ 8月，广州牙擦行工人自组广东牙擦抿扫工会，脱离原行会。东家行知悉，即组牙擦抿扫善育

---

① 《酒楼茶室行今日罢市》，《广州民国日报》1926年6月19日，第10版。
② 参见《广州酒楼茶室商业公会上总司令呈》（1926年7月17日），五部档案，部8619，台北中国国民党文化传播委员会党史馆藏；执中：《广州酒楼茶室风潮》，《晨报》1926年7月18日，第5版。
③ 《农工厅调解酒楼茶室停业潮》，《广州民国日报》1926年6月21日，第10版；《广州酒楼茶室商业公会上总司令呈》（1926年7月17日），五部档案，部8619，台北中国国民党文化传播委员会党史馆藏。
④ 执中：《广州酒楼茶室风潮》，《晨报》1926年7月18日，第5版。
⑤ 《广州酒楼茶室商业公会上总司令呈》（1926年7月17日），五部档案，部8619，台北中国国民党文化传播委员会党史馆藏。
⑥ 《广东农工厅致政治委员会函》（1926年7月8日），五部档案，部0456，台北中国国民党文化传播委员会党史馆藏。
⑦ 罗浮：《陈森事件之真相》，《向导周报》第169期，1926年8月29日，第1715页。刘尔崧亦指出："（因）多数工友仍囿于旧行头之习惯，资本家方面眼见在政治上不能制止工人之结合团体，乃别用阴谋，利用工人破坏工会组织。"参见刘尔崧：《最近广东工人运动之形势》，《广州工人代表会会刊》（1926年），第15页，革命历史资料，A1—21，广东省档案馆藏。
⑧ 《粤桂两地各行业工会组织问题》（1925年7月—1926年11月），广州国民政府档案，十九（2）—181，中国第二历史档案馆藏；《广东制墨工会致中央工人部之代电》（1925年8月），五部档案，部0348，台北中国国民党文化传播委员会党史馆藏。

工会来抵制。据悉，该善育工会"劳资共济，畛域无分"，"系冒借工会名称"而"保存东行占优势之行会"①。与牙擦行相似，广州天窗工会的成立，亦遭东家行源顺堂所组广东天窗联合总工会的阻扰，而事实上，"该总工会东家占优势之行会观念实未打破也"②。广州酒业工会成立后，亦遭东家所立广州酿酒工团的"希图破坏"，至9月，酿酒工团被省长饬令公安局解散。③ 同样，广州白铁总工会亦遭东家"串同军阀利用时机巧立工会名目，从中破坏"④。广东帐联同业联合工会也被东家盗用广东帐联屏轴同业工会名义阻碍会务。⑤ 1926年春，广州遮业工会亦为广东制遮工会所破坏。据查，该制遮工会事务俱由东家主持，"系原日联益堂东家旧行底之变相"⑥。1月30日，广东装船工会派纠察征求会员，在河南尾草芳园亦被装船行东家御用工会派人持斧凿利器伏击，当场重伤刘雪生、黎绣文等7人，"势将毙命"⑦。2月，广州经纶店员工会也遭东家所设广州绸缎职工会的嫉忌⑧，国民党广东省工人部闻悉，即函农工厅"批销绸缎职工会以免东家操纵"。⑨ 3月，广东帽业总工会成立后，帽业东家遂于5月10日私设蒩波喼帽行工会，"查该会原名冠兴堂，实旧式行会单及制的组织，为抽剥工人之会议场，资本分赃的集合所"⑩。5月，广州香行工人成立广东香业工会，东家行联福、定福、万福各堂知悉，即伪造西家行永义堂图章，公推祥发香、义合

---

① 《办理广东牙擦掘扫工会及广州牙擦工会粤省善育造牙擦掘扫工会案经过情形》（1926年），《职工运动》（下），革命历史资料，A1—20—2，第108-109页，广东省档案馆藏；《广东农工厅致政治委员会函》（1926年7月8日），五部档案，部0456，台北中国国民党文化传播委员会党史馆藏。

② 《广东农工厅致政治委员会函》（1926年7月8日），五部档案，部0456，台北中国国民党文化传播委员会党史馆藏。

③ 《训令公安局遵照省令将广州酿酒工团解散具报由》，《广州市市政公报》第193号，1925年9月7日，第363页。

④ 《中央工人部致广东农工厅函》（1925年11月27日），五部档案，部0550，台北中国国民党文化传播委员会党史馆藏。

⑤ 《中央工人部致广州工人代表会函稿》（1925年12月22日），五部档案，部6807，台北中国国民党文化传播委员会党史馆藏。

⑥ 《广州市工人部长陈其瑗致中央工人部函》（1926年11月2日），五部档案，部7425，台北中国国民党文化传播委员会党史馆藏。

⑦ 《广东装船工会等致中执会代电》（1926年1月31日），五部档案，部8541，台北中国国民党文化传播委员会党史馆藏。

⑧ 《工代会请取缔冒牌工会》，《广州民国日报》1926年2月22日，第11版。

⑨ 《广东省工人部工作报告》（1926年2月），五部档案，部10965，台北中国国民党文化传播委员会党史馆藏。

⑩ 《广东帽业总工会等致中央党部等代电》（1926年5月11日），五部档案，部7191，台北中国国民党文化传播委员会党史馆藏。

香店东苏伯堂、邓公善，联合农工厅调查员共组广州制香联合总工会。① 据该总工会言称，其"六堂系多属东家分子"②。而广州煤炭工会成立后，亦遭煤商所组煤业工会及煤业工人合安社的破坏，尽管这些资方组织后被农工厅下令批销，但资方仍故态复萌，于 6 月又设煤业店员工会借以鱼目混珠。③ 与此同时，广州糖面行工人组织工会，东家遂设经纪工会欲谋破坏，后因广州工人代表会极力制止，东家只好作罢。④ 而广州酸枝花梨行的筒头行、抖行两工会亦遭东家所设打磨工会的侵扰。据悉，该打磨工会系由酸枝花梨行 48 家店铺以"劳资合作主义"所组的商业维持会演变而来。⑤

入侵工会，以图控制。如广东棚行联益工会就混有东家分子，"系由东西家合组而成，实非真正工人所组织"⑥。而广州杉桦木器合和工会则由杉桦木器合和堂改组而来，"工人旧行头观念甚重，又系东西合混（体）"⑦。广州店员工会亦"系三数东家分子从中把持，本市店员绝鲜过问"⑧。须指出，此类工会由于组织不纯，会务多有资方主导。以标榜"与东家素有感情，向来互相维系"为宗旨的广州故衣店员工会可称典型。1926 年 5 月，该工会成立后，主持会务的七位执行委员中就有周叔卿、黄耀、冯日如、任瑞生、叶萱南、黄平立等六位为资本家。由于资方操纵会务，该工会"对于工人利益则置若罔闻，对于东家利益则极力维护"，甚至开会时不准工人发表意见，"稍有不顺则以开除为要挟"⑨。故衣行东家侵入工会的实情，亦

---

① 参见《中央工人部致广东工人部函》（1926 年 6 月 13 日）、《中央工人部致广东工人部函》（1926 年 7 月 15 日），五部档案，部 0447、部 0457，台北中国国民党文化传播委员会党史馆藏。

② 《广东香业工会致中央工人部函》（1926 年 8 月 15 日），五部档案，部 0474，台北中国国民党文化传播委员会党史馆藏。

③ 《中央工人部致广东省工人部函稿》（1926 年 6 月 10 日），五部档案，部 7201，台北中国国民党文化传播委员会党史馆藏。

④ 《糖面工会已准立案》，《广州民国日报》1926 年 6 月 28 日，第 11 版；《广州糖面工会已批准立案》，《工人之路特号》第 362 期，1926 年 6 月 29 日，第 3 版。

⑤ 《酸枝花梨、筒抖两工会通电》（1926 年 6 月 20 日），五部档案，部 7214，台北中国国民党文化传播委员会党史馆藏。

⑥ 《广东棚行正义工会致广州工人代表大会函》（1926 年 3 月 20 日），五部档案，部 6842，台北中国国民党文化传播委员会党史馆藏。

⑦ 《广东农工厅致政治委员会函》（1926 年 7 月 8 日），五部档案，部 0456，台北中国国民党文化传播委员会党史馆藏。

⑧ 《中央工人部致中央秘书处函》（1926 年 1 月 5 日），汉口档案，汉 0848，台北中国国民党文化传播委员会党史馆藏。

⑨ 《中央工人部致广州工人代表会函稿》（1926 年 6 月 9 日），五部档案，部 7765，台北中国国民党文化传播委员会党史馆藏。

可从 1926 年 6 月农工厅的调查报告中得以证实。① 资方的入侵并控制工会即激起宋华生、陈少雄等工会会员的不满，他们遂联名向国民党中央工人部进行控诉：

> 窃设立工会原为维持工人利益及增进工人智识以谋工人幸福，自以纯粹劳工组织为原则，万不容有资本家社会棍搀入其间。因资本家为保持其本身利益，势必仗其万恶金钱压迫工人以遂剥削之惯技。社会棍为资本家买作走狗，藉以渔利助长资本家势力以行破坏之暗谋。盖工人与资本家处绝对反抗地位，工人之利益即资本家之损失，资本家利益即工人之损失，所以组织工会万不容有资本家社会棍搀入者，职是故也。若工会一时被其朦〔蒙〕蔽，改名搀入既经发觉，惟有实行扫除改组以维持设立工会之本旨。②

笼络收买工人，另立工会。如 1925 年 5 月，锦纶行工人组建广东锦纶织造工业联合会，资方则策动部分工人另组广东锦纶织造提花铁机行，"意图分擘"③。8 月，广州药材工会亦遭东家行杏泉堂利诱数十工人所设熟药工业研究会的抵制。据查，该研究会注册费悉由东家津贴。④ 广东土木建筑总工会成立后，亦遭东家收买工人所设的建造联合会的嫉视。11 月 16 日，在资方指使下，谢步光、邹耀森率建造联合会五六百人，"手持木棍、竹杠、剑仔⑤麇集西瓜园"，当场打死建筑总工会会员 2 人，伤 10 余人。⑥ 1926 年 1 月 17 日，广州肉行昭信工会亦遭东家运动部分工人所组平社"闯入会所，

---

① 《广州特别市党部工人部工作报告书》（1926 年），五部档案，部 11028，台北中国国民党文化传播委员会党史馆藏。
② 《中央工人部致广州工人代表会函稿》（1926 年 6 月 9 日），五部档案，部 7765，台北中国国民党文化传播委员会党史馆藏。
③ 《广东锦纶织造工业联合会致中央工人部函》（1925 年 5 月 22 日），五部档案，部 0338.1，台北中国国民党文化传播委员会党史馆藏。
④ 详见《广州药材工会上中央工人部呈节略》（1925 年 8 月）、《中央工人部致广东农工厅函稿》（1925 年 8 月 14 日）、《广东农工厅复中央工人部函》（1925 年 8 月 20 日）、《广州药材工会致冯菊坡函》（1925 年 10 月 27 日），五部档案，部 7113、部 7115、部 7118、部 2848，台北中国国民党文化传播委员会党史馆藏；《广东农工厅公函第 65 号》，《广东省政府公报》第 13 期，1925 年 9 月 10 日，第 30 页。
⑤ 剑仔系粤语对匕首或短剑之类兵器的称谓。
⑥ 《广东各界工人反对奸商工贼摧残工会、迫害工人举行罢工情形》（1925—1926），广州国民政府档案，十九（2）—182，中国第二历史档案馆藏。

围殴掠夺",并被截杀致死会员2人。① 2月,广州柴炭工会的成立亦遭东家收买少数工人所设柴业职工工会的"立意破坏"②。与柴炭工会成立几乎同步,省佛颜料晒漆行工人亦联组广东全省颜料工会,该行王文德、源绍周则"仰承东家之意旨"而设广东全省颜料总工会,"向各方淆乱观听"③。3月,广州茶行西家集成堂改组为广东茶业集成总工会后,茶商吴远、麦高、李朴即串通周业、甘福、郭绵等部分工人,成立广东茶务铺面店员工会,以示抗衡④,并连日派人向各茶店茶栈征求会员,"凡属同业之工友均一律挟迫入会,所有基本金均由东家代为支转"⑤。3月23日,广东火柴总工会宣告成立。东家行启源堂知悉,即收买部分工人设立广东土制火柴职工总工会,并威迫工人签名入会。⑥ 后来,御用工会被农工厅批销,但启源堂仍不死心,又设同志社、职工俱乐部等工团来"不断地破坏"⑦。4月,广州革履工会要求加薪不遂罢工后,该行东家则"利诱小部工人,组织劳资协进会"自行做工。革履工会派员调查,4月26、27日,在仙湖街、惠福西路相继遭到协进会截击。5月13日,革履劳资协进会因"非法举动,不独有碍工会之统一,且扰及地方之治安",被农工厅勒令解散。⑧ 可是该会不甘失败,复以革履劳工协会名义仍继续对革履工会"藉端骚扰"⑨。此外,广东全省刨制烟联合总工会、广东木箱工业研究会、广州菜栏工会亦遭东家笼络工人所设的广州各属烟业工会、土洋木箱工人联合会、广州菜栏职工总会的抵制

---

① 《中央工人部致广州市工人部函稿》(1926年9月2日),五部档案,部7312,台北中国国民党文化传播委员会党史馆藏。
② 《广州柴炭工会致中执会等代电》(1926年2月20日),部7164,台北中国国民党文化传播委员会党史馆藏。
③ 《省佛颜料晒漆工会致中执会代电》(1926年2月22日),五部档案,部6835,台北中国国民党文化传播委员会党史馆藏。
④ 《中央工人部致广州工人代表会函稿》(1926年3月9日),五部档案,部6839,台北中国国民党文化传播委员会党史馆藏。
⑤ 《中央工人部致广东省党部工人部函稿》(1926年3月28日),五部档案,部6841,台北中国国民党文化传播委员会党史馆藏。
⑥ 《广东火柴总工会重要宣言》(1926年4月24日),五部档案,部0430,台北中国国民党文化传播委员会党史馆藏。
⑦ 白水:《火柴工人罢工的情形》,《广东工人之路》第7期,1926年10月15日,第11页。
⑧ 参阅《广东农工厅致政治委员会函》(1926年7月8日),五部档案,部0456,台北中国国民党文化传播委员会党史馆藏;《办理广州革履劳资协进会及劳工协会案经过情形》(1926年),《职工运动》(下),革命历史资料,A1—20—2,第106-107页,广东省档案馆藏;《革履工人赴农工厅请愿》,《公评报》(广州)1926年4月29日,第5页。
⑨ 《广州工代会致中央工人部函》(1926年10月4日),五部档案,部7359,台北中国国民党文化传播委员会党史馆藏。

与破坏。①

然而，应指出的是，与前述资方直接出面私组工会相比，笼络收买工人立会则更具隐蔽性，尤其对那些利用西家行堂号来命名的御用工会更是如此，它们往往以正统自居，故意不惜上演"贼喊捉贼"的闹剧，指责纯正工会为东家御用组织，乃至有时连主管当局也一度难辨真伪。如1926年2、3月间，广州酱料凉果杂货工会筹备时，东家行联志堂闻悉，即笼络柜面文员及有股本工人，借西家行仁德堂之名，捐巨资托请设立广州酱料凉果杂货仁德工会。至5月12日，酱料凉果杂货工会正式组建，并指证凉果杂货仁德工会系东家御用组织。对此，酱料凉果杂货仁德工会即以西家行仁德堂已与东家行联志堂并立二百余年为由，申辩其法统地位，且指控酱料凉果杂货工会为酱园东家林紫光所设②，并逼工人入会，"如有违抗，即行开除"③。面对来自酱料两工会互控对方为资方御用组织的申诉，国民党广州市党部工人部也一时无所适从，8月3日，只好召集涉事双方商议合并，但因双方各走极端致合并流产。④ 与酱料行工会遭遇相似，广州当按押同业店员工会与东家行所设当按押店员联德总工会为争正统亦生纠葛，且互控对方为资方工会。省农工厅为平息争端，批令两工会合并统一，但联德总工会则借口当按押店员工会为东家组织而不愿合并。⑤ 广州这种真伪工会互争的复杂困局，有时令中共领导的广州工人代表会也一筹莫展。1926年5月，广州土洋杂货店员工会因获工人代表会支持向农工厅申请备案。由于工人代表会向以鲜明的阶级性著称，其所支持的土洋杂货店员工会理应属纯正工人组织无疑，但事实上该会却被广州土洋杂货店员华强工会指控为东家御用组织，系梁耀

---

① 详见《广州刨制烟协成工会等致中央工人部代电》（1926年6月23日）、《广东木箱工业研究会上中央工人部呈》（1926年6月24日）、《广东农工厅致政治委员会函》（1926年7月8日）、《广州菜栏工会致中央工人部等代电》（1926年7月30日），五部档案，部6895、部6896、部0456、部7251，台北中国国民党文化传播委员会党史馆藏；《菜栏工会全体工人通电》，《工人之路特号》第403期，1926年8月11日，第3版；C. 达林：《工人的广州》（1927年4月3日），安徽大学苏联问题研究所、四川省中共党史研究会编译：《苏联〈真理报〉有关中国革命的文献资料选辑（1919—1927）》第1辑，第329页。

② 《中央工人部致广州工代会函稿》（1926年3月24日）、《广州酱料凉果杂货仁德工会全体工人宣言》（1926年5月14日）、《酱料凉果杂货仁德（工会）斥驳伪工会》（1926年6月17日），五部档案，部7174、部7190、部7207，台北中国国民党文化传播委员会党史馆藏。

③ 《酱料工人又受东家压迫》，《广州民国日报》1926年6月18日，第11版。

④ 《广州特别市党部工人部致中央工人部函》（1926年11月17日），五部档案，部11031，台北中国国民党文化传播委员会党史馆藏。

⑤ 《广州当按押店员联德总工会通电》（1926年4月20日）、《中央工人部致广州工代会函稿》（1926年7月30日）、《广州工人代表会上中央工人部函》（1926年8月14日），五部档案，部0597、部7238、部8074，台北中国国民党文化传播委员会党史馆藏。

平、梁子棠、黄伯麟、彭鉴泉等资本家笼络部分工人由岑泽枯领头包办。面对所属工会被控为资方组织，工人代表会也无能为力，只得于22日组织涉事双方商讨合并，但因华强工会反对只好作罢。① 诸如类似事例，在广州京果海味、煤油等行业亦有发生。② 这些事例似可表明，那些被资方收买成立御用工会的工人，在认知层面上显然已有"劳资分离"的界别意识，认为工会是应脱离资方而独立存在的，表现在工会纷争中多极力撇清与资方的依附关系，并攻击纯正工会是资方组织，从而更好隐瞒其御用身份。而这不仅是出于生存与经济利益的考量，更多地还是反映出其阶级意识的模糊，以及难以割舍的"劳资合行"情结。这是广州商人依凭"劳资合行"理念分化瓦解工会组织的根本动因之所在。

上述资本家组织工会方式的多样化，以及所引发的工会纷争，在广州"非常普遍"③。对此，中共工运领导人邓中夏曾指出，这"表面上是工会与工会的纠纷，实际上是东家与工人的纠纷，此例太多，简直数不胜数"④。陈公博在论及广州工会纠纷原因时亦认为，"十件斗案，半与东家有关"⑤。可见，对工会组织的争夺已成为广州劳资纷争的主要内容，而隐匿其背后起主导作用的则是阶级斗争与"劳资合行"两种理念的交锋。诚如共产国际代表达林所言：

> 在广州，企业主和工人都参加的那种中世纪式的旧行会力量还相当强大。阶级斗争的发展使行会陷于崩溃。它们像肥皂泡一样迅速破裂。工人们纷纷退出行会，建立自己的工会。不过行会已有多年的惯例，有长期以来牵制工人的办法。各行业都有自己崇拜的宗教偶象[像]，因而工人退出行会时，还得同这种偶象[像]决裂。……中国阶级斗争的发展有时就是以这种形式表现出来的。
>
> 不过广州的工人已经不再是这样的了。行会的祖师爷如何看待工会的问题已经难不倒他们。行会还用其他办法使一部分工人，特别是收入

---

① 《土洋杂货店工人不承认冒名组织工会郑重声明》（1926年4月）、《中央工人部致土洋杂货店员工会批答稿》（1926年6月3日），五部档案，部7180、部7199，台北中国国民党文化传播委员会党史馆藏。

② 详见《广州特别市党部工人部致中央工人部函》（1926年11月17日），五部档案，部11031，台北中国国民党文化传播委员会党史馆藏。

③ 《广州工会运动的报告——关于广州工会各派的演变，对待各派的策略》（1926年夏），中央档案馆、广东省档案馆编：《广东革命历史文件汇集》甲6，第343页。

④ 《一九二六年之广州工潮》（1927年），人民出版社编辑部编：《邓中夏文集》，第334-335页。

⑤ 《陈公博高谈工会纠纷原因》，《讨赤旬报》第3期，1926年7月21日，"狂澜汇编"，第60页。

较多的上层工人，同商人接近。一旦罢工使行会垮台而工人参加了阶级工会，旧行会的商人便立即吸收上层工人、失业工人和工贼另行组织自己的工会。①

据统计，广州商人共设 26 个雇主工会，拥有会员 28000 余名。这些雇主工会皆属于国民党右派的广东总工会，"这个组织由来已久，而且各种行会和同业公会都在其中"②，被誉为是当时中国最大的行会型工会。③ 由于广东总工会向以标榜"指导提挈工界旧行头""排除工人纠纷劳资争斗"为宗旨④，自然奉行的是劳资合作。⑤ 显然，这与将"东西家混合组织之工会"排斥在外的广州工人代表会⑥的阶级斗争理念背道而驰。这样，以工人代表会和广东总工会为首的广州两大工会阵营间的冲突也就势所难免。⑦ 当然，这与国民政府前期国共两党对广州工界的党化渗透密切关联。尤其"中山舰事件"和"整理党务案"发生后，国民党右派势力日渐坐大，此时广州工界内部的党派政治分化亦愈益凸显，遂呈现出中共领导的广州工人代表会与广东总工会、广东机器工会等国民党右派工团政治鼎立的竞争格局。针对

---

① C. 达林：《工人的广州》（1927 年 4 月 3 日），安徽大学苏联问题研究所、四川省中共党史研究会编译：《苏联〈真理报〉有关中国革命的文献资料选辑（1919—1927）》第 1 辑，第 327 - 328 页。

② C. A. 达林：《中国回忆录（1921—1927）》，第 191 页。另外，有关广州商人所组雇主工会与广东总工会的关系，亦可从 1926 年 7 月广州工人代表会上国民革命军总司令蒋介石的呈文中得到反映。在呈文中，工人代表会指控广东总工会理事长陈森"包庇 20 余个东家设立工会，迫请政府立案"。参见《广州工人代表大会上总司令呈》（1926 年 7 月 16 日），五部档案，部 6910，台北中国国民党文化传播委员会党史馆藏。

③ Sydor Stoler, *The Trade Union Movement in Canton*, The Pan - pacific Worker, vol. 1, no. 6, September 15, 1927, Jay Calvin Huston Papers, 1917—1931, Box 6, Folder 1, 斯坦福大学胡佛研究所档案馆藏, p. 21.

④ 《广东农工厅致政治委员会函》（1926 年 7 月 8 日），五部档案，部 0456，台北中国国民党文化传播委员会党史馆藏。

⑤ Sydor Stoler, *The Trade Union Movement in Canton*, The Pan - pacific Worker, vol. 1, no. 6, September 15, 1927, Jay Calvin Huston Papers, 1917—1931, Box 6, Folder 1, 斯坦福大学胡佛研究所档案馆藏藏, p. 21.

⑥ 《广州工人代表大会简章》（1926 年），五部档案，部 1608，台北中国国民党文化传播委员会党史馆藏。

⑦ 1926 年 7 月，陈公博曾强调广东总工会、工人代表会的对立实为广州工会纠纷的重要原因，认为二者各为扩充势力，"常采对立之势，各不相下"，"此则纠纷中之大纠纷也。"另外，当时有的报刊在剖析广州工界内讧的原因时亦指出："广州总工会与工代会，为两派工人对抗之总枢"，"故近来发生之工人斗殴，多有总工会工人从中扛帮，誓与工代表（会）不两立云"。参见《陈公博高谈工会纠纷原因》、《近日各工会斗讧之原因》，《讨赤旬报》第 3 期，1926 年 7 月 21 日，"狂澜汇编"，第 59、65 页。

工人代表会的强势竞争,一些国民党右派工会,如广东机器工会并未急于扩充势力,而是更注重其内部的重组与巩固。① 1926年4月,由海味、盐业、生药等30余工会筹组的革命工人联合会在广州成立,"起而与广东省总工会、广东机器工会相呼应,成为犄角之势,以协防赤色工运之侵袭"②。这些国民党右派工会组织控制严密,在很大程度上阻止了中共政治力量的渗透,使其统一工会运动归于失败。③ 而更严峻的是,随着国民革命统一战线中国共党争的激化,这两大工会阵营间的派系纷争亦与日俱增。据不完全统计,仅1925年7月至1926年6月,广州就发生两大阵营间的工会械斗54次,"也就是说每周至少一次,而且很少有不死人的"④。广州工界这种高度党派政治分化,无疑产生了严重后果,不仅影响社会秩序,而且还危及劳资关系的稳固,令国民革命统一战线陷入濒临破裂的危境,这对执政广州筹谋北伐的国民党而言,是极不愿意看到的。由是观之,国民党"袒工抑商"的劳资政策转向也就指日可待了。

第二节 袒商抑工:
国民政府后期劳资关系格局的权势转移

广州国民政府统治后期,对工人运动抱敌视态度的国民党右派势力执秉

---

① 1926年1月,广东机器工人维持会改组为广东机器总工会,用委员制取代主任制,将原属俱乐部一律改组为各分支会,原有10科扩充为20科。(参见邢必信等编:《第二次中国劳动年鉴》第2编"劳动运动",第80页)。至其改组原因,则是由于"用维持二字似属临时性质,殊于永久工会之名义不宜,且原日章程亦过简陋,职权混杂,发展殊难"所致。参见《广东农工厅致中央工人部函》(1925年12月16日),五部档案,部0386,台北中国国民党文化传播委员会党史馆藏。

② 中国劳工运动史编纂委员会编纂:《中国劳工运动史》(二),第521页。因党派政治的渗入,此时广州工界主要分为中共领导的广州工人代表会,国民党右派领导的广东总工会、广东机器工会、广州革命工人联合会四派。据1926年9月的一份共产国际报告所称:现在广州地区有168个工会,会员共18.8万名。其中工人代表会所属的有130个,会员数15万;广东总工会所属的有30个,会员数3万,机器工会所属的有8个,会员数7000。参见《共产国际执行委员会远东局使团关于对广州政治关系和党派关系调查结果的报告》(1926年9月12日),中共中央党史研究室第一研究部译:《联共(布)、共产国际与中国国民革命运动(1926—1927)》上册,北京:北京图书馆出版社,1998年,第469页。

③ 《广州工会运动的报告——关于广州工会各派的演变,对待各派的策略》(1926年夏),中央档案馆、广东省档案馆编:《广东革命历史文件汇集》甲6,第332页。

④ C.达林:《工人的广州》(1927年4月3日),安徽大学苏联问题研究所、四川省中共党史研究会编译:《苏联〈真理报〉有关中国革命的文献资料选辑(1919—1927)》第1辑,第330页。

粤政,并开始推行"袒商抑工"的劳资政策,加之此时国共党争的骤然升级而日臻白热化,国民革命统一战线内部劳资间的阶级纷争亦随之愈趋复杂而激烈。面对广州商界与国民党右派工会的联合抵制,中共领导的工会运动濒临着严峻考验。

一、"袒商抑工"与劳资纷争的急剧恶化

自 1926 年 7 月出师北伐后,国民政府便迎来"袒工抑商"劳资政策转向的拐点。究其缘由,除前述广州工运偏激行为尤其工会派系纷争严重威胁战时后方秩序外,也与此时国共政争、国民党左右派斗争的态势消长密切相关。由于扶持工人运动的中共和国民党左派主力参加北伐,治粤军政大权遂完全落入国民党右派之手。国民党"袒工抑商"的劳资政策遂因之黯然蜕化,"袒商抑工"的倾向渐露端倪,而抑制工人运动的发展便为其北伐期间维持战时后方秩序的首要举措。7 月中旬,粤当局宣布进入战时状态,将所有产业、贸易和一切社会团体的活动,都置于其军方的直接控制之下,"不准发生违令之行为"①。可见,此时广州工人运动的政治环境开始濒于恶化。

针对国民党当局的"抑工"行径,7 月 25 日,中华全国总工会曾宣言劝告国民政府:"在北伐的时期尤其应该拥护人民一切的利益与自由,不能借口于北伐军事行动的便利,来牺牲民众的利益,禁止民众的自由,授反革命派以挑拨和煽动的机会。"② 然而,这无异于与虎谋皮。事实上,随后粤当局为限制工人运动而颁布的"条例""布告",更是变本加厉。8 月 5 日,广州市公安局以"现值出师北伐,后方关系匪轻"为辞,亦即布告工人斗殴者,"显系反对革命","并拘祸首严惩,军警执行严厉"③。6 日,国民党中央政治会议通过劳工仲裁条例,规定工人"无论何时,各方不得聚众携械斗殴,或有违犯警律,或危害公安之行动","无论何方违反此条,所有损失,归其直接负责"④。翌日,国民革命军总司令部亦布告以武力制止工人持械游行,并扣留没收其械具,且明令"私怀枪械者,应即拘拿惩办","纠党寻仇格斗者,应即严拿为首滋事之人,以军法从事",而后,又令市公安局对工人法外行动"务须切实防范"⑤。

---

① 禤倩红、卢权:《北伐出师后的广东工人运动》,《近代史研究》1997 年第 3 期。
② 《中华全国总工会对国民政府出师宣言》,《工人之路特号》第 391 期,1926 年 7 月 29 日,第 2 版。
③ 《公安局严禁工人斗殴布告》,《广州民国日报》1926 年 8 月 6 日,第 10 版。
④ 《昨日中央政治会议通过解决工人纠纷案》,《广州民国日报》1926 年 8 月 7 日,第 3 版。
⑤ 《总部严厉制止工人斗殴》,《广州民国日报》1926 年 8 月 10 日,第 10 版。

诚然，当局为巩固社会治安禁止工人械斗无可非议。但问题是，这些禁令多是一纸具文。因党派政治的渗入，广州工会纷争比以前更剧烈，"各工会工人发生持械斗殴，动辄纠众千数百人，不服警察制止，以致伤毙人命之事层见叠出。"① 且械斗主要以军事组织化的巷战方式公开进行，"平行工会之间进行巷战，或者更准确地说，工会同行会或企业主组织的工会之间进行巷战，在广州几乎是屡见不鲜的现象。"② 至1926年下半年，"殴斗更加频繁。殴斗完全按兵法原则，而且是在宽阔的太平街上进行"，在巷战中，"国民党右派无疑支持广东省总工会"及"广东机器工会"③。事实上，这些右派工会及其雇主已与粤当局结盟，"形成一个旨在摧毁广州工人代表会的统一战线"④。而陈森事件的发生则为透视此时国民党"袒商抑工"政策的践行提供了绝佳案例。

陈森是广东总工会理事长兼茶居工会会长，素与国民党右派、资本家过从甚密。广州工人代表会的报刊曾这样评论他："从他出世直到最近娶小老婆，我们从未见他为工人办过一件事"，"陈森的主要工作是帮助资本家组织工会"，"他拿着资本家的钱，感恩戴德地保护资本家的利益，破坏工人罢工和提高工资。"⑤ 早在1925年7月16日，工人代表会所属广州粉面茶馆工会胡铁等三名工人因得罪东家，被茶居工会陈森贿买前市公安局警务课长潘歌雅唆使侦缉杀害。⑥ 工人代表会得知后，即要求政府缉惩凶手。但因当局慑于陈森势力，该案被搁置"年余而不得伸雪"⑦，"而陈森仍逍遥自在地在广州玩乐"⑧。正因当局的偏袒，此后陈森更肆无忌惮，其与中共工会的冲突进一步升级。1926年7月13日，广州工人代表会所属广东牙擦抿扫

---

① 《广州市公安局报告工人在市内活动情形》（1926年11月），广州国民政府档案，十九（2）—186，中国第二历史档案馆藏。

② C. 达林：《工人的广州》（1927年4月3日），安徽大学苏联问题研究所、四川省中共党史研究会编译：《苏联〈真理报〉有关中国革命的文献资料选辑（1919—1927）》第1辑，第329页。

③ C. A. 达林：《中国回忆录（1921—1927）》，第196页。

④ Sydor Stoler, *The Trade Union Movement in Canton*（Ⅱ）, The Pan-pacific Worker, vol. 1, no. 7, October 1, 1927, Jay Calvin Huston Papers, 1917—1931, Box 5, Folder 4, 斯坦福大学胡佛研究所档案馆藏藏, p. 17.

⑤ C. A. 达林：《中国回忆录（1921—1927）》，第191页。

⑥ 参见《广东省工人部上中央工人部呈》（1926年7月14日），五部档案，部7229，台北中国国民党文化传播委员会党史馆藏；罗浮：《陈森事件之真相》，《向导周报》169期，1926年8月29日，第1715页。

⑦ 《广州工人代表大会致特别仲裁委员会函》（1926年7月29日），五部档案，部3975，台北中国国民党文化传播委员会党史馆藏。

⑧ C. 达林：《工人的广州》（1927年4月3日），安徽大学苏联问题研究所、四川省中共党史研究会编译：《苏联〈真理报〉有关中国革命的文献资料选辑（1919—1927）》第1辑，第329页。

工会派人征求会员时,在惠福西路被善育堂东家李国兴等纠集牙擦掁扫善育工会(属广东总工会)会员当场殴毙 2 人,伤 10 余人。事后,陈森被工人代表会指控是肇事东家的主要包庇者。① 因为事前,善育堂东家曾打广东总工会大旗来恫吓,被牙擦掁扫工会缴获后交与警署存案。结果,陈森不但出面领回旗帜,还保释了 7 月 11 日破坏掁扫工会而被警方拘押者。②

陈森胆大妄为的举动,自然激起中共工会的异常愤慨。7 月 16 日,广州工人代表会在发出"我们要打倒包庇东家残杀工人的工贼陈森,尤其是要铲除东家所组织的工会,才能保障生命的安全和免除劳工的纠纷"③ 的宣言后,即于当日率其 172 个工会代表 2000 余人,向国民党中央党部、国民政府、国民革命军总司令部、省政府请愿,强烈要求当局"将工贼陈森,严拿究办,并禁止东家,破坏工会之组织,以维治安而护劳工"④,并向省农工厅提出条件三项:(1)严惩杀人凶手;(2)解散一切东家工会;(3)通缉包庇东家工贼陈森。因政治立场与中共工会的一致,省农工厅长陈公博当即答应下令公安局两日内捕获陈森、黄宪、廖垣等凶手,且承诺严惩已捕获的东家李国兴,并严缉破坏工人组织之东家,同时还宣布严禁东家组织工会,以及严厉执行已明令解散之不正当工会。⑤ 可是,陈公博的这些答复未能及时得到兑现。⑥ 两日后,陈森"依然行动自如,招摇过市"⑦。对此,中

---

① 《广州工人代表大会上总司令呈》(1926 年 7 月 16 日)、《广东牙刷掁扫工会上革命军总司令呈》(1926 年 7 月 18 日),五部档案,部 6910、部 6914,台北中国国民党文化传播委员会党史馆藏;《中常会致国民革命军总司令部函》(1926 年 7 月 21 日),汉口档案,汉 11401,台北中国国民党文化传播委员会党史馆藏;《广州工人请愿严办工贼文》,《工人之路特号》第 381 期,1926 年 7 月 18 日,第 3 版;《广州近日之工潮》,《广东机器工会旬刊》第 5 期,1926 年 8 月,第 13 页;C. 达林:《工人的广州》(1927 年 4 月 3 日),安徽大学苏联问题研究所、四川省中共党史研究会编译:《苏联〈真理报〉有关中国革命的文献资料选辑(1919—1927)》第 1 辑,第 329 页。

② 《广州工人代表大会上总司令呈》(1926 年 7 月 16 日),五部档案,部 6910,台北中国国民党文化传播委员会党史馆藏。

③ 《广州工人代表会对工会纠纷宣言》,《工人之路特号》第 379 期,1926 年 7 月 16 日,第 3 版。

④ 《广州工人请愿严办工贼文》,《工人之路特号》第 381 期,1926 年 7 月 18 日,第 3 版;《广州工人代表大会上总司令呈》(1926 年 7 月 16、19 日),五部档案,部 6910、部 6913,台北中国国民党文化传播委员会党史馆藏。

⑤ 《广州工人代表大会上总司令呈》(1926 年 7 月 19 日),五部档案,部 6913,台北中国国民党文化传播委员会党史馆藏;执中:《广州工界大斗争》,《晨报》1926 年 7 月 31 日,第 5 版;罗浮:《陈森事件之真相》,《向导周报》第 169 期,1926 年 8 月 29 日,第 1716 页;《广州工潮汹涌记》,《讨赤旬报》第 4 期,1926 年 8 月 1 日,"狂澜汇编",第 92、93 页。

⑥ 参阅代城:《陈森问题应怎样解决》,《人民周刊》第 17 期,1926 年 8 月 1 日,第 2 页。

⑦ 《广州工人代表大会上总司令呈》(1926 年 7 月 19 日),五部档案,部 6913,台北中国国民党文化传播委员会党史馆藏。

共工会怒不可遏，粉面茶馆、牙擦掀扫等工会工人在黄侠生率领下，遂于18日晚在广东大学礼堂举行的欢送国民革命军总政治部人员北伐大会上将陈森抓获，并扭送公安局。①

在获悉陈森被押公安局后，国民党政要"前往慰问者，纷至沓来"，工人代表会"以陈森有右派要人袒庇，甚为愤激"②，7月19日，特呈文国民革命军总司令蒋介石，历数陈森惨杀工人罪状，请蒋予以严办。然而，蒋介石不但未照办，反让张静江令公安局释放陈森，陈即获得自由。③ 公安局的释陈行径令中共工会不胜愤怒。24日，工人代表会再率172个工会代表请愿国民党中央党部，要求将陈森交回工代会收押，并由工人自行组织审判委员会来审判。④ 作为答复，蒋介石只好写了"准予令公安局将陈森随传随到是见"的手令，由国民党中央工人部长陈树人转交请愿代表。⑤ 25日，陈树人要求广州工人代表会、广东总工会各派3名代表组织特别委员会，来审理陈森案。但当委员会定期29日审案时，陈森逃匿，而广东总工会代表亦因"畏罪情虚，避匿不到"⑥。

除抵制审判外，广东总工会还上书当道为陈森辩解⑦，其援陈可谓不遗余力，甚或对中共工会诉诸暴力予以报复，尤其所属茶居工会"最为愤激"，"专以粉面工会为攻击之目标"⑧。于是，"茶居工人，寻觅仇敌，在市内发生殴斗，无日无之，流血命案，连续不已。"⑨ 如8月6日，在陈森、黎端指使下，数百名茶居工会会员持木棍、手枪、铁尺，袭击了万昌、万珍、泰来、合香、长寿居、西乐居等粉面茶馆，当场击毙工人黄俊，重伤数人。为此，粉面茶馆工会罢工抗议，并在通电中指责政府对陈森"始终宽

---

① 参阅《广州工人代表大会上总司令呈》（1926年7月19日）、《广东总工会报告书》（1926年7月30日），五部档案，部6913、部6930，台北中国国民党文化传播委员会党史馆藏；《广州工潮汹涌记》，《讨赤旬报》第4期，1926年8月1日，"狂澜汇编"，第81、89页。
② 《广州工潮汹涌记》，《讨赤旬报》第4期，1926年8月1日，"狂澜汇编"，第89页。
③ 《广州工人代表大会上总司令呈》（1926年7月19日），五部档案，部6913，台北中国国民党文化传播委员会党史馆藏；《广州工潮汹涌记》，《讨赤旬报》第4期，1926年8月1日，"狂澜汇编"，第89页。
④ 《广州工人昨日大请愿纪》，《工人之路特号》第387期，1926年7月25日，第3版。
⑤ 《广州工人代表大会致特别仲裁委员会函》（1926年7月29日），五部档案，部3975，台北中国国民党文化传播委员会党史馆藏；罗浮：《陈森事件之真相》，《向导周报》第169期，1926年8月29日，第1717页。
⑥ 《工代会对陈森案之最近通告》，《广州民国日报》1926年8月2日，第11版。
⑦ 《广东总工会上总裁呈》（1926年7月19日）、《广东总工会报告书》（1926年7月30日），五部档案，部6915、部6930，台北中国国民党文化传播委员会党史馆藏。
⑧ 《学联会援助总工会》，《讨赤旬报》第6期，1926年8月21日，"狂澜汇编"，第8页。
⑨ 李伯元、任公坦：《广东机器工人奋斗史》，第118页。

纵，不予究办"①。由于中共工会的施压，9日，广州军警奉命破获了茶居工会秘密机关，搜获枪械5支及与陈廉伯往来信函多件，并捕获陈展云、刘焕章等数名凶手，而陈森、黎端则"尚未捉获"②。22日，工人代表会召开总代表会议，议决函呈国民党中央党部续开裁判委员会，以惩叛乱分子，并请政府明令通缉陈森等归案。③ 但由于国民党右派尤其是蒋介石的极力袒护④，陈森再度逍遥法外。可见，"袒商抑工"已为国民党官方应对陈森事件的基本政策。正如1926年8月中共中央机关报《向导周报》所评论的，陈森事件虽明为工人内部纠争，"而其实乃是资本家和工人间的冲突。陈森原来是站在东家方面，为东家利益帮助东家破坏工人组织的一个工贼"，"这事件恰好反映出广东各方势力的关系。我们从这事件中可以看出广州各业资本家怎样压迫工人，政府取甚么态度，广州工人怎样应该自救"⑤。

正是得益于广州当局的袒护，国民党右派工会与其雇主紧密合作，以武力干涉中共工会运动的事件不时发生。如1926年7月29日，广州菜栏工会要求减少工时，被悦聚号东家指使李操率御用工会菜栏职工总会数十人持刀枪棍棒殴击，伤10余人。⑥ 翌日，菜栏工会即纠合广州工人代表会所属数十工会"托言维持复工"，实行封锁菜栏，并围困职工总会。⑦ 对此，菜栏东家实施罢业抵制，"欲绝数百工人之食"⑧。为解决生计，工人代表会于31日派维持队协助菜栏工会复工。工人代表会对菜栏工会的援助，令其政治劲敌广东总工会也难以置身事外。就在中共工会维持复工之际，广东总工会数百人亦持械蜂拥而至，在长堤一带寻杀菜栏工会会员，并缴去工人代表

---

① 《工贼再次屠杀工人之惨剧》，《工人之路特号》第401期，1926年8月8日，第3版；《纪不胜纪之工会斗殴案》，《讨赤旬报》第6期，1926年8月21日，"狂澜汇编"，第12、13页。

② 《陈森原来勾结陈廉伯谋叛》，《工人之路特号》第403期，1926年8月11日，第3版。

③ 刘明逵、唐玉良主编：《中国工人运动史》第3卷，第411页。

④ 《中央局报告（九月份）——最近全国政治情形与党的发展》（1926年9月20日），中央档案馆编：《中共中央文件选集》第2册，第343页。

⑤ 罗浮：《陈森事件之真相》，《向导周报》第169期，1926年8月29日，第1715页。

⑥ 参阅《广州市菜栏职工会执会致中执会呈文》（1926年8月10日），汉口档案，汉11341.1，台北中国国民党文化传播委员会党史馆藏；《广州菜栏工会致中央工人部等代电》（1926年7月30日）、《广州菜栏工会上中央工人部呈》（1926年8月27日）、《广州菜栏工会上中央工人部呈》（1926年9月14日），五部档案，部7251、部7316、部8989，台北中国国民党文化传播委员会党史馆藏。

⑦ 详见《广州菜栏职工总会上中执会呈》（1926年8月2日）、《广州菜栏职工总会致中央工人部函》（1926年8月6日）、《革命军司令部秘书处致中央工人部函》（1926年8月），五部档案，部7254、部0618、部7262，台北中国国民党文化传播委员会党史馆藏。

⑧ 《广州菜栏工会上中央工人部呈》（1926年8月3日），五部档案，部8934，台北中国国民党文化传播委员会党史馆藏。

会维持队旗帜,而负责维持治安的军警见之亦不过问。① 8 月 1、3 日,广州工人代表会、菜栏工会只得相继呈文国民党中央工人部,要求陈树人饬令菜栏东家复业,以利工人复工,并解散东家所组菜栏职工总会。② 而广东总工会亦于 2 日呈文国民革命军总参谋长李济深,请其"迅令军警解菜栏职工总会之围"以"免工潮扩大"③。鉴于纠纷严重态势,11 日,国民党中央工人部介入调处。由于陈树人积极斡旋,多数东家同意菜栏工会所提条件并答应复业。但少数人心有不甘,遂于 15 日擅拘菜栏工会两名职员致纠纷再起。④ 对此,当局漠然处之,资方更有恃无恐,至 9 月菜栏工人罢工时,遂指使御用工会发动袭击,结果打死菜栏工会工人 5 名,重伤 3 名,扣押 2 名。⑤ 9 月下旬,广州酱料凉果杂货工会工人亦要求资方加薪,东家行联志堂即雇纠察 50 余人,胁迫同业罢市抵制,"违者罚银五百元"⑥,同时又派御用酱料凉果杂货仁德工会体育队百余人,分头截击酱料凉果杂货工会工人,于 27 日当场重伤 5 人,掳去 2 人。⑦ 10 月 13 日,广东药材工会派员在宜民市广兰药材店征收月费时,亦遭太元堂店东梁复初、仁德堂店东植敬生指使御用熟药工业研究会数十人,打着广东总工会体育部旗号,"暗携利器拦途刺击",当场击毙征收队长彭翊群,伤数人。⑧ 事后,为毁灭证据,植敬生还以金钱诱使他人借广东总工会体育队势力,"图谋毁棺灭尸",但由

---

① 《广州工代会上中央工人部呈》(1926 年 8 月 1 日),五部档案,部 7252,台北中国国民党文化传播委员会党史馆藏。

② 《广州工代会上中央工人部呈》(1926 年 8 月 1 日)、《广州菜栏工会上中央工人部呈》(1926 年 8 月 3 日),五部档案,部 7252、部 8934,台北中国国民党文化传播委员会党史馆藏。

③ 《革命军司令部秘书处致中央工人部函》(1926 年 8 月),五部档案,部 7262,台北中国国民党文化传播委员会党史馆藏。

④ 《广州菜栏工会上中央工人部呈》(1926 年 8 月 27 日)、《广州菜栏工会上中央工人部呈》(1926 年 9 月 14 日),五部档案,部 7316、部 8989,台北中国国民党文化传播委员会党史馆藏。

⑤ C. A. 达林:《中国回忆录(1921—1927)》,第 195 页。

⑥ 《酱料东家之压迫工友》,《广州民国日报》1926 年 9 月 28 日,第 11 版;诛心:《东家压迫工人的手段》,《广东工人之路》第 7 期,1926 年 10 月 15 日,第 10 页。

⑦ 《最近工人请愿案三宗(续)》,《广州民国日报》1926 年 10 月 1 日,第 11 版;《广州酱料凉果杂货工会上中央工人部呈》(1926 年 9 月 28 日),五部档案,部 9014,台北中国国民党文化传播委员会党史馆藏。

⑧ 参阅《中央工人部致广东农工厅函稿》(1926 年 10 月 16 日)、《广州药材工会上中央工人部呈》(1926 年 10 月 16 日)、《中央工人部复广州药材工会函稿》(1926 年 10 月 27 日)、《中央工人部致广东省商会联合会批答稿》(1926 年 11 月 3 日)、《中央工人部致农工厅函稿》(1926 年 11 月 5 日)、《中央工人部致广州市政委员孙科函稿》(1926 年 11 月 6 日)、《中央工人部致广州药材工会函稿》(1926 年 11 月 10 日),五部档案,部 7373、部 7375、部 7388、部 7406、部 7418、部 7415、部 7414,台北中国国民党文化传播委员会党史馆藏;《东家惨杀工人之第二幕》,《广东工人之路》第 7 期,1926 年 10 月 15 日,第 6 页。

于工人自卫队及时干涉,只得"弃棺道旁"①。10月14日,广东装船工会调查队由蚬肉桥经石涌口至二涌口落艇回东堤时,亦遭东家指使御用装船联合总工会体育队联合民团、乡团二百余人的围击,当场失踪5人,伤10余人,"情形极惨"②。10月25日,广州京果海味店员工会派林明星、梁仲敏会同昭信纠察员在黄沙悦来茶居征收特别费,亦遭东家包办的广州京果海味总工会百数十人围困,并被"捆绑强掳而去",事前该会会员就曾迭遭东家工会"拦途殴伤",而农工厅对此却持偏袒纵容姿态。③ 同日,广东织造土布工会工人因生活困苦举行统一工价运动,不料招致河南布厂朱鸿昌、郭超寰等厂东的仇视。11月7日,他们指令御用广东织布工人总工会及"劳资妥协"之岭南织造布业联合会,"雇买强徒地痞","各持短枪向土布织造工人轰击",当场重伤7人,失踪7人,"其争斗之剧烈可见"④。

从上述商界组织御用工会以武力分化工人运动的事实可知,此时广州劳资间的阶级纷争已呈急剧恶化之势。"(劳资)畛域之界既分,斯水火之见益烈,意气所中,感情所伤,于是各是其是,各非其非,剂酌调和之术,无从而施,寻仇报复之风,相机而发,民情齮龁,一至于此。"⑤ 由是观之,广州"年来市内工商纠纷案件,层见迭出"⑥ 也就不足为奇了。当然,针对"日趋恶劣"的"工商界感情"⑦,广州当局并未作壁上观,而是积极筹设劳资仲裁机关以弭纠纷。1926年6月25日,广州特别市党部就曾向国民党中央执行委员会献议,应根据农工商学联合会的建议,设立劳资仲裁机关作为"解决工商纠纷之枢纽","以谋工人商民之利益"。究其意图,自然是强

---

① 《中央工人部复广州药材工会函稿》(1926年10月27日),五部档案,部7388,台北中国国民党文化传播委员会党史馆藏。
② 《中央工人部致工人运动委员会函稿》(1926年10月22日),五部档案,部7383,台北中国国民党文化传播委员会党史馆藏。
③ 《中央工人部致京果海味店员工会筹备处批答稿》(1926年10月25日)、《京果海味店员总工会致中央党部等代电》(1926年10月25日)、《广州京果海味店员工会通告》(1926年10月30日)、《中央工人部致广东农工厅函稿》(1926年11月17日),五部档案,部7397、部7399、部7417、部7438,台北中国国民党文化传播委员会党史馆藏。
④ 参阅《广东织造土布工会统一工钱底价运动宣言》(1926年10月25日)、《广东织布工会上中央工人部代电》(1926年11月10日)、《中央工人部致广东织造工会函稿》(1926年11月19日)、《广东织造土布工会讣文》(1926年11月),五部档案,部6000、部7434、部7437、部14251,台北中国国民党文化传播委员会党史馆藏;《河南土布厂东走狗大杀工人》《公安局封闭东家工会》,《广州民国日报》1926年11月9、16日,第11版。
⑤ 简琴石:《设立劳资仲裁机关之必要》,《广州民国日报》1926年6月21日,第2版。
⑥ 《广州特别市党部上中执会呈》(1926年6月25日),汉口档案,汉4547,台北中国国民党文化传播委员会党史馆藏。
⑦ 《劳资争议法令》,王清彬等编:《第一次中国劳动年鉴》第3编"劳动法令",第252页。

化对劳资两界的社会控制,即"纳工商民众于本党指导之下,使大多数广州市之工人商民对于本党更发生密切之关系"①。8月16日,国民政府颁行组织解决雇主雇工争执仲裁会条例,规定仲裁会由政府委任仲裁代表1人,涉事双方各派代表2人组成,且仲裁期间,劳资双方不得有罢工或闭厂之举。同时,条例还强调仲裁会对劳资争执应"公平解决"②。然而,这仅是表面的行文"公平",但在践行中劳资仲裁会则以"所谓超阶级性和貌似公允掩饰自己","实际站在雇主一方,用围困法对付工人"③。广州火柴业、缝业等劳资纠纷的仲裁堪称典型。

1926年9月20日,火柴工人因东家拒绝加薪而宣言罢工。④ 10月19日,由于停工伙食断绝,民生火柴厂300余工人请愿厂东要求发清欠薪。不料,厂东郑祉程、司理黄涉川纠集10余名盐步保卫团团兵向工人开枪,并出剑仔乱刺,"一时秩序大乱",致伤工人4名,拘禁10余名,"其余女工小童因乱失踪者,尚未确数"⑤。其后,广东火柴总工会迅将实情具呈国民党中央工人部,并提出惩凶、赔偿、加薪等条件。⑥ 为此,国民政府还组织劳资仲裁委员会。⑦ 然而,"这个委员会花费了一个月的时间未能平息罢工。工人整整一个月没有拿到工资,在饥饿的威胁下只好被迫向资本家让步。"⑧ 此外,缝业工人亦有类似遭遇。1926年9月,缝业雇主同业公会因工人罢工向政府请愿,并要求:(1)派警察保护裁缝店,免致混乱;(2)严惩肇事工人;(3)若雇主被工人纠察队拘捕,并押解至公安局,被捕雇主应即获释;(4)令缝业工会不要反对自称为雇主并因此退出工会的工人。资方请求很快得到政府响应,"因接到请愿书,公安局长命该地段警察严密防护裁缝店,并命令万一雇主与工人冲突,则立即出动警察制止混乱。倘有不服

---

① 《广州特别市党部上中执会呈》(1926年6月25日),汉口档案,汉4547,台北中国国民党文化传播委员会党史馆藏。
② 《国民政府组织解决雇主雇工争执仲裁会条例》,《中华民国国民政府公报》第42号,1926年8月,第10页。
③ C. A. 达林:《中国回忆录(1921—1927)》,第192页。
④ 详见《广东火柴厂总工会宣言》(1926年9月22日)、《广东火柴总工会上中央工人部呈》(1926年10月18日),五部档案,部8677、部8699,台北中国国民党文化传播委员会党史馆藏。
⑤ 《广东火柴总工会上中央工人部代电》(1926年10月20日)、《广东火柴厂总工会上中央工人部呈》(1926年10月21日),五部档案,部8704、部8706,台北中国国民党文化传播委员会党史馆藏;《请严办民生厂屠杀工人》,《工人之路特号》第471期,1926年10月22日,第3版。
⑥ 《火柴工会请严办枪杀工人之凶徒》,《广州民国日报》1926年10月22日,第11版。
⑦ 《广东火柴总工会上中央工人部呈》(1926年10月6日),五部档案,部8692,台北中国国民党文化传播委员会党史馆藏。
⑧ C. 达林:《工人的广州》(1927年4月3日),安徽大学苏联问题研究所、四川省中共党史研究会编译:《苏联〈真理报〉有关中国革命的文献资料选辑(1919—1927)》第1辑,第323页。

从警察命令者,将其捕送公安局审查"。而后,缝业工潮更是拖延半年多,"政府的仲裁会简直成了彻底的讽刺"①。国民党官方在广州劳资纠纷仲裁中的"袒商抑工"立场昭然可见。恰如达林所言:"广州的罢工就是这样进行的。罢工常常处于病态的情况之中,时间拖得很长,而政府的仲裁更是十分软弱。如果工人不同意做出让步,仲裁委员会的会议就延期三天,然后一再拖延,直到工人因毫无收入而不得不退让为止。企业主则在这个时间内策划谋杀工人领袖。"②

二、"工人恐怖"论:国共两党及劳资双方之应对

对于劳资纷争中广州商界与国民党右派工会的联合攻势,中共工会及其武装纠察队为保障权益,"自然会尽其可能设法防御或抵抗"③。这就不难理解,"为什么广州每一个工会都有自己的武装工人纠察队。这类武装工人纠察队保护罢工工人不受企业主策划的袭击,保护他们免遭工贼的破坏"④,甚而"帮助罢工工人制服那些尚未认输的企业主"⑤,尤其在"罢工期间,工人不准商人到举行罢工的企业中进行贸易活动。一旦发现有人做买卖,他们有时就把商人扣押起来,并且封存商品。发现工贼也加以逮捕"⑥。不过,其中最令商人头痛的,还是"封锁商店及工厂不使营业,或作铲除东家工会运动"⑦。如1926年9月,广州柴炭工会在要求东家柴商公会加薪遭拒后,即派纠察截货,"逼得全行停业"⑧。10月,金行三益堂50余家商店因营业及私设御用金行职工工会问题,亦遭唐装金银首饰器皿兴和工会迭派纠察封锁,且被勒令停业。后来,尽管农工、实业两厅长会衔布告保护其于

---

① C. A. 达林:《中国回忆录(1921—1927)》,第193页。
② C. 达林:《工人的广州》(1927年4月3日),安徽大学苏联问题研究所、四川省中共党史研究会编译:《苏联〈真理报〉有关中国革命的文献资料选辑(1919—1927)》第1辑,第324页。
③ 《一九二六年之广州工潮》(1927年),人民出版社编辑部编:《邓中夏文集》,第332页。
④ C. 达林:《广州》(1927年3月3日),安徽大学苏联问题研究所、四川省中共党史研究会编译:《苏联〈真理报〉有关中国革命的文献资料选辑(1919—1927)》第1辑,第324页。
⑤ C. A. 达林:《中国回忆录(1921—1927)》,第181页。
⑥ C. 达林:《广州》(1927年3月3日),安徽大学苏联问题研究所、四川省中共党史研究会编译:《苏联〈真理报〉有关中国革命的文献资料选辑(1919—1927)》第1辑,第324页。
⑦ 刘尔崧:《中国国民党广东省第二次全省代表大会广东省执行委员会各部工作报告》(1926年12月),中共惠州市委党史办公室、中共紫金县委党史办公室编:《刘尔崧研究史料》,第186页。
⑧ 《中秘处致工人运动委员会函》(1926年9月30日),汉口档案,汉11606,台北中国国民党文化传播委员会党史馆藏。

22日复业，但复业仅两日，各金店又被工会纠察队封锁停业，所有顾客"一概不准入铺"①。封锁商店迫其停业而外，中共工会还积极铲除东家工会。如1926年9月，广州酱料凉果杂货工会在工人代表会支持下，多次持械截殴东家行联志堂设立的酱料凉果杂货仁德工会会员，并于27日在一德路殴伤朱安、丁有祥等数人。②10月13日，广东药材工会数十人在任森民督率下，手持棍棒将东家行杏泉堂御用熟药工业研究会会长梁复初殴至重伤，并"包围店铺，禁困店伴"③。中共工会的强势抗衡可谓不无激烈。职是之故，盛极一时的"工人恐怖"论便因广州商界的散布而蔓延开来。达林认为"工人恐怖"是指这样的一种情形："工人组织了自己的工会，企业主无法同个别工人打交道而只能同整个工会办交涉。由于害怕组织起来的工人提出提高工资的要求，企业主或者散布谣言说工人进行恐怖活动，或者逃往工人组织程度较差、工资还比较低的县城。这就是所谓工人恐怖活动的真相。"④

至1926年10月，广州商界"更起劲地散布'工人恐怖'"论。⑤ 究其目的并非仅限于舆论造势，而是通过传播"恐怖"论以博取国民党官方的同情与重视，从而给中共工会运动以更大的政治压力。当然，商界的"工人恐怖"论并未停留在舆论层面。22日，广州总商会、广州市商会、广州商民协会、广东全省商会联合会等四商会派其总代表郑耀文、谭棣池、余厚庵、黄旭升，就加薪、封锁与罢工、征收买卖佣、工作时间、任免职工、工会征费、征求会员、劳资协助等八项问题，尤其对工界"停工要挟、封锁店铺、私擅逮捕"等行为，联衔请愿国民党中央党部联席会议，要求尽快颁行劳资待遇法规，"以免除工商间日后之一切纠纷"⑥。针对商界请愿，中共工会也不示弱。11月2日，广州工人代表会上书国民党中央执行委员会，

---

① 《唐装金银首饰器皿兴和工会上中央工人部代电》（1926年10月28日）、《金行三益堂上中央工人部等代电》（1926年10月），五部档案，部7410、部7412，台北中国国民党文化传播委员会党史馆藏。

② 《酱料凉果杂货仁德工会上中央工人部呈》（1926年10月2日），五部档案，部7357，台北中国国民党文化传播委员会党史馆藏。

③ 《中央工人部致广东省商会联合会批答稿》（1926年11月3日），五部档案，部7406，台北中国国民党文化传播委员会党史馆藏。

④ C. 达林：《工人的广州》，1927年4月3日，安徽大学苏联问题研究所、四川省中共党史研究会编译：《苏联〈真理报〉有关中国革命的文献资料选辑（1919—1927）》第1辑，第324页。

⑤ C. A. 达林：《中国回忆录（1921—1927）》，第194页。

⑥ 《中秘处致联席会议主席团函》（1926年10月22日）、《中常会致劳工法讨论委员会函》（1926年11月9日），汉口档案，汉11478、汉11438.1，台北中国国民党文化传播委员会党史馆藏；《四商会议定劳资法规之内容》，《广州民国日报》1926年10月22日，第10版；《粤商会要求订定劳资法规》，《晨报》1926年11月5日，第5版。

直陈商界"完全颠倒事实",并控诉当局的"袒商抑工"立场,指摘当政主管机关"多昧于事实,往往袒护雇主而压迫工人,甚或出之文告派会军警强行遏制罢工之行动,此不独有违扶植工农之政策,抑亦出乎常情之外",同时还对工人罢工封店予以辩解,认为罢工是反抗商人压迫的正当之举,"雇主方面往往先发制人,不待工人之罢工,即自行罢业以为胁制","雇主压迫至此,工人虽欲不罢工而不可得,及至工人实行罢工之时,则雇主更出其破坏之辣手,或组织御用工会以为挽夺工作;或纠合地痞以殴打工人"。据此,其进而强调:"工人如不封锁商店,绝无法以促东家之觉悟,即工人亦将无以自保,是封锁商店诚为工人保障罢工之自卫行动,工人罢工有绝对之自由。"最后,工人代表会还提出改善工人生活、救济失业、帮助铲除东家工会、严禁东家利用土匪民团摧残工人,以及切实保障工人言论、出版、集会、罢工等要求。① 然而,中共工会的上书自辩与请求,未能得到国民党中央的理解与同情。此后,抑制工人运动的发展成为国民党应对劳资纷争的基本理念。

11月12日,以"强烈反对在广州罢工"的李济深②为首的粤省新政府成立。26日,国民党中央政治会议议决中央党部和国民政府北迁武汉。其后,国民党"袒商抑工"的劳资政策导向愈益明朗,粤当局与工人的关系"明显疏离"③。12月6日,国民党中央政治会议通过工人纠纷问题议决案:(1)不许工会擅自拘人;(2)厉禁持械游行;(3)工人不得擅自封锁工厂与商店,东家亦不得无故关闭工厂及商店;(4)工人不得向工厂或商店强取一切杂物。同时还规定,为拥护国民革命和保障公共生活安全,在军用品制造业、金融业、交通业及与公共生活相关事业中发生工人纠纷时,仲裁委员会的判决绝对有效,由政府强制执行。④ 国民党劳资政策的转向,显然深含遏制"工人恐怖"的用意,自然遭到中共工会的抵制。12月18日,广州工人代表会就国民党中央政治会议工人纠纷问题议决案声明意见,认为"从表面上观察,以工潮之纷起,遂疑工人之过分,然究其实际,细察工人

---

① 《广州工人第三次代表大会主席团鲍武等上中执会函》(1926年11月2日),汉口档案,汉11438.2,台北中国国民党文化传播委员会党史馆藏。
② Sydor Stoler, *The Trade Union Movement in Canton*(Ⅱ), The Pan-pacific Worker, vol. 1, no. 7, October 1, 1927, Jay Calvin Huston Papers, 1917—1931, Box 5, Folder 4, 斯坦福大学胡佛研究所档案馆藏, p. 17.
③ Sydor Stoler, *The Trade Union Movement in Canton*(Ⅱ), The Pan-pacific Worker, vol. 1, no. 7, October 1, 1927, Jay Calvin Huston Papers, 1917—1931, Box 5, Folder 4, 斯坦福大学胡佛研究所档案馆藏藏, p. 16.
④ 《广东省政府委员会布告第714号》,《广东行政周刊》第1期,1927年1月3日,第48、49页。

所要求条件，皆属救济目前困难之最低限度，且为现时经济情形所允许者"。同时指出："如果政府有其他保障方法，则此类行为自可不致发生。"①除公开发表意见外，20日，工人代表会还就国民党"抑工"决策向省政府申诉，强调"因罢工而间或有拘人之行，封锁工厂或商店之举"，"皆为特殊环境所迫成，更非工人之所愿为也"②。此时在粤任职的周恩来亦著文进一步阐释了"工人恐怖"的原因，并表达对国民党政权"抑工"的不满：

  现时工人运动最易引起非难的，大半是工会擅自捕人，封闭工厂商店，工人持械游行，强取商店什物。这几件事，我们须研究事实真相。广东职工运动要没有行东厂主工贼流氓做分裂工会运动，实际上早已团结坚固，很坦平的向前发展了。怎奈工人要求工会统一，行东厂主却设立行东工会从事破坏。……等到破坏捣乱还不足，便雇用流氓殴杀工人，威迫利诱，拆散群众。工人受着这种客观的痛苦，于无可如何之中，乃不得不组织纠察队、自卫队以图自卫，逮捕流氓免遭毒打，防守工厂商店门口，以免工贼破坏罢工。这些问题久已成为劳资间工人间的纠纷。国民政府只要设法处理，使工人得到生活保障，他们本无须取这种形式。③

鉴于国民党"袒商抑工"政策的践行，此时广州商界与国民党右派遂趁势强化"工人恐怖"论，"工人太猛进了，不能不加以取缔""阶级斗争破坏了联合战线""工潮是共产党捣的鬼"等言论便在国民政府北迁后甚嚣尘上。④当然，这些言论的出笼，即遭到中共工运领导人邓中夏的一一批驳。如针对"工人太猛进"问题，邓中夏就坚决否认工人要求条件的"猛进"，但承认其斗争形式"太猛进了"，这是"因工人失其保障，不能不当于自卫"的缘故。而对于"阶级斗争破坏了联合战线"问题，他认为，工人阶级联合战线的主要对象，决不是大商资产阶级，因为其只会"叛卖革命"。即使若与大商资产阶级建立联合战线，也只是政治的而非经济的。同

---

① 《本会对政治会议关于工人事件议决案之意见书》，《广东工人之路》第11、12期合刊，1926年12月25日，第3页。
② 《广州工人代表大会对政治会议最近关于工人事件决议案上省政府书》，《人民周刊》第36期，1926年12月30日，第4页。
③ 周恩来：《国民革命及国民革命势力的团结》，《人民周刊》第34期，1926年12月11日，第2页。
④ 《一九二六年之广州工潮》（1927年），人民出版社编辑部编：《邓中夏文集》，第361、362、363页；C. A. 达林：《中国回忆录（1921—1927）》，第194页。

时他又强调:"工人阶级必须在经济上足以自存,政治上的联盟方有意义。所以不能以政治的联合战线,而反对工人经济的阶级斗争。"其实,"工人改良生活运动,不仅不妨害国民革命,而且有利于国民革命"。至于"工潮是共产党捣的鬼",邓中夏更是不遗余力地进行辩驳:

> 如将工潮归罪于共产党,未免太过恭维共产党了,这样,无异说共产党有三头六臂,神通广大;共产党真有此本领,不特不当推卸,而当引为荣誉。老实说,共产党在此广大绵延的潮流中,因其人手太少,正很惶愧未能尽其领导责任多多帮助工友呢。共产党是工人阶级的政党,除工人阶级利益外,无他自己的利益,对于工潮,自然毫无疑义站在工人方面,为工人利益而奋斗。共产党自信是工人阶级的良友在此,工人阶级相信共产党是他们的良友亦在此。我们还要说,在此半年斗争中,破坏罢工者既如是其凶猛,保障罢工者又如是其渺茫,工人为感情冲动,往往悲愤欲死,想采用激切手段,假使没有共产党从中解释维系,更不知要闹出如何大祸。共产党一方面要为工人利益着想,一方面又要为革命后方着想,若还说共产党捣鬼,真难乎其为共产党矣。①

由上述工人代表会、周恩来、邓中夏的自辩言论可知,中共方面对广州工运过激行为所致的"工人恐怖"事实并不否认。尽管其就此一再解释与辩驳,但终无济于事。1927年1月5日,粤省政府颁行的《广东省暂行解决工商纠纷条例》则明显偏袒商界:如对商人除规定罢工时可自行操作,歇业须补工人一月薪金等外,最严厉的不过是不得搀设工会和指使贿买他人加重纠纷;而对工会除严格限制其会费、基本金征收外,还规定不得强征会员及抽收商家买卖货品的佣金,并厉禁擅自拘人、持械巡行、携取商家物品、封锁商店与工厂等不利于商界行为。② 须指出,该条例的颁布对广州商界而言无疑达到了遏制"工人恐怖"的预期目的。1月11日,广州商民大会正式通过拥护条例提案③,而工界也只有广州工人代表会略有异议,但对此商议也仅是"略有增删"而"请政府修改"④。很明显,在这个问题上,工人代表会一改往日强硬姿态,中共工运策略调整应是主因。为缓和劳资剧

---

① 《一九二六年之广州工潮》(1927年),人民出版社编辑部编:《邓中夏文集》,第362-364页。
② 《省政府暂行解决工商纠纷条例》,《广州民国日报》1927年1月6日,第4版。
③ 《商民代表大会之第二日》,《广州民国日报》1927年1月12日,第9版。
④ 《广州工人代表会总代表会议情形》,《广州民国日报》1927年1月10日,第3版;《广州工商纠纷解决法》,《申报》1927年1月11日,第2张第5版。

烈冲突，维系国民革命统一战线，此时中共开始放慢工人运动的激进脚步。1926年12月4日，中共中央在给广东区委的信中就明令"工人纠察队直接封闭商店的举动须极力制止"①，并在粤区政治报告的决议中揭示了其调整工运政策的隐衷：

> 然在广东工人运动方面则应大大让步，因为广州工人群众多是手工业工人，他们的要求他们的行动已经达到现时社会经济所能容许的顶点，如自由封闭生产，纠察队促［捉］人等，过此便只有工人夺取政权了。既然工人政权是目前绝不容许的，则我们对于此过分的行动便当让步。我们不可盲目地跟着群众左倾，广东还是小资产社会，若果我们利用小资产阶级政权以威吓小资产阶级（手工业工人对于小商店主之过分要求），这是机会主义而不是革命行动。我们正苦于无法阻止工人群众目前过分的行动（因为我们地位困难），现时政府所颁的四个办法（指前述工人纠纷问题议决案，——笔者注）形式虽是反动的，实质却替我们解决了很困难的问题，所以我们对此办法应当承认。②

可是，中共工运政策的调整实效相当有限，广州劳资阶级纷争的激化态势并未因之而有多大改观，相反却使国民革命后期商界地位日渐凸显。加之国民党"袒商抑工"政策的实施，广州"劳强资弱"关系格局遂向"资强劳弱"态势演变。这表现在此时期劳资纠纷由商界主动发难的渐趋增多，且态度颇为强硬。究其手段主要有四种：（1）联同罢业或闭厂先行抵制。如报馆、车衣、菜栏、酱料、金行、火柴厂等东家"皆是工人提出条件尚未罢工时，雇主先行闭厂停业，以绝其生路"。（2）强迫工人退出工会以去其保障。如纱绸东家以开除工作威迫工人登报退会等。（3）强行开门营业，置工人要求于不顾（几乎全是）。（4）开除、裁减工人而另雇，以"挽夺"其工作。"此类事实难以枚举。"③而这必然使失业问题愈加严峻，"使工人

---

① 《中央致粤区信——关于国民政府迁汉后应付粤局的策略》（1926年12月4日），中央档案馆编：《中共中央文件选集》第2册，第474页。
② 《中央对于粤区政治报告的决议》（1926年12月），中央档案馆编：《中共中央文件选集》第2册，第591–592页。
③ 参阅《一九二六年之广州工潮》（1927年），人民出版社编辑部编：《邓中夏文集》，第331页；冯菊坡：《广州工人代表大会与广州工人运动之现状》，《人民周刊》第33期，1926年12月3日，第4页；《本会对政治会议关于工人事件议决案之意见书》，《广东工人之路》第11、12期合刊，1926年12月25日，第3页。

受打击而妥协"①。据1926年12月的《广州市市政公报》不完全统计,在广州180个工会中,失业人数为60744人,占工人总数的20%。其中因生意冷淡被商家裁减者69个,而与东家发生纠纷被开除的有22个。② 同样事实亦可从1927年3月国际劳工代表斯托拉(Stoler)对曾任国民党中央工人部长陈树人的访谈中得到印证。陈树人在被问及国民政府的工运政策时说:"国民政府迁往汉口后,广州商人和资本家在对抗工人的活动中,显得非常积极与无畏,他们要求政府不要迁就工人和工会。"而当斯托拉问及广州工界对国民党"抑工"政策的反应时,他回答:"据我们所知,工会方面并未反对这些限制性措施,还没有一个工会对此抗议,许多工会领导人自身已意识到此时采取这些措施是必要的。"同时他也承认,广州商人"正利用这种形势来向工人和工会进攻"③。陈树人的谈话自然有着为国民党"袒商抑工"政策辩解的用意,但也折射出国民革命后期广州劳资关系格局由劳方向资方的权势转移。至1927年4月国民党在广州清党后,中共领导的工会运动惨遭镇压,"东家更将所有一切条件推翻"④。此后,类似传统行会时期资方主导型劳资关系格局复现广州,一直延续至中华人民共和国成立初期。

第三节 "无情鸡"事件: 国民革命后期劳资关系的实证考察

"任免职工为劳资争议中一个最严重的问题"⑤,它是20世纪20年代后期中国劳资纠纷的主要焦点之一。本节以1927年初发生在广州的一例因解雇工人问题而引发的工人、商人两大阵营激烈对垒的劳资纠纷——"无情鸡"事件为个案,试图通过对这一具体事件动态演变过程的细致考察和

---

① 刘尔崧:《中国国民党广东省第二次全省代表大会广东省执行委员会各部工作报告》(1926年12月),中共惠州市委党史办公室、中共紫金县委党史办公室编:《刘尔崧研究史料》,第186页。

② 李应林:《广州市市政厅社会调查股报告》,《广州市市政公报》第243号,1926年12月30日,"附录",第3—4页。

③ Sydor Stoler, *The Trade Union Movement in Canton* (Ⅱ), The Pan–pacific Worker, vol. 1, no. 7, October 1, 1927, Jay Calvin Huston Papers, 1917—1931, Box 5, Folder 4, 斯坦福大学胡佛研究所档案馆藏, p. 17.

④ 《广州工人代表大会报告——关于国民党反动之后广州工人情形》(1928年1月),中央档案馆、广东省档案馆编:《广东革命历史文件汇集》甲33,1982年,第237页。

⑤ 《一九二六年之广州工潮》(1927年),人民出版社编辑部编:《邓中夏文集》,第330页。

分析,来透视国民革命后期党派政治与劳资利益博弈的某些复杂面相。①

一、一纸电函:"无情鸡"事件之缘起

"无情鸡"系广东商界数百年相沿自由解雇工人的旧习,即每年农历年初二,雇主请雇工吃一顿有白切鸡的"过年饭"。席间,如雇主将鸡头对着某工人笑着说:"某大哥,辛苦你一年了,多吃点,莫客气。"这就意味着该工人被辞退了。若雇主不向其说此番话则为继续雇请。故每当雇主请吃鸡时,工人总是"忐忑不安,一双眼都钉住雇主的颜面",此谓吃"无情鸡"②。而且,依此行会旧俗,雇主过年时辞退职工而另雇新工人,只有到下一个新年才能辞退。③ 这是资方独享用人权的反映。对此雇主自由解雇工人的"习惯法"④,劳方自然是深恶痛绝,"因为它剥夺了工人的营生方式"⑤。不过,随着国民革命的兴起和工人运动的高涨,广州大多数工会与雇主订有职工任免的劳资契约,规定雇主不得任意解雇工人,若解雇务须经工会同意,且付工人一定的补偿费⑥,"无情鸡"习俗遂暂时销声匿迹。显然,这与此时国民党"袒工抑商"的劳资政策导向颇有关联。然而,国民革命后期国民党劳资政策由"袒工抑商"至"袒商抑工"的调整与实施,却为"无情鸡"旧俗的死灰复燃造就了适宜的温床与土壤。

1927年1月初,曲江县商会致电粤省实业厅,请示雇主"年初二"是否有解雇工人的权力:

---

① 与"无情鸡"事件相关成果多是从传统工运史角度来分析的,如禤倩红、卢权:《北伐出师后的广东工人运动》,《近代史研究》1997年第3期;张克谟、钟毅旭主编:《广东工人运动史》第1卷,第263-265页;刘明逵、唐玉良主编:《中国工人运动史》第3卷,第416-418页等。这些论著的叙述都甚为简略,且因史实不清而得出的结论迥异:如张克谟、钟毅旭认为,广州商界基本接受了省港罢工委员会的调停,被开除工人多数陆续恢复了工作;而禤倩红、刘明逵等则指出,因政府对资方继续持袒护立场,工人复工无望,"无情鸡"问题不了之。显然,在重构史实过程中详为考订很有必要。

② 邓中夏:《"年初二"问题解决的途径》,《人民周刊》第42期,1927年2月15日,第1页。

③ C. A. 达林:《中国回忆录(1921—1927)》,第304页。

④ 参阅秋高:《革命根据地与"无情鸡"》,《少年先锋》第2卷第15期,1927年2月21日,第369页。

⑤ Sydor Stoler, *The Trade Union Movement in Canton*, The Pan-pacific Worker, vol. 1, no. 6, September 15, 1927, Jay Calvin Huston Papers, 1917—1931, Box 6, Folder 1, 斯坦福大学胡佛研究所档案馆藏, p. 23.

⑥ C. A. 达林:《中国回忆录(1921—1927)》,第304页。

> 窃查工人立会，为党纲所许。近日各行工会相继成立，可谓一时之盛。惟工会章程，必有无故不得开除工伴一条。常阅报纸登载，每因商店开除工伴，发生劳资纠纷，彼则称为有故，此则指为无故，各具理由，各走极端，双方坚持，无从解决。每每酿成罢工迫挟，封锁商店，不独商务大受蹂躏，社会亦为之不宁，闻之令人寒心。但商场习惯，每年阴历初二日，为去留工伴之期，在雇主则量材录用，在工伴则择木而栖，合则留，不合则去，本有绝对之自由。转瞬夏历初二日，商店有无自由任免工伴之权？届时开除工伴，应否作为有故，抑作无故？乞赐明白批示。①

厅长李禄超接电后立即予以批复"照此办复"，并向省府转呈请示办理：

> 过去之年度，已得结束，凡营业之伸缩，职员之进退，应先通盘筹算，预定计划，店务始有发展，故商人视夏历正月初二去留店员权之有无，实为商店生死关头所系，不可加以限制。就店员觅工而言，全年去留店员之期已经确完，其时有去有留，有升有补，需要店员之商号固多，工人觅工亦不患无机可乘，与半途开除迥别，故每年夏历正月初二去留店员，决不能以无故开除论，此等相沿习惯，确有正当之理由。②

1月20日，省政府第十一次委员会议议决将此案照准。③ 随后，又在国民党中央广州政治分会会议上通过。28日，实业厅便以省政府名义致函广州总商会，将批复结果转发各行商遵照。④

消息传出，各行工人奋起抗争。1月31日，共200余工会的数万人在广州工人代表会、广东总工会的总代表刘尔崧、叶楚沉等率领下，由中央党部礼堂出发，沿途高呼"打倒贪官污吏李禄超、打倒反革命李禄超"等口

---

① 《令公安局奉省令夏历正月初二日各商店有自由更换店员之权由》，《广州市市政公报》第254号，1927年4月20日，第37页。
② 罗浮：《年初二解雇工人问题》，《向导周报》第190期，1927年3月6日，第2046－2047页。
③ 《广东省政府委员会第十一次会议录》，《广东行政周刊》第5期，1927年2月1日，第5页。
④ 《粤商店正月初二去留工伴问题》，《申报》1927年2月16日，第3张第9版。

号，向省政府请愿废除"年初二"旧例①，并提出四项要求：（1）切实保障各工会与东家以前所订一切有利条件继续有效；（2）取消实业厅年初二日雇主有权任意开除工人的提议；（3）凡经济罢工案，须在旧历年关内解决，如不得解决则明令保留，禁止东家年初二日换人；（4）接纳工人代表会修改暂行解决工商纠纷条例之条陈。②对此，省政府只好答复在取缔工商纠纷条例前，工会与雇主所订一切条件暂准继续有效。另外，旧历年关期内，雇主若更换工人，除工会与雇主已订有条件的照条件办理外，其余悉照旧习惯办理。但罢工未解决，雇主不能任意换人，解决后可照解决条件办理。③这实际上就否定了其前所批准的商家"年初二"自由解雇工人的决议，因为在此前"市内各行商，无行不有工会，即无行不是与工会订有条件"④。

不过，省政府的应对措施并未对商界产生多大约束力，相反却为劳资纠纷的恶化火上浇油。2月2日，广州总商会、广州市商会、广州商民协会、广东全省商会联合会等四商会召开全市商民联席会议，数百名商会会董及行商代表，对政府的先"许商人有任免店员之权"，而后"突变初旨"甚有怨言，遂选出林丽生、黄旭升、谭棣池等谒见李济深，"询据何种理由，容纳工人请求"。李即宣称："如东家以为尚有未妥协处，亦可联合请愿政府，

---

① 《省政府对工会请愿案之办法》，《广州民国日报》1927年2月7日，第3版；《粤商店正月初二去留工伴问题》，《申报》1927年2月16日，第3张第9版。尽管国民革命后期广州工界因党派歧异内部冲突时有发生，但对来自商界的"无情鸡"威迫，尚能暂时趋向联合。另外，还应指出，罗浮在《年初二解雇工人问题》（《向导周报》第190期，1927年3月6日，第2047页）一文中认为，工人代表会、广东总工会向省府请愿是在1月23日，一些今人著述，如禤倩红、卢权：《北伐出师后的广东工人运动》，《近代史研究》1997年第3期；张克谟、钟毅旭主编：《广东工人运动史》第1卷，第264页；刘明逵、唐玉良主编：《中国工人运动史》第3卷，第417页等，皆沿用罗文说法。而笔者以为应为1月31日，这可从《省政府对工会请愿案之办法》《广州工代会对旧历新年开除工人之决议》（《广州民国日报》1927年2月7、10日，第3、5版）的两篇报道中得到互证，而《粤商店正月初二去留工伴问题》（《申报》1927年2月16日，第3张第9版）和邓中夏的《"年初二"问题解决的途径》（《人民周刊》第42期，1927年2月15日，第1页）皆认为是1926年农历12月28日，其实二者系指同一日，即公历1927年1月31日，参见王健民等编：《二百年日历》，北京：中国工人出版社，1990年，第176页。

② 罗浮：《年初二解雇工人问题》，《向导周报》第190期，1927年3月6日，第2047页。工人代表会修改《广东省暂行解决工商纠纷条例》之详情可见《广州工人代表会总代表会议情形》，《广州民国日报》1927年1月10日，第3版。

③ 《一月卅一日广州各工会请愿案》，《广东行政周刊》第6、7期合刊，1927年2月21日，第55页；《粤省解决工人纠纷办法》，《申报》1927年2月8日，第2张第6版；《省政府对工会请愿案之办法》，《广州民国日报》1927年2月7日，第3版。1927年2月1日（农历1926年12月29日），此法案由省政府正式宣布施行。

④ 《粤商店正月初二去留工伴问题》，《申报》1927年2月16日，第3张第9版。

政府当酌纳可行者办理。"李氏的答复，无疑增添了商界抗争的决心。于是，四商会再次通告各行商，一律拥护"年初二"自由更换店员权，并以政府宣布许可在前，"威信所在，万无更移，全体商民，应一致遵守，毋负政府维持商场之盛意"①。"无情鸡"纠纷事态因而进一步扩大。

二、冲突与回应：劳资纠纷之蔓延

2月3日，农历新年初二。商界不顾工人的抗议而断行大解雇，"或借名缩少生意，减少工人；或借名变更商业，辞退工人；或借名拆股，宣告歇业"，五日内工人因此失业者已至4500余名，范围涉及火柴、陶瓷、麻包、纸业、茯苓、鲜果、咸货、烧腊卤味、土洋匹头、牛皮鞋料、铜铁杂货、酒楼茶室等22个工会。② 针对商界的肆意解雇，广州工界多以罢工与封锁的强硬手段积极抵制，如广州百余家纱绸店、47家故衣店，因"年初二不能自由开除店伴，暂停业"③；石龙商店因撤换店伴，"被工会派人捣毁商店多家，捕去店东数十，又到市商会搜捕商董及店东二人，现全市罢市"④；生药行、鸡鹅鸭行等工人亦因"有被店东开除者"而罢工。至2月7日，广州商店慑于工人武力封锁，"开市者仅三数成"⑤。鉴于此，各行商乃议决：由商会联衔将市内各行纠纷情形致电国民政府及蒋介石，并通告全市商店，若与工会订有契约难以执行的，应即告知商会设法请政府维持，同时联合商民向政府大请愿以争用人权，若有失则停业。⑥ 可见，封锁与停业是此时劳资双方直接对垒"年初二"问题的主要手段，以"无情鸡"为焦点的劳资纠纷因之愈趋激烈，而纠纷态势的严峻性亦迫使工商两界展开了新一轮令政府进退维谷的利益角逐。

商界请愿宣言发出后，工界亦不示弱。2月8日，广州工人代表会偕同各工会代表请愿省农工厅，提出：以前东家与工会订有条件者应照条件办理，未有条件的可换工人，但须用原工会会员，工价不得低折。若遇假借歇业、转换字号故意开除工人，复业时除用原工人外，并得赔偿损失。如减少

---

① 《粤商店正月初二去留工伴问题》，《申报》1927年2月16日，第3张第9版。
② 《广州工代会对旧历新年开除工人之决议》，《广州民国日报》1927年2月10日，第5版；"News from South China", The China Weekly Review (Formerly Millard's Review), vol. 39, no. 13, Feb. 26, 1927, p. 346.
③ 《本馆要电二·7日香港电》，《申报》1927年2月8日，第2张第6版。
④ 《粤省之工潮》，《申报》1927年2月10日，第2张第7版。
⑤ 《广州之罢工潮》，《申报》1927年2月9日，第2张第7版。
⑥ 《广州工商纠纷再志》，天津《大公报》1927年2月21日，第6版。

工人，须审查该工厂或商店理由是否属实，若属实则订约用该会工人，否则工人一律停工对付。① 农工厅照准，并通令各商一体遵行。10日，由京果、海味、旅业、西药、革履等20余工团组成的革命工人请愿团，在李占标、廖葆真、何绮秋等率领下亦请愿省政府：明令店东不得无故开除工人，但与店东未订特别规约而本年年初二被开除者，应由各店函请各该工会介绍别员补充，工金须照原员工值。技术工人及服务工会或退职后两年内的工人亦不得开除，被开除者应即复工。在未得其同意前，政府应拒绝商人不利工人的请求。② 然而，省政府却以无暇即时答复为辞，仅议决"对于工人商人两方提出条件，应由政府组织仲裁会解决，并得由该（请愿）团派代表出席"而敷衍塞责。③

商界的请愿也在加紧进行。在革命工人请愿团向省政府提出要求的同日，四商会联函广州、佛山、石龙行商15000余人，由邹殿邦、区述之、蒋寿石、朱俊堂等率领也至省政府请愿，要求雇主有自由雇佣权，年满月满开除店伴，不能以无故开除论，但与工会订有条件的照条件办理。如条件无年满月满及年初二不能开除字样，雇主仍有权去留店伴。而罢工期内各店在工潮解决后三日即恢复雇主任免权，与年满月满等，被辞退工人不得索补工金及其他各费。另外，政府五日内应召集仲裁会解决工商一切纠纷。④ 在此次被《密勒氏评论报》誉为"或许是中国商人第一次向国民党大规模的请愿"中⑤，商界始终以顽抗的姿态逼使政府就范：他们高呼"打倒商人即商人灭亡，商人灭亡即政府灭亡"⑥，且颇具决心："若工会方面仍强硬继续反对解雇运动，政府不事禁止，则商人方面当全体罢市"，"情愿牺牲营业，亦所不惜。"⑦ 此外，还将省政府包围不准政要外出，"即总政治部、民政厅、政

---

① 《广州工代会对旧历新年开除工人之决议》，《广州民国日报》1927年2月10日，第5版。
② 《革命工人大请愿之详情》，《广州民国日报》1927年2月11日，第5版。
③ 《广东省政府委员会第十三次会议录》，《广东行政周刊》第6、7期合刊，1927年2月21日，第13页。
④ 《全市商民请愿情形》《商人请愿团通布解决条件》，《广州民国日报》1927年2月11、12日，第9、5版；《粤省雇佣争执问题近状》，《申报》1927年2月20日，第3张第9版；《广州商人大请愿》，《晨报》1927年2月24日，第5版；《各项事件传闻录》（1927年2月11日），广东省档案馆藏，粤海关档案，94—1—1588。达林认为，此次商界请愿约有22000人。参见C. A. 达林：《中国回忆录（1921—1927）》，第305页。不过，该书记录的时间"2月20日"有误，应为"2月10日"。
⑤ "News from South China", The China Weekly Review (Formerly Millard's Review), vol. 39, no. 13, Feb. 26, 1927, p. 346.
⑥ 《粤汉两地工商间之纠纷》，天津《大公报》1927年2月16日，第6版。
⑦ 《广州市商民大请愿》《各社要电·东方社10日广州电》，《申报》1927年2月11、12日，第2张第6、8版。

治分会等机关职员,亦同一办法"①。商界的恃强举措,最终迫使省政府对其请求暂准照办,同时还议决组织工商纠纷仲裁会以解决"年初二"问题。② 对此,各商人满意而归,顷刻间爆竹声轰动全市。

不难发现,省政府对工商两界请愿的息事宁人,反映了其作为"国民"政府举步维艰的两难境遇。诚如时人所言:"商民自得到政府的答复之后,固然高兴异常,大放爆竹。但有些头脑稍明白之商民领袖,亦深知政府无法可以解决此问题,因为今天工人去请愿,政府可以完满答复工人的要求,明天商民去请愿,政府也可以完满答复商民的要求,如此循环下去,终无解决之希望。"③ 而邓中夏所论则颇中肯綮:

> 初九(2月10日)商人方面向政府请愿,得到四个条件,似乎兴高采烈,甚至还有燃放爆竹以庆祝胜利的。不过商人得的条件是"雇主有自由任免店员工作之权;但以前与工会或工人有特别条件订定雇主无权开除者,暂不在此限"。试问与廿八日(1月31日)工人方面向政府请愿得到条件"关于雇主更换工人一节,除工会与雇主已订有条件者照条件办理外,其余悉照旧习惯办理"有什么分别?不过意思颠倒一下罢了。好像一杯水,倒在另一杯里,倒过去,倒过来,始终是这一杯水。如果说初九商人得到胜利,那末也可说这就是工人已得的胜利;反之,如果说廿八(日)工人得到胜利,那末也可说这就是商人亦得的胜利。所以,工人固然不要空想单方面得到完全胜利,同时商人亦不要空想单方面得到完全胜利。要知道政府为国民的政府,固然不得"袒工抑商",又何可"袒商抑工",以失其平?④

劳资双方的激烈对峙并未因政府的"羁縻笼络"而稍戢,反而进一步强化:商界自请愿胜利后,更是大量解雇工人,其中多为"革命者和工人运动的积极分子"⑤。至2月中旬,广州因年初二被开除的工人计万人。"这

---

① 《各行商请愿问题已解决》,《广州民国日报》1927年2月12日,第3版。
② 《广东省政府委员会第十三次会议录》,《广东行政周刊》第6、7期合刊,1927年2月21日,第13页。省政府议决,仲裁会由农工、实业两厅长、省市党部工人、商民两部长、四商会、广州工人代表会、广东总工会、广东机器工会、革命工人联合会各派代表一人组成,由农工厅召集会议并以该厅长为主席。
③ 罗浮:《年初二解雇工人问题》,《向导周报》第190期,1927年3月6日,第2048页。
④ 邓中夏:《"年初二"问题解决的途径》,《人民周刊》第42期,1927年2月15日,第1页。
⑤ C. A. 达林:《中国回忆录(1921—1927)》,第305页。

一切又引起了新的罢工浪潮",而尤以工会封锁商店为甚。虽经政府严令禁止,各工会仍于商店门口树插纠察队旗,不准其营业。据调查,被封锁的店铺有500余家,以纱绸、烟丝、生药、纯料、酱料、影相、糖面、书籍等行为多。① 劳资冲突的升级,"即中小商民与工人(特别是店员)对抗的形势,如果无适当之解决,必致根本动摇国民革命中各阶级联合战线。"② 可见,"今岁的'无情鸡'问题,不特是社会间的纠纷现象,实在是民众势力的大关键,国民革命中的重要问题。"③

为缓和国民革命后期统一战线内部日趋激化的劳资冲突,2月10日,广州工人代表会就已敬告商界体谅其废除"无情鸡"之用意,"在新时代中此种旧习惯,似无再行维持之必要;且此所谓'无情鸡'惨剧,不特太欠公允,抑亦太不人道。度商界明达,当不忍再主张存留"。且倡言"我工商两界关系至为密切,犹车之两轮,鸟之两翼","深愿彼此互相谅解让步,造成繁盛之广州商务"④。而后,又致函四商会筹设工商联席会议以弭纠纷,并由政府派员居间仲裁。同时,更加明确其"工商合作"态度:

> 窃查各商店之开除工友,多以维持旧习惯为辞,此实齐末之见解。方今中国在帝国主义经济侵略之下,工人固受其压榨,而商业亦受其压迫。欲谋工商事业之发展,惟有赖于工商二界之合作,舍此以外,更无他途。若各商家只顾片面之便利,置数千失业工人于不顾,则不特失革命合作之精神,抑且违公平人道之宗旨。在东家固求营业之发展,在工人亦需求生活之维持,衡情论事,各具隐衷。所以关于新年开除工人一案,允宜协谋解决之方法。若各走极端,势必两败俱伤,非工人之所愿,亦非商家之幸福也。⑤

广州工人代表会"工商合作"主张的提出,立即得到社会各界尤其是中共所属工会的同情与响应。2月13日,省港罢工委员会在告商界同胞书中就呼吁劳资携手"共求公道","然后双轮相辅,入于正轨,(则)实业之

---

① 参阅《商家年初二用人权问题》,《申报》1927年2月12日,第2张第8版;《粤工人擅行封锁商店》,《晨报》1927年3月7日,第5版;C. A. 达林:《中国回忆录(1921—1927)》,第305页。
② 罗浮:《年初二解雇工人问题》,《向导周报》第190期,1927年3月6日,第2048页。
③ 德功:《无情鸡》,《民众的武力》第7、8期合刊,1927年2月26日,第15页。
④ 《广州工人代表会敬告商界同胞书》,《广州民国日报》1927年2月11日,第5版。
⑤ 《工代会致本市四商会函》,《广州民国日报》1927年2月15日,第5版。

发展可期，工商之痛苦齐减"①。及后，海员工会、全国铁路总工会广东办事处亦劝商界能与工界"推诚协商"，"开诚布公，互谋谅解"而"由此树立工商合作之基础，造成广东和平富庶的新局面"②。而粤省国民党机关报亦发社论，敦促商界要在劳资纷争中顾及国民革命大局："就事实来说，广州工人运动之初期幼稚病，固然有时令商人以难堪，但是商人对于工人实不应存着阶级的观念，主奴的见解，发生无革命意识之敌意。"在规劝劳资两界捐弃前嫌的基础上，社论力倡"工商合作"，并忠告双方要有"最后之觉悟，彼此谅解，使政府爱护工商之诚意，得以有表现之可能，以完成国民革命之全功"③。

社会问题只有在它进入公共话语论坛的渠道时，才能激发抗议活动。④在国民党右派势力强势的逆境下，工人代表会"工商合作"策略之酝酿，无疑在很大程度上顺应了社会公意，亦符合国民党"劳资协调"的一贯主张，当然也就很容易取得公共话语的同情与共鸣，从而给商界以更大的舆论压力。工人代表会态度的"温和"，显然与中共工运政策的调整密切关联。国民政府北迁后，至少为在形式上维系革命统一战线，避免与国民党右派发生公开的决裂，中共此时开始降低工人运动的激进程度。诚如中共广东区委所言："把工人与商人的关系弄得太恶劣了，结果在整个工人阶级与政府对抗的形势上陷于孤立，或竟使商人结合在政府方面来压迫工人。因为我们现在还不是要打倒资本家而所与政府对抗，所以我们不能敌人树得太多了。资产阶级是我们最后的敌人，但是我们现在还不需要与他们站在绝对的冲突地位以孤立我们自己的势力。"因此，"对于广东劳资的冲突，现时就要小心的工作"，"有时应当妥协一下"⑤。

三、仲裁与调停：纠纷调解中之利益博弈

尽管为缓和立场，工人代表会的"工商合作"倡议得到了社会舆论的广泛关注，但却因遭商界的漠视而落空，劳资双方遂诉诸于政府所主持的工

---

① 《罢工会为初二案告商界同胞书》，《广州民国日报》1927年2月15日，第9版。
② 《两封敬告商界同胞书》，《广州民国日报》1927年2月16日，第6版。
③ 焰生：《告广州工商界》，《广州民国日报》1927年2月12日，第2版。
④ [美]艾尔东·莫里斯等主编：《社会运动理论的前沿领域》，刘能译，北京：北京大学出版社，2002年，第103页。
⑤ 《中共广东区委政治报告（二）——国民政府迁移及省政府改组后广东政局与我们的政策》（1926年11月23日），中央档案馆、广东省档案馆编：《广东革命历史文件汇集》甲6，第437－438页。

商纠纷仲裁会。然而，仲裁会几度不欢而散，几乎毫无进展。

2月14日，第一次仲裁会议因劳资代表的缺席而流会。① 翌日，该会在省政府正式开幕，但又因权限论争而陷于空谈。如广州商民协会代表要求仲裁会应负解决一切纠纷的职责，而主席陈孚木表示只解决总的问题。广州总商会代表则主张"无论总的及一切均可，只是要根据政府答复商人条件"。广州工人代表会刘尔崧亦主张"总的具体的皆可"，但提议若讨论具体的，则应准纠纷工会派代表参加。② 这次会议徒具形式而无实质内容。事实上，至17日第二次会议才入主题。会上，劳资双方就"年初二"商人有无解雇权展开激烈争论：商界认为，年初二日去留工人实为必要，万难取消，且"不受任何条件之拘束，年满月满，不得以无故开除论，并不得索补工金，及其他各费"。而工界则主张旧历年初二制为"不良习惯"，应即废除改用新历，且开除工人应提前一月通知，并补薪金三个月，若再雇须用原工会会员。③ 经激烈辩论，后由主席调解达成暂行办法六项：（1）凡工会以前与商人订立条件，未声明年初二不能开除者，准商人自由去留店伴；（2）商店更换工人须用原工会工人；（3）新雇工人工资不得低折；（4）商店因营业收缩须减少工人，工会不得强迫用回原额；（5）以上办法只适用于仲裁期内；（6）工会与商人以前所订条件，仲裁期内暂准继续有效。④ 这实际上与政府以前应对工商请愿团的方案并无二致，雇佣权问题也并未因之而解决，相反劳资双方仍对此多有争执直至散会。

2月18日，仲裁会第三次会议。商界仍坚持"年初二"用人权，"谓一店一行商业之伸缩，惟东主始获明了，故决定递年去留增减工伙之数额，必须店东有绝对自由权乃可，若关于用人，必须征求工会同意，是损失主权，决难承认"。而工界则言用人须其同意"系防流弊，而昭公允，并无深刻要求"，并辩称："工商合作，共济一舟，如果一店之业务缩小，则工会体察情形，自允店主之裁人，万无梗阻之理。"劳资双方各持己见，主席陈孚木只得宣称将调处实情呈广州政治分会裁决，且下次会期届时通知。显然，政府的"借词不解决"，只能"致仲裁时间延长，使失业工人感受许多痛苦"。对此，刘尔崧即席声明取消前仲裁会议定的暂行六项办法。"而三日来之工

---

① 《粤工商纠纷尚未解决》，《申报》1927年2月16日，第2张第7版。
② 罗浮：《年初二解雇工人问题》，《向导周报》第190期，1927年3月6日，第2048页；《工商纠纷仲裁会开会详情》，《广州民国日报》1927年2月16日，第3版。
③ 详情参见《粤商雇佣问题尚无解决法》，《申报》1927年3月1日，第2张第7版。
④ 《工商纠纷仲裁会第二次会议》，《广州民国日报》1927年2月18日，第3版。

商纠纷仲裁会会议所得,亦完全推翻,逆料今后工人纠纷,将益见严重矣。"① 事实上,此后的几日里,广州的警察与军队一直在协助商人,至少有800家商店和工厂由军警出动解除了工人的封锁。②

为避免劳资关系再度恶化,2月20日,广州政治分会强令工商两界必须遵守2月17日通过的六项暂行办法,且定21日再开仲裁会。然而,是日因商界的缺席又一次流会。③ 不过,六项暂行办法之存废遂成为25日第四次仲裁会议劳资双方论争的焦点:工界深恐"仲裁会结束无期,而商人依照该六条办法执行,则工人方面吃亏不少",故主张将其明令取消。而商界认为此六项办法"业经当日工商代表通过,似无推翻之可能,而且商店任免店员,系因营业状况而定,店东绝无私见存于其间,故在商言商者,任免店员权万无放弃之理"。其后主席刘石心动议商界"当略让步,且为体谅工人失业之苦计,须暂行用回失业工人,作暂雇工人待遇",而商界对此表示决不容纳,致使此次劳资双方又"舌争移时",徒劳而返。④

仲裁会的几番调处令国民党当局大为失望,广州政治分会遂内定七项解决标准:(1)确定商家每年有一日自由雇佣权,此日暂定为夏历年初二;(2)年初二辞退工伴,商店应补回工人一月原额薪金及伙食,再雇仍用原工会会员且薪金不得低折;(3)如因营业收缩减少工人,应通知其所属工会,工会以为理由不足,得呈请主管机关处断;(4)更换收银、账房等工伴,应用该工会会员,但须有商店担保,否则商人得自由外雇,外雇工人仍准加入该工会,工会不得拒绝;(5)在职工会委员及去职一年内,不得沿用旧例开除,但请假、旷职一月以上或犯法者不在此限;(6)以前劳资订立条件无故不得开除者,仍继续有效,但无明白规定者,商人得自由去留;(7)工商间订雇佣契约,应由工会作证。⑤ 同时,限令仲裁会一周内解决纠纷,否则由该会决定办法执行。⑥

2月26日,仲裁会第五次会议。主席请议政治分会前所定之七项标准。

---

① 《工商纠纷仲裁会第三次会议》,《广州民国日报》1927年2月19日,第5版;《粤商雇佣问题尚无解决法》,《申报》1927年3月1日,第2张第7版。

② "News from South China", The China Weekly Review (Formerly Millard's Review), vol. 40, no. 1, March 5, 1927, p. 18.

③ 参阅《本馆要电二·22日香港电》《广州工商界尚未融洽》《本馆要电三·20日香港电》,《申报》1927年2月27日,第2张第6、7版。

④ 《工商纠纷仲裁会第四次会议》,《广州民国日报》1927年2月26日,第5版;《广州工商界尚未融洽》《粤商雇佣问题仍未解决》,《申报》1927年2月27日、3月5日,第2张第6版、第3张第9版。

⑤ 《工商纠纷解决标准案》,《广东行政周刊》第9期,1927年3月7日,第36-37页。

⑥ 《粤商雇佣问题解决难》,《申报》1927年3月7日,第2张第7版。

工界却提出商店应先设法补救被辞工人,使其生活安稳,然后再议其他条件。对此,商界当即拒绝。后由商民部谭惠泉提出折中办法:由商店津贴被开除工人膳费 7 日,每日每名 4 角,商界则允"容下日答复"①。28 日,仲裁会第六次会议。商界断然否决补给工人伙食,而工界仍坚持"此吃饭问题不先决,则其他条件万难磋商"。双方舌战不休,互不退让。及后,商民部代表再行调处,仍无济于事。② 3 月 2 日,仲裁会第七次会议。商界代表力争年满月满商店有自由任免权,并对补给伙食问题仍予否认,工界则以"区区小费,尚不能办到,是无诚意讨论"而率先退席,七项标准依旧未得讨论。③ 而 3 日第八次会议"情形仍如是",迫于无奈,会上主席只得强制将七项标准逐条讨论,工界代表以其第一项"属广州商场之一种习惯,只是任免工人,实无规定时日之必要,致令工人多一重束缚"而"违政府扶助农工之旨"为由,一致请求取消。而商界代表则以"若取消此条,则商人断不能营业,店东应绝对有去留权"与之抗辩,最终因双方意见相去甚远而无法解决。④

至 4 日,已为仲裁会末日,劳资双方犹未融洽。主席乃提出去留工伴权,并规定不受任何条件拘束,但须补被辞工人一月薪金,这样商人损失有限。结果商界仍为不满,工界亦极力反对。因而,主席复拟定两项办法:

一、关于解决今年初二问题者:今年被开除之工伴,如该工会与雇主无特定契约声明无故不得开除者,雇主不负补偿工金伙食之责;若定有契约,雇主应照契约履行;如有缺额,仍应用回该工会工友。

二、关于以后每年年初二问题者,拟分四项解决:(甲)工商之间向无特定契约,每年如有为一日为订定工友期间,仍准照旧习惯办理。(乙)如定有契约无故不得开除者,应照契约办理。在年初二开除者,补回一个月原额工食。如有缺额,仍须照原额工值,用回该工会会员。(丙)如特定契约,年初二亦不得开除者,应继续有效。(丁)无论何种工会职员,其在职期中及去职后年期内,皆不得于年初二日开除之,

---

① 《工商纠纷仲裁会第五次会议》,《广州民国日报》1927 年 2 月 28 日,第 5 版;《粤商雇佣问题解决难》,《申报》1927 年 3 月 7 日,第 2 张第 7 版。
② 《工商纠纷仲裁会第六次会议》,《广州民国日报》1927 年 3 月 1 日,第 5 版;《粤工商纠纷尚未裁决》,《申报》1927 年 3 月 3 日,第 2 张第 6 版。
③ 《工商纠纷仲裁会第七次会议》,《广州民国日报》1927 年 3 月 3 日,第 5 版。
④ 《第八次工商纠纷仲裁会会议情形》,《广州民国日报》1927 年 3 月 4 日,第 5 版;执中:《粤工商纠纷无法解决》,《晨报》1927 年 3 月 21 日,第 3 版;《广东工商两界之纠纷》,王清彬等编:《第一次中国劳动年鉴》第 2 编"劳动运动",第 345 页。

犯法者不在此例。①

然而，对此劳资双方仍是否认。无奈，主席只得宣布将争议情形呈政治分会解决。仲裁会就这样结束了其20余日毫无实效的"调停生涯"。诚如当时报纸所论："开会之初，吾人早料其必无结果。盖以广州工会对于自身利益，主张极为坚决，仲裁会内徒以口舌辩争，岂易望其退让？且商人之争此一日去留权，非一日之问题，实以两年来所受工会逼令承认之条件，为例过苛，欲以此一日为解除束缚之机会。故行商亦视此为生死关头，不轻易让步。"②

也正因"政治分会所宣布之解决办法，能否得工商两方之同情，固属一疑问，更或因办法已经政府决定，无可转圜。工商两界，因而更发生较大之斗争，亦未可定。至是尤难以收拾"③，农工商学会乃以第三者身份出任调停，"力谋工商协作"④。"当时一般社会皆以工商纠纷问题，于绝望之中，仍有一线调解之生机，甚为欣喜。"同时，此举亦得到广州政治分会的高度赞赏，"盖政治分会亦以此事若不能彻底解决，工人失业，商务停顿，社会经济，固受莫大之影响，尤恐地方治安，亦将被其牵动"，故允暂将其议决方案搁置而利调停。⑤

3月7日，农工商学会发出敬告工商两界同胞书，阐释其调解此次劳资纠纷的宗旨与途径：

> 窃以工商今日纠纷，欲谋解决，必先知两方纠纷症结之所在。譬医病然，必先察其病源，乃投以药剂，否则头痛医头，脚痛医脚，病终无祛除之日。今日工商两界之纠纷，所以久悬莫决，其惟一原因，乃在于双方感情之未复也。……故订立条件，必俟双方相安，欲订相安之条件，必须俟双方感情恢复，先疏通双方之后，再召集工商二界开联欢会，以谋工商两界之合作，更由此会议席上组织工商评议委员会，双方开诚磋商，讨论相安办法，已得结果，然后呈请政府公布施行。本会深

---

① 《广州工商两界之纠纷》，王清彬等编：《第一次中国劳动年鉴》第2编"劳动运动"，第345–346页；《工商纠纷仲裁会最后之会议》，《广州民国日报》1927年3月5日，第5版；《粤工商纠纷难解决》，《申报》1927年3月6日，第2张第5版。
② 执中：《仲裁会结束后之工商》，《晨报》1927年3月20日，第5版。
③ 执中：《粤工商纠纷节外生枝》，《晨报》1927年3月22日，第5版。
④ 《农工商学会调解工商纠纷》，《广州民国日报》1927年3月7日，第9版。
⑤ 执中：《粤工商纠纷节外生枝》，《晨报》1927年3月22日，第5版。

信此种办法,为解决今日工商纠纷之唯一善法,舍此别无他道。①

遗憾的是,农工商学会的调停却遭到了商界的质疑。四商会认为,"此事已在仲裁会决裂,该会乃出而任调处。其能调处者,亦不过如政府之代表而已。且恐该会并无实力,纵然调解,至商人认为满意时,未必工人方面肯俯首服从。反之,则工商纠纷更愈趋扩大,呈不可收拾之现象"②,遂谢绝调停并主张"惟召全省商人为二次大请愿,促当局将解决工商纠纷办法公布,令双方遵行"③。与之相反,此时工界却对调停寄予厚望,不愿由政府出面解决,"如政府不理,则商人必失败,屈服于工人,故宣传工商直接磋商空气,极为浓厚"④。同时,广州工人代表会还致电鲍罗廷设法斡旋,"借延政治分会公布办法"。揆诸事实,则因政治分会三委员中,仅陈树人与工人接近,而李济深、孔祥熙俱同情于商界,"将来宣布解决办法,谅难尽量容纳工人意见"⑤。然而,工界的意图却因农工商学会的调停遭到商界之拒绝而难以实现。

显然,农工商学会"昙花一现"的努力,并未能丝毫缓解广州国民党当局在应对"无情鸡"事件中的"尴尬困境"⑥。此时政治分会仍未遽行颁布办法,"盖以此项问题,双方均已死力相争,亟冀审慎考虑,使双方各得其平,免引起任何一方之不满也"。正是基此理念,3月15日,该会才将办法议决,而为慎重其事,仍未即行宣布。至18日,政治分会以"工商两方已极其注意,若因此而再发生不良现象,殊非政府消弭工商纠纷之本旨"为由,再将此案搁置。同时,令省党部商民部征询商界对此项办法是否满意。22日,商民部向政治分会函复四商会意见:每年必有一日绝对自由用人权;以前工商间所订条件,如有行不通之处,得提出修改,此为最低限度,无可再议。⑦

也正是在商界的再三催促下⑧,23日,政治分会只得采取强制裁决,并

---

① 《农工商学会敬告工商两界书》,《广州民国日报》1927年3月8日,第4版。
② 执中:《粤工商纠纷节外生枝》,《晨报》1927年3月22日,第5版。
③ 《粤商界将有第二次大请愿》,《申报》1927年3月9日,第1张第4版;《四商会对出席农工商学会之会议》,《广州民国日报》1927年3月8日,第9版。
④ 执中:《广州工商纠纷问题》,《晨报》1927年4月5日,第5版。
⑤ 执中:《粤工商纠纷节外生枝》,《晨报》1927年3月22日,第5版。
⑥ Sydor Stoler, *The Trade Union Movement in Canton*, The Pan-pacific Worker, vol. 1, no. 6, September 15, 1927, Jay Calvin Huston Papers, 1917—1931, Box 6, Folder 1, 斯坦福大学胡佛研究所档案馆藏, p. 23.
⑦ 执中:《粤省解决工商纠纷办法》,《晨报》1927年4月8日,第5版。
⑧ 《本馆要电·22日香港电》,《申报》1927年3月23日,第1张第4版。

通函工商团体遵照执行：

> 查工商两方，因去留店伴问题，发生争执，瞬历月余，纠纷不除，安业无日。双方既惑失业颠连之苦，社会亦呈杌陧不安之象。长此因循，不独对于庶政刷新有所窒碍，即于北伐进行，亦蒙影响。现仲裁会既叠经讨论，尚无调解之方，本会为政治指导机关，自应亟谋解决。现经本会参酌双方之意见，熟权工商之利害，讨论再三，爰于第十八次会议议决，解决办法六项，统筹兼顾，不倚不偏，双方苟非意气相争，固执成见，自可遵照解决。①

同时，正式将解决工商纠纷办法颁布：（1）确定店东每年有一日自由去留店伴权，此日暂定夏历年初二。但其去留店伴不在年初二者，仍照旧习得以每年一日去留，其余临时雇用者不在此限。（2）夏历年初二（或依旧习去留之日）辞退店伴，商店应补店伴两月原额薪金及伙食（如固有条件规定，则照条件办理）。补充人员仍用原工会会员，薪金不得低折。（3）因营业收缩减少店伴，商店应补其薪金及伙食两月。而商店亏折收缩或歇业时，则只补薪金一月，且应通知工人所属工会。若工会查实商店有意为难，得呈请两造主管机关处断。（4）工会职员在职期及去职一年内，雇主不得沿用年初二旧例开除，但犯法及旷职逾期者不在此限。在职职员除政府例定假期外，为办理工会事务请假每年合计不得过30日。（5）以前各店与工会订条件无故不得开除者，仍继续有效，但无明白规定者，商人仍得自由去留。（6）工商间订定雇佣契约，应由工会商会作证。② 由此观之，此条例内容多为广州政治分会前七项解决标准的补充与修正③，尽管政治分会一再标榜"统筹兼顾，不偏不倚"，但其"祖商抑工"的政治倾向隐然可见：工界终究未有完成其废除"无情鸡"之夙愿，"这对富有战斗性的工人而言，很难说是一次胜利"④；而对商界虽有诸种条件约束，但其年初二自由解雇工

---

① 《函广东省政府送工商任免店员工伴纠纷案解决办法六项由》（1927年3月23日），《中央政治会议广州分会十六年份月报合编》第5期，1927年5月，第363页。

② 参阅《政治分会公布解决工商纠纷办法》，《国民新闻》1927年3月25日，第9版；《政治分会公布解决工商纠纷六项办法》，《广州民国日报》1927年3月25日，第5版。

③ 应指出，广州政治分会前七项解决标准颁布后，遂引起工商两界的不满。2月28日、3月1日，四商会与工人代表会分别上书省政府、政治分会提出其修正意见，为便于对比，现将其制成表7-1：

④ Ming Kou Chan, *Labor and Empire: The Chinese Labor Movement in the Canton Delta, 1895—1927*, p. 233.

人权毕竟获得国民党当局法律形式上的认可。这不仅反映了国民革命后期广州国民党处置劳资纠纷问题政治理念的右转,而且,也在一定程度上折射出其同工商两界"冲突与合作"的微妙的复杂内涵。

表7-1 广州工商两界关于政治分会七项解决标准的修正意见对照

政治分会的七项标准	四商会的修正意见	工人代表会的修正意见
(1) 确定商家每年有一日自由去留店伴权,此日暂定为夏历年初二	此条应补充,若有特别情形,或以日计月计者,依其习惯办理	此条应请删除
(2) 年初二辞退工伴,应由商店补回工人一月原额薪金及伙食,补充人员仍用原工会会员,工金不得低折	此条应改为补回一月薪金伙食,以此次为限。补充人员准随时加入工会,工金由商店酌定	此条应补充"工商经订有条约者,应照条约履行"
(3) 如因营业收缩减少工人,应通知工人所属工会,若工会以为理由不足时,得呈请主管机关处断	此条应改为如因营业收缩应减少工人,由商人通知工会知照,将下两句删去	此条应改为如因营业收缩减少工人,应先期一月通知工人所属工会
(4) 凡收银、账房等工伴更换时,应用回该工会会员,但须有商店担保以资信用,否则商人得自由外雇,于雇用后,仍准加入该工会,工会不得拒绝	此条应补充新加入工会会员,缴交会费,不得超过该工会立案原额	此条应请废置
(5) 凡工会委员,其在职期及去职一年内,雇主不得沿用夏历年初二旧例开除,但请假、旷职一月以上或犯法者不在此限	此条应将"去职一年内"一句删去	此条"凡工会委员"中"委员"二字,应请改为"职员"
(6) 以前各店与工会订立条件无故不得开除者,仍继续有效,但无明白规定者,商人仍得自由去留	此条无异议	此条无异议
(7) 工商间订有雇佣契约,应由工会作证	此条应改为雇主与工人双方同意时,得自由订约,其前者商人与工会所立条约,如认为窒碍者,得呈请政府处理之	此条无异议

资料来源:《四商会请修正解决工商纠纷标准》《工代会条陈解决工商纠纷意见》,《广州民国日报》1927年3月1、3日,第9版。由表7-1可知,政治分会颁布的解决工商纠纷六项办法实质上是以其七项解决标准为蓝本,参照工商两界的修正意见而相妥协的产物。

四、凝聚与分化：纠纷强制裁决后之劳资因应

针对政治分会的强制裁决，劳资双方的应对却颇显异趣。这与此时广州工商阵营的内部变动密切相关。20世纪20年代中后期，中国的劳资纠纷呈现这样一种变化：因工人主动要求增加工资、改良待遇而引起的纠纷日渐减少，而因资方停业、歇业、解雇所引起的纠纷日趋增多。这就意味着工人由主动要求改善生活、生产待遇为主逐渐转变为被动争取就业、生存权利为主，显示出此时期劳资纠纷主动者逐渐形成由劳方向资方转移的趋势。① 而"无情鸡"事件正是反映这种变化趋势的典型例证：在纠纷中，商界自始即取主动和强势姿态，对工人的合理要求坚拒不纳。尽管政治分会的解决工商纠纷办法做出有利于商界的裁定，而四商会仍不满意：

> 自条例颁布，广州四商会即拟提出反响，连日为此，已迭次召集四商会联席会议，秘密讨论应付方法，业经一致议决，先由各商会各将六项办法，分派全市商民，着将意见提出，以便汇集，由四商会联衔转请政治分会修改，一面积极进行成立商人代表会，以最短期间请求立案毕，即由四商会指挥商代会，负起应付工商纠纷的与工团交战任务，如不得直，则由商代会召集全省商民定期举行第二次请愿，或联合一致以罢市为后盾云。②

可见，四商会的"一体化"行动在应对此次劳资纠纷中发挥着举足轻重的作用。"广州商人，向虽四商会之组织，惟势极散涣，故事事失败。近乃觉悟，知欲获最后之胜利，非团结到底不可。"③ 也正是以"无情鸡"问题为契机，四商会一改昔日的组织松散状态，增强了其内部的团结凝聚力。④ 如为应付政治分会即将颁布的解决工商纠纷办法，1927年3月11日，四商会在筹组广东商人代表会时曾因意见分歧而生纠葛，广州市商会梁培基、杨公卫深恐"倘因此致商代会胎死腹中，年初二案虽欲不失败而不可得"，遂主动至广州总商会和解。至15日，"该两会经此一度之沟通，前嫌

---

① 徐思彦：《20世纪20年代劳资纠纷问题初探》，《历史研究》1992年第5期；王奇生：《工人、资本家与国民党——20世纪30年代一例劳资纠纷的个案分析》，《历史研究》2001年第5期。
② 执中：《解决年初二案办法颁布之后》，《晨报》1927年4月19日，第5版。
③ 执中：《粤劳资斗争不易妥协》，《晨报》1927年3月6日，第5版。
④ 《四商会联议组织商代会》，《广州民国日报》1927年4月4日，第10版。

始释"①。对此，孔祥熙曾有感言："忆在广州时，见农工中共党之毒，猖獗异常，商人则垂头丧气。嗣商人以询余，余答农工皆有团结，商人何独不知团结？后商人遂从事组织，能整个表示其痛苦之所在，政府乃得接受其请求，即渐加以改进。"②

与此呈鲜明对照，工界阵营却时刻濒临着分裂的危险。纠纷甫始，广州四工会因团体利益的驱使尚能暂时走向联合，但也多为各自行动，其提交仲裁会关于"年初二"问题之提案仍是分别运作且态度歧异，未能如商界那样整合统一。③尤其在国民革命后期，因竞争会员、争夺会费或公共福利等而引起的工会纠纷更是迭见报端与政府档案：由于工会太分散，常常发生武装冲突，几乎每日都可听到工人在冲突中遇害的消息④；据市公安局不完全统计，仅1926年广州发生的恶性工人械斗案就有49起之多。⑤尽管个中原因极其繁杂，但工界分裂程度之深却是不争的事实。⑥工界内部因派系分歧而导致的利益分野势必严重影响着其与商界、政府的交涉和谈判。

也正因如此，执广州工界牛耳的工人代表会，在"无情鸡"纠纷中之态度经历了由强硬至温和的蜕变："工商合作""工商联席会议"之酝酿可谓其妥协的表征，这虽与中共为避免国共合作破裂而持更加调和的政治策略不无关联，但也有工人代表会对工人自身利益的考虑，"查其所以有此现象者，纯因该会所属各工会失业工人之日众，且今岁年初二所开除者，大部分属于该会分子。若长此递演下去，该会工人势非至于全体失业不止。则将来工人对于该会之信仰力必大减，所属工会不难被总工会吸引以去。"⑦然而，工人代表会本身的潜在危机更不容忽视，正如中共广东区委所承认的：

---

① 执中：《广州工商纠纷问题》，《晨报》1927年4月5日，第5版。
② [美]约瑟夫·弗史密斯：《商民协会的瓦解与党治的失败》，朱华译，中国社会科学院近代史研究所《国外中国近代史研究》编辑部编：《国外中国近代史研究》第20辑，第159页。
③ 详情参见《工商两界向仲裁会之提案》，《广州民国日报》1927年2月21日，第5版。
④ 《广州工会运动的报告——关于广州工会各派的演变，对待各派的策略》（1926年夏），中央档案馆、广东省档案馆编：《广东革命历史文件汇集》甲6，第341页。
⑤ 详情参见《公安局工人纠纷报告》，《中央政治会议广州分会月报》第1期，1927年1月，第1-8页。
⑥ 邓中夏在《一九二六年之广州工潮》中将工会纠纷的原因归结为：（1）行会组织、职业组织与产业组织的冲突；（2）新旧生产技术的冲突；（3）东家工会与工人工会的冲突；（4）政治势力的挑拨；（5）封建思想的余毒；（6）失业问题为其总原因。详情参见人民出版社编辑部编：《邓中夏文集》，第333-336页。另外，邝笑庵《广东工会之纠纷问题》，《国闻周报》第3卷第28期，1926年7月25日，第9-17页对广州工会纠纷的事实亦有所涉及。对此笔者拟另文探讨。
⑦ 执中：《粤劳资斗争不易妥协》，《晨报》1927年3月6日，第5版。

> 由于国民党中央工人部、国民党省委工人部、农工局工人部的领导人员是我们的同志,任何工会的成立都得通过他们的检查,这些工会不得不加入工人代表协会,因此工人代表协会不是由于我们工作的结果而成立起来的,而是靠我们的政治力量而存在的。结果,如兵工厂工人工会、灯泡公司工人工会、自来水公司工人工会等一些强大的产业工会没有加入工人代表协会。如果国民党右派分子掌握政权,工人代表立即会被赶走,我们指导工人代表协会的权力也会立即丧失。①

这也许在某种程度上道出了工人代表会社会基础薄弱的致命缺陷。因此,随着国民革命形势的逆转,其分裂的倾向亦就在所难免。至"无情鸡"事件发生时,该会已因"政治上党派势力消长关系,环境形势不佳,属于共派中人,多已他去"而致"会务非常废弛,所辖工会既多退出,转而加入广州革命工人联合会",加之"政治实力又非己系中人所握,奥援复失,自知虽再起而抗争,亦未必能号召。即能号召矣,亦未能得政府之容纳"。这样,政治分会的六项解决办法公布多日,"现该会似采冷静态度"②。可见,由于革命客观形势的恶化而导致的内部分裂是驱使工人代表会对"无情鸡"事件发生策略转变的又一动因。

而具有"国民党系统稳健派"之称的广东总工会,向以"劳资协议""调停"路线为指导开展工人运动③,且其所属工会会员多为从事机器、电灯、自来水等工作的技术工人,"事实上雇主不易将其辞退,且亦不肯将其辞退。因其职业有一种专门技术为之保障,年初二雇主有无去留工伴权,实与彼等工人无甚关系故也"④。因此,其对政治分会的解决办法持满意态度⑤,这与广东机器工会基本上如出一辙。由于广东机器工会会员亦多为技术工人,待遇较好,往往站在国民党一边,对中共的动员工作一直持公开抵制态度,在这点上与广东总工会的政治立场基本一致,同属国民党右派工会系统。政治立场的共识必然决定着其对"无情鸡"问题态度的趋同,而革命工人联合会则因新建势弱亦抱静观姿态。⑥ 须指出,这些国民党右派工会

---

① 《广州工会运动的报告——关于广州工会各派的演变,对待各派的策略》(1926年夏),中央档案馆、广东省档案馆编:《广东革命历史文件汇集》甲6,第345页。
② 执中:《解决年初二案办法颁布之后》,《晨报》1927年4月19日,第5版。
③ 广田宽治:《广东工人运动的各种思潮——广东省总工会成立经过》,中国社会科学院近代史研究所《国外中国近代史研究》编辑部编:《国外中国近代史研究》第24辑,第156-157页。
④ 《粤工商纠纷无法解决》,《晨报》1927年3月21日,第3版。
⑤ 执中:《解决年初二案办法颁布之后》,《晨报》1927年4月19日,第5版。
⑥ 执中:《解决年初二案办法颁布之后》,《晨报》1927年4月19日,第5版。

多由旧式行会脱胎而来，自然不免带有协商合作为价值导向的"劳资合行"的印记与特质。20 世纪 20 年代国民党右派工会对其雇主和商业利益常取温和立场的事实[①]，由此可窥冰山一角。

总之，商界的团结与凝聚是其始终对"无情鸡"问题持强硬姿态的后盾及动力源泉，而工界内部的党派政治分化却造成其由强硬向温和的策略逆转。可见，劳资阵营力量的此消彼长很大程度上影响着当局的决策行为，而广州政治分会"袒商抑工"的强制裁决办法便是此诠释的绝好注脚。该办法颁布后，被解雇工人便依此向雇主要求补给薪金，故 1927 年发生的此项劳资争议案远比其他年份为多，至 1928、1929 年间，其仍"尚有效用"[②]。此次纠纷就这样以商界的胜利而了结。直至新中国成立后，"无情鸡"旧俗才得彻底废除。[③]

五、简单结论

从劳资关系角度看，此次因曲江商会一纸电函引发的"年初二"解雇工人问题，由于工会、商会、党派等诸多势力的介入，而使事态迅速蔓延，最终演化为一场牵动全广州工商两大阵营持续 50 余日的劳资冲突。这一事件集中反映了国民革命后期广州工商两界在应对劳资争议过程中迥异的心态与行为，以及国共两党对待劳资问题政策的差别。

首先，劳资双方皆以"集体行动"的方式向政府进行利益表达。由于雇佣权问题是涉及劳资双方经济权益"有之则生，无之则死"的关键所在[④]，故在此次旷日持久的劳资纠纷中，工商两界无论向政府请愿抑或仲裁谈判皆据理力争。同时，还分别以激烈行动——封锁商店与停业罢市为后盾，充分显示了各自的决心与力量。这样，不仅能给对方造成决定性的经济与心理压力，胁迫其就范。更重要的是，通过实施自己的"过激"行为，还能"唤起"政府的重视与干预，迫使其于劳资间尽快做出有利于自己方面的裁决。而"集体行动"的直接性、威慑性和有效性等特点，使得其成为国民革命后期劳资双方向政府交涉和表达意愿的最佳渠道。可以说，此次"无情鸡"事件所展示的，正是四工会、四商会两大阵营为维护各自经济权

---

① Ming Kou Chan, *Labor and Empire: The Chinese Labor Movement in the Canton Delta, 1895—1927*, p. 260.

② 参见余启中编：《民国十二年至廿二年广州劳资争议底分析》，第 15 页。

③ 《省政府关于从今年起废止"无情鸡"恶习的通知》（1950 年 12 月 18 日），广东省劳动局档案，256—1—1，广东省档案馆藏。

④ 《四商会对任免店员权之意见》，《广州民国日报》1927 年 3 月 5 日，第 9 版。

益而进行的"集体行动"之争①,开启了近代中国大规模团体性劳资纠纷与党派政治结合的先河。

其次,国民党阶级协调的政治统治逻辑是解决此次劳资纠纷的内在基点。国民党劳资政策由"袒工抑商"至"袒商抑工"的调整,不仅是"无情鸡"问题发轫的动因,而且亦成为解决此次纠纷的内在政策依据。

国民革命兴起后,"无论是忠于三民主义还是忠于马列主义,共产党和国民党的领导人都认为必须高度重视工人阶级","试图将工人运动纳入自己的政治旗帜之下"②。因而,工人在革命中的政治地位愈显重要,便成为国共两党合力革命的首要选择。这样,随着国民党"袒工抑商"政策的实施、中共对工人阶级斗争理念的宣传及引导,就必然促使革命统一战线中劳资间的阶级分野愈趋显明,且在一定程度上助长了工人运动左倾情绪的滋生,而劳资关系遂呈恶化紧张态势,这与国民党"劳资协调"进行全民革命的一贯宗旨大相径庭。实际上,以孙中山为首的国民党人在热衷于扶植工人运动开展国民革命的同时,并不希望劳资阶级斗争的产生,"阶级战争不是社会进化的原因",而是"社会当进化的时候所发生的一种病症"③,故"本党民生主义,非着各工团以罢工为要挟能事,系欲劳资互助,农工合作,从事于谋联络一致"④。

随着国民革命后期国共党争的日趋激烈,广州工会的派系纷争与劳资冲突相互激荡,社会秩序更受影响。由于对中共领导的工人运动抱有本能的恐惧,加之广州商人因受商民运动的党化控驭,其革命性已显有提高;而更重要的是,日益紧迫的北伐军事行动,亦需稳定的后方和税收来源。因此,国民党政权对其"袒工抑商"的劳资政策予以调整势在必然。国民党劳资政策在"袒工抑商"与"袒商抑工"之间的游移,恰好表明其"劳资协调"的政治统治逻辑。综观广东国民党政权在处理这场劳资纠纷时的表现,与其说是为了维护某一特定阶级的利益,毋宁说主要为了维护其统治秩序。国民党在处理阶级矛盾与冲突时,与各阶级间不同的利害关系固然在一定程度上

---

① 据美国学者 R. 希尔费丁对劳资斗争的分析,劳资关系的发展历经三个阶段:第一阶段表现为单个独立的资本家和单个独立的工人间的关系,第二阶段表现为单个独立的资本家与组织起来的工人间的关系,第三阶段则表现为资本家组织与工人组织间的关系。由于劳资组织的发展,双方的斗争也渐有普遍的重大的社会政治意义。参见刘艾玉编著:《劳动社会学教程》,第312-313页。
② 裴宜理:《上海罢工——中国工人政治研究》,第95页。
③ 《三民主义》(1924年1月—8月),广东省社会科学院历史研究所等编:《孙中山全集》第9卷,北京:中华书局,1986年,第382、369页。
④ 《在广东总工会欢送会上的演说》(1924年11月10日),陈旭麓、郝盛潮主编:《孙中山集外集》,上海:上海人民出版社,1990年,第115页。

制约着其政策与态度，但具体事件对社会秩序的影响，也是必须考虑的因素，国民党也不时要表现出某种社会"公正"①，这是社会整合机制使然。

任何社会的良性运行与协调发展都离不开一定的社会整合机制，社会整合通常是通过两个层次实现的：一是社会中心体（国家政府）凭借行政法规及其权威，对社会成员（包括社会个体、社会群体和社会组织）的社会行为及价值观念进行指导和约束，对社会关系进行调节和制约，以避免社会失范，使之循正轨运行；二是民间社会实体（如工会、商会等）以契约、非行政的手段在地方社区、行业领域中，依其社会成员的利益展开自主活动，向社会中心体提出要求，使承担不同功能的角色、组织、制度在社会活动中呈和谐运行。然而，由于出发点和利益的分歧，这两套不同层面、功能的整合系统在社会运行机制中经常处于失衡状态。② 此时，作为社会中心体的国家政府必须在如何有利于形成二者双向良性互动中进行自身抉择，而广东国民党政权在"无情鸡"事件中的决策与政治行为，正是此种"公正"抉择之两难心态的真实写照。"国民党一直自我标榜为'代表全民利益的党'，一视同仁地保护工人、商人，无产阶级和资产阶级的利益。国民党有工人部和与此平行的商民部。同一个组织中常发出相反的指示。工人部通常由共产党人领导，该部把工人组织起来，支持工人反对资本家的斗争。同时，资产阶级也通过商民部反对工人运动。形势复杂而又矛盾。所有的罢工都打着国民党的旗号进行；资产阶级也打着同一面国民党旗帜反击工人阶级。这是民族革命统一战线内部的阶级斗争。"③ 达林的此番言论可谓真实地揭示了国民革命后期国民党在处理劳资关系中的尴尬窘境。

最后，应指出，从"无情鸡"事件史实来看，自始至终就存在着"对抗与合作"这两种劳资关系的互动形态：这主要表现为中共领导的广州工人代表会与商界的阶级对垒，而广东总工会等国民党右派工会则与商界取合作姿态。这可谓是阶级斗争与"劳资合行"行会理念交锋的真实缩影，揭橥了传统行会劳资关系模式近代转型"变"与"不变"的新旧胶合的复杂面相。须指出，工人代表会在"无情鸡"纠纷中由"阶级斗争"至"工商合作"的策略转变，不仅符合广州商界一贯倡导的"劳资协助"主张④，也

---

① 参阅王奇生：《工人、资本家与国民党——20世纪30年代一例劳资纠纷的个案分析》，《历史研究》2001年第5期；徐思彦：《20世纪20年代劳资纠纷问题初探》，《历史研究》1992年第5期。
② 参阅忻平：《试论20—30年代上海社会整合机制》，《学术月刊》1996年第5期。
③ C. A. 达林：《中国回忆录（1921—1927）》，第196 – 197页。
④ 《广州工人第三次代表大会主席团鲍武等上中执会函》（1926年11月2日），汉口档案，汉11438.2，台北中国国民党文化传播委员会党史馆藏。

适应了"劳资合行"的传统行会理念，且亦与国民党"阶级协调"的劳资政策一脉相承。这既可令其在与商界的交锋中占据舆论先机，又可消除中共工运过激行为可能带来的破坏国民革命统一战线的严重后果，并避免授人以口实。这也是中共工会的担忧所在。① 事实上，广州商人也正是利用中共工会这种破坏国民革命统一战线的担忧，适时向国民党官方施压，进而达到其恢复"无情鸡"习俗的目的。诚如斯托拉所言："北伐正如火如荼地进行，广州商人巧妙借助国民革命统一战线口号，以摆脱对工人阶级所有义务和责任。他们将冲突的全部责任推给工人及其工会组织，声言后者要求太多，并恐吓说这会破坏革命统一战线。保守派李济深当然不想在冲突中支持工人。"② 可见，劳资"协调与合作"遂为广州工商两界最终应对"无情鸡"事件的主要价值取向。从阶级斗争与"劳资合行"两种理念交锋而导致以劳资合作来应对此次纠纷的事实中，亦可知中共对工人政治与阶级动员能力是有限的。

长期以来，我们将中国工运史研究限定在中共党史的范围内，而在阐释工人与资本家的关系时却往往又偏重于阶级斗争的对抗层面，并将其普遍模式化。诚然，马克思主义阶级分析法确实是研究近代中国劳资关系的基本方法，但若过分强调劳资对立方面的研究而忽视对其合作方面的探讨，便很容易导致片面的学术成果，这样也不符合历史唯物主义的原则。而笔者对"无情鸡"事件中劳资合作方面所做之关注和探讨，或许可作为上述中国工运史研究缺憾的一种补充吧。

---

① Sydor Stoler, *The Trade Union Movement in Canton*, The Pan-pacific Worker, vol. 1, no. 6, September 15, 1927, Jay Calvin Huston Papers, 1917—1931, Box 6, Folder 1, 斯坦福大学胡佛研究所档案馆藏，p. 24.
② Sydor Stoler, *The Trade Union Movement in Canton*, The Pan-pacific Worker, vol. 1, no. 6, September 15, 1927, Jay Calvin Huston Papers, 1917—1931, Box 6, Folder 1, 斯坦福大学胡佛研究所档案馆藏，p. 23.

第八章 结语：
行会理念、阶级意识与党派政治

清末民初的广州作为中国近代城市社会转型的典型样本，其意义显而易见。这种样本意义，不仅体现在其既是当时国内资本主义发轫最早、现代化水平最高的城市之一，又拥有颇具中国传统特色且在城市社会经济生活中居主导地位的工商业行会组织，以及由此传统与现代二元社会经济结构共生所带来的社会转型的艰难与曲折。而更显要的是，这里又是中国新旧民主主义革命错综交融的策源地，辛亥革命、护法运动、国民革命相继于此跌宕转换，无疑成为推进清末民初广州社会转型的直接动力。于是，传统社会经济结构的顽强延续所致的经济基础变化缓慢，与政治革命造成的上层建筑剧变交织，共同构成了清末民初广州社会转型新旧杂糅的基本结构性要素。受其影响，广州劳资关系也呈现类似的变动特点。因而，从整体上对这一时期广州劳资关系变动情形及其动因予以评估，有助于解析新旧民主革命社会转型期劳资阶级意识分野的诸多关联，而中国工人阶级由"自在"向"自为"转化问题亦由此可得区域实证。

第一节 清末民初劳资关系变动的轨迹及特点

通过以上专题考察，或可归纳出清末民初广州劳资关系变动的基本轨迹及特点。就本书重建的史实来看，至少在"五四"前后至正式政府成立前，广州劳资关系仍以"劳资合行"模式为主，并未突破传统行会藩篱。在此"劳资合行"模式下，劳资双方"能够在同一组织中和平共处"，其"关系非常密切"[①]，并且，更多表现为单纯的社会经济关系，这是因为行会是

[①] [美]西德尼·D. 甘博：《北京的社会调查》上册，陈愉秉等译，北京：中国书店，2010年，第173、201页。

"引导社会和经济生活最重要的因素"① 的缘故。也就是在这种社会经济功能的主导下，行会内部劳资成员间的身份流动，尤其劳方向资方的转化并非固化，而是相对较易。既然劳资双方的身份认同难以厘定，界限模糊，劳资关系自然就密切，而政治层面的阶级意识也就很难产生。诚如研究行会制度的民国学者全汉升所指出的：

> 行会制度下，同业者团结巩固，能独占一业，无所谓自由竞争，从而如工业革命后那样贫富悬殊的阶级没有发生的可能。而且，在这样工商的组织下，阶级意识是不会产生的。手工业方面固然有老板、伙计和徒弟的分别，但伙计与老板同样的是手工帮内的会员，徒弟满师后可进而为伙计，更可进而为老板，其地位不是绝对的，而是相对的，所谓师傅（即老板）与徒弟的对立，只是时间问题而已。商业方面，以商店为单位来加入行会，合股组织的商店固然有资本主义的臭味，但股东与店员以一定的比例来分配利润，股东大抵以得到一定的利息和利润为满足，至于店务则交付与掌柜；掌柜和他以下的店员虽有地位的差异，可是绝不是固定不变的，有缺额时店员也可升作掌柜。阶级意识既没有，劳资的阶级斗争自谈不到，从而政治上便可安宁无事。②

这样，社会经济属性浓厚而政治韵味淡薄，便构成了传统行会时期劳资关系浑然相处的显著特征。然而，随着清末民初资本主义生产的发展，五四时期"劳工神圣"等社会新思潮的熏染，以及辛亥革命、护法运动等民主革命的催化与激荡，尤其是孙中山政权"保育劳工"政策的实施，直接催生了五四前后广州工会组织的勃兴。当然，处于行会转型期的劳方所以组建工会，完全是基于"工界阶级觉悟之表现，工人依靠团体组织作奋斗之准备"③ 这样的考量。因而，"（广州）多数工人均乘政体略放光明之际，即起而从事组织工会，将从前笨钝腐陈之行头、会馆、公所及东西合行等，极力推翻，进而为有章程有方法之工会"④，这些工会"皆脱离东家关系，而各自独立"，于是，"以可怜境遇之工人，一跃而为团体法人；以无产阶级之劳动者，一跃而与有产阶级之资本家相对抗"⑤。再加上国共两党、无政

---

① ［美］罗威廉：《汉口：一个中国城市的商业和社会（1796—1889）》，江溶、鲁西奇译，北京：中国人民大学出版社，2005年，第308页。
② 全汉升：《中国行会制度史》，第199-200页。
③ 王清彬等编：《第一次中国劳动年鉴》第2编"劳动运动"，第72页。
④ 《一年来广州工界罢工之统计》，《晨报》1922年3月7日，第6版。
⑤ 李宗黄：《新广东观察记》，第193页。

府党等政治势力的积极策动,这就直接导致正式政府时期劳资纷争格局的形成,广州"劳资合行"的传统劳资关系模式遂渐向阶级斗争为主题特征的党派政治属性演进,并呈多元化实态运作,从而加速了行会的衰微及其近代转型,但好景不长。至1922年6月陈炯明兵变倒孙后,昙花一现的广州工会运动遂偃旗息鼓。而"劳资合行"的传统行会特质仍根深蒂固,支配着广州劳资成员的社会生活。

随后,大元帅府时期社会经济的恶化,又在一定程度上延缓了广州行会的衰败。针对孙中山政权社会整合功能缺失造成的社会秩序失范情境,尤其是来自革命政府繁重的苛税压力,广州劳资两界多借助行会集体力量进行联合抗争,而"巩固行会的组织以自卫"①的传统互助合作理念,即为其应对生存危机的主要价值取向。这不仅说明此时广州行会内部劳资阶级意识分野的有限,同时也意味着经济利益是影响劳资关系变化的最终决定因素。中国传统劳资关系社会经济的行会特质亦由此展现无遗。不过,大元帅府时期广州劳资关系并非仅仅表现为社会经济的行会特质,其政治属性的日益凸显亟应值得关注。

与正式政府时期党派政治属性初现端倪相比,大元帅府时期可谓是广州劳资关系由社会经济的行会特质向党派政治属性演进的重要分化阶段,这显然与国共两党对工人运动的重视和扶植息息相关。1924年国共携手开展国民革命后,广州成"为革命的政治中心点,广州劳工运动的发展,受政治的影响最大"②。这首先体现为来自国民党的政治动员与渗透,"近年来国民党党纲有民生主义一项,内有保护劳工及社会改良之信条,故常努力于党化之劳工运动,因此广州往往有许多工会与政治接近。其后广东政府制定工会法案,正式承认工会之组织。又以劳动者为革命之重要势力,特别予以保护与奖励。结果,广州工会之数愈益增加,组织内容亦渐充实,遂一跃而为我国工会之根据地。"③ 当然,除了主政广州的国民党直接影响外,以无产阶级为阶级基础的中共更是借国共合作的有利契机,积极开展工人运动,而1924年5月广州工人代表会的成立,则是其取得工运领导权的显著标志。此后,广州工人运动的党派政治色彩愈趋浓厚。④ 正是由于国共两党的政治催化,广州工人政治参与意识日渐增强。不过,这种政治参与意识的提升并

---

① 全汉升:《中国行会制度史》,第211页。
② 余启中编:《民国十二年至廿二年广州劳资争议底分析》,第1页。
③ 王清彬等编:《第一次中国劳动年鉴》第2编"劳动运动",第72页。
④ 参阅 *Labor Conditions in Canton——A Statistical Study*, June, 1929, , the Jay Calvin Huston Papers, 1917—1931, Box 5, Folder 1, 斯坦福大学胡佛研究所档案馆藏, p. 517; Y. L. Lee, *Some Aspects of the Labor Situation in Canton*, The China Weekly Review, vol. 43, no. 9, January 28, 1928, p. 212.

非全是党派政治渗透的结果，其实还有工人自身"久处困境，即思依政治之保障，以图生活改善"①的利益思虑。事实上，正式政府时期国民党"保育劳工"政策的践行，就已使广州工人认识到，只有参与党派政治，才能获取相应的政治地位，并以此来迫使资方提高经济待遇。因而，针对来自国共两党的革命动员，大元帅府时期广州工人政治参与热情自然也就高涨起来。可是，工人们的这种党派政治行为随即引起时人的忧虑："平心而论，劳工问题，万不能与政治问题并为一谈，否则一带有政治臭味，即足使神圣劳工减色，此亦我工友们所当痛定思痛者也。"②这也从另一侧面印证了大元帅府时期广州工人运动与党派政治的密切关联。

工人运动党派政治因素的增强，势必影响到劳资关系属性的变化。而最能体现大元帅府时期广州劳资关系属性变化的则非商团事件莫属。"至民（国）十三年，国民党改组，采取扶助农工的政策，劳工运动遂有积极的发展；劳资的纠纷随之日益扩大。在政治上劳工的势力，极为活动，如商团之变，刘杨之役，俱有不少的成绩。"③当然，商团事件所以成为广州劳资关系由社会经济的行会特质向党派政治属性演进的转折点，自然与这一事件所引发的激烈劳资阶级冲突，在很大程度上是国共两党政治动员的结果密不可分。而更重要的是，正是通过商团事件，国民党劳资政策发生了新的转向，这种转向主要是基于广州劳资两界对国民革命的不同态度为考量的。由于中共领导的工人积极配合与参与，孙中山政权在消弭商团军事威胁的同时，也认识到工人在国民革命中的重要性。此后，国民党扶助劳工的政策导向愈加鲜明。与之相比，广州商人"在商言商"的保守特质，使其对国民革命一度充满消极与疑惧，商团事件的发生，可以说是其对国民革命的认同已完全降至冰点，以致于国民党方面将商人视为"反革命"的力量："商民在各阶级民众中似较早有团结，然一察其内容，则大多已腐败不堪，大多数之旧式商会不独不参加革命，且为反革命。"④于是，"袒工抑商"的政治导向即构成了广州国民政府前期劳资政策的主题特征。可见，也正因商团事件，国民党的劳资政策才真正转向"袒工抑商"的实践运作轨道。

---

① 《广州工人代表大会对政治会议最近关于工人事件决议案上省政府书》，《人民周刊》第36期，1926年12月30日，第4页。

② 南溟：《广州工团组织之经过及其派别（续）》，《香港华字日报》1925年2月12日，第1张第3页。

③ 余启中编：《民国十二年至廿二年广州劳资争议底分析》，第1页。

④ 《中国国民党第二次全国代表大会会议记录》（1926年1月4—19日），中国第二历史档案馆编：《中国国民党第一、二次全国代表大会会议史料》上册，南京：江苏古籍出版社，1986年，第392页。

第八章 结语：行会理念、阶级意识与党派政治

国民政府"袒工抑商"政策的推行，不仅与中共倡导的劳资阶级斗争理念相适应，同时也为广州工人向资本家开展经济斗争创造机遇，诚如达林所言："工人们在反对外国帝国主义，支持国民党政权的同时，一直希望改善自己的处境"，"近十年来，本已很微薄的实际工资平均下降了10%，有一些职业下降了35%。这就是为什么国民政府刚一巩固，反革命威胁刚一减少，工人就开始为改善自己的处境而斗争了。"① 这样，广州便迎来了清末民初"劳工运动最澎湃的时期"②，"在这一个时期，罢工次数很多，劳资的感情非常恶化"③。而这种劳资关系恶化当以工人的"罢工与封锁"和资方的"收买地痞工贼民团，以戕杀工人"最为激烈与典型。④ 显然，这比正式政府时期劳资相争的激烈程度更深一步，尤其国共两党的党派政治更是根植其中，广州劳资阶级斗争格局遂正式形成。不过，这一劳资阶级斗争格局主要集中在中共领导的广州工人代表会对商界的阶级对抗上，而深具行会制度渊源的广东总工会、广东机器工会等国民党右派工团则依旧践行劳资合作。至此，清末民初广州劳资关系亦由"劳资合行"的行会特质演进至盘根错节的党派政治模式。尽管这一演进的完成不过短短几年，具有剧烈易变性，但这并不妨碍我们从广州劳资关系的动态演绎中去寻觅其固有的内在变动理路。

由上可见，清末民初是广州劳资关系由传统行会特质向近代转轨的关键时期，"变"与"不变""新旧杂糅"是这一时期劳资关系变动的真实写照。从清末民初广州劳资关系由社会经济的传统行会特质，向党派政治属性的演进中不难发现，其始终蕴含着"劳资合行"与阶级斗争两种新旧交融的劳资关系互动形态，并由此形成协商合作与对抗两种劳资关系主题。当然，这两种主题并非固化，而是随着社会政治经济的变化发生波动。不过，就总的趋势来看，劳资协商合作是主要的，对抗则是次要的。以上这些，便构成了清末民初广州劳资关系变动的主题特征。

---

① C. A. 达林：《中国回忆录（1921—1927）》，第183页。
② 余启中编：《民国十二年至廿二年广州劳资争议底分析》，第4页。
③ 陈达：《我国南部的劳工概况》，《统计月报》第1卷第10期，1929年12月，第2页。
④ 详情参见《一九二六年之广州工潮》（1927年），人民出版社编辑部编：《邓中夏文集》，第331－332页。

第二节 清末民初劳资关系变动的因素与思考

清末民初广州劳资关系变动所展现的"劳资合行"与阶级斗争两种主题的胶合与共生,实际上是中国近代社会转型的历史惯性与动力交互作用的结果,它是清末民初广州社会转型缩影的直接反映。具体而言,这种劳资关系主题变动始终受到两方面因素的影响与制约:前述资本主义生产的发展,"劳工神圣"社会思潮的浸润,以及民主革命的催化,特别是国民党"袒工抑商"政策和中共阶级斗争的渗透等可谓是其演进的动力因素。正是这些因素推动着清末民初广州劳资关系由传统行会特质向党派政治属性的艰难转轨,且呈现出由"劳资合行"至阶级斗争的主题态势转换。如果说上述因素是推进清末民初广州劳资关系"促变"的直接诱因,那么以下"滞变"因素则使其呈现出"不变"的特点,并使传统行会"劳资合行"的协商合作主题往往居于主导地位,成为广州劳资双方的主要价值取向。

首先,劳资关系社会经济的本质属性决定了其协商合作主题形成的可能性。劳资关系作为一种以劳资双方的经济利益为核心内容与存在基础的社会关系,通常含有两种迥异的经济利益诉求:就劳方而言,资方若能及时提高工资福利待遇自是最好不过,而资方当然是期望劳方能尽可能减少工资福利待遇,降低生产成本,从而获取更多利润。劳资双方这种对立的价值取向,决定了其上述利益诉求的实现不可能是一帆风顺,往往会有一个艰难曲折的博弈过程。而实现这一过程的方式首选是劳资集体协商。不过,协商一旦破裂,罢工停业便成为双方最终利益较量的撒手锏。而后,双方视罢工停业所产生的后果权衡利弊,或自行妥协了结,或诉诸第三方调停解决。当然,选择后一种方式对劳资双方来说实属无奈之举。因为罢工停业意味着劳资关系的恶化,这势必危及生产的正常进行,不仅劳资双方的经济损失难以预料,也不利于行业内部及社会秩序稳定。显然,这是具有经济共生关系的劳资双方一般所极力规避的。另外,资方也深知,要保持生产经营在竞争中立于不败之地,自然离不开工人的辛勤耕耘,而能激励工人推进生产经营的根本动力,或许也只有合理满足其经济利益诉求了。也正是有鉴于在社会生产中各自不可或缺的重要功用,作为经济共同体的劳资双方都很清楚,倘若争议中一味追求各自利益最大化,结果不免两败俱伤,而唯有劳资协商合作,方能实现劳资关系和社会生产正常运行。

以上这种劳资协商合作主题，不仅时常呈现于传统行会时期、正式政府时期、大元帅府时期的广州劳资纷争中，就是国民革命时期也不例外。据时人对1923—1927年广州222件劳资争议的分析，绝大多数（215件）的争议与集体交涉相关，其争执焦点主要集中于工资（117件）、雇佣（41件）、工会（20件）、待遇（18件）等经济权益方面。这自然与劳资关系的社会经济属性是相一致的。至其调停方式主要是由农工厅等第三方调处和劳资双方直接协商来解决，其结果也多是以劳方要求得到资方完全接受或部分承认而了结。① 须指出，这些劳资争议调解中所展现的协商合作，在很大程度上是由劳资双方的经济利益共生性所决定的。尽管国民革命时期广州劳资关系党派政治属性日益突显，但主导其变动的最终因素仍是双方的经济利益。这是因为，在广州工商两界的价值取向中，经济利益始终是首位的，其参与党派政治主要是为了更好推动经济利益的实现。任何党派包括国共两党在内，若赢得工商两界的支持，首先就得考虑其方针政策是否惠及工商两界经济利益的改善，而大元帅府时期广州劳资借行会力量同盟抗税即是明证。作为具有业缘关系的经济共同体，广州工商两界都很明白，倘若商人利益受损，势必牵涉至工人的就业与生计，而工人生活恶化又必然会引发对商人的经济斗争，结果难免陷入劳资交恶的恶性循环之中，毕竟正式政府时期以加薪减时为主题的劳资相争还历历在目。显然，此种劳资俱损的局面是双方皆不愿看到的。因而，际此困境，广州劳资双方除了互助合作自救外，别无选择。这是劳资双方根据自身经济利益权衡利弊的最佳结果。② 这样，劳资协商与合作便往往成为清末民初广州劳资两界对内调解冲突、对外共御外侮的基本价值取向，前述"无情鸡"事件和省港罢工中的"工商联合"可谓典型例证。

其次，国民党阶级协调的政策导向是广州劳资关系协商合作主题生成的政治保障。作为在广州先后建立正式政府、大元帅府、国民政府三个政权形态的政党，国民党在处理劳资关系时一直深受协商合作与阶级斗争两种主题冲突的困扰，并时常处于两难境遇。这主要是其革命党与执政党一身二任的角色定位所致，也是其阶级调和理念的最终使然。革命党的政治认同使其在广州选择革命群众基础时，由于商人先天政治保守的革命绝缘性，而自然更优先倾向于动员深具革命传统的广州工人。国民党"袒工抑商"的政策导

---

① 笔者依据余启中编《民国十二年至廿二年广州劳资争议底分析》，第13、19、27页信息整理。
② 事实上，至国共合作破裂后，广州工商两界这种因经济利益共生性而联合抵制国民党政权征税的行为仍时有发生。详情参见《广州工人代表大会报告——关于国民党反动之后广州工人情形》（1928年1月），中央档案馆、广东省档案馆编：《广东革命历史文件汇集》甲33，第226页。

向则是这种倾向的集中体现。而此政策的实施,客观上助长了劳资阶级斗争事件的滋生,尤其工运左倾更加剧劳资关系的紧张,并危及国民革命统一战线的稳固,而这与国民党维系战时后方秩序为己任的执政党的角色认同不免相悖。此时,作为执政广州的国民党,最为看重的是社会秩序的稳固,自然不愿意激烈的劳资阶级斗争发生。于是,针对这种来自革命党角色定位所引发的劳资冲突有可能危及其统治秩序的危险,国民党阶级调和的执政党理念最终占据主导地位。这就意味着其"袒工抑商"的劳资政策转向即是当然。其实,促使这种劳资政策转向的,还有国民党对广州商人受商民运动党化而支持革命的经济思虑①,更重要的还是对中共阶级革命威胁其统治地位的政治担忧。对此,深谙广东工运工作的陈公博曾这样评论道:

> 在广州时候,无日不看见工会分裂,工人罢工,我在农工厅时候,门口排列行打行的工人请愿,是日常司空见惯之事。他们提出的要求都是不经过考虑的,这原因也很简单,因为共产党要抓工人,势不能不煽动罢工⋯⋯广州既是国民政府的治下,而在那里煽动罢工,那无异乎挑动民众向国民党反攻,而且一个政府最大的作用是安定秩序,现在没有一天不罢工,没有一个工会不罢过工,那么政府维持秩序的作用已完全失掉。这样情况慢慢恶化,于是变成共产党是革命的,国民党是不革命的了。共产党当时也未尝不感到这个矛盾,但因为要抓工会和工人起见,也不得不走这条歧路。那时不止广州为然,在国民党治外的各地也莫不然,只是在国民党治外,这种矛盾减了一点直接摩擦罢了。②

陈公博的上述评论,尽管带有强烈诋毁中共工人运动的色彩,却也真实道出了中共阶级革命与国民党执政党角色定位的矛盾与冲突,这实质上是阶级斗争与协调两种劳资关系理念在国共党争中的真实写照。其实,国民革命后期中共也意识到阶级革命所带来的激烈的劳资冲突,有可能造成危及国民党统治秩序进而破坏国共合作的严重后果,故也曾主张一定程度的劳资合作,试图缓和阶级矛盾。尽管如此,由于国共两党阶级基础与政见的迥异,

---

① 据悉,国民革命后期,广州大商人为北伐军需提供了 600 万元的财政支持。参见 Sydor Stoler, *The Trade Union Movement in Canton*(Ⅱ), The Pan-pacific Worker, vol. 1, no. 7, October 1, 1927, Jay Calvin Huston Papers, 1917—1931, Box 5, Folder 4, 斯坦福大学胡佛研究所档案馆藏, p. 17.
② 李锷等编注:《苦笑录:陈公博回忆(一九二五——九三六)》,香港:香港大学亚洲研究中心,1979 年,第 46 - 47 页。

以及国民革命后期共产国际指导中国革命方针由"慎重"向"激进"转化①，国共合作的破裂亦是不可避免。这样，随着清党后中共势力在工人中的影响锐减，广州劳资阶级斗争态势自然也就弱化，其协商合作主题复居于常态，"广州劳工运动渐入于沉静的时期"②。

此外，广州传统社会经济结构的顽强延续也是其劳资关系协商合作主题形成的要因。应指出，尽管国民革命后期因中共阶级斗争理念的宣传，广州劳资阶级分野取得明显实效，但就总体而言，其分离程度毕竟有限。这与广州传统的社会经济结构密切关联。从清末至民初，广州社会经济结构基本上以传统商业、手工业为主，"广州商业极为发达"③，"是一个商业市，同时又为工业市。但所谓工业都是小规模的手工业，用机器的新工业寥寥无几"④，因此，"正确些说，广州固然不能叫作近代工业社会，然而确可叫作近代商业社会"⑤。如在1928年的《广州商业分类表》33928个商户中，"工厂"只有1081个，新式的商业行业也并不多。⑥ 这种以传统行业为主导的工商业格局的持续存在，必然在很大程度上延缓了其行会势力的消退，并使之有可能在遇到适宜的条件而"枯木逢春"。而尤为重要的是，此种颇具传统色彩的"社会经济之形态，足以决定劳工运动之趋向"⑦，主要体现在这一时期广州工人的阶级意识与行动始终受到来自行会制度、农业社会等传统因素的影响和支配。⑧ 这里，不妨以刘尔崧的分析为例。1926年5月，时任国民党粤省党部工人部长的中共党员刘尔崧，曾对广州工人的阶级成分及阶级观念做了较切实的分析。为便于探讨，笔者根据其提供的相关信息整理成表8-1。

---

① 中共中央党史研究室第一研究部译：《联共（布）、共产国际与中国国民革命运动（1926—1927）》下册，北京：北京图书馆出版社，1998年，第9页。

② 余启中编：《民国十二年至廿二年广州劳资争议底分析》，第1页。

③ Edward J. M. Rhoads, *Merchant Associations in Canton*, *1895—1911*, Mark Elvin and G. William Skinner, *The Chinese City Between Two Worlds*, Stanford: Stanford University Press, 1974, pp. 100—101；广州工人代表大会：《职工运动》上（1926年），革命历史资料，A1—20—1，广东省档案馆藏；《广东职工运动》（1926年5月21日），中共惠州市委党史办公室、中共紫金县委党史办公室编：《刘尔崧研究史料》，第144页。

④ 《广州市的工业》，《广州市市政公报》第268号，1927年9月10日，第2页。

⑤ 广州工人代表大会：《职工运动》上（1926年），革命历史资料，A1—20—1，广东省档案馆藏；《广东职工运动》（1926年5月21日），中共惠州市委党史办公室、中共紫金县委党史办公室编：《刘尔崧研究史料》，第145页。

⑥ 邱捷：《清末民初广州的行业与店铺》，《华南研究资料中心通讯》第23期，2001年4月15日，第4页。

⑦ 马超俊：《中国劳工运动史》上册，第1页。

⑧ 《工人运动之经过》，《政治周报》第6、7期合刊，1926年4月10日，第53页。

表8-1　1926年5月刘尔崧关于广州工人阶级成分及阶级观念的分析

工人类别	人数	占工人总数的比例%	阶级观念
产业工人	约17000人	8.5	真正的无产阶级,最有觉悟。不过他们的工资比其他工人高得多,各有职业介绍所,为其职业上之保障。因此,他们中间一部分很容易养成"工人贵族"之观念
手工工厂工人	约25000人	12.5	工人阶级之地位比较明显,不过他们有一部分与农业社会之关系尚深,故地方主义宗法观念支配他们的思想仍然非常之大
手工业工人	约11万人	60	有许多未脱离封建时代之行会思想
码头工人	约13000人	6.5	生活最苦,亦与农业社会之关系甚深
水上工人	约13000人	6.5	多数是小资产阶级,因为他们各有船艇,思想较为落后
店员	约12000人	6	论其生活可说甚苦,唯他们因营业关系,往往容易养成其小资产阶级思想。或者说他们现在阶级观念尚甚模糊

资料来源:《广东职工运动》(1926年5月21日),中共惠州市委党史办公室、中共紫金县委党史办公室编:《刘尔崧研究史料》,第145-146页。

由表8-1不难得出如下基本看法:其一,传统行业工人在广州工界的社会构成中居绝对优势。如手工业工人、码头工人、水上工人、店员等传统行业工人占91.5%,而产业工人仅为8.5%。显然,这与广州传统社会经济形态是相适应的。其二,广州工人阶级观念模糊主要归于以下因素:(1)工人自身经济地位及营业状况。如被认为最有阶级觉悟的产业工人,由于工资待遇高,其部分人易养成"工人贵族"观念,而水上工人和店员则因营业关系易生成小资产阶级思想。(2)行会制度的支配。如占广州工人总数60%(约11万人)的手工业工人,"有许多未脱离封建时代之行会思想"。(3)农业社会关系的渗透。如手工工厂工人部分因与农业社会关联而深受地方主义宗法观念支配,码头工人"亦与农业社会之关系甚深"。当然,以上因素并非各自独立,而是错综交织共同发挥着作用,其中尤以行会制度与农业社会关系对广州工人阶级意识影响最大。

正因为行会制度和农业社会关系的长期浸染,广州工界地方主义宗法观念愈加根深蒂固与盛行,其内部派系纷争亦随之加剧:"每一工会常含有数个地方的工人,如同德工会分东莞、四邑两派,车夫工会分潮州、广府两派,在此半封建的社会中,地方主义观念,不容易消除,因此又易发生冲突。"① 傅筑夫曾言:"广东工人常常在业内互相斗争,在业外互相倾轧,都是行会的恶作剧。"② 尤至国民革命后期,这种"行会的恶作剧"又时常演化为激烈的武力械斗,"(民国)十五六年间广州工人械斗之事,层出不穷。每一举事,动辄数千百人,鸣炮燃枪,每次必丧数命。官厅虽加取缔,迄未停止。"③ 广州工界的剧烈内争势必严重危及其整体阶级观念的生成,自然也就阻碍了其阶级觉悟的提升。诚如中共工运领导人邓中夏所分析的:

> 为什么广州工人没有阶级觉悟呢? 因为广州新式产业工人很少,大多数都是手工业工人。手工业工人对于阶级之认识很难,他们的心理多半是小资产阶级的心理,他们的思想还未脱离封建时代宗法社会的思想。广东旧有械斗的风尚,他们受其熏染甚深。所以无论个人与个人之间,工会与工会之间,偶有意见不同,即便出于斗殴。他们以参加斗殴为快事,斗而胜,认为"占上风",斗而败,认为"失面子",然而他们失败了,却只自责无能,准备下次再来。所以资本家有一讥笑之语曰:"看呵! 神圣打神圣",原来工人的拳头是来打异阶级的敌人,广州工人却用来打同阶级的兄弟,又何怪招人之窃笑讥评呢。④

如果说邓中夏所论的广州手工业工人由于"旧行会遗传性太深"⑤,其阶级观念模糊尚可理解,那么被中共视为最具阶级意识的产业工人,其阶级觉悟程度在广州又是怎样的呢? 事实上,广州产业工人也深受行会制度和农业社会关系的熏染而难以自拔。在广州产业工人中居主导地位且深具行会制度渊源的机器工人堪称典型代表⑥,"机器工人仍与小生产的农业社会有关系,即其家庭亦为农民家庭。因此农业社会之地方主义思想,仍旧存在于产

---

① 刘尔崧:《中国国民党广东省第二次全省代表大会广东省执行委员会各部工作报告》(1926年12月),中共惠州市委党史办公室、中共紫金县委党史办公室编:《刘尔崧研究史料》,第187页。
② 傅筑夫:《中国社会问题之理论与实际》,天津:百城书局,1931年,第331页。
③ 王清彬等编:《第一次中国劳动年鉴》第2编"劳动运动",第483页。
④ 《评广州工会之争》(1926年3月7日),人民出版社编辑部编:《邓中夏文集》,第234-235页。
⑤ 《中共广东区委关于工人运动的报告》(1925年10月10日),中央档案馆、广东省档案馆编:《广东革命历史文件汇集》甲6,第67页。
⑥ 参阅 Paul Scharrenberg, *China's Labor Movement*, 1931, Paul Scharrenberg Papers, 1893—1960, BANCMSSC-B906, Carton 4, 加利福尼亚大学伯克利分校班克罗夫特图书馆藏, p.4.

业工人之脑海中，产业工人亦往往有地方之组织。"① 于是，地方主义观念、行会制度渊源以及自身优越的经济地位，共同造就了广州机器工人独立的"工人贵族"② 身份特征。"正是这群工人贵族组成机械［器］工人联合会，这个联合会不是加入阶级的工会，而是追随国民党右派。"③ 此外，兵工厂、电灯局、自来水厂等广州一些重要产业工人的阶级意识亦与机器工人如出一辙。④ 这也坐实了前述刘尔崧对广州产业工人阶级观念较为淡薄的看法。这样，"劳资合行"的行会理念依旧在广东总工会、广东机器工会等国民党右派工团中盛行也就不难理解了。诚如国民党工运领导人所承认的，"多数（并非全部）国民党工人组织起源于行会，但其在某种程度上仍受传统行会实践的影响"⑤。这或许道出了其所奉行的"劳资合作"工人运动路线的真谛。其实，国民革命时期中共的阶级动员一直遭到这些践行劳资合作的行会型工会的冥顽抵制。⑥ 这似可从另一侧面诠释其开创的农村包围城市革命道路的正确性。

除社会传统因素阻滞广州工人阶级觉悟提升外，中共自身阶级动员能力的不足亦不容忽视。正如1926年夏中共广东区委所报告的："我们的负责同志只在办公室中进行工作，没有主动地与工人群众进行接触"，"我们对重要的产业工人没有注意"，"直至目前为止，广州的十五万工人中只有三百名党员"，可见，"实际上我们还没有完全地领导工人群众"，"仍不能领导工人群众去瓦解机器工人总会"⑦。加之国民革命后期，中共为缓和革命统一战线内部日益激化的阶级纷争，在劳资政策上进行了由激进至和缓的策略调整，这就使得其阶级斗争理念很难广泛渗透到工人中去，自然也就束缚

---

① 《工人运动之经过》，《政治周报》第6、7期合刊，1926年4月10日，第54页。

② 据有关资料显示，国民革命时期，广州工人平均月薪为3～10元，只有少数熟练的产业工人月薪为15～27元，由于工资待遇高，他们组成工人贵族，不过仅占广州20万工人极小部分。参见［苏］季诺维也夫：《关于中国革命的提纲（摘录）》（1927年4月14日），中共中央党史研究室第一研究部编：《共产国际、联共（布）与中国革命文献资料选辑（1926—1927）》下册，北京：北京图书馆出版社，1998年，第7页。

③ 季诺维也夫：《关于中国革命的提纲（摘录）》（1927年4月14日），中共中央党史研究室第一研究部编：《共产国际、联共（布）与中国革命文献资料选辑（1926—1927）》下册，第7页。

④ 详情参见《中共广东区委关于工人运动的报告》（1925年10月10日），中央档案馆、广东省档案馆编：《广东革命历史文件汇集》甲6，第45-50页。

⑤ Ming Kou Chan, *Labor and Empire: The Chinese Labor Movement in the Canton Delta, 1895—1927*, p.258.

⑥ 参阅 Edward H. Lockwood, *Labour Unions in Canton*, The Chinese Recorder, July 1927, Jay Calvin Huston Papers, 1917—1931, Box 6, Folder 3, 斯坦福大学胡佛研究所档案馆藏, p.399.

⑦ 《广州工会运动的报告——关于广州工会各派的演变，对待各派的策略》（1926年夏），中央档案馆、广东省档案馆编：《广东革命历史文件汇集》甲6，第345、346页。

了其阶级动员的手脚。"中国共产党根本没有足够明确的布尔什维克方针来对待工会运动和对待在阶级斗争基础上建成的工人群众组织。许多地方的产业和手工业工人行会组织，依然在国民党官僚，甚至是在买办阶级走狗（如广州机器工人工会）的影响之下。我们共产党却对这种状况安之若素，不去争取这些组织中的群众，也不把行会组织改造为产业工会。"① 曾任共产国际代表的维经斯基的这番评论相当程度上揭示了国民革命时期中共对工人阶级动员能力的局限性。

总之，以上这些"滞变"因素共同制约着广州工人的阶级觉悟，并在很大程度上消解了劳资间的阶级意识分野，使其时常呈现出协商合作的主题。如此看来，要形成统一的阶级集体意识和认同对此时广州工人来说仍是任重而道远。国民革命后期广州工界的剧烈内讧与派系纷争也无不具体地说明了这一点。可见，国民革命时期广州工人阶级并未完全脱离资方成为一个独立的"自为阶级"，而中共对广州工人进行政治与阶级动员的难度可想而知。行文至此，似有必要对那种将五四时期视为中国工人阶级完成由"自在"向"自为"转化的传统观点予以重新审视。

不可否认，就中国工人阶级的形成与转化而言，党派政治、社会思潮、民族主义运动等外因催化固然重要，但社会传统惯性尤其"工会中旧行会的积习甚深"②的内因制约也不可轻视，而且，唯有将之置于具体的社会政治经济中考量，方能得出较适切的认识，那种刻意强调外力作用抽象谈论中国工人阶级的形成与转化未免有失偏颇。因为工人阶级意识的生成在受外因形塑的同时，还有其固有的内在发展逻辑。③而"劳资合行"理念对清末民初广州工人阶级意识的影响便是很好的说明。事实上，至20世纪40年代，行会理念仍对中国工人的日常生活产生重要影响。对此，国民党工运领导人马超俊有精当的观察："虽然，行会之前途，固日趋没落，此种现象，以工商发达之各大城市，最为显著，但交通闭塞之内地，工商业无若何改进，大体在职业上至今并未变更生产之形式，故其组织，仍多保留行会之固有形态

---

① 维经斯基：《关于中国共产党在1925—1927年革命中的错误问题》（1930年），中共中央党史研究室第一研究部编：《共产国际、联共（布）与中国革命文献资料选辑（1926—1927）》下册，第486页。

② 《职工运动议决案》（1926年7月），中央档案馆编：《中共中央文件选集》第2册，第203-204页。

③ 英国学者汤普森认为：工人阶级的形成是"外部决定因素和自我行动的交集"，它"在客观因素的作用下被形成时又主观地形成自己的过程"，即"工人阶级'塑造自己，同时又被塑造'"。他的这一看法也同样适用于中国工人阶级的形成。参见［英］E. P. 汤普森：《英国工人阶级的形成》下册，钱乘旦等译，南京：译林出版社，2001年，第1004页；陈峰：《国家、制度与工人阶级的形成——西方文献及其对中国劳工问题研究的意义》，《社会学研究》2009年第5期。

与精神，丝毫无改。吾人置身内地，即可见各地之公所会馆，依然触目皆是，其数量犹多于工会。再以各大城市论，各业工人，亦有仅将公所改为工会，而其内部，并无变动。甚或因习惯已久，不能骤然废弃其传统之组织，仍沿用公所会馆之名称者亦多。"① 诚如是，中国工人阶级由"自在"向"自为"转化的传统观点或有进一步探讨的空间。

---

① 马超俊：《中国劳工运动史》上册，第78—79页。

附 录

一 《暂行工会条例》

（1922年2月24日孙中山以大总统名义颁行）

第一条　凡从事于同一职业之劳动者有五十人以上，得依本条例组织工会。

第二条　工会为法人。

第三条　工会之区域以市或县之区域为准。其合两区域以上设立工会者，须经省之主管官署认可。

第四条　组织工会须由发起人连署提出注册请求书，并附职员履历书及章程各三份于地方官署，请求注册后，始得受本条例之保护。注册之地方官署在市为市政厅，在其他地方为县公署。

第五条　地方公署于工会注册后应以其职员履历书及章程各一份，呈送中央及省立之主管官署。

第六条　工会章程内须记明左列各事项：

（一）名称及业务种类；

（二）目的及其职务；

（三）区域及所在地；

（四）会员入会出会之规定；

（五）职员之职权，并选任解任之规定；

（六）会议之规定；

（七）经费征收额征收法及会计等之规定；

（八）关于调查及统计编制之规定。

第七条　工会之职务如左：

（一）图工业之改良发展；

（二）关于工业法规之制定、修改、废止，及其他有关系之事项，得陈述意见于行政官署及议会；

（三）以工人之公共利益为目的，得设立共济会、生产、消费、住宅、保险等各种合作社，并管理之；

（四）以工人公共利益为目的，得设立图书馆、研究所、试验所、科学教育、社会教育、职业教育、印刷出版等业，并管理之；

（五）以共同的条件，得与其他合作社、公司、商店、工场、官营事业之管理局所，得缔结雇佣契约；

（六）同业者之职业介绍，行五、六两款之职务时，不得以任何名义分取就业者之利益；

（七）主张并防卫同业者之利益，但不得有强暴胁迫情事；

（八）凡遇雇主与佣人有争执事件后，对于各当事者发表或征集意见，并调处之；

（九）调查同业者之就业失业制成统计；

（十）调查劳动者之经济及生活状况。

第八条　工会之职务由委员会处理之，委员会由各该工会会员以投票法于会员内选举七人以上之委员组织之，委员得因事之繁简互选若干人为职员执行事务。

第九条　成年之男女劳动者得自由为工会会员，且得自由退会。

第十条　非从事于各该工会所属之业务一年以上，且现从事于其业者，不得为该工会职员。

第十一条　工会对于会员不得设有等级之差别。

第十二条　工会经常会费之征收，不得超过会员收入百分之三，但会员自愿多纳者不在此限。

第十三条　工会之基金及关于第七条第三、四款所定事业之经营，除该工会会员自愿认捐外，得受省县及其他公共团体之辅助。

第十四条　工会所有之下列各项财产，非依法律不得没收：

（一）基金；

（二）集会所、图书馆、研究所、试验所、学校以及关于共济、生产、消费、住宅、保险等合作事业之动产与不动产。

第十五条　工会每年应将该工会下列各事项造具统计表册，呈报于所注册之地方官署：

（一）职业姓名及其履历；

（二）会员之人数、入会、退会及其就业、失业、死亡、伤害之状况；

（三）财产状况；

（四）事业之成绩；

（五）争执事件之有无及其经过。

第十六条　地方官署对于所辖区域内之各工会报告，每年一次应汇编统计表册及状况说明书，呈报中央及省之主管官署。

第十七条　依本条例所设立之工会，得以两工会以上之结会，组织工会联合会，计用本条例之规定。

第十八条　违反本条例之工会职员，审判厅因检察厅之谕告，得科以五元以上五十元以下之罚金，并得其资格职员之取消，关本条例第四条、第十五条所规定之事项，工会发起人及职员为虚伪之呈报，或不呈报者，审判厅因检察厅之谕告，得科以十元以上百元以下之罚金。

第十九条　关于工会之解散及清算，准遵用商会法第三十二条至三十八条之规定。

第二十条　本条例自公布日施行。

资料来源：《新政府公布工会条例》，上海《民国日报》1922年3月6日，第1张第3版。

二　《工会条例》
（1924年10月1日孙中山以大元帅名义颁布）

第一条　凡年龄在十六岁以上，同一职业或产业之脑力或体力之男女劳动者，家庭及公共机关之雇佣，学校教师职员，政府机关事务员，集合同一业务之人数在五十人以上者，得适用本法，组织工会。

第二条　工会为法人，工会会员私人之对外行为，工会不负连带之责任。

第三条　工会与雇主团体立于对等之地位，于必要时，得开联席会议，计划增进工人之地位及改良工作状况，讨论及解决双方之纠纷或冲突事件。

第四条　工会在其范围以内，有言论出版及办教育事业之自由。

第五条　工会组织之区域范围，如有超过现行之行政区域者，须呈请高级行政官厅指令［定］管辖机关。

第六条　工会以产业组织为主，但因特殊之情形，经多数会员之同意，亦得设职业组织。已设立之同一性质之工会，有两个或两个以上者，应组织工会联合会，以谋联合或改组。工会或工会联合会，得与别省或外国同性质之团体联合或结合。

第七条　发起组织工会者，须由从事于同一之业务者五十人以上之连署，提出注册请求书，并附具章程及职员履历各二份于地方官厅请求注册。注册之管辖为县公署或市政厅。未经呈请注册之工人团体，不得享有本法所规定之权利及保障。

第八条　工会之章程内，须载明下列各款：

（一）名称及业务之性质；

（二）目的及职务；

（三）区域及所在地；

（四）职员之名称职权，及选任解任之规定；

（五）会议组织及投票之方法；

（六）经费征收额及征收之方法；

（七）会员之资格、限制，及其权利义务。

第九条　工会每六个月，应将下列各项，造具统计表册，报告于主管之地方行政官厅：

（一）职员之姓名及履历；

（二）会员之姓名，人数，加入年月，就业处所及其就业，失业，变更职务，移动，死亡，伤害之状况；

（三）财产状况；

（四）事业经营成绩；

（五）有无罢工或别种冲突事件，及其事实之经过或结果。

第十条　工会之职务如左：

（一）主张并拥护会员间之利益；

（二）会员之职业介绍；

（三）与雇主缔结团体契约；

（四）为会员之便利或利益而组织之合作银行、储蓄机关，及劳动保险；

（五）为会员之娱乐而组织之各项娱乐事务、会员恳亲会，及俱乐部；

（六）为会员之便利或利益而组织之生产、消费、购买、住宅等各种合作社；

（七）为增进会员之智识技能，而组织之各项职业教育、通俗教育、劳工教育、讲演班、研究所、图书馆，及其他定期不定期之出版物；

（八）为救济会员而组织之医院，或诊治所；

（九）调解会员间之纷争；

（十）关于工会或工会会员对雇主之争执及冲突事件，得对于当事者发表并征集意见，或联合会员，作一致之行动，或与雇主之代表，开联席会议，执行仲裁，或请求雇主方面共推第三者参加主持仲裁，或请求主管行政官厅派员调查及仲裁；

（十一）对于有关工业或劳工法制之规定、修改、废止等事项，得陈述其意见于行政官厅、法院及议会，并答复行政官厅、法院及议会之咨询；

（十二）调查并编制一切劳工经济状况，及同业间之就业、失业，暨一般生计状况之统计及报告；

（十三）其他种种之有关于增进会员之利益，改良工作状况，增进会员生活及智识之事业。

第十一条　工会职员，由工会会员按照本工会选举法选出之职员充任之，对外代表本会，对会员负其责任。

第十二条　工会会员无等级之差别，但对于会费之收入，得按照会员之收入额而定征收之标准。会员对工会负担之经常费，其额不得超过该会员收入百分之五，但特别基金及为会员利益之临时募集金或股份，不在此限。

第十三条　工会会员于必要时，得选派代表审核工会簿记，并调查财政状况。

第十四条　工会在必要时，得根据会员多数决议宣告罢工，但不得妨害公共秩序之安宁，或加危害于他人之生命财产。

第十五条　工会对于会员工作时间之规定，工作状况及工场卫生事务之增进及改良，得对雇主陈述其意见，或选出代表，与雇主方面之代表组织联席会议讨论及解决之。

第十六条　行政官厅对于管辖区域内之工会，对雇主间发生争执或冲突时，得调查其冲突之原因，并执行仲裁，但不为强制执行。关于公用事业之工人团体与雇主冲突状况扩大或延长时，行政官厅经过公平审慎之调查及仲裁手续以后，如双方仍相持不下者，得执行强制判决。

第十七条　工会中关于拥护会员利益之基金、劳动保险金、会员储金等之存贮于银行者，该银行破产时，此类存款得有要求优先赔偿之权利。

第十八条　工会及工会所管理之下列各项财产，不得没收：

（一）会所、学校、图书馆、俱乐部、医院、诊治所，以及关于生产、消费、住宅、购买等之各项合作事业之动产及不动产。

（二）关于拥护会员利益之基金、劳动保险金、会员储蓄金等。

第十九条　关于本条例第八条、第九条之事项，工会发起人及职员之呈报不实不尽，或不呈报者，该主管之行政官厅，得命令其据实呈报或补报。在未据实呈报或补报以前，该工会之行动不受本法之保障。

第二十条　凡刑律违警律中所限制之聚众集会等条文，不适用于本法。

第二十一条　本条例自公布日施行。

资料来源：《陆海军大元帅大本营公报》第28号，1924年10月10日，第5-10页；陈友琴：《工会组织法及工商纠纷条例》，上海：民智书局，1927年，第7-10页。

三　《工人运动决议案》
（1926年1月16日国民党第二次全国代表大会通过）

一、本党参加工人运动之意义

本党自改组后即已注意于工人运动，在第一次全国代表大会宣言中，曾反复说明其重要的意义。并且在对内政策中明白规定"制定劳工法，改良劳动者之生活状况，保障劳工团体，并扶助其发展"之条文。盖以本党之国民革命事业，原以唤起民众，团结民众，竖立民众之基础为根本要图。工人群众在各界民众中最为重要，若舍此不图，则所谓民众基础必无从巩固，甚至无从取得。况工人群众因其所处之地位与所感之痛苦，受现社会制度下之经济的、政治的压迫特甚，其要求解放之情实至迫切，则其趋于革命亦必至为强烈。本党革命目的原为解除民众痛苦，为贯彻此目的计，对此受压迫最深、革命性最强之工人群众，一方面宜加以深切的援助，使其本身力量与组织日臻强大；一方面须用种种方法取得其同情，与之发生密切的关系。使本党在工人群众中树立伟大的革命基础。此先总理及第一次全国代表大会对于工人运动之所以特别注意。大会认为吾党应遵守总理遗训，及第一次全国代表大会宣言中之规定，对于各种工人运动，均须切实努力参加之。

二、过去工作之批评

大会观察过去二年中本党关于工人运动之工作，已日有发展，工人群众之同情于本党者已日益众多。惟在工作中所发现的缺憾亦不少，兹举其大者三点，胪述于下：

（一）本党工人运动，尚未能将改良工人生活状况之政纲向工人群众切实宣传，亦未能设法使之实现。

（二）有少数党员不明了党与工会在组织上之关系，常将党的组织与工会的组织混而为一。一方面丧失党的活动之特殊意义，一方面使工人群众对党与工会观念模糊不清。

（三）各级工人部组织皆不甚健全，且工作缺乏经验，以致全部缺乏有系统之工作。

三、关于改良工人状况之具体事件

（一）制定劳动法。

（二）主张八小时工作制，禁止十小时以上的工作。

（三）最低工资之制定。

（四）保护童工、女工。禁止十四岁以下之儿童作工，并规定学徒制。女工在生育期内，应休息六十日，并照给工资。

（五）改良工厂卫生，设置劳动保险。

（六）在法律上，工人有集会、结社、言论、出版、罢工之绝对自由。

（七）主张不以资产及知识为限制之普遍选举。

（八）厉行工人教育，补助工人文化机关之设置。

（九）切实赞助工人生产的、消费的合作事业。

（十）取消包工制。

（十一）例假休息照给工资。

为求上列条件之实现，凡本党参加工人运动之党员，皆应切实负宣传之责；本党指挥下之政府，更应渐次实行。在本党政府之下，得设由工人代表参加之检查机关，检查上列条件之执行。倘党政府下之企业机关，对于上列条件之执行或有所违背时，本党有时应立于工人群众利益方面，纠正其错误，不应因其措施之失当，而不顾工人群众之利益。若在党政府势力范围外，则号召工人群众提出上列各项之要求条件，以为工人奋斗之目标。并应切实解释上列要求非在国民革命成功之后，不能具体实现，以促工人彻底觉悟。

四、党与工会之关系

（一）党为政治目的相同的组织，工会为经济目的相同的组织。本党对于工会，在政治上立于指导地位，但不使工会失其独立性。

（二）工会中之党员，应做成工会之中心。其组织与党的组织不应混合，其经济尤须划分。

（三）党之政策可以影响于工会之政策，但不能使工会全无政策，失却民众之主张地位。

五、本党工人部之工作

（一）各级工人部之组织，须亟促其健全。于工人运动工作重要之地方，遇有必要时，可由党部选派负责工作党员，在党的工人部指导之下，组织工人运动委员会，以为研究工人运动方法之机关。

（二）关于工人之各种问题，中央工人部须制定进行计划，指定各级工人部执行。各级工人部须于接到中央工人部指令后，转令各负责工作之党员执行。

（三）中央工人部须出版一定期刊物及各种小册子，供给各地工人运动负责党员以各项资料，并得借以互相讨论。

（四）各地工人部须向中央工人部作经常之报告，使中央工人部明了全国各地工人运动状况，并得以考察各地工人部工作情形。

六、目前工人运动应注意之点

大会观察目前国内之工人运动状况，以为本党目前关于工人运动之工作，除了根据上列各项努力进行以求其实现外，下列各点亦须注意：

（一）自五卅运动后，国内工人群众已由本身经济斗争进到政治斗争，各地（特别是上海、广州）的反帝国主义运动，都有广大的工人群众参加，并且处于重要的地位。本党应善用此种机会，在工人群众中努力于革命宣传的工作，使国内工人群众明了政治斗争非一时的，乃长期的，以养成工人群众在政治斗争中的持久性。

（二）国内工人群众经过五卅运动，已得到相当之教训与经验。以全国观察，已有相当之进展。半年来各地工人运动之勃兴，及各地工人总组织之发现，皆为中国工人群众团结力扩大之表征。吾党应趁此时机予以伟大的帮助，促其发展格外加速，使全国工人的总组织中华全国总工会，及各产业的、各地方的总组织，成为健全的、独立的，且有系统的组织。

（三）帝国主义者及其工具（军阀与大商买办阶级等）目睹工人群众日

趋觉悟，遂用种种残酷方法，压迫及摧残工人群众及其团体，甚至无故残杀工人领袖。此种事实，已激起工人群众更激烈的反抗运动，吾党于此应极力扶助之。

资料来源：《工人运动决议案》，荣孟源主编：《中国国民党历次代表大会及中央全会资料》上册，第127-130页。

四 《商民运动决议案》
（1926年1月18日国民党第二次全国代表大会通过）

本党为谋全国各阶级民众之共同利益，全国民众均应使之参加国民革命，共同奋斗。商民为国民中之一部分，其受帝国主义与军阀直接之压迫较深，故商民实有参加国民革命之需要与可能。本党对于商民运动向未重视，故商民运动之进行较农工运动之进行为缓。商民运动又属创始，其进行亦较农工运动为难。然本党自十三年十一月设立商民部以后，经一年来运动之结果，在本党统治下之广东商人，大多数已能打破其不问政治之心理，起而与农工群众一致联合，努力参加打倒帝国主义与打倒军阀之运动。但以前本党同志对于商民运动之理论多未明了，商民运动之范围只限于广东一省，未能普及全国，故商民运动之进行，未能有伟大之发展。兹根据一年来商民运动工作之经验，与夫观察国内外商民之情势，特制定商民运动之决议案如下：

（一）对于商民运动之对象，应就经济关系分析商民为两种：其一为与帝国主义立于共同利害之地位者，其一为与帝国主义立于利害相反之地位者。本党对于前一种反革命之商人，当揭举其勾（结）帝国主义者之事实，以引起其他革命商人之监视。对于后一种革命的商人，则当以特殊利害向之宣传，更扶助其组织，使之参加国民革命。

（二）对于旧式商会之为买办阶级操纵者，须用适当方法，逐渐改造。一面并帮助各地中小商人组织商民协会，一洗从前绅士买办阶级把持旧商会恶习。

（三）对于曾受外国经济势力压迫之新兴工业，须将帝国主义压迫本国工业之事实及本党反帝国主义之政策向之宣传。一面扶助其组织各地团体，使全国新工业家有一致之团结，以从事于反帝国主义之运动。

（四）对于与帝国主义相勾结之工商业家，在本党势力之下，不得许其充当一切公共机关之职员，不得享有本党所给予民众之一切权利。一面并积极向民众宣布其卖国的罪恶，打破一般人羡慕买办的心理。

（五）对于海外侨商运动之方法，本党应派人赴各国担任宣传工作，并在国内扶助归国侨商组织侨商团体，以保障其本身利益，及参加革命运动。

（六）对于各地商团，其在本党势力之下者，除已成立者外，应不准从新设立。本党一面应运用军队力量、政治力量以肃清土匪恶吏，保障商场之治安，则商人便无设立武装团体之必要。其在本党势力之外者，可利用之以为反抗苛捐杂税、反抗军阀之武器。总之，则本党应使一切商团成为真正小商人之武器。而不可使变为资本家所利用以成压迫革命民众之武器。

（七）对于商民协会扩大之进行，应辅助革命的商人组织全国商民协会，使成为组织严密的、辅助国民革命的及代表大多数商民利益的大团体，以促进国民革命的成功。

（八）对于商民运动与农工运动之关系，须令两方明白各阶级在国民革命工作中有联合战线之必要，处处须以国民大多数利益为前提，须以为被压迫的民众而革命为目的，以防止两方冲突之发生。

资料来源：《商民运动决议案》，荣孟源主编：《中国国民党历次代表大会及中央全会资料》上册，第135—137页。

五 《劳工仲裁会条例》
（国民政府1926年8月16日公布）

第一条 劳工仲裁会之设立，其宗旨在解决劳工组织间之争执。

第二条 劳工仲裁会由政府委仲裁代表一人，及有关系之双方或数方各派代表数人，共同组织之。

第三条 劳工仲裁会解决下列各事项：
　　（一）工人之纠纷；
　　（二）决定工会范围；
　　（三）其他纠纷或冲突。

第四条 农工厅不能解决工人争执时，当即在二十四小时内，呈请国民政府设立仲裁会。

第五条 凡工人争执，须在仲裁会解决，无论何时，各方不得聚众携械斗殴，或有违犯警律，或危害公安之行动。

第六条 仲裁解决争执或纠纷案，应负下列各责：

（一）调查争执原因；
（二）调查关于争执之各工会之互相关系；
（三）调查关于争执或纠纷之各事项；
（四）研究各关系工会要求条件之曲直。
上列各项须于最短时期调查完竣，然后公平解决。

第七条　对于仲裁会之判决，如一方或各方不满意，可上诉国民政府。国民政府所认为公平，或修改之判决，即为最后之判决，各方须遵依之。

第八条　两工会发生争执时，双方之行动不得危及第三方。无论何方违反此条，所有损失归其直接负责。

第九条　仲裁会之细则另订之。

第十条　本条例自公布日施行。

资料来源：《中华民国国民政府公报》第42号，1926年8月，第7－9页。

六　《国民政府组织解决雇主雇工争执仲裁会条例》
（国民政府1926年8月16日公布）

第一条　对于雇主雇工间之争执，当设立仲裁会以解决之。

第二条　仲裁会由政府委仲裁代表一人，及有关系之双方各派代表二人，共同组织之。如属关系数方之争执，则双方之外，其余各方得派代表一人或数人。

第三条　仲裁会解决雇主及雇工间各纠纷，如工值问题，补偿伤害问题，工作时间问题，雇工待遇问题，及其他争执之问题凡双方不能解决者。

第四条　雇主及雇工自己不能解决争执时，当由双方或单方将情由禀明农工厅，呈请按照本条例第二条组织仲裁会。农工厅当即转呈国民政府，并代请组织仲裁会。此项仲裁，但经争执之一方呈请，及［其］他一方必须承认。

第五条　仲裁会既按照本条例成立后，务当调查该关系雇工之生活状况，当地之经济状况，及该种工业或商业之经济状况，然后公平解决。

第六条　对于公共事业或政府所办之企业，发生之争执，如双方或一方不满意于仲裁会之判决，得上诉国民政府，请求作最后之判决。国民政府所视为公平，或所修改，或发还仲裁会，经仲裁会复审之判决，各关系方面应当遵守之。

第七条 凡雇主雇工之纠纷，已呈请仲裁，双方不得采取直接行动，如罢工或闭厂之举。惟在未请求仲裁之前，所发生之罢工或闭厂，不在此内。

第八条 仲裁之细则另订之。

第九条 本条例自公布日施行。

资料来源：《中华民国国民政府公报》第42号，1926年8月，第9－11页。

七 《广东省暂行解决工商纠纷条例》
（广东省政府1927年1月5日颁布）

（甲）关于商人者

一、商店工厂当该行工人罢工时，只准东家自行操作，不得雇用其他工人制造货品，或帮同工作及营业。

二、商店工厂如歇业时，须先一月通知工人，并须补给一月之工金。如无故忽然歇业，须补给工人工金两月。

三、凡工人要求加薪，罢工解决时，罢工期内之工金，照新工金数目给发。但工会方面，亦不得借口损失，要求其他赔偿或罚金。

四、商人不得阴谋搀设工会，以破坏该行原有工会之组织及统一。

五、大商人不许加入工会。小商人如被工会之认许，加入为工会会员时，在工会中，只有选举权，无被选权；有发言权，无表决权。

六、当工会或劳资间发生纠纷时，商人不得指使或贿买别行工人或闲杂流氓参加，以增重纠纷。如被告发有据，商人应受政府严重之处分。

（乙）关于工会者

一、工会及工人不得擅自拘捕工人，商民，或侵害他人身体上之自由。

二、工会工人罢工，或工人间发生纠纷，不得擅自携取商店或工厂之货品，及一切器物。

三、工会工人当罢工时，不得擅自封锁商店，工厂，或禁止东家本人工作。

四、工会未经官厅核准立案，只许用筹备处名义，不得征收会费，及基本金。又工会无论已否奉准立案，均不得以武力或其他强迫手段，征求会员。

五、工会征收会费，及基本金，不得超过工会条例所规定之数目，亦不得借故抽收商店或工厂买卖货品之佣金捐税,以增重工人商人之负担。

六、工人巡行,不得携带器械。违者军警得随时解散没收之。如有实行聚众械斗,或不服军警制止者,政府应随时逮捕之。

(丙)关于手工业小商人者

一、凡自兼操作,雇用工人在三人以下之小营业,有商业牌照,及警署注册为凭者,为手工业小商人。

二、手工业小商人,加入工会与否,听其自由,工会不得加以强迫。

三、手工业小商人未加入工会者,当该行工人罢工时,得自由操作,但以该小商人本人为限。

四、手工业小商人无论已否加入工会,对于该行工人罢工解决所得之待遇条件,均须遵守,不得破坏。

五、凡在家庭内自营操作,而不雇用工人之手工业者,不受工会及本条例之限制。

(丁)关于公共事业者

一、军用品之制造事业;
二、金融事业;
三、交通事业;
四、与公共生活有直接关系之事业。

以上四种事业,发生工人纠纷时,仲裁委员会之判决,绝对有效,由政府强制执行之。

资料来源:《省政府暂行解决工商纠纷条例》,《广州民国日报》1927年1月6日,第4版;陈友琴:《工会组织法及工商纠纷条例》,第24-25页。

八 《国民党中央政治会议广州分会解决工商纠纷六项办法》
(1927年3月25日公布)

一、确定商店店东,每年一日有自由去留店伴之权,此日暂定于夏历正月初二日执行之。但其商店每年去留店伴,不在正月初二者,仍准依照该商店旧习惯,得以每年一日去留店伴。其余临时雇用,以日计月计者,不在此限。

二、夏历年初二（或依旧习惯去留之日）被辞退之店伴，应由商店补回该店伴两个月原额薪金及伙食（如固有条件规定者，应照条件办理）。补充之人员，仍用回原日该工会之会员，工金亦不得低折。

三、因营业收缩，减少店伴，应由商店补回被减去工伴之薪金及伙食二月。又商店亏折收缩，或歇业时，则只补回薪金一月，并应通知工人所属工会。但工会查实商店有意为难时，得呈请两造主管机关处断之。

四、工会职员（指入各工会为执行委员及各部长），其在职期中，及去职后一年期内，雇主不得沿用夏历正月初二之旧例，或依旧习惯去留之日，开除之。但犯法及旷职逾期者，不在此限。又在职职员（指各工会执行委员及各部长），除政府例定假期外，为办理工会事务请假，每年合计不得过三十日。

五、以前各店与工会订立条件，无故不得开除者，仍继续有效。但无明白规定，夏历正月初二（或依旧习惯去留之日），亦不得无故开除者，得依此案件办理，商人仍得自由去留之。

六、工人商人间订定雇佣契约，应由工会商会作证。

资料来源：《政治分会公布解决工商纠纷六项办法》，《广州民国日报》1927年3月25日，第5版。

参考文献

一 未刊档案

1.《查禁各部队设卡抽税筹饷扰民》（1923年3月—1925年6月），陆海军大元帅大本营档案，二三〇—042，中国第二历史档案馆藏。

2.《各部队被控勒索财物残杀人命》（1923年4月—1925年2月），陆海军大元帅大本营档案，二三〇—043，中国第二历史档案馆藏。

3.《粤桂两地各行业工会组织问题》（1925年7月—1926年11月），广州国民政府档案，十九（2）—181，中国第二历史档案馆藏。

4.《广东各界工人反对奸商工贼摧残工会、迫害工人举行罢工情形》（1925—1926），广州国民政府档案，十九（2）—182，中国第二历史档案馆藏。

5.《广州市公安局报告工人在市内活动情形》（1926年11月），广州国民政府档案，十九（2）—186，中国第二历史档案馆藏。

6.《中央工人部致中央秘书处函》（1926年1月5日），汉口档案，汉0848，台北中国国民党文化传播委员会党史馆藏。

7.《广州特别市党部上中执会呈》（1926年6月25日），汉口档案，汉4547，台北中国国民党文化传播委员会党史馆藏。

8.《中央工人部报告书》（1924年9月23日），汉口档案，汉5540，台北中国国民党文化传播委员会党史馆藏。

9.《广州市菜栏职工会执会致中执会呈文》（1926年8月10日），汉口档案，汉11341.1，台北中国国民党文化传播委员会党史馆藏。

10.《广东省府农工厅致广州土洋匹头店员工会令》（1926年4月20日），汉口档案，汉11342.1，台北中国国民党文化传播委员会党史馆藏。

11.《中常会致国民革命军总司令部函》（1926年7月21日），汉口档案，汉11401，台北中国国民党文化传播委员会党史馆藏。

12.《中常会致劳工法讨论委员会函》（1926年11月9日），汉口档案，汉11438.1，台北中国国民党文化传播委员会党史馆藏。

13. 《广州工人第三次代表大会主席团鲍武等上中执会函》（1926年11月2日），汉口档案，汉11438.2，台北中国国民党文化传播委员会党史馆藏。

14. 《中秘处致联席会议主席团函》（1926年10月22日），汉口档案，汉11478，台北中国国民党文化传播委员会党史馆藏。

15. 《朱文伯上中执会呈》（1924年2月29日），汉口档案，汉11495，台北中国国民党文化传播委员会党史馆藏。

16. 《中执会致香山理发工会函》（1924年5月8日），汉口档案，汉11497，台北中国国民党文化传播委员会党史馆藏。

17. 《广东油业工会曾西盛等上中执会呈》（1924年5月22日），汉口档案，汉11498，台北中国国民党文化传播委员会党史馆藏。

18. 《中秘处致工人运动委员会函》（1926年9月30日），汉口档案，汉11606，台北中国国民党文化传播委员会党史馆藏。

19. 《广州市海陆粮食理货员全体工人上中执会呈》（1924年2月），汉口档案，汉11672，台北中国国民党文化传播委员会党史馆藏。

20. 《广州酒业工会上中执会代电》（1924年7月29日），汉口档案，汉11674，台北中国国民党文化传播委员会党史馆藏。

21. 《广东锦纶织造工业联合会致中央工人部函》（1925年5月22日），五部档案，部0338.1，台北中国国民党文化传播委员会党史馆藏。

22. 《广东制墨工会致中央工人部之代电》（1925年8月），五部档案，部0348，台北中国国民党文化传播委员会党史馆藏。

23. 《广东农工厅致中央工人部函》（1925年12月16日），五部档案，台北中国国民党党史馆藏，档号：部0386。

24. 《广东火柴总工会重要宣言》（1926年4月24日），五部档案，部0430，台北中国国民党文化传播委员会党史馆藏。

25. 《中央工人部致广东工人部函》（1926年6月13日），五部档案，部0447，台北中国国民党文化传播委员会党史馆藏。

26. 《广东农工厅致政治委员会函》（1926年7月8日），五部档案，部0456，台北中国国民党文化传播委员会党史馆藏。

27. 《中央工人部致广东工人部函》（1926年7月15日），五部档案，部0457，台北中国国民党文化传播委员会党史馆藏。

28. 《广东香业工会致中央工人部函》（1926年8月15日），五部档案，部0474，台北中国国民党文化传播委员会党史馆藏。

29. 《中央工人部致广东农工厅函》（1925年11月27日），五部档案，部 0550，台北中国国民党文化传播委员会党史馆藏。

30. 《广州当按押店员联德总工会通电》（1926 年 4 月 20 日），五部档案，部 0597，台北中国国民党文化传播委员会党史馆藏。

31. 《广州菜栏职工总会致中央工人部函》（1926 年 8 月 6 日），五部档案，部 0618，台北中国国民党文化传播委员会党史馆藏。

32. 《广州工人代表大会简章》（1926 年），五部档案，部 1608，台北中国国民党文化传播委员会党史馆藏。

33. 《广州药材工会致冯菊坡函》（1925 年 10 月 27 日），五部档案，部 2848，台北中国国民党文化传播委员会党史馆藏。

34. 《广州工人代表大会致特别仲裁委员会函》（1926 年 7 月 29 日），五部档案，部 3975，台北中国国民党文化传播委员会党史馆藏。

35. 《大本营财政部致中央工人部公函》（1925 年 5 月 28 日），五部档案，部 5990，台北中国国民党文化传播委员会党史馆藏。

36. 《广东织造土布工会统一工钱底价运动宣言》（1926 年 10 月 25 日），五部档案，部 6000，台北中国国民党文化传播委员会党史馆藏。

37. 《广州唐装金银首饰器皿工会致中央工人部呈》，1925 年 4 月，五部档案，部 6007，台北中国国民党文化传播委员会党史馆藏。

38. 《象牙行代表区骧伯、何信孚致中央工人部呈》（1925 年 5 月），五部档案，部 6008，台北中国国民党文化传播委员会党史馆藏。

39. 《珠宝玉石金银首饰联合维持会致中央工人部呈》（1925 年 5 月 13 日），五部档案，部 6009，台北中国国民党文化传播委员会党史馆藏。

40. 《中央工人部致广州工人代表会函稿》（1925 年 12 月 22 日），五部档案，部 6807，台北中国国民党文化传播委员会党史馆藏。

41. 《省佛颜料晒漆工会致中执会代电》（1926 年 2 月 22 日），五部档案，部 6835，台北中国国民党文化传播委员会党史馆藏。

42. 《中央工人部致广州工人代表会函稿》（1926 年 3 月 9 日），五部档案，部 6839，台北中国国民党文化传播委员会党史馆藏。

43. 《中央工人部致广东省党部工人部函稿》（1926 年 3 月 28 日），五部档案，部 6841，台北中国国民党文化传播委员会党史馆藏。

44. 《广东棚行正义工会致广州工人代表大会函》（1926 年 3 月 20 日），五部档案，部 6842，台北中国国民党文化传播委员会党史馆藏。

45. 《广州刨制烟协成工会等致中央工人部代电》（1926 年 6 月 23 日），五部档案，部 6895，台北中国国民党文化传播委员会党史馆藏。

46. 《广东木箱工业研究会上中央工人部呈》（1926 年 6 月 24 日），五部档案，部6896，台北中国国民党文化传播委员会党史馆藏。

47.《广州工人代表大会上总司令呈》（1926年7月16日），五部档案，部6910，台北中国国民党文化传播委员会党史馆藏。

48.《广州工人代表大会上总司令呈》（1926年7月19日），五部档案，部6913，台北中国国民党文化传播委员会党史馆藏。

49.《广东牙刷捃扫工会上革命军总司令呈》（1926年7月18日），五部档案，部6914，台北中国国民党文化传播委员会党史馆藏。

50.《广东总工会上总裁呈》（1926年7月19日），五部档案，部6915，台北中国国民党文化传播委员会党史馆藏。

51.《广东总工会报告书》（1926年7月30日），五部档案，部6930，台北中国国民党文化传播委员会党史馆藏。

52.《广州药材工会上中央工人部呈节略》（1925年8月），五部档案，部7113，台北中国国民党文化传播委员会党史馆藏。

53.《中央工人部致广东农工厅函稿》（1925年8月14日），五部档案，部7115，台北中国国民党文化传播委员会党史馆藏。

54.《广东农工厅复中央工人部函》（1925年8月20日），五部档案，部7118，台北中国国民党文化传播委员会党史馆藏。

55.《广州柴炭工会致中执会等代电》（1926年2月20日），部7164，台北中国国民党文化传播委员会党史馆藏。

56.《中央工人部致广州工代会函稿》（1926年3月24日），五部档案，部7174，台北中国国民党文化传播委员会党史馆藏。

57.《土洋杂货店工人不承认冒名组织工会郑重声明》（1926年4月），五部档案，部7180，台北中国国民党文化传播委员会党史馆藏。

58.《广州酱料凉果杂货仁德工会全体工人宣言》（1926年5月14日），五部档案，部7190，台北中国国民党文化传播委员会党史馆藏。

59.《广东帽业总工会等致中央党部等代电》（1926年5月11日），五部档案，部7191，台北中国国民党文化传播委员会党史馆藏。

60.《中央工人部致土洋杂货店员工会批答稿》（1926年6月3日），五部档案，部7199，台北中国国民党文化传播委员会党史馆藏。

61.《中央工人部致广东省工人部函稿》（1926年6月10日），五部档案，部7201，台北中国国民党文化传播委员会党史馆藏。

62.《酱料凉果杂货仁德（工会）斥驳伪工会》（1926年6月17日），五部档案，部7207，台北中国国民党文化传播委员会党史馆藏。

63.《酸枝花梨打磨工会启事》（1926年6月22日），五部档案，部

7213，台北中国国民党文化传播委员会党史馆藏。

64.《酸枝花梨、筲抖两工会通电》（1926年6月20日），五部档案，部7214，台北中国国民党文化传播委员会党史馆藏。

65.《广东省工人部上中央工人部呈》（1926年7月14日），五部档案，部7229，台北中国国民党文化传播委员会党史馆藏。

66.《中央工人部致广州工代会函稿》（1926年7月30日），五部档案，部7238，台北中国国民党文化传播委员会党史馆藏。

67.《广州菜栏工会致中央工人部等代电》（1926年7月30日），五部档案，部7251，台北中国国民党文化传播委员会党史馆藏。

68.《广州工代会上中央工人部呈》（1926年8月1日），五部档案，部7252，台北中国国民党文化传播委员会党史馆藏。

69.《广州菜栏职工总会上中执会呈》（1926年8月2日），五部档案，部7254，台北中国国民党文化传播委员会党史馆藏。

70.《革命军司令部秘书处致中央工人部函》（1926年8月），五部档案，部7262，台北中国国民党文化传播委员会党史馆藏。

71.《中央工人部致广州市工人部函稿》（1926年9月2日），五部档案，部7312，台北中国国民党文化传播委员会党史馆藏。

72.《广州菜栏工会上中央工人部呈》（1926年8月27日），五部档案，部7316，台北中国国民党文化传播委员会党史馆藏。

73.《酱料凉果杂货仁德工会上中央工人部呈》（1926年10月2日），五部档案，部7357，台北中国国民党文化传播委员会党史馆藏。

74.《广州工代会致中央工人部函》（1926年10月4日），五部档案，部7359，台北中国国民党文化传播委员会党史馆藏。

75.《中央工人部致广东农工厅函稿》（1926年10月16日），五部档案，部7373，台北中国国民党文化传播委员会党史馆藏。

76.《广州药材工会上中央工人部呈》（1926年10月16日），五部档案，部7375，台北中国国民党文化传播委员会党史馆藏。

77.《中央工人部致工人运动委员会函稿》（1926年10月22日），五部档案，部7383，台北中国国民党文化传播委员会党史馆藏。

78.《中央工人部复广州药材工会函稿》（1926年10月27日），五部档案，部7388，台北中国国民党文化传播委员会党史馆藏。

79.《中央工人部致京果海味店员工会筹备处批答稿》（1926年10月25日），五部档案，部7397，台北中国国民党文化传播委员会党史馆藏。

80.《京果海味店员总工会致中央党部等代电》（1926年10月25日），

五部档案，部7399，台北中国国民党文化传播委员会党史馆藏。

81.《中央工人部致广东省商会联合会批答稿》（1926年11月3日），五部档案，部7406，台北中国国民党文化传播委员会党史馆藏。

82.《唐装金银首饰器皿兴和工会上中央工人部代电》（1926年10月28日），五部档案，部7410，台北中国国民党文化传播委员会党史馆藏。

83.《金行三益堂上中央工人部等代电》（1926年10月），五部档案，部7412，台北中国国民党文化传播委员会党史馆藏。

84.《中央工人部致广州药材工会函稿》（1926年11月10日），五部档案，部7414，台北中国国民党文化传播委员会党史馆藏。

85.《中央工人部致广州市政委员孙科函稿》（1926年11月6日），五部档案，部7415，台北中国国民党文化传播委员会党史馆藏。

86.《广州京果海味店员工会通告》（1926年10月30日），五部档案，部7417，台北中国国民党文化传播委员会党史馆藏。

87.《中央工人部致农工厅函稿》（1926年11月5日），五部档案，部7418，台北中国国民党文化传播委员会党史馆藏。

88.《广州市工人部长陈其瑗致中央工人部函》（1926年11月2日），五部档案，部7425，台北中国国民党文化传播委员会党史馆藏。

89.《广东织布工会上中央工人部代电》（1926年11月10日），五部档案，部7434，台北中国国民党文化传播委员会党史馆藏。

90.《中央工人部致广东织造工会函稿》（1926年11月19日），五部档案，部7437，台北中国国民党文化传播委员会党史馆藏。

91.《中央工人部致广东农工厅函稿》（1926年11月17日），五部档案，部7438，台北中国国民党文化传播委员会党史馆藏。

92.《中央工人部致广州工人代表会函稿》（1926年6月9日），五部档案，部7765，台北中国国民党文化传播委员会党史馆藏。

93.《广州工人代表会上中央工人部函》（1926年8月14日），五部档案，部8074，台北中国国民党文化传播委员会党史馆藏。

94.《广州玉石四行工人等上中执会等代电》（1925年3月29日），五部档案，部8230，台北中国国民党文化传播委员会党史馆藏。

95.《中央工人部致香山县长函稿》（1924年5月3日），五部档案，部8433，台北中国国民党文化传播委员会党史馆藏。

96.《黄侠生上廖部长函》（1924年5月5日），五部档案，部8435，台北中国国民党文化传播委员会党史馆藏。

97.《广东警务处上廖部长函》（1924年5月5日），五部档案，部

8436，台北中国国民党文化传播委员会党史馆藏。

98.《江门商团公所上大元帅代电》（1924年5月8日），五部档案，部8437，台北中国国民党文化传播委员会党史馆藏。

99.《广东警务处致廖部长函》（1924年5月15日），五部档案，部8439，台北中国国民党文化传播委员会党史馆藏。

100.《广东装船工会等致中执会代电》（1926年1月31日），五部档案，部8541，台北中国国民党文化传播委员会党史馆藏。

101.《广州酒楼茶室商业公会上总司令呈》（1926年7月17日），五部档案，部8619，台北中国国民党文化传播委员会党史馆藏。

102.《广东火柴厂总工会宣言》（1926年9月22日），五部档案，部8677，台北中国国民党文化传播委员会党史馆藏。

103.《广东火柴总工会上中央工人部呈》（1926年10月6日），五部档案，部8692，台北中国国民党文化传播委员会党史馆藏。

104.《广东火柴总工会上中央工人部呈》（1926年10月18日），五部档案，部8699，台北中国国民党文化传播委员会党史馆藏。

105.《广东火柴总工会上中央工人部代电》（1926年10月20日），五部档案，部8704，台北中国国民党文化传播委员会党史馆藏。

106.《广东火柴厂总工会上中央工人部呈》（1926年10月21日），五部档案，部8706，台北中国国民党文化传播委员会党史馆藏。

107.《广州石印工业研究社社长上中央工人部呈》（1926年1月13日），五部档案，部8854，台北中国国民党文化传播委员会党史馆藏。

108.《广州石印工业研究社致中央工人部函》（1926年1月21日），五部档案，部8856，台北中国国民党文化传播委员会党史馆藏。

109.《广州土洋匹头行锦联堂致中执会代电》（1926年4月19日），五部档案，部8883，台北中国国民党文化传播委员会党史馆藏。

110.《广州菜栏工会上中央工人部呈》（1926年8月3日），五部档案，部8934，台北中国国民党文化传播委员会党史馆藏。

111.《广州菜栏工会上中央工人部呈》（1926年9月14日），五部档案，部8989，台北中国国民党文化传播委员会党史馆藏。

112.《广东省工人部工作报告》（1926年2月），五部档案，部10965，台北中国国民党文化传播委员会党史馆藏。

113.《广州特别市党部工人部工作报告书》（1926年），五部档案，部11028，台北中国国民党文化传播委员会党史馆藏。

114.《广州特别市党部工人部致中央工人部函》（1926年11月17日），

五部档案，部 11031，台北中国国民党文化传播委员会党史馆藏。

115.省港罢工委员会上中央工人部呈》（1926 年 7 月 14 日），五部档案，部 11360，台北中国国民党文化传播委员会党史馆藏。

116.《广东织造土布工会讣文》（1926 年 11 月），五部档案，部 14151，台北中国国民党文化传播委员会党史馆藏。

117.《广州市党部上中央工人部函》（1926 年 8 月 27 日），五部档案，部 14964，台北中国国民党文化传播委员会党史馆藏。

118.《各项时事传闻录》（1924—1927），粤海关档案，：94—1—1585、94—1—1586、94—1—1587、94—1—1588，广东省档案馆藏。

119.《广州工潮之真相》（1926 年 12 月），革命历史资料，A3—93，广东省档案馆藏。

120.《广州工人代表会会刊》（1926 年），革命历史资料，A1—21，广东省档案馆藏。

121.《广州市工人代表会决议案》（1924 年 5 月），革命历史资料，A3—78，广东省档案馆藏。

122.《职工运动》（上、下），革命历史资料，A1—20—1、A1—20—2，广东省档案馆藏。

123.《广州市茶居工会待遇条件》，10—4—186，广州市档案馆藏。

124.《革履工团章程草案》（1921 年 1 月），Jay Calvin Huston Papers，1917—1931，Box 6，斯坦福大学胡佛研究所档案馆藏。

125.《广东洋服同研工会章程》（1921 年 4 月），Jay Calvin Huston Papers，1917—1931，Box 6，斯坦福大学胡佛研究所档案馆藏。

126.《省港茯苓工会章程》（1921 年 6 月 1 日），Jay Calvin Huston Papers，1917—1931，Box 6，斯坦福大学胡佛研究所档案馆藏。

127. *Conference of Dr. Chen Ta and Mr. G. Chen with Mr. P. Sze*, *Secretary of the Labor Delegates Association of Kuomintang*, *February 3*, *1925*, *The Chinese Labour Movement Report*, Jay Calvin Huston Papers, 1917—1931, Box 5, Folder3, 斯坦福大学胡佛研究所档案馆藏。

128. *Conference with Mr. Sie Tso - chuan*, *Head of the Labor Division of the Kuomintang Party*, *January 31 to February 1*, *1925*, *The Chinese Labour Movement Report*, Jay Calvin Huston Papers, 1917—1931, Box 5, Folder 3, 斯坦福大学胡佛研究所档案馆藏。

129. *Canton Unions Too Many Now Says Report*, The China Press, July 28, 1926, Jay Calvin Huston Papers, 1917—1931, Box 6, Folder 3, 斯坦福大学胡

佛研究所档案馆藏。

130. Edward H. Lockwood, *Labour Unions in Canton*, The Chinese Recorder, July 1927, Jay Calvin Huston Papers, 1917—1931, Box 6, Folder 3, 斯坦福大学胡佛研究所档案馆藏。

131. Jay Calvin Huston, *The Recent Rise of Labor Unions and the Growth of Chinese Socialism in Canton under the Aegis of the "Kwo Ming Tang"*, June 26, 1922, Jay Calvin Huston Papers, 1917—1931, Box 6, Folder 1, 斯坦福大学胡佛研究所档案馆藏。

132. *Labor Conditions in Canton——A Statistical Study*, June, 1929, Jay Calvin Huston Papers, 1917—1931, Box 5, Folder 1, 斯坦福大学胡佛研究所档案馆藏。

133. *Labour Situation in Canton*, The Hankow Herald, August 4, 1926, the Jay Calvin Huston Papers, 1917—1931, Box 5, Folder 4, 斯坦福大学胡佛研究所档案馆藏。

134. Sydor Stoler, *The Trade Union Movement in Canton*, The Pan – pacific Worker, vol. 1, no. 6, September 15, 1927, Jay Calvin Huston Papers, 1917—1931, Box 6, Folder 1, 斯坦福大学胡佛研究所档案馆藏。

135. Sydor Stoler, *The Trade Union Movement in Canton*（Ⅱ）, The Pan – pacific Worker, vol. 1, no. 7, October 1, 1927, Jay Calvin Huston Papers, 1917—1931, Box 5, Folder 4, 斯坦福大学胡佛研究所档案馆藏藏。

136. Paul Scharrenberg, *China's Labor Movement*, *1931*, Paul Scharrenberg Papers, 1893—1960, BANCMSSC – B906, Carton 4, 加利福尼亚大学伯克利分校班克罗夫特图书馆藏。

二、资料汇编

1. 安徽大学苏联问题研究所、四川省中共党史研究会编译：《苏联〈真理报〉有关中国革命的文献资料选辑（1919—1927）》第1辑，成都：四川省社会科学院出版社，1985年。

2. 陈旭麓、郝盛潮主编：《孙中山集外集》，上海：上海人民出版社，1990年。

3. 陈真编：《中国近代工业史资料》第3、4辑，北京：生活·读书·新知·三联书店，1961年。

4. 陈真、姚洛编：《中国近代工业史资料》第1辑，北京：生活·读书·新知·三联书店，1957年。

5. 陈真、姚洛、逢先知编：《中国近代工业史资料》第2辑，北京：生活·读书·新知·三联书店，1958年。

6. 《第一次国内革命战争时期的工人运动》，北京：人民出版社，1954年。

7. 段云章、倪俊明编：《陈炯明集》上、下卷，广州：中山大学出版社，1998年。

8. 广东省档案馆编译：《孙中山与广东——广东省档案馆库藏海关档案选译》，广州：广东人民出版社，1996年。

9. 广东省档案馆、中共广东省委党史研究委员会办公室编：《广东区党、团研究史料（1921—1926）》，广州：广东人民出版社，1983年。

10. 广东省工商业联合会、民建广东省委员会编：《广东工商史料辑录》（全7册），1987年。

11. 广东省社会科学院历史研究室编：《廖仲恺集》（增订本），北京：中华书局，1983年。

12. 广东省文史研究馆编：《三元里人民抗英斗争史料》，北京：中华书局，1959年。

13. 广东哲学社会科学研究所历史研究室编：《省港大罢工资料》，广州：广东人民出版社，1980年。

14. 广州市地方志编纂委员会办公室等编译：《近代广州口岸经济社会概况——粤海关报告汇集》，广州：暨南大学出版社，1995年。

15. 《国父全书》第1册，台北：中国国民党中央党史委员会，1973年。

16. 黄季陆主编：《革命文献》第51、52辑，台北：中国国民党中央委员会党史史料编纂委员会，1970年。

17. 江苏省商业厅、中国第二历史档案馆编：《中华民国商业档案资料汇编》第1卷（上、下册），北京：中国商业出版社，1991年。

18. 李玉贞译：《联共、共产国际与中国（1920—1925）》第1卷，台北：东大图书股份有限公司，1997年。

19. 刘明逵编：《中国工人阶级历史状况》第1卷（第1、2册），北京：中共中央党校出版社，1985、1993年。

20. 刘明逵、唐玉良主编：《中国近代工人阶级和工人运动》第1～6册，北京：中共中央党校出版社，2002年。

21. 宓汝成编：《中国近代铁路史资料（1863—1911）》（全3册），北京：中华书局，1963年。

22. 聂宝璋编：《中国近代航运史资料（1840—1895）》第1辑（上、下册），上海：上海人民出版社，1983年。

23. 彭泽益编：《中国近代手工业史资料》（全4卷），北京：中华书局，1962年。

24. 彭泽益编：《中国工商行会史料集》上、下册，北京：中华书局，1995年。

25. 人民出版社编辑部编：《邓中夏文集》，北京：人民出版社，1983年。

26. 荣孟源主编：《中国国民党历次代表大会及中央全会资料》上、下册，北京：光明日报出版社，1985年。

27. 山东省中共党史人物研究会编：《希伯文集》，济南：山东人民出版社，1986年。

28. 孙毓棠编：《中国近代工业史资料（1840—1895）》第1辑（上、下册），北京：科学出版社，1957年。

29. 汪敬虞编：《中国近代工业史资料（1895—1914）》第2辑（上、下册），北京：科学出版社，1957年。

30. 严中平等编：《中国近代经济史统计资料选辑》，北京：科学出版社，1955年。

31. 张富强等编译：《广州现代化历程——粤海关十年报告（1882—1941）译编》，广州：广州出版社，1993年。

32. 中共广东省委党史研究委员会办公室、中共珠海市委党史研究办公室编：《苏兆征研究史料》，广州：广东人民出版社，1985年。

33. 中共广东省委党史研究委员会办公室、广东省档案馆编：《"一大"前后的广东党组织》，1981年。

34. 中共广东省委党史资料征集委员会办公室、中共广东省委党史研究委员会办公室编：《广东党史资料》第1、2、11、32辑，广州：广东人民出版社，1983、1984、1987、1999年。

35. 中共广东省委组织部、中共广东省委党史研究室、广东省档案馆：《中国共产党广东省组织史料》上、下册，北京：中共党史出版社，1994年。

36. 中共惠州市委党史办公室、中共紫金县委党史办公室编：《刘尔崧研究史料》，广州：广东人民出版社，1989年。

37. 中共中央党史研究室第一研究部编：《共产国际、联共（布）与中国革命文献资料选辑（1917—1925）》，北京：北京图书馆出版社，1997 年。

38. 中共中央党史研究室第一研究部译：《联共（布）、共产国际与中国国民革命运动（1920—1925）》，北京：北京图书馆出版社，1997 年。

39. 中共中央党史研究室第一研究部译：《联共（布）、共产国际与中国国民革命运动（1926—1927）》上、下册，北京：北京图书馆出版社，1998 年。

40. 中共中央党史研究室第一研究部编：《共产国际、联共（布）与中国革命文献资料选辑（1926—1927）》上、下册，北京：北京图书馆出版社，1998 年。

41. 中国第一历史档案馆、北京师范大学历史系编：《辛亥革命前十年间民变档案史料》上、下册，北京：中华书局，1985 年。

42. 中国第二历史档案馆编：《五卅运动和省港罢工》，南京：江苏古籍出版社，1985 年。

43. 中国第二历史档案馆编：《中国国民党第一、二次全国代表大会会议史料》上、下册，南京：江苏古籍出版社，1986 年。

44. 中国第二历史档案馆编：《中华民国史档案资料汇编》第 3 辑，南京：江苏古籍出版社，1991 年。

45. 《中国工会运动史料全书》总编辑委员会编：《中国工会运动史料全书·广东卷》，北京：中国民航出版社，1998 年。

46. 中国民主建国会广州市委员会、广州市工商业联合会、广州市政协文史资料研究委员会合编：《广州工商经济史料》第 1、2 辑，广州：广东人民出版社，1986、1989 年。

47. 中国人民政治协商会议广东省广州市委员会文史资料研究委员会编：《广州文史资料》第 5、7、27 辑，1962、1963、1982 年。

48. 中国人民政治协商会议广东省委员会文史资料研究委员会编：《广东文史资料》第 15、25、42、56 辑，1964、1979、1984、1988 年。

49. 中国社会科学院现代史研究室、中国革命博物馆党史研究室编：《"一大"前后——中国共产党第一次代表大会前后资料选编》（二）、（三），北京：人民出版社，1980、1984 年。

50. 中华全国总工会编：《中共中央关于工人运动文件选编》上、中、下册，北京：档案出版社，1985 年。

51. 中华全国总工会中国工人运动史研究室编：《中国工运史料》（1～25 期），北京：工人出版社，1958—1984 年。

52. 中华全国总工会中国职工运动史研究室编：《中国工会历史文献》

第1、2集，北京：工人出版社，1958年。

53. 中华全国总工会中国职工运动史研究室编：《中国历次全国劳动大会文献》，北京：工人出版社，1957年。

54. 中山大学历史系编：《中国工人运动史参考资料》（二种），1957年。

55. 中山大学历史系译：《中国职工运动史参考资料》（翻译论文集），1962年。

56. 中山大学历史系孙中山研究室、广东省社会科学院历史研究所、中国社会科学院近代史研究所中华民国史研究室编：《孙中山全集》第5、11卷，北京：中华书局，1985、1986年。

57. 中央档案馆编：《中共中央文件选集》第1、2册，北京：中共中央党校出版社，1989年。

58. 中央档案馆、广东省档案馆编：《广东革命历史文件汇集》甲1～甲6，1982年。

三、报刊

1. 《安雅书局世说编》，1901年8月—12月。

2. 《晨报》，1920年1月—1927年4月。

3. 天津《大公报》，1903年6月—1927年4月。

4. 《大同报》（广州），1922年3月。

5. 《大光报》（香港）1923年7月—1927年4月。

6. 《东方杂志》，第21卷第17、19号，1924年。

7. 《共产党》，第4～6号，1921年5月—7月。

8. 《公评报》（广州），1924年11月—1928年3月。

9. 《工界》，第1～11期，1920年5月—8月。

10. 《工人之路特号》，第8～471期，1925年7月—1926年10月。

11. 《广东工人之路》，第7～12期，1926年10月—12月。

12. 《广东机器工会旬刊》，第5期，1926年8月。

13. 《广东七十二行商报》，1917年4月—1925年9月。

14. 《广东群报》，1921年1月—1922年5月。

15. 《广东行政周刊》，第1～9期，1927年1月—3月。

16. 《广东实业厅公报》，第1卷第5期，1926年11月。

17. 《广东商民》，第1～3期，1926—1927年。

18. 《广东省政府公报》, 第 13 期, 1925 年 9 月。

19. 《广东中华新报》, 1919 年 1 月—12 月。

20. 《广州共和报》, 1922 年 4 月—1926 年 4 月。

21. 《广州民国日报》, 1923 年 9 月—1927 年 4 月。

22. 《广州评论》, 第 2、3 期合刊, 1926 年。

23. 《广州市商会报》, 1925 年 2 月—1925 年 6 月。

24. 《广州市市政公报》, 第 59—254 号, 1922 年 4 月—1927 年 4 月。

25. 《广州总商会报》, 光绪卅三年 (1907 年) 1 月—10 月。

26. 《国华报》(广州), 1911 年 8 月—1927 年 2 月。

27. 《国民新闻》(广州), 1925 年 8 月—1927 年 3 月。

28. 《国闻周报》, 第 2～3 卷, 1925 年 12 月—1926 年 11 月。

29. 《国民周刊》, 第 12～24 期, 1926 年 12 月—1927 年 5 月。

30. 《火花》, 第 2 期, 1926 年 11 月。

31. 《劳动》, 第 1 卷第 5 号, 1918 年 7 月 20 日。

32. 《劳动与妇女》, 第 1～11 期, 1921 年 2 月—4 月。

33. 《劳动者》, 第 1～7 号, 1920 年 10 月 – 12 月, 沙东迅辑:《劳动者》, 广州: 广东人民出版社, 1984 年。

34. 《劳动周报》, 第 6 期, 1923 年 5 月。

35. 《劳动周刊》, 第 13、18 号, 1921 年 11 月 12 日、12 月 17 日,《中国工运史料》1960 年第 3 期、1958 年第 3 期。

36. 《劳工月刊》, 第 1 卷第 2 期, 1932 年 5 月 15 日。

37. 《劳工周刊》, 第 3 期, 1921 年 11 月。

38. 《陆海军大元帅大本营公报》, 第 16～28 号, 1923 年 6 月—9 月; 第 8～28 号, 1924 年 3 月—10 月。

39. 上海《民国日报》, 1920 年 1 月—1927 年 4 月。

40. 《民国十三、十四年广州市市政报告汇刊》, 1926 年。

41. 《民生日报》(广州), 1912 年 5 月—1913 年 10 月。

42. 《民众的武力》, 第 7、8 期合刊, 1927 年 2 月。

43. 《民族杂志》, 第 2 卷第 11 期, 1934 年 11 月。

44. 《农工周刊》, 第 1～10 期, 1926 年 12 月—1927 年 2 月。

45. 《前锋》, 第 2 期, 1923 年 12 月。

46. 《青年周刊》, 第 4～6 号, 1922 年 3 月—4 月, 广东青运史研究委员会研究室编:《青年周刊》, 广州: 广东人民出版社, 1986 年。

47. 《人民周刊》, 第 3～42 期, 1926 年 2 月—1927 年 2 月。

48. 《商权报》（广州），1913 年 8 月—1920 年 8 月。

49. 《少年先锋》，第 2 卷第 15 期，1927 年 2 月。

50. 《社会评论》，第 11 期，1925 年 5 月 5 日。

51. 《申报》，1896 年 8 月—1927 年 4 月。

52. 《时报》，1912 年 11 月。

53. 《时事报》（广州），1924 年 5 月—8 月。

54. 《讨赤旬报》，第 1～9 期，1926 年 7 月 - 10 月。

55. 《统计月报》，第 1 卷第 10 期，1929 年 12 月。

56. 《现代评论》，第 4 卷第 88 期，1926 年 8 月。

57. 《现象报》（广州），1922 年 2 月—1927 年 4 月。

58. 《向导周报》，第 82～190 期，1924 年 9 月—1927 年 3 月。

59. 《香港华字日报》，1897 年 4 月—1925 年 2 月。

60. 《新报》，1917 年 2 月。

61. 《新北方月刊》，第 1 卷第 2 期，1931 年 2 月 20 日。

62. 《新国华报》（广州），1921 年 7 月—1927 年 2 月。

63. 《新加坡中华总商会月报》，第 1 卷第 2～8 号，1922 年 5 月—10 月。

64. 《新青年》，第 8 卷第 1 号、第 9 卷第 1 号，1920 年 9 月、1921 年 5 月。

65. 《新小桥报》（江门），1923 年 8 月—9 月。

66. 《羊城报》，1922 年 1 月—1925 年 2 月。

67. 《羊城新报》，1914 年 11 月—1921 年 11 月。

68. 《银行周报》，第 11 卷第 11 号，1927 年 3 月。

69. 《粤商公报》（广州），1923 年 5 月—12 月。

70. 《政治周报》，第 3～10 期，1925 年 12 月—1926 年 5 月。

71. 《中国工人》，第 2 期，1924 年 11 月。

72. 《中国国民党第二次全国代表大会日刊》，第 11 号，1926 年 1 月。

73. 《中国国民党广东省党部党务月报》，第 7～11 期，1926 年 10 月—1927 年 1 月。

74. 《中国国民党中央执行委员会党务月报》，第 1～2 期，1926 年 5 月—6 月。

75. 《中国海员》，第 4 期，1926 年 3 月。

76. 《中华民国国民政府公报》，第 36～42 号，1926 年 6 月—8 月。

77. 《中外经济周刊》，第 162 号，1926 年 5 月。

78. 《中西报》光绪二十一年（1895）五月。
79. 《中央政治会议广州分会十六年份月报合编》，第 5 期，1927 年 5 月。
80. 《中央政治会议广州分会月报》，第 1 期，1927 年 1 月。
81. 《总商会新报》（广州），1915 年 3 月—1921 年 11 月。

四、普通文献

1. 陈达：《中国劳工问题》，上海：商务印书馆，1929 年。
2. 陈公博：《寒风集》，上海：地方行政社，1945 年。
3. 陈友琴：《工会组织法及工商纠纷条例》，上海：民智书局，1927 年。
4. 陈振鹭：《现代劳动问题论丛》，上海：联合书店，1933 年。
5. 陈振鹭：《劳工教育》，上海：商务印书馆，1937 年。
6. 陈宗诚：《劳工论文拾零》，上海：国际劳工局中国分局，1934 年。
7. 邓雨生：《全粤社会实录》，广州：调查全粤社会处，清宣统二年（1910）。
8. 丁日力编：《世界劳工状况》，上海：大东书局，1930 年。
9. 傅筑夫：《中国社会问题之理论与实际》，天津：百城书局，1931 年。
10. 高廷梓：《调剂劳资纠纷方法》，广州：国立中山大学出版部，1928 年。
11. 高语罕：《广州纪游》，上海：亚东图书馆，1922 年。
12. 广州工人代表大会执委会编：《广州第一次工人代表大会决议案》，1926 年。
13. 广州市政厅社会调查股编：《广州市市政厅社会调查股报告书（劳工状况部分）》第 1 类第 1 期，1926 年。
14. 古有成编：《工人运动》，广州：黄埔中央军事政治学校政治部宣传科，1927 年。
15. 何德明编著：《中国劳工问题》，长沙：商务印书馆，1938 年。
16. 贺岳僧：《中国罢工史》，上海：世界书局，1927 年。
17. 黄艺博：《广东之机器工人》，广州：广东机器总工会，1929 年。
18. 国民政府工商部工商访问局编：《劳资协调》，1929 年。
19. 李剑华：《劳动问题与劳动法》，上海：太平洋书店，1928 年。
20. 李宗黄：《模范之广州市》，上海：商务印书馆，1929 年，
21. 李宗黄：《新广东观察记》，上海：商务印书馆，1925 年。

22. 林定平、邓伯粹：《各国劳工运动史》，上海：商务印书馆，1929年。

23. 林翼中编：《广州民运概略》，广州：广州特别市党部民众训练委员会，1931年。

24. 刘星晨：《劳动问题》，上海：大东书局，1933年。

25. 卢正编：《劳动问题纲要》，上海：上海法学社，1929年。

26. 骆传华：《今日中国劳工问题》，上海：青年协会书局，1933年。

27. 罗运炎：《中国劳工立法》，上海：中华书局，1939年。

28. 马超俊：《中国劳工问题》，上海：民智书局，1927年。

29. 马超俊：《中国劳工运动史》上册，重庆：商务印书馆，1942年。

30. 米寅宾：《工运之回顾与前瞻》，上海：南华图书局，1929年。

31. 全汉升：《中国行会制度史》，上海：新生命书局，1934年。

32. 邵元冲：《劳动问题之发生经过及现代劳工事业之发展》，上海：民智书局，1926年。

33. 孙本文：《社会变迁》，上海：世界书局，1929年。

34. 孙本文：《现代中国社会问题》第4册，上海：商务印书馆，1946年。

35. 孙绍康编：《中国劳工法》，上海：商务印书馆，1934年。

36. 唐海编：《中国劳动问题》，上海：光华书店，1927年。

37. 王清彬、王树勋等编：《第一次中国劳动年鉴》，北平：社会调查部，1928年。

38. 王云五、李圣五编：《劳工问题》，上海：商务印书馆，1933年。

39. 吴半农编：《河北省及平津两市劳资争议底分析（民国十六年一月至十八年六月）》，北平：北平社会调查所，1930年。

40. 香港华字日报编：《广东扣械潮》第1—3卷，香港：香港华字日报，1924年。

41. 邢必信等编：《第二次中国劳动年鉴》，北平：北平社会调查所，1932年。

42. 徐季良、胡仲弢编：《广州商业名录》第1回，广州：广州商业名录社，1929年。

43. 徐弦：《劳工问题》，香港：生活书店，1948年。

44. 许闻天：《中国工人运动史初稿》，重庆：中国国民党中央执行委员会社会部，1940年。

45. 殷寿光：《工会组织研究》，上海：世界书局，1927年。

46. 余启中：《广州工人家庭之研究》，广州：国立中山大学出版部，1934年。

47. 余启中：《民国十二年至廿二年广州劳资争议底分析》，广州：国立中山大学出版部，1934年。

48. 张天羽：《中国劳动思潮之发展及其趋向》，南京：新光印书馆，1947年。

49. 张廷灏：《中国国民党劳工政策的研究》，上海：大东书局，1931年。

50. 郑行巽：《劳工问题研究》，上海：世界书局，1927年。

51. 中国青年社编：《青年工人问题》，上海：国光书店，1925年。

52. 祝世康：《劳工问题》，上海：商务印书馆，1934年。

53. 朱斯煌主编：《民国经济史》，上海：银行学会银行周报社，1948年。

54. 朱通九：《劳动经济》，上海：黎明书局，1931年。

55. 朱通九：《现代劳动思潮及劳动制度之趋势》，上海：国光印书局，1939年。

56. 朱子爽：《中国国民党劳工政策》，重庆：国民图书出版社，1941年。

57. 郭廷以、王聿均访问，刘凤翰纪录：《马超俊先生访问纪录》，台北："中央"研究院近代史研究所，1992年。

58. 吴铁城：《吴铁城回忆录》，台北：三民书局，1971年。

59. 张国焘：《我的回忆》第1册，北京：现代史料编刊社，1980年。

60. 邹鲁：《回顾录》，长沙：岳麓书社，2000年。

61. ［日］山川均：《工会运动底理论与实际》，施复亮、钟复光译，上海：大江书铺，1930年。

62. ［法］季特等：《罢工权研究》，孔宪铿译，广州：民强印务局，1928年。

63. ［美］考活、布士维：《南中国丝业调查报告书》，黄泽普译，广州：岭南农科大学，1925年。

64. ［美］劳文：《国际劳工运动史》，黄卓译，上海：中华书局，1934年。

五　中文论著

（一）著作

1. 蔡少卿主编：《再现过去：社会史的理论视野》，杭州：浙江人民出版社，1988年。
2. 常凯主编：《劳动关系·劳动者·劳权——当代中国的劳动问题》，北京：中国劳动出版社，1995年。
3. 陈慈玉：《近代中国的机械缫丝工业（1860—1945）》，台北："中央"研究院近代史研究所，1989年。
4. 陈达：《我国抗日战争时期市镇工人生活》，北京：中国劳动出版社，1993年。
5. 陈明銶主编：《中国与香港工运纵横》，香港：香港基督教工业委员会，1986年。
6. 程浩编著：《广州港史（近代部分）》，北京：海洋出版社，1985年。
7. 邓正来等编：《国家与市民社会：一种社会理论的研究路径》，北京：中央编译出版社，1999年。
8. 广东工人运动史研究委员会编著：《广东工人运动史》第1卷，广州：广东人民出版社，1997年。
9. 广东省总工会编著：《广东工人运动大事记：1840—1995年》，广州：广东人民出版社，1998年。
10. 广州工人运动史研究委员会办公室编：《广州工人运动简史（初稿）》，1988年。
11. 何炳棣：《中国会馆史论》，台北：台湾学生书局，1966年。
12. 何文平：《变乱中的地方权势：清末民初广东的盗匪问题与社会秩序》，桂林：广西师范大学出版社，2011年。
13. 黄逸峰、姜铎、唐传泗、徐鼎新：《旧中国民族资产阶级》，南京：江苏古籍出版社，1990年。
14. 金京玉：《民国时期工业企业劳资关系研究（1912—1937）》，北京：经济科学出版社，2012年。
15. 李伯元、任公坦：《广东机器工人奋斗史》，台北：中国劳工福利出版社，1955年。
16. 李剑农：《中国近百年政治史（1840—1926）》，上海：复旦大学出版社，2002年。

17. 林家有：《孙中山与近代中国的觉醒》，广州：中山大学出版社，2000年。

18. 凌耀伦、熊甫、裴倜：《中国近代经济史》，重庆：重庆出版社，1982年。

19. 刘艾玉编著：《劳动社会学教程》，北京：北京大学出版社，1999年。

20. 刘国良：《中国工业史》（近代卷），南京：江苏科学技术出版社，1992年。

21. 刘立凯、王真：《1919—1927年的中国工人运动》，北京：工人出版社，1953年。

22. 刘曼容：《孙中山与中国国民革命》，广州：广东人民出版社，1996年。

23. 刘明逵、唐玉良主编：《中国工人运动史》第1～3卷，广州：广东人民出版社，1998年。

24. 卢权、褟倩红：《省港大罢工史》，广州：广东人民出版社，1997年。

25. 陆象贤：《中国工人运动统一战线研究》，北京：团结出版社，2000年。

26. 罗志田：《乱世潜流：民族主义与民国政治》，上海：上海古籍出版社，2001年。

27. 马敏：《过渡形态：中国早期资产阶级构成之谜》，北京：中国社会科学出版社，1994年。

28. 莫世祥：《护法运动史》，南宁：广西人民出版社，1991年。

29. 莫世祥：《接合与更替》，广州：广东人民出版社，1997年。

30. 南京大学历史系明清史研究室编：《中国资本主义萌芽问题论文集》，南京：江苏人民出版社，1983年。

31. 潘君祥编：《近代中国国货运动》，上海：上海社会科学院出版社，1998年。

32. 彭南生：《行会制度的近代命运》，北京：人民出版社，2003年。

33. 彭泽益：《十九世纪后半期的中国财政与经济》，北京：人民出版社，1983年。

34. 钱传水编：《中国工人运动简史》，合肥：安徽人民出版社，1986年。

35. 钱义璋：《沙基痛史》，广州：广东人民出版社，1995 年。

36. 青岛市工商行政管理局史料组编：《中国民族火柴工业》，北京：中华书局，1963 年。

37. 丘传英主编：《广州近代经济史》，广州：广东人民出版社，1998 年。

38. 邱捷：《孙中山领导的革命运动与清末民初的广东》，广州：广东人民出版社，1996 年。

39. 曲彦斌：《行会史》，上海：上海文艺出版社，1999 年。

40. 任振池、刘寒主编：《省港大罢工研究——纪念省港大罢工六十五周年论文集》，广州：中山大学出版社，1991 年。

41. 桑兵：《孙中山的活动与思想》，广州：中山大学出版社，2001 年。

42. 上海市粮食局、上海市工商行政管理局、上海社会科学院经济研究所经济史研究室合编：《中国近代面粉工业史》，北京：中华书局，1987 年。

43. 尚世昌：《中国国民党与中国劳工运动——以建党至清党为主要范围》，台北：幼狮文化事业公司，1992 年。

44. 唐玉良编：《中国民主革命时期工人运动史略》，北京：工人出版社，1985 年。

45. 田彤：《民国劳资争议研究（1927—1937 年）》，北京：商务印书馆，2013 年。

46. 王建初、孙茂生主编：《中国工人运动史》，沈阳：辽宁人民出版社，1987 年。

47. 王奇生：《党员、党权与党争——1924—1949 年中国国民党的组织形态》，上海：上海书店出版社，2003 年。

48. 王奇生：《革命与反革命：社会文化视野下的民国政治》，北京：社会科学文献出版社，2010 年。

49. 王相钦主编：《中国民族工商业发展史》，石家庄：河北人民出版社，1997 年。

50. 王永玺主编：《中国工会史》，北京：中共党史出版社，1992 年。

51. 汪敬虞主编：《中国近代经济史（1895—1927）》上、中、下册，北京：人民出版社，2000 年。

52. 许涤新、吴承明主编：《中国资本主义发展史》第 1—3 卷，北京：人民出版社，1985、1993 年。

53. 许纪霖、陈达凯主编：《中国现代化史（1800—1949）》第 1 卷，上海：上海三联书店，1995 年。

54. 袁方主编：《劳动社会学》，北京：中国劳动出版社，1992年。

55. 中共广东省委党史研究室编：《广东党史研究文集》第1册，北京：中共党史出版社，1991年。

56. 中国海员工会广东省委员会编：《广东海员工人运动史》，广州：广东人民出版社，1993年。

57. 中国劳工运动史编纂委员会编纂：《中国劳工运动史》（一）、（二），台北：中国劳工福利出版社，1959年。

58. 中国人民政治协商会议广东省广州市委员会文史资料研究委员会编：《广州百年大事记》上、下册，广州：广东人民出版社，1984年。

59. 周兴樑：《孙中山与近代中国民主革命》，广州：中山大学出版社，2001年。

60. 祝慈寿：《中国工业劳动史》，上海：上海财经大学出版社，1999年。

61. 朱英：《辛亥革命时期新式商人社团研究》，北京：中国人民大学出版社，1991年。

62. 朱英：《中国早期资产阶级概论》，开封：河南大学出版社，1992年。

63. 朱英：《转型时期的社会与国家——以近代中国商会为主体的历史透视》，武汉：华中师范大学出版社，1997年。

64. 邹沛、刘真编著：《中国工人运动史话》（共5册），北京：中国工人出版社，1993年。

（二）译著

1. ［德］马克斯·韦伯：《经济与社会》上、下卷，林荣远译，北京：商务印书馆，1997年。

2. ［德］于尔根·科卡：《社会史：理论与实践》，景德祥译，上海：上海人民出版社，2006年。

3. ［法］白吉尔：《中国资产阶级的黄金时代（1911—1937）》，张富强、许世芬译，上海：上海人民出版社，1994年。

4. ［美］艾尔东·莫里斯等主编：《社会运动理论的前沿领域》，刘能译，北京：北京大学出版社，2002年。

5. ［美］陈福霖：《孙中山廖仲恺与中国革命》，广州：中山大学出版社，1990年。

6. ［美］陈锦江：《清末现代企业与官商关系》，王笛、张箭译，北京：

中国社会科学出版社，1997年。

7. ［美］戴维·波普诺：《社会学》，李强等译，北京：中国人民大学出版社，1999年。

8. ［美］杜赞奇：《从民族国家拯救历史：民族主义话语与中国现代史研究》，王宪明等译，北京：社会科学文献出版社，2003年。

9. ［美］E. A. 罗斯：《变化中的中国人》，公茂虹、张皓译，北京：时事出版社，1998年。

10. ［美］费正清编：《剑桥中国晚清史》上、下卷，中国社会科学院历史研究所编译室译，北京：中国社会科学出版社，1993年。

11. ［美］费正清编：《剑桥中华民国史》上、下卷，杨品泉等译，北京：中国社会科学出版社，1994年。

12. ［美］高家龙：《大公司与关系网——中国境内的西方、日本和华商大企业（1880—1937）》，程麟荪译，上海：上海社会科学院出版社，2002年。

13. ［美］郝延平：《中国近代商业革命》，陈潮、陈任译，上海：上海人民出版社，1991年。

14. ［美］吉尔伯特·罗兹曼主编：《中国的现代化》，国家社会科学基金"比较现代化"课题组译，南京：江苏人民出版社，2014年。

15. ［美］柯文：《在中国发现历史——中国中心观在美国的兴起》，林同奇译，北京：中华书局，1989年。

16. ［美］罗威廉：《汉口：一个中国城市的商业和社会（1796—1889)》，江溶、鲁西奇译，北京：中国人民大学出版社，2005年。

17. ［美］裴宜理：《上海罢工——中国工人政治研究》，刘平译，南京：江苏人民出版社，2001年。

18. ［美］塞缪尔·P. 亨廷顿：《变化社会中的政治秩序》，王冠华、刘为等译，北京：生活·读书·新知三联书店，1989年。

19. ［美］施坚雅主编：《中华帝国晚期的城市》，叶光庭等译，北京：中华书局，2000年。

20. ［美］苏耀昌：《华南丝区：地方历史的变迁与世界体系理论》，陈春声译，郑州：中州古籍出版社，1987年。

21. ［美］王笛：《茶馆——成都的公共生活和微观世界，1900—1950》，北京：社会科学文献出版社，2010年。

22. ［美］西德尼·D. 甘博：《北京的社会调查》上、下册，陈愉秉等译，北京：中国书店，2010年。

23. [日] 深町英夫：《近代广东的政党·社会·国家——中国国民党及其党国体制的形成过程》，北京：社会科学文献出版社，2003 年。

24. [日] 小浜正子：《近代上海的公共性与国家》，葛涛译，上海：上海古籍出版社，2003 年。

25. [日] 中村三登志：《中国工人运动史》，王玉平译，北京：工人出版社，1989 年。

26. [苏] А. И. 卡尔图诺娃：《加伦在中国（1924—1927）》，中国社会科学院近代史研究所翻译室译，北京：中国社会科学出版社，1983 年。

27. [苏] C. A. 达林：《中国回忆录（1921—1927）》，侯均初等译，北京：中国社会科学出版社，1981 年。

28. [苏] 亚·伊·切列潘诺夫：《中国国民革命军的北伐——一个驻华军事顾问的札记》，中国社会科学院近代史研究所翻译室译，北京：中国社会科学出版社，1981 年。

29. [英] 彼得·伯克：《历史学与社会理论》，姚朋、周玉鹏等译，上海：上海人民出版社，2010 年。

30. [英] 大卫·桑普斯福特等主编：《劳动经济学前沿问题》，卢昌崇等译，北京：中国税务出版社、北京腾图电子出版社，2000 年。

31. [英] 理查德·海曼：《劳资关系——一种马克思主义的分析框架》，黑启明主译，北京：中国劳动社会保障出版社，2008 年。

32. [英] 乔·英格兰、约翰·里尔：《香港的劳资关系与法律》，寿进文、唐振彬译，上海：上海翻译出版公司，1984 年。

33. [英] E. P. 汤普森：《英国工人阶级的形成》上、下册，钱乘旦等译，南京：译林出版社，2001 年，

（三）论文

1. 敖光旭：《广东商团与商团事件：1911—1924——中国"市民社会"的案例分析》，广州：中山大学历史系博士学位论文（未刊稿），2002 年。

2. 敖光旭：《论孙中山在 1924 下半年的是是非非》，《近代史研究》1995 年第 6 期。

3. 陈宝松：《中国工人运动由分散走向统一的起点——论第一次全国劳动大会的历史地位》，《教学与研究》1993 年第 4 期。

4. 陈明銶：《民国初年劳工运动的再评估》，"中央"研究院近代史研究所编：《中华民国初期历史研讨会论文集》下册，台北，1985 年 4 月，第 875-891 页。

5. 陈明銶：《清季民初中国城市群众动员之型态——泛论 1830 至 1920 年珠江三角洲草根阶层抗衡外国经济压力之集体行动》，章开沅、朱英主编：《对外经济关系与中国近代化》，武汉：华中师范大学出版社，1990 年，第 326–342 页。

6. 陈明銶：《晚清广东劳工"集体行动"理念初探》，《中国社会经济史研究》1989 年第 1 期。

7. 陈明銶：《中国劳工运动史研究》，"中央"研究院近代史研究所六十年来的中国近代史研究编辑委员会：《六十年来的中国近代史研究》下册，台北："中央"研究院近代史研究所，1989 年，第 599–639 页。

8. 陈善光：《第一次国共合作与工人运动的新发展》，《学术研究》1985 年第 1 期。

9. 陈卫民：《"南方工会"初探》，《史林》1990 年第 1 期。

10. 陈卫民：《南方工会再探——广东机器工会剖析》，《史林》1991 年第 4 期。

11. 陈卫民：《孙中山与早期工人运动》，《史林》1995 年第 3 期。

12. 丁旭光：《民国初年广东社会阶层变动简析》，《广东社会科学》1997 年第 1 期。

13. 丁旭光：《民国初期的广东省政府（1912—1925）》，博士学位论文（未刊稿），广州：中山大学历史系，2003 年。

14. 樊百川：《二十世纪初期中国资本主义发展的概况与特点》，《历史研究》1983 年第 4 期。

15. 冯筱才：《罢市与抵货运动中的江浙商人：以"五四"、"五卅"为中心》，《近代史研究》2003 年第 1 期。

16. 冯筱才：《劳资冲突与"四一二"前后江浙地区的党商关系》，《史林》2005 年第 1 期。

17. 黄逸平：《近代中国民族资本商业的产生》，《近代史研究》1986 年第 4 期。

18. 胡希明：《百年前广州丝织工人的生活情况及其参加三元里人民抗英斗争的史料》，《理论与实践》1958 年第 2 期。

19. 霍新宾：《行会理念、阶级意识与党派政治：国民革命时期广州劳资关系变动》，《历史研究》2015 年第 1 期。

20. 霍新宾：《"无情鸡"事件：国民革命后期劳资纠纷的实证考察》，《近代史研究》2007 年第 1 期。

21. 霍新宾：《五四前后广州的手工业行会——以劳资关系为视点》，

《中国经济史研究》2015年第2期。

22. 霍新宾：《清末民初广州的行会工会化》，《史学月刊》2005年第10期。

23. 李时岳：《辛亥革命前后的中国工人运动和中华民国工党》，《史学集刊》1957年第1期。

24. 李晓勇：《国民党与省港大罢工》，《近代史研究》1987年第4期。

25. 梁尚贤：《试述1922—1923年广东纸币风潮》，《近代史研究》1995年第2期。

26. 梁玉魁：《中国共产党成立前中国工人运动史的分期问题》，《东北师大学报》1985年第3期。

27. 刘平：《还原：工人运动与中国政治——裴宜理〈上海罢工〉述评》，《近代史研究》2003年第3期。

28. 刘石吉：《一九二四年上海徽帮墨匠罢工风潮——近代中国城市手艺工人集体行动之分析》，《江淮论坛》1989年第1、2期。

29. 刘石吉：《近代城镇手艺工人抗议形态的演变——中国与西欧的对比》，李长莉、左玉河主编：《近代中国的城市与乡村》，《中国近代社会史研究集刊》第1辑，北京：社会科学文献出版社，2006年，第191-206页。

30. 马敏：《早期资本家阶级与近代中国社会结构演化》，《天津社会科学》1993年第3期。

31. 莫世祥：《孙中山和资产阶级在一九二三年》，《近代史研究》1987年第1期。

32. 莫世祥：《也谈国共两党和香港海员大罢工》，《近代史研究》1987年第5期。

33. 莫世祥《〈香港华字日报〉中的孙中山轶文研究》，《近代史研究》1994年第3期。

34. 彭雨新：《辛亥革命前后珠江三角洲乡镇缫丝工业的发展及其典型意义》，《中国社会经济史研究》1989年第1期。

35. 彭泽益：《十九世纪后期中国城市手工业商业行会的重建和作用》，《历史研究》1965年第1期。

36. 彭泽益：《近代中国工业资本主义经济中的工场手工业》，《近代史研究》1984年第1期。

37. 彭泽益：《民国时期北京的手工业和工商同业公会》，《中国经济史研究》1990年第1期。

38. 乔志强、赵晓华：《清末民初民族资产阶级心态初探》，《山西大学学报》1995 年第 4 期。

39. 邱捷：《辛亥革命时期的粤商自治会》，《近代史研究》1982 年第 3 期。

40. 邱捷：《辛亥革命前资本主义在广东的发展》，《学术研究》1983 年第 4 期。

41. 邱捷：《清末民初广州的行业与店铺》，《华南研究资料中心通讯》第 23 期，2001 年 4 月 15 日。

42. 邱捷：《广州商团与商团事变——从商人团体角度的再探讨》，《历史研究》2002 年第 2 期。

43. 邱捷：《清末广州居民的集庙议事》，《近代史研究》2003 年第 2 期。

44. 邱捷：《清末广州的"七十二行"》，《中山大学学报》2004 年第 6 期。

45. 饶东辉：《试论大革命时期国民党南方政权的劳动立法》，《华中师范大学学报》1997 年第 4 期。

46. 田彤：《目的与结果两歧：从劳资合作到阶级斗争（1927—1937）》，《学术月刊》2009 年第 9 期。

47. 田彤：《民国时期劳资关系史研究的回顾与思考》，《历史研究》2011 年第 1 期。

48. 王处辉：《中国近代企业劳动组织中之包工制度新论》，《南开经济研究》1999 年第 5 期。

49. 王奇生：《论国民党改组后的社会构成与基层组织》，《近代史研究》2000 年第 2 期。

50. 王奇生：《从"容共"到"容国"——1924—1927 年国共党际关系再考察》，《近代史研究》2001 年第 4 期。

51. 王奇生：《工人、资本家与国民党——20 世纪 30 年代一例劳资纠纷的个案分析》，《历史研究》2001 年第 5 期。

52. 王日根：《近代工商性会馆的作用及其与商会的关系》，《厦门大学学报》1997 年第 4 期。

53. 王水：《二十世纪初中国商业资本的发展》，《近代史研究》1987 年第 3 期。

54. 王翔：《十九世纪末二十世纪初中国传统手工业的危机》，《江海学刊》1998 年第 3 期。

55. 王翔：《近代中国手工业行会的演变》，《历史研究》1998 年第 4 期。

56. 汪敬虞：《再论中国资本主义和资产阶级的产生》，《历史研究》1983 年第 5 期。

57. 汪士信：《我国手工业行会的产生、性质及其作用》，中国社会科学院经济研究所学术委员会编：《中国社会科学院经济研究所集刊》第 2 集，北京：中国社会科学出版社，1981 年，第 213–247 页。

58. 魏文享：《雇主团体与劳资关系——近代工商同业公会与劳资纠纷的处理》，《安徽史学》2005 年第 5 期。

59. 温小鸿：《省港罢工与广东商人》，《广东社会科学》1987 年第 1 期。

60. 温小鸿：《1924 年广东"商团事变"再探》，《浙江社会科学》2001 年第 3 期。

61. 吴慧：《会馆、公所、行会：清代商人组织演变述要》，《中国经济史研究》1999 年第 3 期。

62. 吴伦霓霞、莫世祥：《粤港商人与民初革命运动》，《近代史研究》1993 年第 5 期。

63. 吴振兴：《近代珠江三角洲机器缫丝业的发展及其对社会经济的影响》，《广东社会科学》1991 年第 5 期。

64. 徐思彦：《20 世纪 20 年代劳资纠纷问题初探》，《历史研究》1992 年第 5 期。

65. 徐思彦：《合作与冲突：劳资纠纷中的资本家阶级》，《安徽史学》2007 年第 6 期。

66. 禤倩红：《国共两党与省港罢工》，《近代史研究》1991 年第 3 期。

67. 禤倩红、卢权：《党成立前的省港工人阶级》，《学术研究》1984 年第 3 期。

68. 禤倩红、卢权：《统一战线在省港罢工中的作用》，《学术研究》1985 年第 3 期。

69. 禤倩红、卢权：《省港罢工中破坏与反破坏的斗争》，《学术研究》1995 年第 3 期。

70. 禤倩红、卢权：《北伐出师后的广东工人运动》，《近代史研究》1997 年第 3 期。

71. 严昌洪：《中国近代社会转型与商事习惯变迁》，《天津社会科学》1998 年第 2 期。

72. 严中平：《试论中国买办资产阶级的发生》，《中国经济史研究》1986 年第 1、3 期。

73. 杨瑞贞：《试论欧战前后广州的近代工业》，《近代史研究》1993 年第 3 期。

74. 虞和平：《鸦片战争后通商口岸行会的近代化》，《历史研究》1991 年第 6 期。

75. 虞和平：《西方影响与中国资产阶级组织形态的近代化》，《中国经济史研究》1992 年第 2 期。

76. 余明侠：《近代封建把头制度探析》，《江海学刊》1994 年第 2 期。

77. 张洪武：《1924 年广东商团与广东革命政府关系之嬗变》，《四川师范大学学报》2002 年第 1 期。

78. 张磊：《孙中山与广州商团叛乱》，《学术月刊》1979 年 10 月号。

79. 张培德：《略论二十年代上海的劳资关系》，上海市地方志办公室编：《上海：通往世界之桥（下）》（《上海研究论丛》第 4 辑），上海：上海社会科学院出版社，1989 年，第 18 - 37 页。

80. 张寿彭：《试论中国近代民族资本主义商业的产生与特点》，《兰州大学学报》1986 年第 3 期。

81. 张晓辉：《论民初军阀战乱对广州社会经济的影响》，《广东社会科学》1997 年第 6 期。

82. 张晓辉：《广东近代民族工业的发展水平及其特点》，《学术研究》1998 年第 11 期。

83. 张晓辉：《略论省港罢工时期广州阵营对港商的基本策略》，《广东史志》1999 年第 2 期。

84. 张晓辉：《略论香港华商调停省港大罢工》，《史学集刊》1999 年第 3 期。

85. 张亦工、徐思彦：《20 世纪初期资本家阶级的政治文化与政治行为方式初探》，《近代史研究》1992 年第 2 期。

86. 张仲礼：《辛亥革命前后中国人民的抵货运动》，《社会科学》1981 年第 5 期。

87. 赵亲：《辛亥革命前后的中国工人运动》，《历史研究》1959 年第 2 期。

88. 朱顺兴：《论中国早期工人运动与资产阶级的关系》，《史林》1988 年第 2 期。

89. ［法］让·谢诺：《中国工人阶级的数量和地域分布》，李谦译，

《史林》1991年第3、4期。

90. [法]让·谢诺:《中国工人阶级的政治经历》,李谦译,《史林》1993年第3、4期。

91. [韩]裴京汉:《北伐初期广东地区的劳动运动与国民政府的应对》,《南京大学学报》2004年第5期。

92. [美]陈福霖:《廖仲恺与1924—1925年广东劳工运动》,江枫译,中国社会科学院近代史研究所《国外中国近代史研究》编辑部编:《国外中国近代史研究》第5辑,北京:中国社会科学出版社,1983年,第266-286页。

93. [美]丹·N.雅各布斯:《鲍罗廷来到广州》,林海译,中国社会科学院近代史研究所《国外中国近代史研究》编辑部编:《国外中国近代史研究》第5辑,北京:中国社会科学出版社,1983年,第184-211页。

94. [美]庞百腾:《清末劳资关系与劳工行动》,姜娜译,牛大勇、臧运祜编:《中外学者纵论20世纪的中国——新观点与新材料》,南昌:江西人民出版社,2003年,第193-220页。

95. [美]王冠华:《爱国运动中的"合理"私利:1905年抵货运动夭折的原因》,《历史研究》1999年第1期。

96. [美]伊罗生:《国民党与工人》(上、下),吴竟成译,《史林》1989年增刊、1990年第1期。

97. [美]伊罗生:《流氓帮会与工人阶级》,李谦译,《史林》1990年第2期。

98. [美]约瑟夫·弗史密斯:《商民协会的瓦解与党治的失败》,朱华译,中国社会科学院近代史研究所《国外中国近代史研究》编辑部编:《国外中国近代史研究》第20辑,北京:中国社会科学出版社,1992年,第153-180页。

99. [日]广田宽治:《广东工人运动的各种思潮——广东省总工会成立经过》,吴仁译,中国社会科学院近代史研究所《国外中国近代史研究》编辑部编:《国外中国近代史研究》第23、24辑,北京:中国社会科学出版社,1993、1994年,第231-258页、第133-161页。

100. [日]江田宪治:《孙中山的阶级斗争观及工人运动论与国民革命》,广东省孙中山研究会编:《"孙中山与亚洲"国际学术讨论会论文集》,广州:中山大学出版社,1994年,第772-782页。

101. [日]清水盛光:《传统中国行会的势力》,陈慈玉译,《食货月刊》第15卷第1、2期,1985年6月20日。

102. ［日］山田辰雄：《廖仲恺与工农运动》，马宁译，中国社会科学院近代史研究所《国外中国近代史研究》编辑部编：《国外中国近代史研究》第 20 辑，北京：中国社会科学出版社，1992 年，第 130 - 152 页。

103. ［苏］T. 阿卡托娃：《民族因素在中国工人运动中的作用（1919—1927 年）》，曾宪权译，中国社会科学院近代史研究所《国外中国近代史研究》编辑部编：《国外中国近代史研究》第 6 辑，北京：中国社会科学出版社，1984 年，第 299 - 319 页。

六、外文资料

1. 長野朗：《世界の脅威：支那勞働者及勞働運動》，北京：燕塵社，1925 年。

2. 高山洋吉譯：《支那勞働視察記》，東京：生活社，1939 年。

3. 宮脇賢之介：《現代支那社會勞働運動研究》，東京：平凡社，1932 年。

4. 南滿洲鐵道株式會社庶務部調查課：《中國無產階級運動史》，大连：南滿洲鐵道株式會社，1929 年。

5. 上海日本總領事館警察部第二課：《中國勞働運動狀況》，无出版地，1934 年。

6. 藤澤久藏譯：《中國勞働事情》，東京：生活社，1941 年。

7. 向山寬夫：《中國共產黨の勞働立法：その歷史・內容・特徵》，東京：國學院大學，1964 年。

8. 向山寬夫：《中國勞働運動の歷史的考察》，東京：國學院大學，1965 年。

9. 小山清次：《支那勞働者研究》，東京：東亞實進社，1919 年。

10. 鹽脇幸四郎：《中國勞働運動史》上、下卷，東京：白揚社，1949 年。

11. 宇高寧：《支那勞働問題》，上海：國際文化研究會，1925。

12. Adelaide Mary Anderson, *Humanity and Labour in China*: *An Industrial Visit and Its Sequel*（*1923 to 1926*）, London: Student Christian Movement, 1928.

13. Edward J. Rhoads, *Merchant Associations in Canton*, *1895—1911*, in Mark Elvin and G. William Skinner, eds., *The Chinese City between Two Worlds*, Stanford: Stanford University Press, 1974.

14. Edward J. Rhoads, *China's Republican Revolution*: *The Case of Kwangtung, 1895—1913*, Cambridge: Harvard University Press, 1975.

15. Fang Fu-an, *Chinese Labour*: *An Economic and Statistical Survey of the Labour Conditions and Labour Movements in China*, Shanghai: Kelly & Walsh, Ltd., 1931.

16. Gail Hershatter, *The Workers of Tianjin, 1900—1949*, Stanford: Stanford University Press, 1986.

17. Gray, *Fourteen Months in Canton*, London: Macmillan and Co., 1880.

18. Great Britain Foreign Office, *Papers Respecting Labour Conditions in China*. London: His Majesty's Stationary Office, 1925.

19. H. D. Fong, *Industrial Organization in China*, Tientsin: Chihli Press, 1937, pp. 36–65.

20. Hosea Ballou Morse, *The Gilds of China*: *with an Account of the Gild Merchants or Co-Hong of Canton*, Taipei: Ch'eng-wen Publishing Company, 1972.

21. *International Labour Review*, from November, 1925 to March, 1927.

22. Israel Epstein, *Notes on Labor Problems in Nationalist China*, *with a supplement by Julian R. Friedman*, New York: International Secretariat, Institute of Pacific Relations, 1949.

23. Jean Chesneaux, *The Chinese Labor Movement 1919—1927*, translated from the French by H. M. Wright, Stanford: Stanford University Press, 1968.

24. John H. Gray, *Walks in the City of Canton*, San Francisco: Chinese Materials Center, Inc., 1974.

25. John Stewart Burgess, The Guilds of Peking, New York: AMS Press, Inc., 1970.

26. Kenneth W. Rea, *Canton in Revolution*: *The Collected Papers of Earl Swisher, 1925—1928*, Colorado: Westview Press, 1977.

27. Kerr, *A Guide to the City and Suburbs of Canton*, Hong Kong: Kelly & Walsh, Ltd., 1918.

28. Kgan Richard C. & Jean Chesneaux Je, *The Chinese Labor Movement 1915—1949*, International Social Sciences Review, vol. 58, Spring, 1983.

29. Lowe Chuan-hua, *Facing Labor Issues in China*, Shanghai: China Institute of Pacific Relations, 1933.

30. Michael Tsin, *The Cradle of Revolutin*: *Politics and Society in Canton*,

1900—1927, Ph. D. Dissertation, Princeton: Princeton University, 1990.

31. Michael Tsin, *Nation, Governance, and Modernity in China: Canton, 1900—1927*, Stanford: Stanford University Press, 1999.

32. Ming Kou Chan, *Labor and Empire: The Chinese Labor Movement in the Canton Delta, 1895—1927*, Ph. D. Dissertation, Stanford: Stanford University, 1975.

33. Ming Kou Chan, *Historiography of the Chinese Labor Movements, 1895 – 1949: A Critical Survey and Bibliography of Selected Chinese Source Materials at the Hoover Institution*, Stanford: Stanford University, Hoover Institution Press, 1981.

34. Nym Wales, *The Chinese Labor Movement*, New York: The John Day Company, 1945.

35. Paul Arthm Van Dyke, *The Canton Trade: Life and Enterprise on the China Coast, 1700—1845*, Hong Kong: Hong Kong University Press, 2005.

36. Robert Yeok-yin Eng, *Imperialism and the Chinese Economy: The Canton and Shanghai Silk Industry, 1861—1932*, Ph. D. Dissertation, Berkeley: University of California, Berkeley, 1978.

37. Robert Yeok-yin Eng, *Chinese Entrepreneurs, the Government and the Foreign Sector: the Canton and Shanghai Silk – reeling Enterprises, 1861—1932*, Modern Asian Studies, vol. 18, 1984.

38. Robert Yeok-yin Eng, *Luddism and Labor Protest among Silk Artisans and Workers in Jiangnan and Guangdong, 1860—1930*, Late Imperial China, vol. 11, no. 2, 1990.

39. S. A. Smith, *Like Cattle and Horses: Nationalism and Labour in Shanghai, 1895—1927*, Durham: Duke University Press, 2002.

40. S. K. Sheldon Tso, *The Labor Movement in China*, Shanghai, 1928 (Ph. D. Dissertation, Indiana University, 1928).

41. *The China Weekly Review (Formerly Millard's Review)*, from January, 1922 to April, 1927.

42. Thomas S. Bernard, *Labor and the Chinese Revolution*, Ann Arbor: the University of Michigan, Center for Chinese Studies, 1983.

43. Wei Lin, *Chinese Labor Disputes Since 1919*, Nanking: Mei Chi Press Ltd., 1932.

后　记

本书是国家社会科学基金项目"清末民初广州劳资关系变动研究"（批准号：11BZS046）的最终成果，也是我近二十年学术生涯（自读硕士生时算起）中正式出版的首部个人专著。说来很惭愧，步入中年才出书在当今学林尤其是"70后"的同龄学人中恐怕是少有的，这倒不是说自己是精益求精追求完美的人，其实资质平庸的我，从未奢望也不可能具有那种厚积薄发"十年磨一剑"的学术定力与素养。

当然，之所以适值"高龄"出书，实属无奈。这首先可归因于笔者早年求学经历坎坷造成的学养先天不足。自1994年从徐州师范学院（今江苏师范大学）历史系毕业后，我曾连续四次考研，至1998年有幸被暨南大学中国近现代史专业录取时，已是一名在乡村中学任教四年的26岁大龄青年了，这自然也就错过了构筑学术根基的最佳"黄金时期"。尽管读研期间自己一直在努力弥补曾经"虚度的光阴"，但收效甚微，仍是落下了研究根基不牢的能力缺陷。而更重要的，还是笔者生性愚钝疏懒所致课题进展缓慢而延宕至今。

本书课题缘起最早可追溯至2001—2004年我在中山大学撰写的有关20世纪20年代广州工商关系的博士论文。恩师邱捷教授不仅从选题、资料、内容上予以悉心指导，而且在学术思想与方法上时常对我进行点拨。先生治学严谨，睿智明达，平易率真，是一位可亲可敬十分难得的学术引路人。还记得，在我遇到论文开题困难曾一度萌生放弃时，先生的及时规劝、鼓励与督促，使我打消了另起炉灶的念头，树立并坚定了迎难而上的学术信心。可以说，先生的教诲奠定了我今生以中国近现代劳资关系史为志业的学术路向。在论文写作中，先生还一再提醒，最好能利用台北中国国民党文化传播委员会党史馆典藏的有关国民革命时期工人运动档案，以弥补报刊资料的不足。我深知档案在历史研究中的重要性，但限于经济条件一时难以赴台调研，在论文答辩中留下了不小遗憾。

迨至华南师范大学任教后，我又将论文研究时段由20世纪20年代向前延伸至民国初年，以民初广州工商关系研究为题申报了2006年度广东省哲学社会科学规划后期资助项目,并获立项。由于有3万元的经费支持,赴台查档的夙愿才总算了却。2011年8月,在同门肖自力教授的热情帮助下,经由时任副所长张力研究员的鼎力引荐,我到"中央研究院"近代史研究所作短期访学。在访学期间,我相继查阅了郭廷以图书馆、傅斯年图书馆、国民党文传会党史馆所藏(如五部档案、汉口档案等)的有关国民革命前后广州工人运动文献。上述文献,在很大程度上充实了课题的研究内容。至2012年2月,承蒙同行专家评审,课题以优秀等级结项。其间,经过多年的资料搜集与研究积累,引发了我对课题的重新思考,一些新的看法亦渐成熟,于是,我将之前研究时段再向前延伸至清末,并以动态视角来重点关注广州劳资关系是如何由传统行会"劳资合行"特质向国民革命时期党派政治属性演进的,该课题获得了2011年度国家社会科学基金一般项目的立项。随后,我对课题海外文献又做了进一步的发掘。2012年2月至2013年2月,受学校留学基金资助,我前往美国加利福尼亚大学伯克利分校东亚研究所做访问学者,得到时任所长叶文心教授的热心帮助,先后在伯克利东亚图书馆、班克罗夫特图书馆、斯坦福大学胡佛研究所档案馆、东亚图书馆等处搜集到大量相关外文文献,至此课题在资料上也没什么遗憾了,至于研究水平高低则取决于个人的学养和禀赋,就笔者资质来看,恐怕在短期内是难以提升了。更何况此时先前主持的教育部人文社会科学研究项目结项日期临近,只好身陷两线作战,再加上腰部手术所累,致课题一再延期,好在笔者最终还是坚持下来,并进行了大量的修改、充实与润色,至课题完稿时已比当初内容增加了近一倍的篇幅。2016年12月,承蒙评审专家抬爱,书稿入选广东哲学社会科学成果文库。

  书稿的完成离不开诸多师友的大力支持。暨南大学历史系张晓辉教授、莫世祥教授(后调至深圳大学工作)是我硕士导师,二位恩师学识渊博、和蔼可亲,是引领我步入学术殿堂的启蒙人,尤其是张老师,在我读博期间和工作后,仍一如既往地关心我,鼓励我,先生不仅在百忙之中通读书稿并提出中肯建议,还欣然答应作序,其提携后辈的殷殷之情,令我难忘。教育部长江学者、华南师范大学马克思主义学院院长陈金龙教授,在学术和工作上,给予了莫大的帮助,对此我心存感激。张磊研究员、林家有教授、周兴樑教授、谢放教授、赵春晨教授、桑兵教授、朱英教授、彭南生教授、吴义雄教授、赵立彬教授、左双文教授、陈文海教授、刘增合教授、刘进教授、周永卫教授、何文平教授、李振武研究员、敖光旭教授,或为书稿相关内容提出宝贵修改意见,或为笔者提供珍贵资料,或在研究中具体指导,使我惠益良多。胡敏弟、朱天慧、孟令明、赵宝爱、赵建国、冯云琴、阮春林、张伟、樊学庆、沈成飞等同窗学友，亦在我的学习和生活上给予了慷慨帮助，同窗之谊，真诚可鉴。

此外，还得益于学术期刊编辑和匿名审稿专家的辛勤付出。书稿部分内容曾以论文形式发表在《历史研究》《近代史研究》《中国经济史研究》《史学月刊》《安徽史学》《学术研究》《社会科学研究》等期刊上，谢维、许丽梅、武雪彬、雷家琼、王小嘉、汪谦干、杨向艳等编辑老师及匿名审稿专家颇具启发性与建设性的修改建议，令我受益匪浅。我至今还保留着十三年前时任《近代史研究》副主编的谢维先生寄来的有关如何修改"无情鸡"事件的信，其扶掖后学之情跃然纸上。正是他（她）们一丝不苟的高度负责与敬业，书稿相关内容的差错才得以降至最低。

非常荣幸书稿能在母校的中山大学出版社付梓，这要归功于广东省哲学社会科学规划领导小组办公室提供的经费资助，以及金继伟、王璞、何雅涛等编辑老师的辛勤操劳，他们为本书的策划、排版与校对倾注了大量心血，在此一并致谢。

最后，还有一个不成熟的"妄想"，姑且说是我的"学术梦"吧：若能写一部中国劳资关系通史该多好啊！我也深悉，要实现这种"妄想"，仅凭一己之力恐难以胜任，而自己能做的，还是从单个区域劳资关系史研究开始吧。本书所探讨的就是这样一个区域研究的狭小片段，且囿于学识，其粗疏之处在所难免。因而，真诚祈盼读者的批评与指正，是必不可少的，也是十分重要的，这是鞭策我在学术道路上砥砺前行的不竭动力和源泉。

霍新宾
2017 年 6 月